叶建成 著

凤凰街书

江苏人民出版社

『过云楼藏书』回归江南记

图书在版编目（CIP）数据

凤凰衔书："过云楼藏书"回归江南记 / 叶建成著.
-- 南京：江苏人民出版社, 2022.6

ISBN 978-7-214-26207-3

Ⅰ.①凤… Ⅱ.①叶… Ⅲ.①藏书楼－介绍－苏州

Ⅳ.①G259.258.3

中国版本图书馆CIP数据核字(2021)第097576号

书　　　名	凤凰衔书："过云楼藏书"回归江南记
编　　　著	叶建成
责 任 编 辑	汪意云
责 任 监 制	王　娟
出 版 发 行	江苏人民出版社
地　　　址	南京市湖南路1号A楼,邮编:210009
照　　　排	江苏凤凰制版有限公司
印　　　刷	江苏凤凰新华印务集团有限公司
开　　　本	718毫米×1000毫米　1/16
印　　　张	30.25　插页1
字　　　数	400千字
版　　　次	2022年6月第1版
印　　　次	2022年6月第1次印刷
标 准 书 号	ISBN 978-7-214-26207-3
定　　　价	188.00元

（江苏人民出版社图书凡印装错误可向承印厂调换）

目录

上篇 惊世一拍

凤凰衔书："过云楼藏书"回归江南记

中篇　凤凰衔书

下篇　显赫前世

上篇

惊世一拍

过云楼藏宋刻本《锦绣万花谷》

引 言

中央电视台新闻画面

公元 2012 年。

是年 6 月，发生了一件轰动全国的公共文化事件——国宝古籍"过云楼藏书"拍卖及由此引发的"南北之争"，即"过云楼公共文化事件"。

"过云楼藏书"惊世一拍！江苏凤凰出版传媒集团以 2.16 亿元成交价成功竞得，创下了中华古籍善本拍卖的最高纪录。

然而，"过云楼藏书"历经百年颠沛流离的回归江南之路却并不平坦，而是一波三折、悬念迭起，甚或扑朔迷离、惊心动魄。

"文物优先购买权"引发的"南北之争"，被媒体称为"九天乱战"。中央及地方级报纸、电台、电视台和主流网站的新闻报道用"铺天盖地"形容也不为过。短短 9 天内，中央电视台以"聚焦过云楼藏书之争""过云楼藏书拍卖起风云"为专题，在新闻频道、财经频道、国际频道连续播出，进行跟踪报道，新闻累计总时长达 21 分 31 秒。《人民日报》、《光明日报》、新华社、中新社等中央媒体纷纷报道或评论，中国香港凤凰卫视、《大公报》等境外媒体也大篇幅报道，北京、南京两地报纸更以整版新闻追踪事

新浪网新闻专题截图

凤凰衔书：“过云楼藏书”回归江南记

件进展，新浪网、凤凰网分别以"过云楼藏书争夺战——一场价值 2.16 亿的战争""过云楼南北之争——聚焦 2.16 亿元过云楼归属"为题开辟专栏。更有不计其数的普通民众、古籍专家、法律专家、文化学者直接参与到讨论、争论之中，"火药味"十足。事态发展致使国家机关、高等学府、传媒企业、专家学者纷纷"卷入"其中。

一时间，街头巷尾争说"过云楼"，饭后茶余热议"万花谷"。

"七日之约"悬念引爆"过云楼之争"，而"九天乱战"更是疑云密布、硝烟四起，俨然成了一部剧情波澜起伏的大戏。"过云楼"一时成了社会议论的焦点话题之一，有人说这件事的社会关注度超过了"欧洲杯"。原本寻常的拍卖市场行为，却引发了一场关于中国传统文化价值的社会大讨论，最终演变成一个前所未有的公共文化事件。人民网点评"过云楼藏书"之争"事件热度：★★★★★"。国家语言资源监测研究机构发布的流行语监测结果称，"过云楼藏书"与"神舟九号""杜甫很忙"等词语一起，入选当年中国报纸流行语。

追古抚今，无数的藏书楼在中国历史文化的长河中沉浮。100 年前，发生过一起由藏书楼引发的轩然大波——"皕宋楼事件"。1907 年，日本人买下湖州皕（bì）宋楼 15 万卷藏书，偷偷运往日本，极为珍贵的中华古籍从此沦落天涯、流失海外。消息传出，全国知识界为之震惊，社会舆论一片哗然，是为"皕宋楼事件"。它在中华文化史上留下了难以抹去、令人扼腕痛惜的民族记忆，也给世人留下了无尽感叹和深刻警示。其后 100 年间，再未发生过掀起大风波的藏书楼事件。100 年后，引起世人瞩目、激起大波澜的"过云楼事件"，虽说时代变迁、性质各异，却又能给后人留下怎样的记忆和启示呢？

　　"过云楼事件"在当年社会关注度之高、反响之热烈、影响之巨大，超出了许多人的想象，其意义已远远超越了藏品和事件本身，引发了社会大众对文化传承、文物立法及古籍开发等多方面的广泛关注和深刻思考。作为整个事件的亲历者、藏书竞购的"操盘手"，笔者经历了如坐过山车般跌宕起伏的心路历程，成功竞得时的喜悦、"南北之争"中的焦虑、尘埃落定后的释怀，近 70 个日日夜夜，恍如昨日，言犹在耳，无比感慨。时间飞逝，岁月已过九载，今以"日记体"笔法，讲述"过云楼藏书"拍卖背后的那些事儿，力求客观记录事件始末，还原事实真相，包括一些至今不为读者知晓的内情，不是为了揭秘，而是为了留下一份与过云楼相伴相随的记忆，

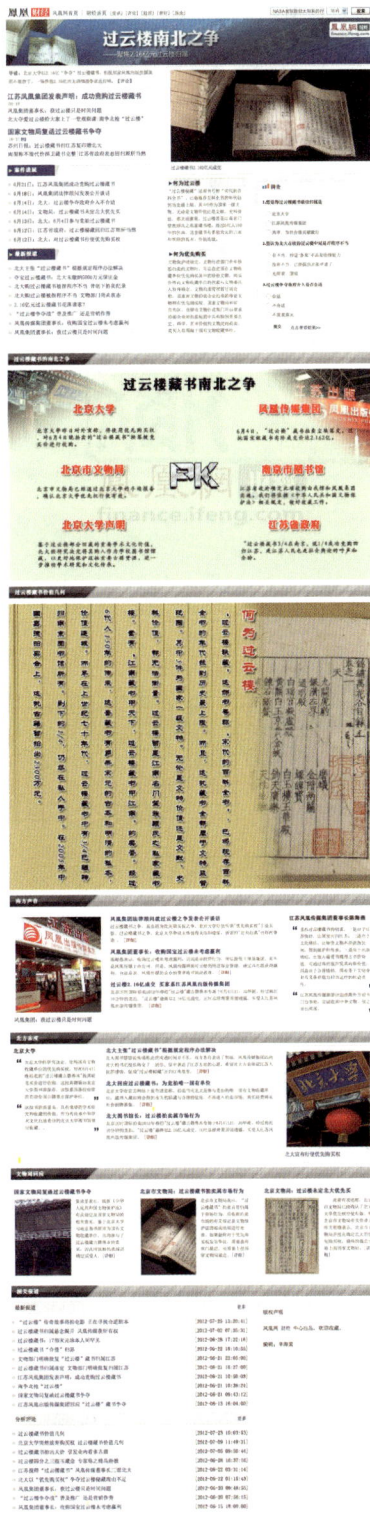

凤凰网新闻专题截图

一份中华文化史上值得珍藏的记忆。

皕宋楼事件

清朝末年, 浙江湖州陆氏"皕宋楼"与江苏常熟瞿氏"铁琴铜剑楼"、山东聊城杨氏"海源阁"、浙江杭州丁氏"八千卷楼"并称为"晚清四大藏书楼"。皕宋楼藏书尤以宋、元版本数量之众、价值之高, 为世人所瞩目。"皕"字释义为二百, 楼主陆心源以"皕宋"为楼名, 意为楼中藏书有宋版书 200 余种。

皕宋楼藏书印

1907 年 4 月, 陆氏后人将皕宋楼 15 万卷藏书卖给了日本人岩崎氏, 6 月由日本邮船公司的汽船运抵日本, 收藏于岩崎氏创办的私人图书馆——静嘉堂文库。由于当时藏书交易秘密进行, 社会各界并不知情。事后, 藏书买卖幕后推手、日本人岛田翰给相识的中国藏书家董康寄来《皕宋楼藏书源流》一文, 希望能刊印发表。文章刊出, 真相大白: 皕宋楼宝藏早已东渡远去不复返。消息传出, 国内知识界特别是藏书界为之震惊, 社会舆论一片哗然, 为大批珍贵中华古籍流失海外而痛心疾首, 是事被称为"皕宋楼事件"。据《静嘉堂文库图书分类目录》(1930) 记载, 原属皕宋楼藏书的有宋版书 124 部、2779 册, 元版书 116 部、2070 册, 金版书 1 部、10 册。被列为日本"重要文化财"的 18 种古籍中, 皕宋楼藏宋元版旧藏就占 16 部之多。由此可见, 这一中华古籍流失事件损失之惨重。

皕宋楼书去楼空, 成了"伤心楼", 给国人敲响了警钟, 人们对古籍藏书境况倍加关切。据载, 当时杭州丁氏八千卷楼也已陷入困境, 而日本书商也觊觎已久。两江总督端方听到消息, 派人到杭州与丁氏后人洽谈, 买下全部藏书交由南京江南图书馆收藏。而文中提到的日本人岛田翰与过云楼也有过交集, 这是后话。

闯入眼帘的"过云楼"

2012 年 4 月 13 日，星期五。

一则新华网电讯闯入眼帘：《"过云楼藏书"估价近 2 亿，料破中国古籍拍卖最高价》。以下即是引述的新闻内容：

新华网北京 4 月 13 日专电（记者岳瑞芳）　由海内外孤本、宋版《锦绣万花谷》全 80 卷领衔的 179 部近 500 册（注：应为 1292 册）"过云楼藏书"将整体现身匡时春季拍卖会，近 2 亿估价有望打破中国古籍拍卖最高纪录。

过云楼一景

20世纪90年代初，"过云楼藏书"的3/4被南京图书馆收购。剩余179部于2005年首次现身拍场，是唯一一批在私人手中的国宝级藏书。

记者了解到，这批私人收藏的"过云楼藏书"中，既有宋刻《锦绣万花谷》（前集40卷、后集40卷共40册）、元刻《皇朝名臣续碑传琬琰集》这样名重天下的存世孤本，还有黄丕烈、顾广圻、鲍廷博等大家批校手迹。

据中国美术学院范景中教授介绍，在这批藏书中，《锦绣万花谷》不仅是传世孤本，也是目前海内外所藏部头最大的完整宋版书，保存了大量佚传古籍中的部分内容，清代著名学者阮元有"书成锦绣万花谷，画出天龙八部图"的诗句，其重要价值可见一斑。

读完这则新闻，自称"半个读书人"，又在国内最大出版传媒企业工作的笔者，对此产生了浓厚兴趣，持续进行跟踪关注。说实在话，此前还真没有听说过"过云楼"，笔者仿佛被一只看不见的手指引，上网检索，猛然闯入眼帘的"过云楼"渐渐地清晰起来。

过云楼与顾氏一门

苏州顾氏过云楼，建于清同治年间，是一座已有150多年历史的顾氏私家藏书楼，现今仍保留着旧貌。楼主将藏书楼命名为过云楼，是取苏东坡所言"书画于人，不过烟云过眼而已"之意。

过云楼主人苏州顾氏家族是江南名门望族。第一代楼主顾文彬是清朝正四品官员、浙江宁绍台道台。顾文彬及其子顾承、其孙顾麟士等，几代人披沙沥金，集腋成裘，历经百年收藏不辍，清芬世守。历史上的过云楼，以藏有大量宋元以来名人字画而声名远播，时有"江南收藏甲天下，过云楼收藏甲江南"之美誉。而过云楼藏有的大量古籍善本却长期不为外界所知，盖因顾氏有一条特别家规，楼内藏书"秘不示人"。

为便于阅读先作简介，本书下篇将较为翔实地介绍过云楼与顾氏一门。

"过云楼藏书"三种归宿？

4月19日，星期四。

"过云楼藏书"惊艳亮相北京，它的最终归宿会在哪里？社会上越来越多的人开始关心这个问题。古籍专家和古籍市场人士各抒己见、众说纷纭，做出各种预测，而国家收购则被认为是众望所归。"过云楼藏书"究竟会是怎样的归宿？已"心动"的凤凰人也在关心这个问题，关注着社会上的议论。对于拍卖竞买者来说，不同的归宿意味着不同的买家，而面对不一样的潜在买家，竞购策略也会有所不同。

《京华时报》4月19日刊发题为《"过云楼藏书"的三种归宿》的文章，对这批过云楼藏书的未来去向作了分析。文章认为：

第一种可能——私人收藏。但作为一个整体标的拍卖，难度确实大了一点，有能力购买的藏家当今不过5人，依照关系亲疏考量，上海藏家刘益谦无疑是一个重要人选。但深谙资本投资之道的刘益谦是否会买古籍呢？是否能卖得出呢？股市低迷，刘先生若是想买这批作品，也许要考虑一下投入产出比率。

第二种可能——基金购藏。在艺术品市场中，基金势头凶猛，但这是去年之前的事了，今年艺术市场中，基金凶猛的表现也许会暂时告一段落。基金更强调回报率，更注重风险。这个标的是不错，但太大了，无论是为了资产配置，还是为了盈利，基金的关注重点是否会放在这里呢？毕竟喜欢古籍者少，即便未来出售，面对的仍是小众。

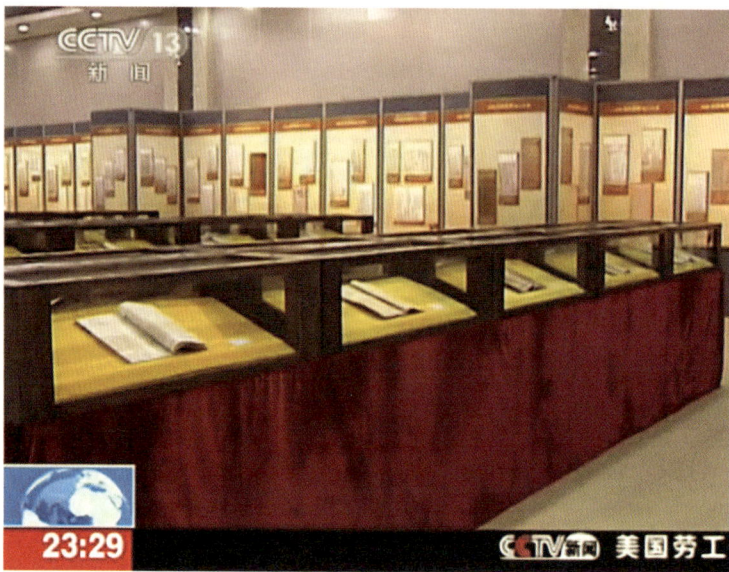

匡时拍卖公司"过云楼藏书"展览现场

第三种可能——国家收购。这是最有可能的。国家图书馆、上海博物馆等文博机构都可能会关注，已经拥有3/4过云楼藏书的南京图书馆更是有理由将这个标的收入囊中，实现圆满结局。但这也许是期望中的事情，花国家的钱买艺术品，需要看地方政府的支持力度和财政实力。国家收藏当然是众望所归，可最大化地发挥这批艺术品的研究价值。

读后心里惴惴，有一种莫名冲动在胸中激荡。其实，"过云楼藏书"还有第四种可能性——企业收购。"不要把所有的鸡蛋放在一个篮子里。"这句400多年前西班牙作家塞万提斯的《堂吉诃德》一书中的话，如今已被中国企业家信奉为至理名言。不论是国有还是民营企业家，已经开始意识到艺术实物资产的财富属性和投资属性，将艺术品作为资产配置的一种选择。其实，从古到今，艺术品都是中国人重要的"积财之法"，这些年来，企业配置艺术资产的案例已很多。有专家提出，完全可以将总资金的5%—10%用于艺术实物资产的配置。这次"过云楼藏书"拍卖，有企业特别是大型文化企业介入出手，也是完全可能的。那样，"过云楼藏书"就有了另一种可能的归宿。而恰恰是这最小概率的第四种可能，掀起了一场中国拍卖市场的轩然大波。

挥之不去的闪念

4月27日，星期五。

又看到一条与"过云楼藏书"拍卖相关的新闻。媒体报道，4月26日，匡时拍卖公司在国家图书馆举办"过云楼藏书"研讨会。这则中国古籍界大腕云集的研讨会新闻，让笔者怦然心动，脑海中突然闪出一个念头："要是凤凰能买下这批国宝，让她回归江南就好了！"此后几天，这个一闪而过的念头，竟然久久挥之不去，总在头脑中盘绕。

始料未及的是，正是这一瞬间产生的念头，触发了一场"过云楼藏书"大纷争，竟然成为一个重大"公共文化事件"，也引出了许多曲曲折折的故事，搞得自己有点扛不住了。作为"始作俑者"，面对事态不断发酵，愈演愈烈，内心甚至为事情如何收场而感到一丝"后怕"。为了让读者知

"过云楼藏书"研讨会现场照

道当年新闻的内容，这里作了详细引用：

研讨会由国家古籍保护中心办公室主任陈红彦主持。老一辈版本目录学家沈燮元先生，国家文物鉴定委员会古籍组委员李致忠先生、陈先行先生，台湾"中央研究院"历史语言研究所陈鸿森先生等来自国家图书馆、上海图书馆、南京图书馆、中华书局、中国国家博物馆、故宫博物院图书馆、中国社会科学院、台北"中央研究院"、北京大学、清华大学、浙江大学、南京大学等20多个国家级著名研究机构的专家参加研讨会，探讨这批藏书的历史文化价值，给予宋版《锦绣万花谷》为代表的"过云楼藏书"高度肯定与评价。专家们认为，江南顾氏"过云楼"藏书名满天下，顾家将之视若珍宝并终年秘藏，凝聚着6代人的心血，其藏书集宋元古椠、精写旧抄、明清佳刻、碑帖印谱800余种。"过云楼藏书"3/4也已于上世纪转归于南京图书馆，只剩这170余种，是唯一还在私人手中的国宝级藏书。其中，保存完整的传世孤本《锦绣万花谷》（前集40卷、后集40卷共40册），堪称全世界部头最大的宋版书。

著名版本目录学家、89岁高龄的沈燮元老先生仔细查对了这批藏书，作为最早接触这批藏书的当事人，他认为这批藏书的质与量与翁万戈、陈清华几家私人藏书不相上下。2000年春季，上海图书馆在市政府的支持下，以450万美金从美国买回"翁万戈"家藏的80种542册藏书，人们才如梦初醒，原来古籍那么值钱。

国家文物鉴定委员会委员、国家图书馆发展研究院院长李致忠先生，70年代曾代表国图接触过这批藏书，但由于种种原因与这批书失之交臂。

如今，身为国家文物鉴定委员会古籍组鉴定委员，李致忠先生想起这件事来仍然深感遗憾。李老还呼吁社会各界都来关注古籍保护和研究的现状，希望随"过云楼藏书"的现世，对之作出更进一步的研究，让束之高阁的古籍走出象牙塔。

国家文物鉴定委员会委员、上海图书馆陈先行先生认为"过云楼"的藏书，即便在清末江南藏书家群雄纷争的时候，也是首屈一指的。当年上图老馆长顾廷龙先生就力主收藏这批藏书而未果。在上海图书馆现藏的不下200种的宋本中，也拿不出《锦绣万花谷》这样单部就有40册的宋刻完本，这样的版本是不可多得的国宝，是无价的。

国家文物鉴定委员会委员、中国社会科学院杨成凯先生由于身体原因不能来到现场，也通过主办方发来贺词，他称"过云楼藏书"海内外驰名，大有珍稀难得好书，在保护古代文献方面做出了显赫的贡献，弘扬他们的事迹、表彰他们的功绩，劝导世人学习他们热爱文化传统的精神，是当今古籍保护工作的一项内容，应该得到重视。

对于这批藏书，当日与会古籍版本界前辈、专家学者纷纷予以肯定，从收藏、版本、文献、文化等多个方面阐释了其重要价值和意义，但同时

"过云楼藏书"研讨会现场照

强调，像"过云楼"这样有名的这么大一宗藏书，对它的研究仍远远不够，呼吁全社会更多关注"过云楼"，关注古籍的研究和保护工作。

从这则新闻中得知，"过云楼藏书"在北京国家图书馆展出以后，还将在杭州、上海、厦门、苏州、南京等几大城市巡展。

未谋其面，心已悸动。读后感想，在中华收藏传统中，古籍收藏历来高于书画收藏，至少直至清末民初时期概是如此。这一册册装帧朴素、貌不惊人的古代书籍，在藏书家们的眼中，却不亚于奇珍异宝，弥足珍贵。时至今日，宋元善本已寥若晨星，明清精写旧抄也已成珍贵之物。对于藏书家来说，"过云楼藏书"惊艳书林，或是一次可遇不可求的机会。

网友称"看一眼死了也值"

5月9日，星期三。

这些天来，一直关注着"过云楼藏书"在杭州、上海、厦门等地巡展的信息。人民网5月9日刊发题为《过云楼藏书看一眼死了也值，中国古籍的"天字第一号"》的新闻，报道称：

昨天，上海图书馆门口张贴了超大海报，北京匡时春拍过云楼藏书巡展到沪，连北京在内将一共巡展七大城市。几本古籍拍卖为何闹得如此高调？业内人士揭秘称，过云楼藏书中的一套宋版孤本《锦绣万花谷》堪称中国古籍里的"天字第一号"藏品，通过对它的推广，可以让人们认识到中国文化艺术品真正的价值排序，因为百年前的收藏界，古籍地位排在书画之上。

上海图书馆内，不但观众云集，更有上图的不少研究人员前来参观研究。国家文物鉴定委员会委员、上图历史文献中心副主任陈先行说，上图藏书规模浩大，但也没有《锦绣万花谷》那么好的宋版书。2000多页的《锦绣万花谷》是目前国内公私所藏部头最大最完整的宋版书。而过云楼藏书又自清道光开始，经历了好几代人，这批共179部古籍，是过云楼全部藏书的1/4，而解放后苏州顾家过云楼的书

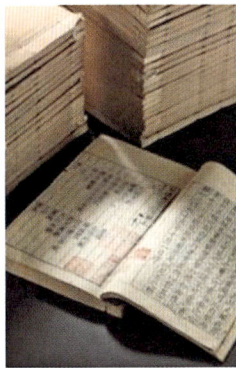

记者 詹皓 报道

昨天，上海图书馆门口张贴了超大海报，北京匡时春拍"过云楼"藏书巡展到沪，连北京在内将一共巡展七大城市，几本古籍拍卖为何闹得如此高调？业内人士揭秘称，过云楼藏书中的一套宋版孤本《锦绣万花谷》堪称中国古籍里的"天字第一号"藏品，通过对它的推广，可以让人们认识到中国文化艺术品真正的价值排序，因为百年前的收藏界，古籍地位排在书画之上。

过云楼藏书："看一眼死了也值"

昨天的上海图书馆内，不但观众云集，更有上图的不少研究人员前来参观研究。国家文物鉴定委员会委员、上图历史文献中心副主任陈先行说，上图藏书规模浩大，但也没有《锦绣万花谷》那么好的宋版书。2000多页的《锦绣万花谷》是目前国内公私所藏部头最大最完整的宋版书。而过云楼藏书又自清道光开始，经历了好几代人，这批共179部古籍，是过云楼全部藏书的四分之一，而解放后苏州顾家过云楼的书籍最多，和潘家的青铜器放一起，撑起了上海博物馆的半壁江山。过云楼的实力可见一斑。

有些观众专门为过云楼藏名而来，甚至有称其名是因《锦绣万花谷》合个影也好，更有人在微博上称"看一眼死了也值"。

过云楼收藏的态度是今天缺的

上图一位研究人员为本次现场鉴定，他们表示，其他不说，光欣赏到本上的字体，宋版书的字体和版型的放在一起比较，马上显示出大气优雅，元代刻本字体拘谨，明代字体也有可贵之处，但到了清代又工整呆板了起来。

现场一位研究过云楼藏书的人士称，过云楼顾家对于藏品的态度，才是我们今天收藏界所缺的，苏州顾家少了收藏，专门腾地盘建；让上百年来，为藏书开始放，便得藏品这么了，他们宁可流落他乡，生活潦倒一点没关系，但他们绝不会让任何一件藏品，在战乱年，顾家为了抢先运送书籍古籍，连年幼的儿子都给在汽车尾了；他们对于古籍的珍爱说话过书画，他们收藏古书后由来供欣赏器，莫名眼看到苏州顾家的怡园临摹过古画，却惊叹有别，小心翼翼保存，外人还手捧放入过去台，更不向社会公开，只有同顾家交情深厚的民国教育会长都增湖才得到过一次机会进入过云楼，进入时还不能带纸笔抄录。

人民网新闻截图

画捐赠，和潘家的青铜鼎一起，撑起了上海博物馆的半壁江山。过云楼的实力可见一斑。

有些观众专门为过云楼慕名而来，甚至作为粉丝来跟《锦绣万花谷》合个影也好，更有人在微博上称"看一眼死了也值"。

5月15日，"过云楼藏书"在厦门巡展。《海峡导报》一则新闻用了挺"扎眼"的标题。主标题为"过云楼神秘藏书现身厦门"，副标题是"网友称看一眼死了也值"。报道称，一直秘不示人的"过云楼藏书"，终于在厦再度揭开了它神秘的面纱。"谁把这批书买了，谁就是海内外中国古籍收藏第一人"，业内人士称。

凤凰集团能成为"海内外中国古籍收藏第一人"吗？

继而又想，在中国古代出版史上，图书的出版人往往同时又是古籍善本收藏家，这一中国古代出版文化传统，历经数百年，代代相传，沿袭不变。"盛世修典，和世存典，乱世毁典，末世忘典"，中华古籍对于出版人来说，始终是无法忘怀的稀世珍宝。作为全国最大的出版传媒集团，若是能出手买下这批珍贵的古籍，将是对中国古代出版文化最好的传承，也是作为出版人的荣耀和使命。凤凰集团已是拥有上万名员工、上百家公司的国内出版业领军企业，我的同道、凤凰人以书立命，视书为财富，那份对书籍的热爱、对文化的敬畏早已内化于心、深入骨髓。凤凰企业收藏有大量的中华古籍，几十年如一日悉心守护。凤凰旗下古籍出版社更是全国古籍出版的重镇，而在全国古籍书店纷纷"关门"的年代，凤凰旗下仍然经营着南京古籍书店、扬州古籍书店、苏州古籍书店等多家古籍书店，这在全国也是绝无仅有，是国内少有的一道亮丽的文化风景。江苏历史上就是藏书重镇，收藏之风盛行，私家藏书楼林立，引领风骚数百年。如今，爱书如命的凤凰人，说不定会为这批国宝古籍而拼命一搏的。想着想着，该有所行动了。

于是，拿着事先收集整理、仅仅3页纸的"过云楼藏书"资料，来到了集团董事长办公室。时任董事长、党委书记陈海燕仔细阅读着材料，自言自语地说，我看过"过云楼"的消息，这批书太珍贵了、太珍贵了！详细汇报已经掌握的"过云楼藏书"信息以及这些天来的所思所想后，笔者请示道：能不能先搞论证，实质性往前推进一下？陈海燕毅然决然地回答：凤凰要去争取，抓紧先搞论证，到时领导班子再集体研究。

一段轻松的隔空对话

5月17日，星期四。

当日上午，打电话给北京凤凰华章文化公司总经理许某某。笔者时任集团党委委员、人力资源部主任，党委分工负责分管艺术公司等相关企业，兼任这家公司的董事长。两人之间开始了一段轻松的隔空对话，至今记忆犹新。

问：你们关注到了"过云楼藏书"要整体拍卖这件事吗？

答：知道知道，在北京拍卖、收藏界都快"炸锅"了，到处都在谈论"过云楼"，这已经是一个热门话题了。

问：那我们研究一下怎么样？

答：（笑）不会是凤凰想买吧？前几天我们凤凰拍卖公司老总来，还议论起这件事。出版龙头企业，凤凰真该出手，可是底价要1.88亿，想都不敢想啊。

问：（笑）你怎么知道凤凰不会买？我们至少可以先论证论证啊。

结束了轻松的对话，笔者传达了集团主要领导的意见。因为古籍经营是这家北京公司的主要经营内容之一，公司与古籍界专家学者交往不少，是个有利条件。于是，两人商定，论证会争取三到五天内在北京召开，参加过拍卖公司论证会的专家就不再重复约请，同时不宣传不张扬，要秘密进行，会后形成论证报告。

第一次秘密论证会

5月20日，星期日。

当日，凤凰集团"过云楼藏书"专题研讨论证会，在北京亚洲大酒店举行。会议邀请了故宫博物院古籍组、人民大学古籍研究所、首都图书馆、国家博物馆等单位的8位专家学者参加：著名藏书家、中国拍卖协会法律部主任、上海政法学院教授田涛，中国科学院国家科学图书馆研究员、中国图书馆学会古籍整理与文献保护专业委员会委员、文化部全国古籍保护工作专家委员会委员罗琳，故宫博物院研究员、故宫博物院图书馆古籍组组长翁连溪，人民大学古籍研究所原所长、研究员宋平生，国家博物馆图书资料部研究员、学术研究中心主任黄燕生，首都图书馆原副馆长、研究员周心慧，首都图书馆研究员、图书馆文化服务中心主任马文大等。

论证会开始时，为了既让专家们畅所欲言，充分发表意见，又能隐藏凤凰可能出手竞买的意图，笔者先讲了一番话，大意是，凤凰是做出版的文化企业，对书有天然的喜爱，召开这个座谈会，只是想听听专家们对这批书的文化价值的看法。我们承诺，专家们今天的发言，不会用于任何商业目的。同时向专家们提出请求，会议要作全程录音。

论证会持续了3个多小时。8位专家们得出的基本结论是，以宋版《锦绣万花谷》为代表的这批"过云楼藏书"，流传有序，珍品纷披，经多位名家收藏或批校题跋，钤盖的收藏印数量甚多，因此这批藏品属于真品不存在疑义，而且珍品精品突出，"顾氏这179种藏书有150多部都可归入善本"，又使这批藏书具有极高的历史文化价值和经济价值。特别是宋版书《锦绣万花谷》，是目前已知海内外最大部头的宋版书，品相完整，印制精美，更难能可贵的是内容完整，多达 40 册一整套，可谓是难得一见的珍品，"这样整套的宋版书简直是空前绝后"。有专家认为，宋版书历来有"寸纸寸金"之说，仅《锦绣万花谷》40 册，其价值就超过 1.8 亿底价。有专家提出，价值不说，大概要 3 个亿左右，就是这个价钱，也值。

与会多位专家见证过 2005 年"过云楼藏书"专场拍卖。谈到当年嘉德拍卖公司拓晓堂先生历经十多年努力，才说服顾氏后人把这批藏书上拍。因为当事人不愿提及，其中的曲折已经无从得知。当时，嘉德公司为拍卖这批书做了整体拍卖和分散拍卖两手准备。嘉德拍卖图录上，把这批古籍中的每套书都做了估价，其中一套《锦绣万花谷》的估价就为 1100 万元，整体起拍价是 2100 万元。拍卖当天，按照要求，拍卖师先报出整体拍卖起拍价 2100 万元，有买家应声举牌，最终加上佣金，以 2300 万元的高价整体成交。这个神秘的买家究竟是谁？大家都不知道。这批藏书拍卖能一锤定音，被整体拍卖，而没有被分散拍卖，实是一件好事，使藏书得到了整体保护。其实，这批古籍在拍卖前，并没有引起世人的瞩目，只在业内引起了轰动。"过云楼藏书"拍出 2300 万元高价的消息传播开来，社会上才开始关注。

论证会上，专家们特别期待这批"过云楼藏书"能有一个好的归宿，不要让它再流落民间，更不愿看到作为整体的这批珍稀藏书重复历史上"人亡书散"的宿命。一位专家说，"现在花多少个亿建一座楼，没有什么人知道你是谁，但谁要买下了这批珍贵的藏书，则天下人都知道了你是谁。"

论证会后，连夜整理出专家发言录音文字稿。第二天，还通过个别拜访方式，听取多位古籍市场专家的意见。

凤凰版论证报告出炉

5月22日，星期二。

经过专家论证会、个别拜访、收集文献等一系列前期工作，《关于"过云楼藏书"的论证分析报告》今日出炉。这份近200页的论证报告，除主报告外，还包括了"顾氏过云楼及其藏书""宋刻本的价值""过云楼藏书目录""关于古籍善本与古籍文献的投资市场分析与前景展望""凤凰集团过云楼藏书专家研讨会录音整理稿""匡时拍卖公司过云楼藏书研讨会关于《锦绣万花谷》的摘要""匡时拍卖公司过云楼藏书研讨会论文集"等7个部分的内容。

论证分析主报告，分"过云楼藏书"的版本及文献价值、凤凰集团收购"过云楼藏书"的意义两大部分。第一部分阐述了"顾氏过云楼藏书始末""过云楼藏书精品""过云楼藏书的历史文物价值"三方面内容。"顾氏过云楼藏书始末"较详细地记述了过云楼的历史、楼主顾氏一门及百年收藏的概况。

"过云楼藏书精品"对这批过云楼藏书自宋代至清代各类刻本、抄本、稿本、批校本等，按宋元刻本、明清刻本、抄稿本、批校本分别作了归类分析，因文字较多，在此仅择其要点，读起来或许有些枯燥，但内含大量藏书信息：

宋元刻本。全部179种藏书中，宋元刻本5部。最令世人瞩目的为宋刻孤本《锦绣万花谷》80卷（前集40卷24册，后集40卷16册），为成书于南宋时期的一部类书。传世宋刻本有3种，分别是十一行本、十二行本、十三行本。国家图书馆藏有十一行本和十三行本，十一行本存69卷不全，

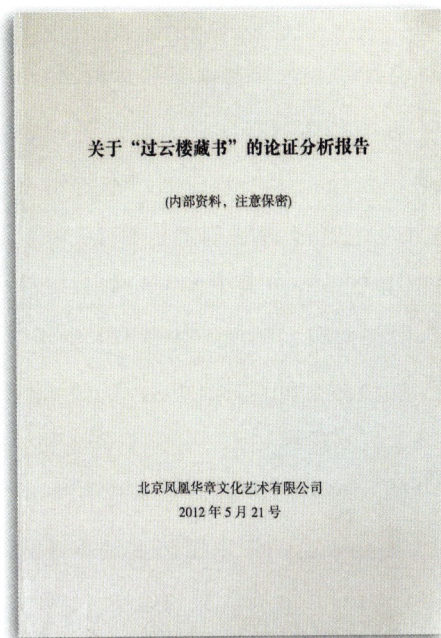

《关于"过云楼藏书"的论证分析报告》

十三行本仅有续集 40 卷。日本静嘉堂文库藏有残缺十二行本，为湖州皕宋楼旧藏。故专家认定过云楼藏十二行宋刻本为存世孤本，书品上乘，尤为难得。藏书中还有元刻本 4 种，其中 3 种元刻确切无疑，元刻本《皇朝名臣续碑传琬琰集》钤有"歙西长塘鲍氏知不足斋藏书印"，为鲍廷博旧藏，考定为元本，此书未见《中国古籍善本目录》著录，为海内外孤本。元刻本《针灸资生经七卷目录二卷》，宋王执中撰，旧题"元广勤书堂刻本"，黑口，四周双边，目录上卷第二行镌"广勤书堂刊"，据《中国古籍善本书目》，仅国家图书馆、上海图书馆、浙江图书馆 3 家藏有此书，故亦应属珍贵善本。元刻本《周易启蒙翼传》有李福题签称："此本为顾广圻'小读书堆藏'旧物。此本前有皇庆癸巳胡一桂序，此本雕版精湛，初刻初印，完整如新，令人对顾氏小读书堆藏书起敬。此本全国公藏书目著录仅存一部，此为偶也。李福题签。"不仅说明此本传世至罕，还证明此书为清代著名校勘学家顾广圻旧藏。

　　明清刻本。过云楼这批藏书中，明刻本有 50 余种，涵盖明初、明中、明后 3 个时期。其中，明初刻本有《香溪范贤良文集》，傅增湘著录为明初黑口本，为清代中叶藏书家和刻书家张金吾爱日精庐旧藏。还有明正统十二年（1447）司礼监刻本《四书》，为供宫中之用的经厂本。还有一部《前汉书》，初刻于明正统间，后递经修补，明代刻工具名于书口。明中期刻本有明弘治间叶天爵刻本《豫章黄先生别集》，明弘治十六年（1503）黄氏集义堂刻本《石田诗稿》，明弘治十八年（1505）慎独斋刻本《大明一统志》，明弘治间刻本《重刊欧阳文正公集》，明中期刻本《皇极经世书说》等，均属流传较少且具有明中期典型版刻风格的刻本……明嘉靖、万历间刻本较多，这也是明刻本传世的一个特征。尽管是明后期刻本，其间不乏名家刻印或名家收藏本，如明嘉靖间赵府居敬堂刻本《黄帝素问灵枢经》，为明代赵王府刻本，清代怡王府旧藏；明嘉靖刻本《扬子法言》，为顾春世德堂刻《六子书》之一；明嘉靖间刻本《元氏长庆集》白棉纸本为明项元汴、毛晋汲古阁等名家递藏之物。此外，毛晋汲古阁刻本也有 10 种左右。清代刻本约 60 种，官刻、家刻、坊刻俱全。清初毛氏汲古阁刻本《说文解字》为清初写刻杰作，这批书中有其初刻初印本一部；被誉为"康版"的康熙、雍正、乾隆时期写刻精品有多部，如清康熙间刻本《香祖笔记》《渔洋山人精华录》《在园杂志》《敬业堂诗集》，乾隆间刻本《吾友于斋诗钞》《画禅室随笔》《渔洋杜诗话》《金石三例》等；清内府刻本康熙五十九年（1720）武英殿刻本《韵府拾遗》；属于家刻本有清中期敬慎堂刻《明史稿》261 卷 120 册；因被列为禁书罕有流传的有清周氏赖古堂刻本《闽小记》……

抄稿本。过云楼这批藏书中抄稿本较多，约 40 种，表现了藏家的趣好。手稿特有的原创性、唯一性，有的还具有书法或绘画艺术性，而且没有因出版者擅自删改或误录误刻所产生的诸多问题，其文献价值远在刻本与抄本之上。这 40 种抄稿本中有许多名家手稿手迹。如卢文弨自撰《卢先生手稿》成书于清乾隆间，为卢文弨读书笔记，内容涉及面很广。清雍正元年（1723）史炜稿本《史夒鉴定》《史炜纂述》《致身录十无辨》3 种，末有雍正元年史炜跋，系史氏家传之物。未见流传的稿本还有沈钦韩稿本《汉书证经》，清道光咸丰间稿本《秋圃诗话》，明兰格姜氏手稿本《孙过庭书谱释文》，清吴芝手稿本《题跋录》等。藏书中还有清后期著名人士刘履芬手稿本《鸥梦词》1 册，另有其抄写的《乾道临安志》《遂初堂书目》《秋笳集》《郑志》《尚书大传考纂》共 5 种书，可谓刘履芬抄本的汇集。……这批抄稿本中最称名家之笔的当属清嘉庆十四年（1809）吴骞拜经楼抄本《敬业堂文集》，吴骞跋称前曾以涉园张选岩舫传抄 1 部，毁于火，又从王紫溪仲言借录。书中有校。此书《中国古籍善本书目》未见著录，甚为珍贵。抄本中还有 2 种为名家旧藏：清雍正间抄本《光庵集》，朱彝尊旧藏，清中期抄本《契丹国志》，黄丕烈旧藏，均为不易得见之物。

批校本。过云楼这批藏书中有批校本 10 种，均是名家批校。每一种堪称绝品。其中明抄本《谈苑》6 卷 2 册，为黄丕烈、顾锡麒校，有顾锡麒题跋称："此本向藏黄荛圃家，曾加校勘，惜未精审，黄氏书散后辗转入余家，即以艺海（珠尘）本对校补其脱略，犹未足为尽善尽美也。"此书《中国古籍善本书目》著录仅存 2 部明抄本，未见刻本。明抄、黄校、顾校，齐集一书，愈见珍贵。……清乾隆间钱塘郁礼东啸轩抄本《竹素山房诗集》，有鲍廷博批注并校补，甚为罕见。清康熙四十一年（1702）张氏泽存堂刻本《泽存堂广韵》5 卷 5 册，卷首扉页钤有"进呈御览"双龙圆印记，卷一下有"乙丑三月以集韵勘彼不载者，其旁为识，涧"朱字一行。卷四尾有"道光元年岁在辛巳，用洪钤庵所藏曹栋亭家宋小字本，略校一过，千里"。清刻本《闲者轩帖考》扉页有沈韵初题记："知不足斋鲍渌钦手校"，为鲍廷博手校之书。明汲古阁刻本《中吴纪闻》前序后有何焯跋并校注。这批"过云楼藏书"批校本中，黄丕烈、顾锡麒、鲍廷博三者齐备，也当是书林奇观。

在"过云楼藏书的历史文物价值"论述中提到，在当今拍卖市场上，一幅名画或一件官窑瓷器，甚至一件珠宝饰品，可以拍到几千万或上亿元，但它们的文物价值与文献价值无法与这一部煌煌 40 册、宋刻宋印的《锦绣万花谷》相比！更遑论与这一整批珍贵的古籍善本相比！一是宋刻孤本《锦绣万花谷》会成为古籍流通市场的最后一道风景。许多古籍专家认为，一部《锦绣万花谷》，其市场价值就至少在 2 亿元以上。1994 年古籍走入市场之后出现过的宋元刻本，大多为残部零册散页，整部出现极少，今后恐怕也是难以再现。二是元代及明初刻本也渐成罕见之物。元刻本《皇朝名臣续碑传琬琰集》，历经明末毛氏汲古阁，清鲍氏知不足斋藏，是《中华再造善本》仅收入的 2 部私人藏书之一。元刻本《胡思绍校周易启蒙翼传三篇外传一篇》为顾千里"小读书堆藏"旧物。此本雕刻精湛，初刻初印，完整如新。全国公藏书目录著录仅存 1 部。三是众多名家批校、旧藏，提升了整体藏书的档次。《广韵五卷》为张氏泽存堂刻本，有顾千里"书宋椠广韵后"跋。为顾千里、临惠栋、段玉裁校，并以集韵自校。顾校原本已不知所踪，故王大隆先生编撰"校录"以此临本为据，是为底本。顾氏藏书中还有黄丕烈、吴骞等人旧藏，均属收藏家视同珍宝的藏品。四是流传有序，真伪已断，也是收藏界看重的要素。包括宋刻《锦绣万花谷》在内，过云楼藏书中相当部分多递经名家收藏，藏书印、题跋、著录均表现出各书出处来历，大部分古籍版刻年代清晰，品相亦属上乘。

论证分析报告着重从打响凤凰品牌、提高企业社会知名度、厚植集团文化底蕴、确立行业龙头地位、国宝合璧江南、传承江南藏书文化等多角度，论述了凤凰集团收购过云楼藏书的意义。

论证报告对购买这批藏书的经济价值作了分析，认为这批藏书本身就有很大的投资价值，仅以其中最著名的宋版书为例，早在明代宋版书就已是人们追求的收藏极品，购得一部需要数十两黄金。清代有"一页宋版一两黄金"之说，至民国时期价格更是高得惊人，时人称作"寸纸寸金"。近几十年来人们看到的宋版书多为零星散本，如此完整成套并达到40册之多的宋版书，是极其罕见的。仅宋版书《锦绣万花谷》所具备的投资价值与升值空间之大是可以想象的。其余的书籍据专家评估，有许多部价值不菲的珍品，购买这批藏品确实是物有所值，将来的价格会有进一步的跃升。同时，凤凰集团作为出版机构，对这批古籍经过整理，进行影印出版，极具藏品的再造价值。

当日上午，刚刚装订好的《论证分析报告》递到了集团董事长手上。他阅读了论证分析报告主报告后，当即决定，马上分发给党委成员，次日上午召开党委会集体研究。时任集团党委委员、出版传媒股份公司总经理周斌正在外地出差，不能参加第二天会议，陈董事长委托笔者电话征求意见。这位大学新闻学院院长、教授出身的出版企业家，显然早已关注到"过云楼藏书"消息，当即表态全力支持，并让在会上转述他的意见。

刻本　抄稿本　批校本

刻本——是指用雕版印刷而成的书籍，亦称刊本、椠本、镌本。按年代分有唐、五代、宋、金、元、明、清、民国刻本；按地域分有浙本（浙江地区刻本）、闽本（福建地区刻本）、蜀本（四川地区刻本）、平水本（山西平水刻本）等；按刻印主体分官刻本、家刻本、坊刻本（书商刻印）。

抄稿本——即著者原稿，分为手稿本、清稿本、修改稿本三类。手稿本由著者手书，清稿本是由著者誊清的书稿，修改稿本是著者在别人帮助誊清的本子上以朱墨笔修改。稿本是诸本之祖，出于著者之手，无传抄、翻刻之误，弥足珍贵。抄本是稿本或印本的传抄本。雕版印刷流行之后，抄本与刻本并行不废。出于名家抄写、校订的精抄本则更是珍贵文物。

批校本——包括批本、校本和批校本三种。批本是文人、学者在刻本或抄本上加以批评圈点。古人读书喜欢圈点、评论，有学问的人更在评点的同时笺注故实、解释词句。校本是文人、学者在刻本或抄本上用其他刻本或抄本来校出异文，改正文字，取长补短，形成更加完善的本子。批校本是指既圈点批注又校勘的本子。

"那我们就搏一把！"

5月23日，星期三。

上午，凤凰集团党委会在凤凰总部办公大楼举行。

这次领导班子会议有些特别，因为会议只有一个议题——研究"过云楼藏书"竞拍收购项目。

主持会议的陈海燕先说了一番话：今天开个党委会，专门研究商量一件很重要的事情。根据集团发展战略，与艺术出版联动，发展艺术品经营，希望把它做成一个新的增长点。最近得到一个消息，拍卖市场将出现新中国成立以来罕见的一次有规模的古籍善本拍卖，将会产生很大的影响，当然投资也不菲。昨天向宣传部领导作了专门汇报。我们前期进行了调研评估，现在结果已经出来了。由于时间比较紧，抓紧做一个决策，以前我们还没有做过这样的决策，我们还是要谨慎对待、慎重决策。

讨论古籍善本这一话题，事先又看了论证报告，多为出版专家的班子成员有些兴奋，讨论直奔主题。听取了前期调研论证工作汇报后，大家纷纷发言，热烈讨论起来。大家围绕古籍善本的文化价值和经济价值、国有骨干文化企业的使命担当、投资安全性、参与拍卖的操作方式等问题，发表意见。班子成员全体同意收购过云楼藏书，形成统一意见，认为这个事值得去搏一搏。考虑到社会效益，国有文化企业这个时候挺身而出，把散落民间的（古籍）搜集起来，把它收到国有资产这个口袋里面来，这是为国家、为民族、为江苏做的一件有意义的事。有巨大社会影响、社会效益的（事），我们力所能及的，那我们就当仁不让。从投资角度来说，这是安全的投资，因为它是不可复制的东西，独一无二的，不可替代的。从文物拍卖的价值看，它只会增值，至少不会贬值。从资产价值来说，它是有保障的，是稳定上升的。出版还有相关性，它具有开发价值。出版企业是爱书的，钱是用来投资文化的。我们要形成报告，明确意义，展现江苏国有骨干文化企业的实力。这个投资是长久存在的，大家还谈了标的物的价值和运作方式。会议还讨论到，一旦收购达成，藏书一过来，要像《富春山居图》那样做一次合璧展，联合南京图书馆举行一次"过云楼藏书"合璧江南特展，还要造个藏书楼（凤凰人想得远吧？此时拍卖竞购这件事八字还没一撇呢）。会议集体议定：正式启动"过云楼藏书"竞拍收购项目；立即给上级打报告，这个报告要写好，阐明这件事的意义，一定不能让藏书流失民间，一定不能让藏书流失外省；继续做深入调研，特别是古籍市场调研；收购价格确定为2.5亿元之内，同时，集体授权董事长5000万元内的现场临机处置权；会议内容要严格保密（3个亿的意向收购价格，是底牌，是凤凰核心商业机密，一旦被泄露出去，就不会是最后的拍卖成交价。事实证明，领导班子集体牢牢守住了这个秘密）。

最后，陈海燕用一句话总结会议：那我们就搏一把！

"支持凤凰竞购'过云楼'"

5月24日，星期四。

昨日下午，近3000字的《凤凰出版传媒集团有限公司关于竞拍收购"过云楼藏书"古籍善本的报告》急送省委宣传部，报告了集体研究参与"过云楼藏书"古籍善本竞拍，正式启动竞拍收购项目的决定，请求批准。这个报告得到了上级主管部门的迅速回应。

报告阐述了"过云楼"及"过云楼藏书"的来历、前期调研论证工作等情况，重点是凤凰作为江苏的骨干文化企业，作为国内出版领军企业，参与竞拍收购"过云楼藏书"的意义有三点。以下引述的是要点部分：

一、竞拍收购"过云楼藏书"，是在履行文化传承的重大使命，对江苏文化发展是一件好事。作为国宝级的文化珍品，"过云楼藏书"拥有至高的文化价值、历史价值和经济价值，对"过云楼藏书"的保护就是对中国悠久文化和传统的保护，对国家、对社会，特别是对江苏都是一件意义重大的事。在推进江苏"文化强省"战略的背景下，凤凰集团挺身而出，通过努力让历经几百年风雨的"过云楼藏书"重归江南大地，重回江苏怀抱，足可以体现出江苏文化的叶大根深，是贯彻省委"文化强省"战略的一个实际行动。

同时，这也将是江苏人民的一大幸事、一大骄傲。历史上的江苏，文化底蕴在中国几千年文化脉络中浓墨重彩，而今的江苏，文化影响力在全国更是举足轻重。文化底蕴靠积淀，文化影响靠彰显，一张一弛，江苏的"文化强省"战略显现出卓尔不群的实力和气魄。国宝级"过云楼藏书"荣归故里之日，将是南京图书馆馆藏3/4"过云楼藏书"与凤凰集团成功竞拍收购 1/4 "过云楼藏书" 珠联璧合之时。我们将与南京图书馆举办"过云楼藏书"合璧展，这将是中国文化传承历史上的一个盛举，其影响甚至可堪比海峡两岸《富春山居图》的合璧展出。

凤凰集团作为负有文化传承使命的国有骨干文化企业，以爱书护书为己任，企业盈利用来投资文化，将国有资产进行优化投资使用责无旁贷。不让它散落在民间，不让它流失到省外，"完璧归赵"，让这批文化珍品收归国有资产控制，将是其最好最稳妥的归宿，也是国有资产最具价值的投资。

二、竞拍收购"过云楼藏书"，所能产生的巨大社会效益将为提升江苏文化影响力，树立凤凰集团的出版文化领军企业形象助力。"过云楼藏书"的历史研究价值、馆藏史料价值和社会文化教育价值是不能用金钱来衡量的。对于竞拍收购"过云楼藏书"这样有巨大社会影响和社会效益的事，只要凤凰集团力所能及，我们就要当仁不让，志在必得。

"过云楼藏书"竞拍必然会在文化界、出版界引发轰动效应，所带来的"广告效应"，对凤凰集团在国际国内文化出版界和社会公众中的行业形象意义重大。通过竞拍收购，从其轰动性的新闻效应中，江苏文化产业和凤凰集团都会收获巨大的广告效益。此次竞拍在各地的巡展和媒体广泛宣传，使其具有的宣传价值、广告价值早已超出了拍品本身。由于拍卖标的已经接近 2 亿元人民币，有可能成为新的古籍善本拍卖价格新高，一旦金锤敲落，宝回江苏，花落凤凰，"功在当代、利在千秋"的企业社会责任精神会随之广为传播，能为促进江苏文化繁荣，实现"文化强省"做出一大贡献。

三、竞拍收购"过云楼藏书"，是一项稳健安全的投资，能够保证国有资产的保值增值。除了潜在的文化传承价值，从纯粹的资本投资角度来说，对"过云楼藏书"的投资也是一项稳健的投资。这些藏品之所以能够成为众星捧月的文化国宝，是因其文化价值绝伦、孤品稀缺性、不可替代性和不可复制性，资产只会保值增值，至少不会贬值。投资是有保障的，是安全的，并且存在较大的后续升值空间。同时，我们会将这批藏书作为一种优质资产，在后续开发利用上下功夫，努力实现投资增值，而不是简单地作为典藏品。作为凤凰藏书楼"镇馆之宝"，与出版联动，带动集团的艺术品经营，使艺术品经营成为集团一个新的经济增长点；同时，"过云楼藏书"本身具有极高的再出版价值，也能带来良好的社会效益和经济效益。

当日，主管部门迅即提出拟办意见：支持凤凰集团参与竞拍收购。省委常委、宣传部长王燕文，常务副部长章剑华、分管副部长梁勇，第一时间作出批示，"收购过云楼善本很有意义""支持凤凰收购，让文物回归江苏"。

第二次秘密论证会

5 月 25 日，星期五（之一）。

当天晚上，凤凰集团第二次"过云楼藏书"专家论证会在上海富豪环球东亚酒店举行。笔者赴上海主持会议。4 位古籍善本研究和市场专家受邀出席，他们是：上海市新闻出版局副局长（正局级）、上海朵云轩拍卖公司原

"过云楼藏书"研讨会现场照

总经理祝君波，上海图书馆历史文献中心副主任、研究馆员陈先行，上海嘉泰古籍文献部主管、朵云轩原负责人崔尔平，上海朵云轩拍卖公司原总经理张荣德。与北京第一次"过云楼藏书"论证会一样，组织者也提出要求全程录音的请求，同样也得到与会者许可。

与会专家着重从古籍善本市场价值、价格市场趋势角度发表意见。"新中国拍卖第一人"祝君波说，陈先生（指当天与会的陈先行）在"过云楼藏书"研讨会论文集上有段话："一幅近现代名人画作价格动辄上亿，买家不以为贵，而 2005 年嘉德公司首次拍卖过云楼这批藏书时，许多藏家却在 2300 万元面前缩手裹足了，我当时就说，过不了几年，一部《锦绣万花谷》就不止这个价，其余都是白送的。这实在是不可多得的国宝，

原本就是无价的。"这是个大实话。他透露北京市文物局的文件已经出来了，认定这批过云楼藏书全部为文物，其中有 5 件被定为国家一级文物，30 年、50 年都遇不到这套书了，这种东西，错过了恐怕就要百年之后了。

说起"过云楼藏书"，陈先行先生娓娓道来，话里满是故事。他谈到，2005 年，第一次知道这批藏品要上拍，第一时间告诉了 ×× 图书馆，没有人理会。这部《锦绣万花谷》，这批过云楼藏书，"抄家"的时候进过上海图书馆，落实政策的时候又退回了。那时，有些书破破烂烂的，上海图书馆对这批书进行了整理，其实也是保护。上图（上海图书馆）用最好的纸，基本上都是金镶玉装，都是上图装的。归还给过云楼顾家四房后，老馆长顾老就去做工作，能不能转让给上图。当时出的钱，大概也是五六万，馆里根本没有这么多钱，书没拿到，老先生很遗憾。2005 年时的这个价格，买下这部书就值了（指《锦绣万花谷》）。这个书是举世无双的，真要给我一笔钱，让我花 2.28 亿去买幅李可染的画，那我肯定买这批书。

陈先生又说起"翁氏藏书"海外回流的故事："翁氏藏书"回流前，最早是上海别的单位想买，市委领导发话，书还是上图收藏比较好。然后馆领导就来找我，2 点钟跟我谈话布置任务，5 点钟就要交出报告，挺急的。"翁氏藏书"是 20 世纪 40 年代因战乱流失国外的，其实在那个年代也是重点保护的。想得到这批古籍的是日本、东南亚国家和中国台湾的人。我执笔的报告写了两部分：一个是把翁氏的 8 种宋版孤本，每一种写了提要；一个是写了青史留名的意义所在。2000 年 4 月 28 日"翁氏藏书"终于回归祖国，成为中国文化界的一件大事载入史册。当年，政府花了 ××× 万美元，大家才知道原来古籍那么值钱。现在字画比古籍价格高，因为真正懂书、懂古籍善本的人还很少，是个小众文化。画是不是大家都懂呢？也未必。举个例子，乾隆皇帝的题画，10 幅画有 9 幅是把画面原作破坏了，但价格反而越炒越高，因为有乾隆题跋。乾隆题的字都在画的白当中，画都不透气了，反而它不断增值，但书可能就没有更多的地方让乾隆题，乾隆题跋书，往往是另纸上，再装订上去的。对书籍皇帝也敬畏，不敢乱来。

专家们谈到古籍善本的市场价格走势问题。认为观察古籍善本市场有几个方面考虑，一是学术上的认定，从学术上如果认定是好的话，学术价值越高，接下来市场价值就高。二是依我们做市场的人看，价格最高的东西，第二次出现在市场上，价格上肯定是成 5 倍、10 倍地增长。中国拍卖市场，国际上苏富比、嘉士德，都是这个市场趋势。崔尔平先生讲到：据他经历的，朵云轩成立开始做拍卖以来，古籍善本价格从来没有走过下行路线。朵云轩第一次拍一部镇江人物集，还写信给镇江市长，那是 1996 年的事，到 1998 年北京第二次拍 12 万，到 2007 年拍了 137 万。古籍价格只会往上走，他经手的古书，整体上从来没有走下行线的，因为古籍具有唯一性。专家们认为，价格问题，在商言商，拍卖市场最终出的最高价就是市场价格。"过云楼藏书"学术上可以说已经有好的定论，市场空间就太大了。艺术品市场上越是价格最贵的，不用担心后面会不会贬值。而在历史、文化层面，谁能买下这样的珍品是功德无量的，是件青史留名的事，后代世世代代都会记住。

当天在座的多为拍卖市场的"老人"。交流中得知，潜在竞买人可能来自北京、浙江和江苏苏州，其中提到了北大图书馆，同时他们认为不能排除有私人藏家半路杀出的可能。这与我们此前已打探到的信息和预判基本一致。

记得当天一个挺有意思的活动细节。由于时间关系，活动安排在傍晚时分进行，地点就在酒店餐厅。一次"饭局"上的研讨会，只是桌子转盘上多了一只录音机。两个小时下来，发现桌上的菜肴几乎未动，专家们只顾发表意见，还饿着肚子呢，只好临时点了面条充饥。爱书人的这一举动，着实让人感动。

翁氏藏书

翁氏藏书是指清代翁同龢所藏古籍善本。翁同龢是中国近代史上著名政治家，也是著名藏书家。翁同龢（1830—1904），字叔平，号松禅，江苏常熟人，先后担任清同治、光绪两代帝师，历任户部、工部尚书，军机大臣兼总理各国事务衙门大臣。翁氏藏书从其父翁心存开始，递传 6 代。作为"状元门弟，帝师世家"的翁氏一门，收藏水准非一般藏书家所能企及，左图右史，典籍充栋，收藏宋元刊本数百种，且珍秘罕见。翁氏藏书室有"一经堂""韵斋"，在常熟祖居有"宝瓠斋"，自己筑有"瓶庐"。藏书印有"叔平所得金石文字""松禅""松禅居士""翁同龢观""常熟翁同龢藏本""虞山揽秀堂翁氏藏书"等。

翁同龢在京为官40多年，平生喜藏书，居官朝中时常去琉璃厂访书，陆续购进许多善本。其中有乾隆进士、嘉庆帝师彭元瑞的知圣道斋藏书，怡亲王身后流散出府的乐善堂旧藏。清朝末年，时值战乱，公私藏书多有散出，翁氏藏书主要部分即为此时购入。1898年戊戌变法失败后，翁同龢革职归里。后由翁氏侄孙将京师旧居所藏典籍碑帖，一部分移存天津，一部分运回常熟。新中国成立之后，翁氏后人将部分古籍捐献给了北京图书馆和北京大学图书馆。此后的几十年间，翁氏藏书却寂然无声，再没有翁氏藏书大批存在的迹象。直到1985年美国纽约大都会博物馆举办中国古籍善本展览，一批翁氏藏书蓦然出现在世人面前。原来这部分藏书属翁氏后人、旅居美国的翁万戈先生拥有。百年来学人想望、不知存否的孤本秘籍，再次引起了中国知识界的注目，这才有了2000年翁氏藏书远涉重洋、回归故里的一段佳话。

悬在心头的那块石头

5月25日，星期五（之二）。

当忙完与专家见面，刚回到酒店房间，就接获北京同事电话，告知北京市文物局已经下文明确"过云楼藏书"拍卖的审核意见。过了一会，电子邮箱收到了一份文件影印件。这份编号为"京文物（2012）561号"的北京市文物局文件，是对北京匡时国际拍卖有限公司关于2012年春季拍卖会"过云楼藏书"专场文物标的审核的批复，5月22日正式印发：

我局于5月8日组织北京市文物鉴定委员会专家对你公司申报的文物类标的进行了实物审核，依据《中华人民共和国文物保护法》《文物拍卖管理暂行规定》和北京市文物局对文物拍卖管理的相关规定，现批复如下：

一、经审核，此次拍卖会（举办时间：2012年5月30日—6月4日）申报的古籍类标的1件（179册），均属于文物监管范围。其中，元黄瑞节附录《易学启蒙朱子成书》、元胡一桂撰《周易启蒙翼传三篇外传一篇》八卷、宋杜大桂编纂《皇朝名臣续编碑传琬琰集》、元太监王公编《针灸资生经》七卷、宋《锦绣万花谷前集四十卷后集四十卷》共5册为一级文物，依据《中华人民共和国文物保护法》第五十八条的相关规定，国有文物收藏单位对上述标的具有优先购买权。

二、依据《文物出境鉴定管理办法》的相关规定，属于禁止出境的标的已在清册中用★号标识（以所报清册序号为准），应在拍卖活动前告知竞买人，涉及其它事项的请依法向有关部门申请办理。

凤凰衔书："过云楼藏书"回归江南记

至此，事关"过云楼藏书"真伪问题已完全不存疑议。文件中"申报的古籍类标的1件（179种），均属于文物监管范围"，"其中，元黄瑞节附录《易学启蒙朱子成书》……共5册为一级文物"的审核结论，从根本上解决了拍卖品的真伪问题。真伪决定价值，价值决定价格，真伪问题总是拍卖竞购者关心的第一位问题，是悬在心头沉甸甸的石头。尽管此前无论是拍卖公司还是凤凰集团组织的专家论证会上，国内一批著名古籍专家已给出了明确的结论，但这样一份官方红头文件的分量还是重啊。悬在笔者心中的那块石头落地了！

仔细读完文件，随即用手机短信报告给陈董事长。短信发出，手机铃声立即响起，领导来电，只交待一句话：马上报告宣传部领导。短信再发出，手机铃声又立即响起，梁勇副部长说：好消息，那么多一级文物啊！

可是，文件中"依据《中华人民共和国文物保护法》第五十八条的相关规定，国有文物收藏单位对上述标的具有优先购买权"一句，又让自己有些感到迷茫，没有听说过的新名词呀。什么是"优先购买权"？谁具有"国有文物收藏单位"资格？这还真是自己没有掌握的知识盲点呢。立刻上网检索相关法律条文和知识，顿时恍然大悟，原来文物拍卖过程中还会有"得

北京市文物局批复截图

而复失"的事情发生。

文物优先购买权

《中华人民共和国文物保护法》第五十八条规定：文物行政部门在审核拟拍卖的文物时，可以指定国有文物收藏单位优先购买其中的珍贵文物。购买价格由文物收藏单位的代表与文物的委托人协商确定。

优先购买权又称先买权，是指特定人依照法律规定或合同约定，在出卖人出卖标的物于第三人时，享有的在同等条件下优先于第三人购买的权利。优先购买权是民商法上较为重要的一项制度，古今中外立法对此都有相关规定。民法上的优先购买权制度始自拜占庭时期的罗马法，被法、德民法典继承。中国古代法上也有"应典卖倚当物业，先问房亲，房亲不要，次问东邻"等优先购买权的规定。优先购买权行使的实质要件是"同等条件"。优先购买权制度是法律在保障出卖人合法利益不受侵害的前提下，赋予特殊主体以特殊利益的一种制度。

2009年，中国政府首次依法行使"文物优先购买权"。国家文物局6月5日发出《关于优先购买"陈独秀等致胡适信札"的函》，对"中国嘉德2009春季拍卖会古籍善本专场"第2833号拍品"陈独秀等致胡适信札"按照成交价（554.4万元）行使国家优先购买权。买受人在深表遗憾后服从了政府决定。这件事没有引起什么风波，文物最终由中国人民大学博物馆收藏。

"潜伏"北京的日子里

5月26日—6月2日，星期六至下星期六。

汇报上海论证会情况后，受集团主要领导指派，当天急忙赶赴北京。入住位于工体北路新中西街8号的北京亚洲大酒店。

此行目的说简单也简单，就是前出"抵近指挥"，做好参与竞拍前期工作。当天即组织了以旗下北京凤凰华章艺术公司人员组成的3人工作小组，他们中有两人是熟悉古籍市场人士。与工作小组商定，开拍前做好5件事：严格保密工作，隐藏凤凰的意图，不让拍卖公司、竞争对手知道凤凰的决心；情报收集，想方设法获取潜在竞争对手情况；根据党委决策，与藏家和拍卖公司保持适度接触，争取私下成交；有选择拜访北京古籍市场界人士；选择适当时机，与拍卖公司就拍卖报价阶梯、保证金交纳等进行实质性谈判。

按照约定，与工作小组负责人每天晚上见面一次，交换情况，商讨对策。一天工作下来，颇有收获。操作团队基本打探到了多个潜在买家的情况，包括北大一批知名专家学者联名写信给校方、组织专家论证会等。与藏家几次接触下来，排除了私下成交可能性。拜访北京古籍市场人士，对古籍市场有了更多了解。与拍卖公司的接触，采取了"三不"策略，即不主动上门、不主动约谈、不采取正式谈判方式，在喝茶聊天中说事，保持一种若即若离的状态。连续多日紧张工作，工作小组成员已非常疲劳，有时凌晨两三点钟才赶到酒店汇报，从不抽烟的老总进门就伸出手，"给我一支烟吧！"

"潜伏"北京的日子还真不好过。整天呆在酒店房间里，大门不出，二门不迈，没有可以说说话的人，没有与北京的朋友熟人见面通电话，这让自己进入了一个完全自我封闭的状态。虽说个人简历上有侦察营政治教导员经历，却从没有过这样真实的感受，但为了团队利益、为了保密，应该说也是一种代价的付出。说来有趣，这世界总有意外，一日，一个人跑到酒店旁边小巷子吃早餐。忽然，肩膀被人拍了一下，回头一看，啊，北京老熟人。好在北京朋友赶着上班，寒暄几句匆匆离去。唯一的一次外出，是去拜访一家知名古旧书店的总经理。回到酒店，发了手机信息，称"我今天返宁，欢迎来南京"云云。生活中的"大隐于市"也真不易！

与拍卖公司的沟通，实质性问题有两个。一个是，商谈拍卖报价阶梯。拍卖行业基本采用报价阶梯250、258，具体要看拍卖标的大小而定。对一件底价1.88亿元的拍卖标的，假设采用250报价阶梯或258报价阶梯，经几轮叫价，就形成不同的成交价。与拍卖公司人员多次喝茶聊天后，对方同意采用每口叫价加100万的单一报价方式。一个是，交纳保证金的多少。拍卖公司事前公告，参与"过云楼藏书"专场拍卖保证金为5000万元，这恐怕是中国拍卖史上最高的保证金了。要不要交纳5000万元的保证金？与工作小组商讨，如果足额交纳这笔巨额保证金，不就传递了凤凰"志在必得"的信息？最后决定与拍卖公司交涉，不足额交纳保证金，而且时间上要尽量往后拖延。集团财务部派专人送来了两张支票，每张票面金额为2500万元。直到开拍前一天，才交给拍卖公司一张支票。

这些天来，心情复杂极了，可以说每天都在紧张、兴奋、孤独中度过。说紧张，是因为要在短时间内细致做好拍卖前各项工作，设想各种可能的情况出现，更因为是平生第一次运作上亿级交易标的，且又是并不熟悉的拍卖交易方式，心里总不免有些惴惴不安，感觉"压力山大"，暗暗叮嘱自己，操作过程可不能出半点差池。说兴奋，那是因为真正的战斗即将打响，有一种大战来临的感觉，随时准备跃出战壕向前冲锋。而战局却又胜负难料，充满变数，是那样的有挑战性，让人处于亢奋当中。说孤独，一个人"闭关"8日，那种孤独寂寞的滋味真叫个五味杂陈。望窗外云卷云舒，听树梢喜鹊喳喳，也算是对心灵最好的慰藉了。

亚洲大酒店楼内有一别致的水景，名为老船坞，池水中有一只乌篷船，池边四周可供顾客就餐。提到老船坞，是想讲一个小故事。5月30日那天晚上，正与工作小组负责人坐在池边，一边交流一边用餐。手机铃声骤然响起，同事急起身接听电话，不料手机从手中滑落，掉入水池中。同事急得直跺脚，"手机坏了不心疼，可这两天到了关键时候，没法对外联络可咋办？"发现池边远处放着一杆鱼兜，急忙找来鱼兜儿。同事自嘲道：人家是水中捞月，我这是水中捞"机"。对曰：是水中捞宝，好兆头。

古籍界泰斗说"过云楼"

5月26日，星期六。

入住北京亚洲大酒店的第一天。

说来也巧，打开电视，凤凰卫视频道"投资收藏"栏目正播出"'过云楼藏书'成春季拍卖重磅交易"专题节目。中国著名版本目录学家、老一辈古籍研究

扫描二维码观看
凤凰卫视专题

凤凰卫视专题画面

泰斗沈燮元先生，中国国家文物鉴定委员会委员、上海图书馆历史文献中心副主任陈先行先生出现在镜头中。与陈先生此前就相识，也查阅了不少"过云楼藏书"相关文献资料，但还是第一次听古籍界泰斗讲"过云楼"。在这档长达38分钟的节目临近结束时，出镜嘉宾、艺术品市场评论人易苏昊先生一番要善待"过云楼藏书"的话，给自己留下了很深印象，他说："我觉得不论花落谁家，都要善待这批珍贵文化遗产。谁要收藏了以后应该好好地善待它，认真地研究它，分析它。"

以下是电视新闻的文字实录（摘要）：

"过云楼藏书"成春季拍卖重磅交易

插播：2012年4月，全球、中国艺术品市场正在为春季拍卖缺少爆炸性亮点而苦恼之时，北京匡时拍卖突然在北京宣布，将在本季拍卖中推出"过云楼藏书"，共计 170 余种，近 500 册（应为 1292 册）。这批珍贵的古籍善本，被称为全球中国艺术品市场上最后一批重要文化遗产。

2005 年，这批藏书第一次出现在拍卖市场。一位神秘买家慷慨解囊，以 2310 万元人民币的创纪录价格将其珍藏，充分体现了藏家对过云楼百余年历史的尊重和保护。此次，这批"过云楼藏书"意外现身，不仅市场倍感惊喜，甚至于专家学者也因有生之年能再见珍品而欢呼。

今年 89 岁的沈燮元是中国最著名的版本目录学家。他不顾年高体弱，一定要亲自翻阅一下传说中的这批珍品。

【同期】（中国著名版本目录学家沈燮元）：因为随着我们经历了改革开放以后，经济发展了，文化也发展了，老百姓接受能力提高了。所以这批书不仅是一种很重要的文化遗产，而且同时可以说是近代藏书家最后一批宝贵珍品。所以将

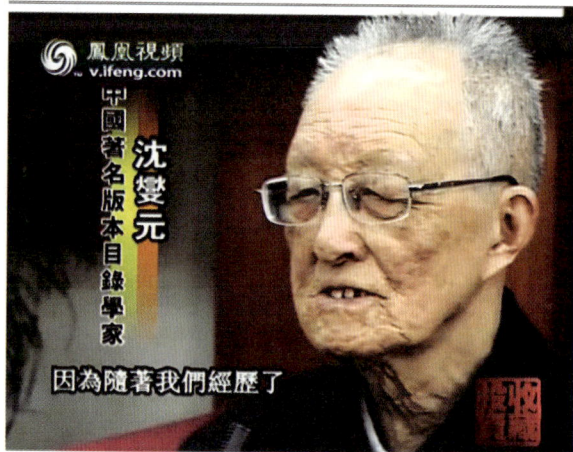

著名版本目录学家沈燮元

来有机会，我也希望能够编一个比较详细的书目。

主持人：欢迎收看投资收藏。我是谢冰，今天还是我跟易苏昊先生共同主持本期节目。刚才，我们在影片当中也看到了这批珍贵藏书的出现。其在整个今天的这个春季全球中国艺术品当中造成了一个很大的轰动。我们两位也特地去匡时看了一下这批书。我想听一下您的感想。

【同期】（艺术品市场评论人易苏昊）：匡时能找到这批书真不容易，这是出乎于我的想象的。而且过去的图书拍卖主要是嘉德一家做得比较好，

另外还有瀚海，或者间隔中间做几次。但是匡时能把这批书拿到，这说明了一个问题，很重要的问题。说明匡时这几年拍卖的蒸蒸日上。出现了很多标的性的，或者是纪录性的成绩。也使人家相信有这个能力来做这件事。这是相辅相成的。

凤凰卫视专题画面

插播：过云楼的这批藏书共有179部，近1300册，卷帙浩繁，蔚为大观。其中最具历史价值的珍本有：宋版孤本《锦绣万花谷》80卷共40册，元版《易学启蒙》4册，元版《周易启蒙翼传三篇外传一篇》。这批珍贵的文化遗产出现在北京匡时拍卖，让他们感受到一份强烈的历史责任。

董国强：其实有的时候我觉得，拍卖做到今天，很多时候也是机缘巧合。当然了，我觉得这里面也有藏家对我们匡时成立至今6年多来认真做事的态度和我们的方法的认可，才能够把这样的一个重要的东西交给我们拍卖。同时对于我来讲真的是诚惶诚恐。为什么这么说呢？首先第一，这么重要的一批书，我认为是其他任何艺术品，包括过去拍过的所有艺术品，都不能相提并论的。它的这种文化价值，它的这种国宝的意义，是其他一张画、一件瓷器无法相提并论的。这是我诚惶诚恐的第一个原因。

主持人：刚刚我们看到的是匡时拍卖董国强的一段采访。那么易先生，我们也看到了，董国强说其实接手这批重要的拍品，他现在是感到诚惶诚恐。您对他的这段话是不是有一个比较深刻的理解？

易苏昊：我非常肯定他，我觉得董国强这个人很有责任心。从他说这句话的背后，我们实际上看到了一个优秀的文化艺术工作者对这个事业的一份责任心，这点是非常重要的。确实，这么好的一个艺术品，我可以说，过云楼这批书包括在这艺术品的范畴里边，我甚至觉得它更重要，咱们可以上升到另外一个高度来说，它是一批非常难得、弥足珍贵的中华民族的珍贵文化遗产。所以董国强在说这段话的时候我心里很有感触，我觉得他对这个事非常认真，他唯恐自己做不好，生怕出纰漏。所以他有很高度的责任心，这是我们大家要提倡的、要学习的地方。第二个呢，就是作为珍贵的文化遗产出现。我觉得这是一个非常好的机遇。这个机遇作为拍卖行怎么来把握它，作为收藏家怎么来把握它，都给我们提出了问题。

主持人：反过来，其实我们纵观一下拍卖市场，远的不说，从民国到今天，其实每一次这个古籍善本在换手的过程当中，为什么在这个行业当中都引起这么大的轰动？而且在社会上都能形成一个大事件？

易苏昊：实际上，这个古籍善本图书的收藏在收藏门里是非常高的，等级非常高的。远的不说，我们讲民国时候陆心源那批收藏，就是给世人留下很深刻的印象。我觉得那批收藏有几个方面。第一个你刚才讲到了，这批重大的古籍善本的出现，它的转手里边除了有个人行为，还有国家行为。这点是非常引人注目的一件事。陆心源的这批书在他的儿子陆树藩的手里。确切地讲是1907年出手的，3月份吧。日本有几个重要人物，其中一个叫岛田翰。岛田翰是日本静嘉堂文库的一个职员，他本人又是一个版本学家，他知道这批图书的珍贵性和重要性。他极力跟库主说，这批东西一定要拿下。他亲自来看了这批图书，然后又动员重野成斋，这是他们的库主，就是相当于我们的图书馆馆长。他亲自来谈判，跟陆树藩谈判。结果以12万大洋的价格买走了什么呢？买走了皕宋楼、十万卷楼和守先阁3个藏书楼里边4172种宋元和各时代的手抄本，共计43996卷，非常珍贵的一批图书，也可以说是珍贵的文化遗产。这些图书虽然是以静嘉堂文库收购的，但是，它在过程中得到了日本外务省文化事业部的特别支持和赞助。其实它变成一个国家行为了。因为运送它的邮轮是日本的，这个邮轮从日本开来上海就专门装这批书，别的不装，装完就走。所以专门是雇了一条船来运这批藏书。所以你刚才提出来，实际上这个图书的出现，它的转移、转手不是一批书的转手，是一批珍贵文化遗产的转手。这个转手说明了这个国家的兴衰。

插播：从民国开始，每一次藏书家的收藏换手都会成为社会的一大事件。特别是新中国成立之后，政府更是倾国家之力收集整理珍贵的古籍善本。中华人民共和国成立，郑振铎成为了第一任文物局局长。在他主持工作不久，便开始准备秘密收购流散海外的中国国宝。他在给香港秘密收购小组负责人徐伯郊的信中写道：叠接数函，因月来极忙未即覆为歉，预算尚未批下，但不是钱的问题，乃是办法和手续的问题。例如，如何在港组织一个小组来主持收购。如何把已购之物带回大陆，等等。这些问题正在与有关方面商谈中。我们的收购重点还是古画与善本书。还是在这封信里，郑振铎最后写道：兄为人民争取了不少极重要的东西，功在国家，不仅我们感激你而已。弟，振铎上，1951 年 3 月 27 日。这里所指的善本，正是被著名收藏家陈澄中带到香港的一批珍贵古籍。在随后的信中，郑振铎又写道：关于收购之事已有通盘计划，正在呈请批准中，大约不日即可批准。陈澄中的善本请与他接洽。拟放在第三季度或第四季度之内专案办理。陈澄中，名清华，民国时期银行家，家资巨富，著名古籍收藏家。与周叔弢共称南陈北周。徐伯郊经过 4 年的努力，终于完成收购陈澄中共 126 种珍贵图书。徐伯郊在信中汇报说：陈澄中书六箱已全部安全运到广州。郑振铎为徐伯郊而骄傲。他在回信中写下：从此善本图书的搜集工作，除了存于台湾、日本及美国外，可以告一段落了。但此时却遗漏了过云楼的这批藏书。

主持人：从民国开始到新中国的成立这些年，其实在这个过程当中您刚才也讲到了，日本人收购陆心源的这批藏书的时候，当时在社会上引起很大的轰动。新中国成立以后，国家文物局其实也在香港大规模地收购。这段历史因为您也有过研究，那么我们听一下您的见解。

易苏昊：实际上新中国在刚成立的时候经济上非常困难。当时陈澄中先生的这批古籍书实际上有一个背景文化，就是说日本人也想收。当时中央知道这个消息，周总理亲自派人关注这件事。在国家经济那么困难的时候用了 80 万块钱，把陈澄中先生这批珍贵的古籍善本购回国内来。如果用我们现在人的价值观念来说的话，80 万块钱的数字还是不太理解。我给你举一个例子你就知道了。三希堂二帖里的伯远帖和中秋帖 40 多万，这件要拍的话，你说今天卖多少钱？咱们说嘉德上次拍那个平安帖 4 个多亿。伯远帖和中秋帖要拍的话，那得卖多少钱？但是这样两个珍贵的帖当时才40 多万。这批图书花了 80 万。说明了国家对中华民族珍贵遗产的态度。这也是一个态度，国家那时候那么困难，那么穷还花钱。我记得国家文物局的老领导谢辰生先生有一次跟我说：遇到珍贵图书一定要买，这是国家珍贵文化遗产，不论钱。老先生今年 92 岁了，见到我的时候我还想起他跟我说的这番话。所以说这个书不能单单看它是书，它是咱们民族的珍贵文化遗产，是我们民族的血脉。所以这点要记得很清楚。

……

主持人：其实从过云楼这批藏书，我们也看到了历史上社会对古籍善本的非常重视。您觉得跟别的一些藏书相比，这批藏书的重要性到底在什么地方？

易苏昊：首先我们讲，今天我们作为收藏者，它是一批图书，是一个收藏，它有一个批量，有一个完整性。这么一批东西，珍贵的文化遗产。不论对于一个收藏家或者收藏机构，都是一个很重要的机会。因为你平时有钱或者你想主动去收购，可你到哪去收？你找谁去收？像《锦绣万花谷》这样重要的图书，那是国宝级的，而且是国宝中的国宝，这样可以说，这个机会你不出手还等什么时候出手？什么机会才出手？你去找去？尽管董国强组织力量准备在学术及研究上进行突破，但没想到前方却是困难重重。

董国强：在我们接触到这批书以后，我们要在拍卖之前做资料。我们发现这个工作难度太大了。不仅我们，我们也请了一些专家，也找一些专门学习这方面专业的研究生、博士生。他们来看了以后说，"这事情我们做不了。""对不起，董总，这个事我干不了。"甚至有一些专家也觉得这事情他胜任不了。为什么呢？因为能够把这些古籍的价值，不用说把它全部的价值都分析清楚，就是简单地做一个介绍，很多人都觉得是无能为力的。

【同期】（中国国家文物鉴定委员会委员，上海图书馆历史文献中心副主任陈先行）：其实价值和价格是两码事情。我是从注重价值的角度说的，这个价值，人们往往和价格会有一种混淆。我个人以为，宋刻孤本的价值就是国宝这样的一个价值。

著名版本目录学家陈先行

它本来应该是无价的，但是经过流通市场，当然一定有它的相应的市场价格。我对价格不做评论，但是我认为这个书非常重要。因为过去包括现在的市场，其实有一种误解，以为宋版书看重的仅仅是文物价值。其实不是，因为我们中国文化的传承的载体，过去唐五代以前基本上是手写的，叫做写本或者叫做抄本。雕版印刷真正兴盛是在宋代。慢慢地，唐五代以前的写本就消亡了。所以我们现在研究中国传统文化的第一手资料往往就是宋版书。

插播：过云楼第一代主人顾文彬，清道光进士，历官刑部郎中，浙江宁绍台道台。清同治年，清政府与太平天国之间的战争让苏州饱尝战乱之苦。从官场隐退的顾文彬欲重建家园。他在书中写道：庚申之乱，铁瓶巷房屋无恙。尚书里止隔一街，房屋烬毁。余在任时，开拓住宅东首两落。其一改造过云楼。又购得杨家、曹家数园之石以实之。比余归田，功以及半，于是尽得巷中废池。先构义庄祠堂数十楹，余地尽归于园，园归于庄产。余与承儿互相斟酌，添造亭台，广搜树石，名为怡园。民间一直有个传说：

江南收藏甲天下，过云楼收藏甲江南。当时人们只知道过云楼藏的书画，全然不知道它的珍贵藏书。这套《锦绣万花谷》曾属清顺治进士季振宜所藏，后入过云楼。这是中国宋代所编大型类书之一，分前集40卷，凡天道、天时、地道等242类。后集40卷，凡人伦、风物等326类。类书具有重要的史料价值。主要内容是记载佚传古籍的一些片断。一般来说越早的刊本文字错讹会越少，保留下来的原意也越准确。

【同期】（中国国家文物鉴定委员会委员，上海图书馆历史文献中心副主任陈先行）：上图所藏的宋版不下200种，但拿不出一部像《锦绣万花谷》这样大部巨制完整的书。很不容易，所以这部书，从文化角度讲有它的缺陷，也有它的长处。所谓的缺陷就是，在宋代的类书当中，它不是算编得很出挑的。类书当时的直接目的就是为了科举考试。但后来人们发现，因为是宋代编的，许多宋代以前的资料还在书里面保存着，原本的都亡佚了。所以类书的文献的辑佚作用、校刊的作用那是非常大的。况且它还有你刚才所说的"一页宋版一两黄金"的说法。但是这个说法也不是一个静止的概念，这是前人说的。现在黄金都在涨价嘛！但我不是从这个角度去认识，我就觉得这才是真正的国宝。

主持人：刚才也看到了，在影片当中介绍非常流传有序的一批珍贵图书。其实在市场上很多投资收藏者也非常关心。这批书现在出来了，估价一亿八。可能有些人想听您的参考，到底这一亿八贵还是不贵呢？

易苏昊：我觉得客观地讲，不理解的人会认为它挺贵的，理解的人就讲一点都不贵。因为首先，过云楼除了《锦绣万花谷》以外，还有很多重要的古籍善本。只是说我们现在对它的了解程度或认识程度还不够，包括《锦绣万花谷》，我们对它的研究也是泛泛的、浮皮潦草的。所以它真正的价值在什么地方很难说。我们过去在做艺术品交易过程中，如果这批重要图书出现的话，今天这个价格我觉得一点都不贵。因为这批东西实际上是一批珍贵文化遗产，作为一个收藏家也好，作为一个收藏机构也好，他有一个责任，就必须收藏。他要有这么一个冲动，他就有这么一个认知，这非常重要。我觉得这次的收藏品不论花落谁家，都要善待这批珍贵文化遗产。谁收藏了以后都应该好好地善待它，认真地研究它、分析它，把他的研究成果公布于社会，给我们国家珍贵文化遗产的宝库里增添点新鲜血液。

CCTV 新闻（1）：“过云楼”现身春拍

CCTV（1）"过云楼"现身春拍

6月3日，星期日（之一）。

中央电视台（CCTV）"经济信息联播"播发新闻：《关注春拍"过云楼藏书"现身春拍，起拍价高达1.8亿》，时长3分39秒。以下是文字实录（有少许改动）：

主播：我们来关注一下艺术品投资市场。过云楼是江南著名的私家藏书楼，在藏书界素有"江南收藏甲天下，过云楼收藏甲江南"的美誉。最近，一部分"过云楼藏书"在北京亮相准备拍卖，起拍价高得吓人，达到1.8亿元，而仅仅在7年前这批藏品在中国嘉德公司拍卖时不过2310万元。那么"过云楼藏书"为什么会如此的底气十足呢？

插播：过云楼是江南著名的私家藏书楼，由顾氏家族创建，自清道光以来已超过6代、150年，其藏书包括宋元古椠、明清佳刻、碑帖印谱。由于顾氏有家训，家藏古籍善本不可轻易示人，因此过云楼藏书终年置于秘室，隐而不宣。20世纪90年代初，"过云楼藏书"3/4即500余种3000余册被南京图书馆收购，剩下的1/3藏书留在私人手中，而本次春拍亮相的"过云楼藏书"170余种1292册，是唯一还在私人手中的国宝级藏书，年代包括宋元明清，特别是传世孤本、宋代《锦绣万花谷》40册，更是目前全世界最大部头的宋版书。

〔同期〕（北京匡时国际拍卖公司董国强）：（宋刻《锦绣万花谷》）博物馆没有，国家也没有，它是孤本。我觉得，整个这批古籍最大价值体现在它的上面，甚至可以说这批古籍卖多少钱，2/3的功劳在《锦绣万花谷》。

插播：宋版书在明代就按页论价，早在2003年一页零散的宋版书价格就达到5万元。今天一部完整的宋刻孤本《锦绣万花谷》共有2000页，品相完好，其价格可想而知。除宋刻《锦绣万花谷》外，这批藏书中的精品比比皆是，元刻《皇朝名臣续碑传琬琰集》是海内外孤本，此外《谈苑》六卷是明代名家抄本，此书《中国古籍善本书目》著录仅存两本，黄丕烈、顾锡麒朱笔批校更显名贵。古籍善本不仅讲究著刻源流，也讲究收藏源流，除固有的版本价值外，在流传过程中经名家收藏或批校题跋、钤盖收藏印，都对它有所升值。2005年这批藏书曾于中国嘉德拍卖公司拍卖，创下当时中国古籍拍卖最高价2310万元，被国内某买家收入囊中。时隔7年再次亮相，拍卖公司给出的起拍价就达到1.8亿元

〔同期〕（北京匡时国际拍卖公司董国强）：2005年的时候，2000多万的书画在当时是几乎没有的，现在过亿的书画有多少件？从这个价值来说，我们只是从市场其他门类对比来说，那我们认为它今天的价格也远不应该是2个亿这个价格。

画面文字："过云楼藏书"5000万保证金创拍卖历史记录。

插播：为了保证它们有一个好的归宿，匡时拍卖对参与拍卖的买家或机构都会进行财务资质调查，签署相关法律文书并收取保证金5000万元，这也是全球拍卖史上最高的保证金。

〔同期〕（北京匡时国际拍卖公司谢晓冬）：本着一个对文化负责任的精神，我们是把它作为一个整体标的上拍的。那么，同时也是为了这批藏书拍卖的严肃性，我们设置了一个比较高的保证金条款，5000万。这也是为了买家更加谨慎地参与竞投。

插播：匡时表示，如果有图书馆、博物馆等文博机构收购这批藏书，或个人收购后捐赠给上述机构，匡时愿捐出买方佣金用于文物保护或其他公益事业。

"凤凰老板"秘密进京

6月3日，星期日（之二）。

昨夜，工作小组打探到一个意外消息：北京已有传言，"凤凰老板要来北京坐镇拍卖"。

让人最担心的事还是发生了：泄密！

此前两天，第二十二届全国图书博览会在宁夏银川开幕。陈海燕及凤凰集团其他高管等一行人在银川，6月2日他高调出现在书博会上，6月3日，还陪同国家新闻出版总署领导参加集团旗下出版社组织的活动，到六盘山红军长征纪念馆，向革命老区基层党组织赠送由集团编写、出版的《创先争优系列读本》。释放出的信息都表明，他人还在银川，3日中午还在六盘山呢，而对6月4日的那场拍卖会，似乎没有放在心上。但是，有关方面还是探知了"凤凰老板"要上北京的信息，而这个消息恰恰又是真实的，入住酒店已预定在集团旗下的北京凤凰苏源大厦。

工作小组研判，从领导行程和可能泄密渠道分析，有关方面已经知悉"凤凰老板"行踪的真实消息，而不仅仅是传言。这对凤凰来说绝对是个坏消息，事态严重，那将意味着这些天来工作小组极力做出无所谓的样子，保守竞买意图的努力付之东流，意味着让人坐实了凤凰"志在必得"的决心，说不定会增添变数，说不定会把价格哄抬上去，付出不该付出的代价，甚至导致整个收购行动的失败。

商场如战场。作为国有文化企业，投资项目的可行性论证是一个必经的程序，因此，凤凰此前做了许多必须做的工作，专家论证会、市场调研走访、与拍卖公司商谈报价阶梯和保证金等等。做了这些大动作，动静就大，实际上就没有秘密可言。凤凰欲收购"过云楼藏书"，事实上已成为一个公开的秘密，但传递出的信息毕竟仅仅是凤凰有心参与竞拍的意愿，并不能证明凤凰的决心有多大。然而，"凤凰老板北京坐镇"，这可是一个极具价值的情报信息，有可能完全暴露集团"志在必得"的决策意图。"亡羊而补牢，未为迟也"。工作小组当机立断，作出"危机处理"。

于是，紧急致电仍在银川的董事长，报告了北京方面的情况并做了事态严重性分析，建议他告诉在银川随行人员"我回南京，不上北京了"，统一口径是省里有会，让集团办公室通知旗下在北京的酒店，取消预留房间和接机安排。到北京后的起居行程全部由工作小组"秘密"安排。

当晚，"凤凰老板"飞抵北京，悄悄入住北京亚洲大酒店。从机场到酒店的路上，开始给领导"提要求，限自由"：拍卖会前不要离开酒店外出啦，不要在电话中透露人在北京啦，用餐可以送到房间啦，等等。董事长竟然一一允诺。第二天一早，小组成员接到他的电话，说不用送早餐了。问：不吃早饭啊？答：房间冰箱里有巧克力，吃了一大块。事后猜想，"老板"怕是真饿了。

这一段时间，工作小组打的是"情报战""心理战"，而最终战果如何，只有等到拍卖结果出来才能见分晓。

惊世一拍 8 分钟

6 月 4 日，星期一。

"过云楼藏书"专场拍卖会进行时场景

　　备受瞩目的"过云楼藏书"专场拍卖，定于晚 8 时 30 分举槌开拍。

　　距离开拍倒计时 3 小时。两名工作小组成员一起走进了董事长入住的房间。那是一次只有 3 个人的会议，目的只有一个，那就是请领导给工作小组交"底牌"，就是价格底线。他说，2.3 个亿，"报价在 2.3 亿之内的，你们不用请示，超出这个价位的时候，马上向我报告。"在场的小组成员没有出声，只是神情严肃地点了点头，相互望了一眼。附加一个问题，"老板"要不要出现在现场？最后决定还是不到现场，留在酒店以电话方式指挥。而原因也只有一个，不要让人看到"凤凰老板"来了。

出于严格保密原因，小组成员出发去现场前，从知道底牌的那刻起，就一直停留在董事长房间里没有离开过，没有人单个独处。距离开拍倒计时 1 小时，出发赶赴拍卖现场。可临行前却出了一个小"意外"，负责现场举牌的同事忽然提出，能不能换个人举牌？进入大战临近状态的人谁不紧张啊！那牌子又何止千斤呀！领导一番鼓励，出发！

驱车到达北京国际饭店。已进入拍卖现场的凤凰员工透出消息，当晚的北京匡时春拍中国书画夜场竞争激烈，"过云楼藏古籍善本专场"大约要推迟近 1 个小时。1 个多小时的等待，仿佛让短跑冲刺的激情变成了中长跑的煎熬。车辆停在酒店门口尚有一段距离的人行道树荫下，小组成员没有下车，静静地留在车内等候。现场发生的一切，随时报告到了守候在酒店的陈海燕那里。

中国书画夜场临近结束，负责举牌的同事下车进入现场。笔者决定留在原地，让在现场的员工与自己一直保持手机通话状态，戴着耳机听"现场直播"。突然，陈海燕来电话，说"我要到现场去"。这位富有激情的性情中人，终究耐不住了。可是，派车去接已来不及了呀！他却说，"不用了，我自己打的去"。"那您可千万别忘了带上打的钱啊！"从出租车上下来的陈海燕，穿着一件普通的夹克衫，一改平常西装革履的模样。一见面就说，北京的熟人都知道我是戴眼镜的，我把眼镜拿下来再进去。"凤凰老板"就这样悄无声息地进入了主战场。此时，耳机里已传来拍卖师开场致词、宣布拍卖规则的声音。

记者现场报道，"过云楼藏书"拍卖专场人头攒动，座无虚席，几百位观众、上百家媒体翘首以盼，希望共同见证这一中华古籍拍卖的历史性时刻。

开拍前，几名凤凰员工进入拍卖现场就坐，他们多与拍卖公司的人相识。拍卖会开始前几分钟，几个人又突然起身向场外走去。拍卖公司的电话跟过来了："你们凤凰的人怎么走啦？"回答："我们要去赶 ×× 拍卖夜场啊。"其实，这是工作小组事先设计的一个动作，释放的一个小"烟

"过云楼藏书"专场拍卖会现场

幕弹"。这一唱一和，一追一赶，就是一出"商战大戏"的开场锣鼓吧。凤凰在拍卖现场只留下一个孤零零的举牌人，"凤凰老板"又没有现身，保证金也只交了一半，传达出怎样的信息不用言语。

21 时 35 分，万众瞩目的"过云楼藏书"拍卖专场终于登场。

拍卖公司工作人员现场宣读北京市文物局对北京匡时国际拍卖有限公司关于 2012 年春季拍卖会"过云楼藏书"专场文物标的审核的批复。

拍卖师宣布"过云楼藏古籍善本 179 种"从 1.8 亿元开始起拍，以每次加价 100 万元为报价阶梯，现场仅限有金色号牌的买家才有资格举牌。

　　现场一片寂静而又紧张的气氛，人们仿佛屏住了呼吸。场内后排挤满了站着观战的人们，陈海燕不动声色地跻身其中。来还是不来，陈海燕经过了激烈的思想斗争。来，担忧暴露凤凰集团志在必得的决心，反而会更加坚定竞拍对手的购买意愿，推高现场竞价。作为国有大型文化出版企业，显然更清楚这批古书的价值，而有它做参照，买家们放心举牌即可，保证不会"打眼"。不来，又实在放心不下，拿捏不准。他再三斟酌，几经思虑，最终还是决定来到拍卖现场，毫不显眼地默默站立在后排企足而望、全神贯注的人群中，静观势态起伏。

20:41

21:00

21:38

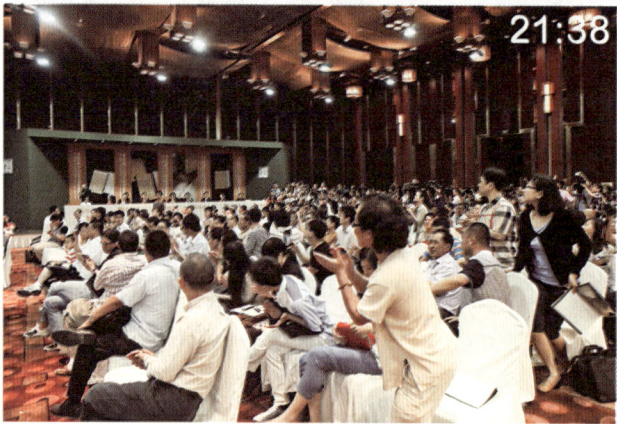

"过云楼藏书"专场拍卖会开始前场景

21时41分。"一亿八千万！"拍卖师给出了起拍价。电话委托买家9029号迅速应价。

"一亿九千万、一亿九千万、一亿九千万。"

拍卖师突然将100万加价变成了1000万！

现场风云突起，是改变了报价阶梯？是报错了，还是听错了？人们一脸茫然、面面相觑，不知道发生了什么。时间一秒一秒过去，无人应价。

在酒店门外收听手机"现场直播"的笔者，听到现场情况突变，顿时心怦怦直跳，三步并作两步向场内冲去。现场的气氛几乎凝固，陷入长久的沉默。拍卖公司老总终于对着拍卖师说话了："弄错了，这么珍贵的拍品，应该100万、100万往上加。"拍卖师回应："刚才报错了，是加100万。"

拍卖报价回到一亿八千一百万。此后的竞价过程，竞买人都显得十分

"过云楼藏书"专场拍卖会进行时场景

谨慎，叫价缓慢。"过云楼"价格就在100万元的竞价阶梯上缓慢攀升，在9008号、9028号买家之间进行角逐。9029号电话委托买家出价一次后没有再举牌。

报价上升到一亿八千三百万。坐在前排的9028号买家伸出一只手，示意拍卖师："加50万"，拍卖师回应："这不行，你还得加100万。"

"一亿八千七百万！"9008号买家举牌应价。

"一亿八千七百万，第一次！""一亿八千七百万，第二次！""一亿八千七百万，最后一次！"拍卖槌快要落下的当口，沉寂了许久的9028号买家举牌应价，加价至一亿八千八百万。拍卖师喊出"一亿八千八百万，最后一次"，再无人应价。金槌落下，"恭喜9028！"

"过云楼藏书"最终以 1.88 亿元的价格，加佣金后 2.16 亿元成交。时间定格在 21 时 48 分。现场响起一片持久热烈的掌声！

整个拍卖过程持续了 8 分钟，但紧张的气氛让时间变得异常漫长。

拍卖公司负责人走向话筒，重申本次竞拍结束后的 7 个工作日内，如果没有文物收藏单位行使优先购买权，现场竞得该标的之竞买人，可以最终确定为本次藏书的成功竞买人；如果有国有文物收藏单位行使优先购买权，行使该权利的国有文物收藏单位，有权以现场竞得人同样的竞买价格，成为该批藏书的购买人。

媒体记者蜂拥而至，追问 9028 号买家。9028 号买家没有回答记者提问，便匆匆离开现场。

回过头来说拍卖中"报错了"这事儿。

事后，拍卖界、收藏界人士多有议论。熟悉拍卖规则的人都知道，拍卖师在拍卖中是按事先声明的拍卖规则叫价的。尽管拍卖实践中改变报价阶梯也是允许的，但对于这场广受关注的"过云楼藏书"专场拍卖的报价阶梯，拍卖公司与 9028 号买家是有事先约定的（有没有与其他竞买方有约定则不得而知），且在开拍前公布了 100 万元为报价阶梯。有业内人士以为，拍卖进行中，却突然改为 1000 万为阶梯，这对于一家有经验的拍卖公司，一个有经验的拍卖师来说，显然不大好用一句"报错了"就能解释过去，而且，拍卖公司老总也没有第一时间站出来"纠错"。其中的原委或许永远是一个谜。但是，试想一下，假如场内买家没有反应过来，没有沉住气，紧张中也"出错"应价，举起了手中的号牌，不就等于默认了 1000 万的阶梯？那最终的落槌价格就不是 1.88 亿了。

不妨模拟一下，得出一个虚拟结果。以 9028 号买家的视角来看推演。假设拍卖师叫出一亿九千万，9028 号或其他号买家仓促应价，接下来拍卖师叫价两个亿，9028 号应价，落槌价两个亿，对 9028 号买家来说，这恐怕是最好的结果。推演继续进行。假设拍卖应价持续 3 轮，拍卖师叫价两亿，有买家应价，拍卖师又叫价两亿一千万，再有买家应价，拍卖师接着叫价两亿二千万，继续有买家应价，拍卖师继续叫价，报价阶梯攀升至两亿三千万，9028 号被动应价，落槌价在两亿三千万。这就是 1000 万报价阶梯、3 轮叫价的结果。

现在可以揭秘的是，9028 号举牌人手上就握着两亿三千万的授权底牌，还有 7 张 1000 万一张的牌在"老板"手上呢。弄假成真，变数就大了，落槌价 3 个亿就成为可能。遇到这样的事，谁不惊出一身冷汗？

写到这里，不禁要为当时场内沉着应战的举牌人点赞！

从数字说起

6月5日，星期二。

下午3时，凤凰集团成功竞购国宝级藏书"过云楼藏书"媒体见面会，在旗下北京凤凰苏源大厦举行。曾长期供职于省委宣传部、时任凤凰出版传媒股份有限公司综合办公室主任王振羽，连夜与在京各大媒体联络，新华社、

凤凰集团媒体见面会现场

凤凰卫视等近30家境内外媒体记者到会。

陈海燕从数字说起：凤凰集团成立纪念日是9月28号，所控股的凤凰传媒股票代码是601928，昨天参与竞拍的号牌是9028，最后以1.88亿元落槌价成交。928、188这些吉祥的数字，似乎也在增添我们的喜悦。尽管未来7个工作日还有关于"优先购买权"的法律规定，但是作为国有骨干文化单位，我们有充分的信心获得这批宝藏。至少从今天起过"云楼藏书"由私人财富变为社会财富已是不可变易的事实。私藏变为公藏的喜悦应该与媒体和公众一起分享。

出版人对书籍的那分深情和挚爱，让在场的媒体记者有些动容。他说，

凤凰集团媒体见面会现场

过云楼藏书的版本价值、文献价值、学术价值、历史价值、投资价值的总和，是难以用交易价格来衡量的。对于这批宝藏来说，回归江南故土是最好的归宿；由国有资本控制最有利于保护和传承；由出版机构持有，将使密室中的精神化石被激活，文化生命力将由此复苏，其内容将传播海内外，成为人类共有的精神财富。

记者提出"凤凰集团为什么决定参与这次竞购"。陈海燕回答：第一，这是国有骨干文化企业有义务、有能力担当的社会责任；第二，出版人懂书爱书，最理解古籍的文化价值，善于通过再出版开发其潜在价值；第三，符合集团的发展战略。在出版发行核心业务上市之后，集团确定了"中国文化产业战略投资者"的新定位。这项收购投资既有利于文化传承，也有利于文化发展，是一项非常有意义的长期投资。凤凰集团致力于打造以书业为核心业态的文化产业生态圈，其中包括文化创意、文化产品生产、文化产品流通交易、文化物流、文化科研、文化中介、文化地产、文化金融等业态。这次收购行为与集团的战略考虑是完全吻合的。这次收购不仅作为价值投资，能够形成优质资产，提升硬实力，同时也会提升软实力，将会有利于凤凰集团扩张自己的文化影响力。

媒体见面会上，陈海燕披露，这次收购行动不同于其他的商业投资行为，它是特殊的，我们还有很多事情要做。第一，我们向公众郑重承诺，这批宝藏，凤凰集团将会永久收藏，让它从此不再颠沛流离。第二，今后会在适当地点举办展览，向公众展示这些国宝。第三，将为学术界的研究提供方便，让"过云楼藏书"所蕴含的文化价值得到充分认识和开发。第四，制订出版规划，"古书新出"，让"过云楼藏书"的内容跟公众见面，让世界分享中华文明的优秀成果。第五，投资建立数据库，使"过云楼藏书"的全部内容能够永久传承并且更加有效地被利用……

会上还透露，就在昨天晚上，已经有多家银行主动联系，积极表示愿意提供融资支持，还有多家保险公司表示愿意专为"过云楼藏书"设计保险产品。

媒体见面会现场，陈海燕接受了凤凰卫视、第一财经等多家电视媒体采访。

凤凰集团成功竞购"过云楼藏书"信息发布后，在社会上引起热烈反响。至6日下午2时，百度搜索"过云楼，凤凰集团"结果已达19700多条。人民网、新华网、中国新闻网、凤凰卫视资讯台及凤凰网、搜狐网、新浪网、扬子晚报网等主流媒体给予广泛的报道，如人民网《国宝"过云楼秘藏"回归江苏2.16亿成交》《"过云楼藏书"定居南京，凤凰集团将修建藏书楼》、中国经济网《2亿元过云楼藏书成为凤凰传媒2亿元广告宣传》、搜狐网《"过云楼"藏书归故里，将与其他部分合璧联展》、扬子晚报网《过云楼秘藏回江苏》、凤凰网《凤凰传媒志在必得过云楼藏书，谋划布局艺术收藏产业》等。

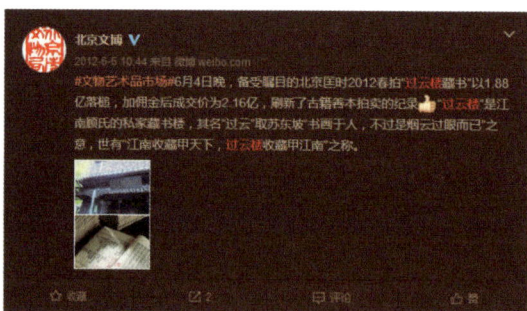

北京文博微博截图

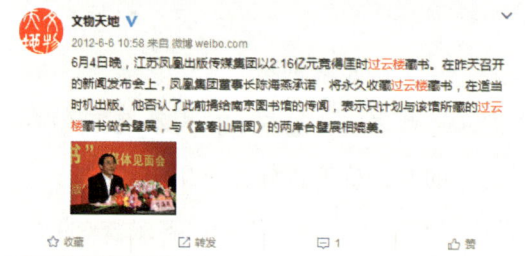

文物天地微博截图

CCTV 新闻（2）：刷新古籍拍卖纪录

扫描二维码观看
央视新闻

6月6日，星期三（之一）。

中央电视台 CCTV2 财经频道《经济信息联播》播发"关注艺术品春拍，过云楼藏书2亿成交，刷新古籍拍卖纪录"新闻，时长3分钟。以下为文字实录：

艺术品春拍日前又创出新纪录，在4日举行的匡时2012春拍上，备受关注的"过云楼藏书"以1.88亿元落槌，加佣金共计2.16亿元成交，刷新中国古籍拍卖新纪录。

我们随着记者到现场看看。4日21时30分，北京匡时2012春拍过云楼藏书拍卖专场座无虚席，大家都在关注着"过云楼"拍卖最终成交。藏品起拍价为1.8亿元，只有持金色号牌的买家才有资格举牌参与竞拍。21时35分，备受瞩目的"过云楼"藏书正式开拍。

中央电视台新闻画面

在 9029 号买家率先回应了起拍价后，各买家就以 100 万元的价格相继加价，现场观众纷纷起立，寻找买家，拍照。经过了 8 次举牌，价格定格在 1.88 亿元，等待 2 分钟后，拍卖师最终落槌，整个过程耗时约 10 分钟。

计算佣金后，"过云楼藏书"整体成交价为 2.16 亿元，这也刷新了中国古籍拍卖的新纪录。相较元抄本《两汉策要十二卷》16 册在 2011 年嘉德春拍上创造的 4830 万元人民币的纪录，整整翻了四倍。在此之前，"过云楼藏书"也在拍卖市场上出现过，2005 年这批藏书在拍卖市场曾以 2310 万元的高价被一神秘买家收入囊中，创造了当时中国古籍拍卖最高价。时隔七年后，成交价翻了近十倍。

5 日，江苏凤凰集团召开新闻发布会，证实该集团控股的凤凰出版传媒正是这批藏书的真正买家。江苏凤凰集团主要经营出版、发行、印刷，以及酒店、地产和金融等六大板块。旗下凤凰出版传媒在上海证券交易所上市。公司承诺将永久收藏"过云楼藏书"，同时也给出竞购成功后的六大规划，包括建藏书楼、做展览、举办研讨会、老书新出、建立藏书数据库和研究小组。但是凤凰传媒能否将"过云楼藏书"收入囊中实际上还有变数。根据北京市文物局规定，国有文物收藏单位对本批藏书具有优先购买权。本次竞拍结束后的 7 个工作日内，如果有国有文物收藏单位行使优先购买权，那么行使该权利的国有文物收藏单位有权以同样的价格购买该批藏书。

【同期】（北京匡时拍卖公司总经理董国强）：如果国有的博物馆或图书馆想买就按现在这个落锤价，现场竞得的这个人，他的竞拍就等于无效了。这个是一个惯例，即政府优先购买都是采取 7 天的时间。

这则新闻又提到了"文物优先购买权"和"7 个工作日"，再次给成功竞争者以"警示"。金槌落下的那一刻开始，"优先购买权"就开始困扰凤凰工作团队，多日来紧绷着的神经，一刻也没有能放松。

凤凰卫视：私藏变公藏

扫描二维码观看
凤凰卫视

6月6日，星期三（之二）。

香港凤凰卫视播出新闻。在凤凰集团成功竞购"过云楼藏书"媒体见面会上，陈海燕接受凤凰卫视记者现场采访，首次提出"私藏变公藏"的理念。以下是凤凰卫视新闻的文字实录：

备受瞩目的国宝级藏书"过云楼秘藏"经过了8轮竞拍，最终是以1.88亿元的天价被凤凰出版传媒集团拍得。凤凰集团表示不让珍品散落人间，不让国宝流失海外，将文化珍品收归国有资产，是所有事情最好的归宿。

过云楼建于清同治年间，是苏州著名藏书楼，收藏大量古籍书画，有"江南收藏甲天下，过云楼收藏甲江南"的美誉，收藏古籍都是国宝级藏

凤凰卫视新闻画面

凤凰卫视新闻画面

品，其中 3/4 目前藏于南京图书馆，被竞拍的 1/4 共 179 部，其中包括宋版《锦绣万花谷》，元刻《皇朝名臣续碑传琬琰集》等存世孤本，有元代《刘氏新唐》，明代《毛氏新古唐》等多部名家刻本。

【同期】（凤凰出版传媒集团董事长陈海燕）：通过这次收购，私藏变成了公藏，让这批国宝从私人密室当中走出来，变成社会的共有的精神财富。

陈海燕表示，集团将扩建凤凰藏书楼，将这批珍贵古籍永久收藏；召开专题研讨会挖掘珍品的学术文化价值，并将加快整理古籍再版。

应对"优先购买权"

6月7日，星期四。

成功竞购的喜悦，没有冲淡工作小组对"优先购买权"一事的忧虑。会不会有国有文博单位提出行使"文物优先购买权"？这种可能性不能排除。大家商量，对"优先购买权"相关法律条文，工作小组同事已不陌生，关键是学好用好，积极去思考，主动去应对。大伙儿抱定一个心愿，楚弓楚得，岂有再容国宝已来复去之理，决不能让已经"回家"的珍贵藏书"得而复失"。

6月7日，是成功竞购"过云楼藏书"后的第三个工作日。一份名为《凤凰出版传媒集团关于成功竞购"过云楼藏书"后切实规避"文物优先购买权"风险问题的报告》，报送到了省委领导机关：

此前，北京市文物局下发文件（京文物〔2012〕561号），除了确认整批藏品均属于文物监管范围，其中5件为国家一级文物外，特别明确"依据《中华人民共和国文物保护法》第五十八条的相关规定，国有文物收藏单位对上述标的具有优先购买权"。根据这一法律规定，在拍卖会后的7个工作日内，如果有国有文物收藏单位如北大图书馆提出收购这批藏品，文物主管部门就可以行使优先收购权，指定以同样价格让国有文物收藏单位买走。为确保国宝回归江苏，切实规避文物"优先购买权"风险，防止得而复失的情况发生，请求×××××（注：领导机关名称）以信函形式，致函北京市文物局、匡时国际拍卖有限公司。信函内容为领导同志对凤凰集团先前报告（苏凤版〔2012〕39号）的批示精神。此信函暂时不交给对方，仅在出现上述情况时使用。

报告附上了致北京市文物局信函的代拟稿。

这份报告得到上级主管部门的高度重视和积极回应，采取了应对措施。

热议花落凤凰

6月11日，星期一。

新闻媒体这些天来持续关注"过云楼藏书"合璧江南、花落凤凰，新闻视角包括了聚焦国宝回归江苏故里、热炒最终归属可能被他人"抢走"、期盼与南图合璧联展、深度报道"过云楼秘藏"文化价值、业内人士评说古籍市场等。工作小组收集梳理各类媒体报道后，刊发在集团公司《工作动态》上：

截至6月11日上午9时，百度搜索"凤凰，过云楼"，找到相关结果约188万个。近日来，媒体（微博）持续高度关注"过云楼秘藏"回归故里、花落凤凰这一大众文化事件。

聚焦国宝回归江苏故里

人民网《国宝"过云楼秘藏"回归江苏2.16亿成交》：记者看到，微博上热议一片，不少人惊喜赞叹："幸哉！江苏！国宝回家！文脉传承！"

文汇报《"过云楼"藏书有望活化》：此次现身拍场的这批"过云楼"藏书可谓民间唯一国宝级藏书。早在拍卖前，这批藏书就曾引发诸多揣测。人们关心的是，买家究竟懂不懂"过云楼"本身，又能否担起延续与保护这批国宝级藏书的责任。"过云楼"藏书花落谁家所承载的意义已经远远超越艺术品拍卖本身。

大众证券报《珠联璧合，过云楼藏书南京安家》：此次凤凰传媒竞得"过云楼藏书"是将唯一仍由私人收藏的部分转为机构收藏，而凤凰传媒的注册和办公地点均在南京，这也让"过云楼藏书"整体落户南京，成为南京乃至江苏文化界的重要资源。凤凰传媒在 4 日拍得拍品后，次日就召开新闻发布会，邀请各大媒体，在拍得"过云楼藏书"的同时，也将品牌宣传做到极致。结合凤凰传媒之前宣布进军艺术品拍卖界来看，此次"过云楼藏书"的竞得也为其艺术品拍卖的道路带来了充分的广告效应。

中国新闻网《2 亿元"过云楼"成为凤凰传媒 2 亿元的广告宣传》：今天清晨，北京各大媒体收到了凤凰传媒将举行新闻发布会的短信。这是个罕见的高调举动，但绝非"史无前例"。早在 1987 年 3 月 30 日，伦敦佳士得拍卖行将梵高的代表作《向日葵》以 2500 万英镑（约合 2.5 亿人民币）的创纪录高价卖出。买家是日本安田保险公司，这家企业迅速名声大噪。2006 年，当张兰还不是大 S 的婆婆时，她和她的俏江南也以同样的方式，打了则昂贵的广告：在当年的北京保利秋拍上，张兰以 2200 万拍下刘晓东的油画《三峡新移民》，轰动一时。那么从昨天开始，"凤凰传媒"的名号，也注定会比以往更加出名，也比上面提到的安田和张兰更会经营。

上海外滩画报《最后的"过云楼"秘藏足以和国家图书馆分庭抗礼》：北京匡时拍卖董事长董国强表示，考虑到其特殊性与唯一性，定价权在持有人手中。经过与持有人的协商，最终定出 1.8 亿元的底价。他说："谁把这批书买了，谁就是海内外收藏中国古籍的第一人，足以和国家的图书馆分庭抗礼。"

现代快报《"过云楼藏书"定居南京》：而今这批旷世藏书若有幸被江苏凤凰集团拍得，令"过云楼"善本历经百年颠沛流离，在南京"再结前缘"，将是江苏文化界的一大幸事。回首匡时拍卖现场，江苏凤凰集团就表现出势在必得的气势，如今如愿将"过云楼藏书"整体拍得，让唯一还在私人手中的国宝级藏书——传世"过云楼"荣归故里。

中国新闻出版网《凤凰集团 1.88 亿价格成功竞购"过云楼藏书"》：国宝级藏书从此变为公共财富；保护同时深度挖掘其深度价值；履行文化

企业的文化责任。

现代快报《一次大众文件事件》："图书馆收藏古籍本应比私人藏家更有优势，但想不到这10年，在市场竞争中，许多一流好书都被私家获得，公家只能落入当陪衬的尴尬境地。"陈先行感叹。对于此次凤凰成功竞得过云楼，专家们显然乐见其成，国有文化出版企业资金雄厚，完全有条件保存好古籍，而且便于再出版利用，能够更好地传播。

@春伢子：大手笔，大魄力！"过云楼藏书"不出意外被江苏凤凰出版传媒集团出巨资竞得，实在是江苏文化大省一大盛事。国宝回家，文脉传承，凤凰涅槃，应是此套藏书最好的归宿。幸哉！江苏！

@艺加周刊：过云楼终于拨云见日，江苏凤凰出版传媒集团竞得过云楼，真是江苏文化界的一大喜事！

@一诺千金：凤凰集团竞拍收购过云楼，一掷千金，值得。之后的一系列操作天衣无缝，足见凤凰有高人指点。名利双收之余，凤凰已成中国出版传媒业当之无愧的领头人，气度、勇气、胆识、底蕴，远超其他同业。真是运筹帷幄，决胜千里啊。佩服，希望在国际市场上见到凤凰翱翔。

@在放空的Lily：同时也为凤凰的大气，为传统文化回归作出的贡献鼓掌！

@李静天天过年：江苏的、做出版的文化传媒集团，买"过云楼藏书"太合适了。媒人给过云楼找了好婆家，就看婆家准备了啥样的婚房。

@金娜：大手笔，好眼光！亟待去南京瞻仰未来的博物馆，宋版明版，瞬间称傲四方，国家图书馆也得服气啊！

@许芦苇：凤凰拍了过云楼，发布会称回归江南是最好归宿，"来自江南，回归故里"。

@leo殷克：过云楼的名字起得多好！云烟过眼，文明不绝；红尘滚滚，佳话常留。凤凰也罢蓬雀也行，即便是附庸风雅，好在也是风雅啊。

@高勇一痕：经过这个"过云楼藏书"成功竞购，使得"凤凰集团"这个名字铺天盖地，是否有竞购失败的可能？但是这次"广告费"的投入无论如何都是值得的。

@ViviYingHo：国有企业有这样的眼光好啊！

@v倾城v：营销确实很到位，凤凰集团成功竞购"过云楼藏书"营销成功。

@林格：过云楼宋版藏书《锦绣万花谷》以2.16亿成交，由具有远见的凤凰出版传媒集团竞得。中国私藏文化一直是中国文化传承的主要线索，过云楼顾家藏书的千辛万苦终于得到了世人的认同，意义非凡，当然也为家教文化提供了思考的线索。

@风动盈动：2.16亿拍下"过云楼藏书"让凤凰集团彻底征服出版传媒业，老大，牛！这才叫有资又有品，有胆又有识。

@火龙果：天价"过云楼"买家浮出水面，国宝古籍有望不再"流浪"。

@一片孤城客：过云楼的过眼云烟与凤凰的永久收藏。

@打野花888："过云楼藏书"2.162亿成交或花落凤凰传媒。真心佩服过云楼，让《锦绣万花谷》免受《永乐大典》颠沛流离之苦。

@故影：凤凰传媒集团终于出手，1.88亿落槌价举下过云楼。7日内应当不会有国有机构行使优先购买权。此为有史以来江苏买家拍下的最贵拍品。

@胡正经：凤凰传媒这么牛,2亿买了过云楼最后一批书。难道爱书在这个地方是个传统？

@阿哇董：看看人家！恭喜江苏凤凰出版传媒集团竞得。

@艺术国际网：//@art张益茂：引自非官方消息,凤凰传媒集团拍下"过云楼藏书"！记得家中不少出版物是凤凰传媒集团出版，可见其实力极其庞大。凤凰传媒集团买下"过云楼藏书"后，相信会继续进行推广，影印出版，集结成册，推出珍藏版的《锦绣万花谷》，使过云楼影响力延续下去，让中国文化深入人心，发扬光大。

@采域英扬：//@曾辉1965：凤凰拍得过云楼，藏书传代适其所，经营文化须有方，出版普世价更高。打油一首奉上。

@草根文脉：//@金娜：良禽择木而栖，过云楼在凤凰，可以想象未来一系列的可能，《锦绣万花谷》影印再版，那些孤本可以再现……以各种形式与公众关联，善莫大焉。

@风雨塱：功德无量，名利双收。凤凰出版传媒集团今日就竞拍"过云楼藏书"召开新闻发布会。

@//眠琴山房：原来是凤凰拍下了"过云楼藏书"，到底有实力。

热炒最终归属权仍存悬念

中国新闻网《"过云楼藏书"2.162亿元成交创古籍拍卖世界纪录》："同时，这场拍卖还留下一个不小的悬念。根据北京市文物局相关文件的批复，国有文物收藏单位对这批藏书具有优先购买权。如果有国有文物收藏单位行使优先购买权，行使该权利的国有文物收藏单位有权以现场竞得人同样的竞买价格成为该批藏书的购买人。

成都商报《2亿元"过云楼"成为凤凰传媒2亿元的广告宣传》：悬念最终买家一周后定。从6月5日到6月11日这一周时间里，如果有国家机构给出1.88亿的价格，就可以从凤凰传媒手中"抢走"过云楼。

东方网《神秘买家是凤凰传媒？"过云楼藏书"最终归属仍存悬念》：如果神秘的买家真的是凤凰传媒，但最终是否能够顺利成为这套书籍的新主人仍存悬念。

现代快报《"过云楼藏书"定居南京》：尽管天价拍下了"过云楼藏

书",但江苏凤凰集团是否是藏书的最终收藏方,还要一周后才能见分晓。原因是,按照行业规定,国有文博机构具有优先购买权,在这一周内还可以从江苏凤凰集团手里"抢走"藏书。

期盼与南图合璧联展

新华日报:今天,"过云楼藏书"终于荣归故里,据悉,南京图书馆馆藏 3/4 将与凤凰集团成功竞拍收购的 1/4 举办合璧展,这将是中国文化传承历史上的一个盛举。

扬子晚报:国宝"过云楼秘藏"回家 2.16 亿花落凤凰集团,江苏观众有望看"合璧展"。

@彭老图:据悉,南京图书馆将与凤凰集团举办合璧展,这将是中国文化传承历史上的一个盛举。

@黑哨徐征:难道南京图书馆的过云楼旧藏和这批书有破镜重圆的可能?至少双方会合作举办真正的"过云楼藏书"大展吧。南京人有福了。

@怪兽李谷:南京合璧,可喜可贺。期待凤凰和南图做一次合璧展,让众位饱饱眼福。

深度报道"过云楼秘藏"文化价值

上海外滩画报《最后的"过云楼"秘藏足以和国家图书馆分庭抗礼》:国家文物鉴定委员会委员、上海图书馆历史文献中心副主任陈先行告诉记者:"上海图书馆现藏的不下 200 种宋本中,也拿不出这样单部就有 40 册的宋刻完本,这样的国宝是无价的。这是宋代的一部类书,也就是百科全书。清代著名学者阮元曾评价:'书成锦绣万花谷,画出天龙八部图。'这部书是当时的天文地理与人文风情等各类书籍的集成,穿越近千年的时光,完整地传承着宋代文明。"

@桃花石上_书生：早间看报，"过云楼藏书"被凤凰出版两亿拍下，再加上南图的"过云楼藏书"，这份国之重宝便齐聚南京了。一个城市好不好，要看藏了点啥，比如巴黎、伦敦都藏了世界上最重要的一些文物，比起外在灯红酒绿，这内核才是真的"富"嘛。好想亲眼看一看《锦绣万花谷》啊！什么时候一起拿出来办展刻印呢？期待。

@妖怪蜀黍keepwalking：有人说只是印刷品不值。可能确实不值，但是书的传承与保护远难于其他藏品。顾家5代人多少人命搭在这些书上。

@水墨樵夫：过云楼的热有可能带来传统文化新一轮热潮，而不简单的是艺术拍卖市场的热，这种热带来的传统文化回归是不可估量的。

@张小千：终于尘埃落定。也许，每个人心里都有一座过云楼，宁静、淡泊、宠辱不惊、遗世独立。

业内人士评说古籍市场

中国证券网《过云楼一石数鸟：价值判断扭转市场》：焦点万众瞩目的"过云楼藏书"也不负众望，以2.162亿元刷新了古籍拍卖的世界纪录，更重要的是，其所释放的市场信号为人们展示了新的市场前景。

新京报《"过云楼藏书"拍两亿天价》：业界说法，在清朝这些书也许要拿一个庄园来换。胡同（布衣书局创办人）：这次拍卖是1994年中国有古籍拍卖以来最重要的事件之一，因为此前中国古籍还没有单件拍品超过1个亿，而在本次的1.88亿中，最主要的是《锦绣万花谷》，如果按单价来看，它的价值一定超过了1个亿，这对我们来说是一个突破。因为行业里一直有一种声音，就是我们的古籍价值被低估了，要知道在清朝这些书是比我们现在常见的大瓶子贵重得多的东西，也许要拿一个庄园来换。拍卖会当天我也在场，当交易成功后，我禁不住鼓掌，而且鼓得很大声。

深圳商报《"过云楼藏书"最终归属未定》：收藏家、研究者阎焰昨日接受本报采访时表示，"过云楼藏书"拍卖是一个艺术投资的范例。"此次整体拍卖的'过云楼藏书'收藏完整，流传有序，当年的收藏人本身就有极强的收藏和精品选择意识。古籍收藏有极强的'递进'性，其难度非常大。当年的收藏轮廓能够完整地保存到今天，是收藏界难得一遇的盛事。"阎焰说。"一页宋版一两金。古籍善本的投资空间远比书画大得多。"阎焰认为，中国收藏传统历来是古籍善本重于书画，而宋版古籍在明代就已按页论价名满神州，早在 2003 年，一页零散的宋版书价格已达到 5 万元，今天一部 80 卷完整的宋刻孤本，2000 页煌煌巨著，品相完好，传世仅见，其价值更可想而知。

龙虎网《四分之一"过云楼藏书"昨晚 1.88 亿拍出》：对于这样的价格，拍卖方认为 1.8 亿元是合理的，"甚至还有点低估"。

省政府"紧急致函"真相

6月12日，星期二（之一）。

当日上午12时之前。

到昨日（6月11日）晚，"过云楼藏书"拍卖已过去7天、5个工作日。"文物优先购买权"规定的7个工作日，到6月13日结束，时间已过大半。这些天看似风平浪静，难道预示着暴风骤雨的到来？工作小组丝毫不敢大意，于是，决定当晚采取进一步行动，着手草拟后来出现在网络上的那份《江苏省人民政府办公厅关于收购过云楼部分藏书事宜的函》（代拟稿）。

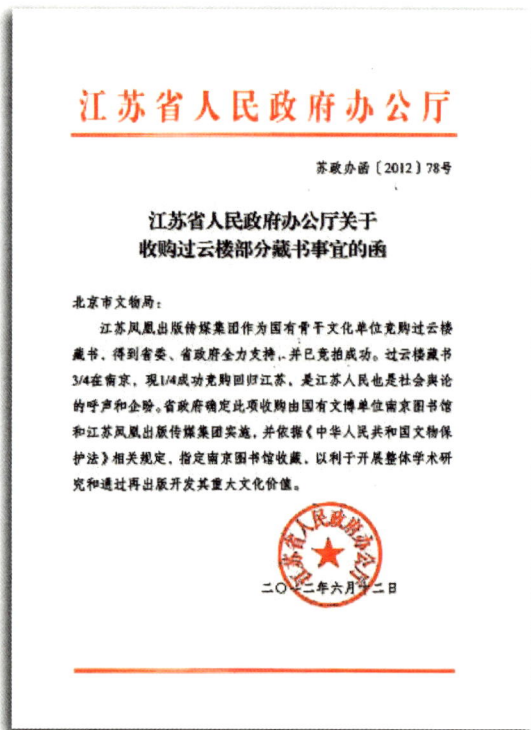

江苏省人民政府办公厅函

这份编号为苏政办函〔2012〕78号、江苏省人民政府办公厅致北京市文物局的公函，最终完成省领导签批已是12日上午，落款时间为2012年6月12日，全文内容如下：

江苏凤凰出版传媒集团作为国有骨干文化单位竞购过云楼藏书，得到省委、省政府全力支持，并已竞拍成功。过云楼藏书3/4在南京，现1/4

成功竞购回归江苏，是江苏人民也是社会舆论的呼声和企盼。省政府确定此项收购由国有文博单位南京图书馆和江苏凤凰出版传媒集团实施，并依据《中华人民共和国文物保护法》相关规定，指定南京图书馆收藏，以利于开展整体学术研究和通过再出版开发其重大文化价值。

11日晚上，笔者用手机短信写就这份公函的代拟稿，发送给了在外地出差的集团董事长。随后，再发送给了省政府一位副秘书长，约定第二天一上班就到省政府取文件。又请省政府机关出面联系南京图书馆，以该馆名义再出一文，也用短信发送了代拟稿。

12日一早赶往省政府办公厅，得知公文正在走"急件"流程，就等省政府主要领导签发。拿到批文，立刻前往印刷车间，盯着工人师傅印文，然后一步步办理完用印、登记等手续。此时，时间已近10点钟，拿着墨迹未干的文件，急急赶往南京图书馆。图书馆主要领导热情支持，很快完成了馆内行文。中午12点前，两份公函传真至国家文物局、北京市人民政府办公厅、北京市文物局，并电话向接收方作了确认。午后，携带着公函乘车北上。

事实真相是，这是成功竞买后一次应对"文物优先购买权"的主动行动，而并非媒体报道的"迅即应对"，是一个并不针对特定国有文博单位的应对举措，而并非媒体所称的事态变故后的"紧急致函"。从公函行文的时间上看，就足以看到这一点。还应该说，应对举措中也有假想特定对象，尽管当时对特定对象有否出手行权并不知情，但还是作了积极应对的准备，举措之一就是事先准备了一封凤凰集团致书记、校长的信。

一件正传递中的政府部门之间行文，按常理，自然不会先出现在网络上。只是当天下午事态突变，成功竞买方为积极应变，才向媒体发布了公函内容。此后，有媒体报道称"江苏迅即应对""紧急致函"等等，其实与客观事实是不相符的，但客观地讲，由于记者第一时间无法掌握最新发生的新闻事实，也当属寻常之事。

凤凰或痛失"过云楼"？

6月12日，星期二（之二）。

"谜底揭晓，花落北大。"

"过云楼藏书最终买家12日突生变故。"

"北大行使优先权，江苏错失过云楼。"

"目前，北京市文物局已经通过北京大学的手续报备，确认北京大学优先权行使有效。"

"北大将以场上最终落槌价收购。"

"春拍重器'过云楼'面临易主""凤凰传媒规划蓝图或成为泡影"。

是日下午，乘坐高铁列车赶赴北京。连日来不停奔波，已深感身心疲惫，正昏昏欲睡之时，北京同事的电话短信突然接踵而至，通报的是同一个爆炸性的消息：北京大学对"过云楼藏书"正式提出行使"优先购买权"！打开手提电脑上网，消息不断涌来。

16时40分：

北京匡时微博，北京大学经研究决定行使北京市文物局〔2012〕561号文件

新民晚报新闻截图

所规定的国有文物收藏单位的优先购买权，对"过云楼"藏古籍善本进行收购。

16时59分：

北京市文物局官方微博"北京文博"发布：北京大学宣布对"过云楼藏书"行使优先购买权，以同样的竞买价格成为该批藏书的购买人。如果北京大学从江苏凤凰集团的手中抢走"过云楼藏书"，这无疑意味着"中国最贵古籍"的最终买家戏剧性易主。

17时20分：

《现代快报》记者电话采访匡时副总经理谢晓冬，受访者确认北大对"过云楼藏书"行使优先购买权的消息。随后他表示，作为国家文博单位的北大有权行使优先购买权，对于凤凰集团没有获得"过云楼藏书"表示遗憾。他说，相信国有企业江苏凤凰集团有足够文化承载能力，凤凰集团的社会责任心也令人钦佩，但是目前只能替凤凰集团感到遗憾。

17时30分：

快报记者电话采访凤凰集团有关部门负责人。该负责人透露，凤凰集团成功竞得"过云楼"，得到江苏省委、省政府全力支持。他告诉记者，这次竞购"过云楼藏书"不是商业和企业行为，而是省政府委托文博单位和文化企业的联合收购行为。目前江苏省政府已致函北京市文物局，南京图书馆也同时发布公函表明将与凤凰集团共同收藏。

18时45分：

凤凰集团董事长陈海燕接受媒体采访时表示，北大应该看到并理解江苏人民对于"过云楼藏书"的热忱和感情，支持"过云楼藏书"在江苏团聚。

19时00分：

《江苏省人民政府办公厅致北京市文物局的公函》在网络发布。《现代快报》记者再次致电北京匡时拍卖副总经理谢晓冬。他说目前北京匡时已收到来自江苏方面的公函（注：指当日上午的公函传真件）。他表示，能够理解江苏殷切期盼"过云楼"回归故里的心情。北大参与竞购，匡时方面认为是对"过云楼藏书"价值的认可，"过云楼藏书"得到了业界这么多人士、企业、机构的关注，这是件最让匡时高兴的事。

各类媒体也纷纷发出新闻。报道中"'过云楼'易主""最终买家突生变故""凤凰蓝图或成泡影",那一个个看似结论性的词语,在当事者的眼里是那么的扎眼,让人惊诧不已!

《人民日报》报道称,"拍卖场上的落槌,敲出了总价2.16亿元的'中国最贵古籍'过云楼旧藏,但它的去向却并没有因此而敲定。原本以为胜券在握的江苏凤凰出版传媒集团,如今不得不面对北京大学'优先购买权'的行使。""对于花落谁家的问题,××图书馆党委书记×××(注:此处隐去)并不看好凤凰集团的得标前景,'北京大学图书馆行使优先购买权也是符合规则的,并且,这也是北京大学集体作出的决定,校长已签字,目前看来已无退路。'"

"北京大学行使优先购买权,过云楼藏书花落北大",凤凰网报道称,"6月12日,北京大学经研究决定行使北京市文物局〔2012〕561号文件所规定的国有文物收藏单位的优先购买权,对在6月4日晚由北京匡时国际拍卖有限公司拍卖的过云楼藏古籍善本进行收购。""开拍之前,过云楼藏书将花落谁家便引发各方猜测。北大图书馆、民生银行可能是凤凰集团的有力竞争者。""谜底揭晓,花落北大。目前,北京市文物局已经通过北京大学的手续报备,确认北京大学优先权行使有效。北京大学将会就此批藏书的后续事宜与北京匡时国际拍卖有限公司和原有竞买方进行沟通,以促进对这批重要文化遗产更好的研究和保护。"

光明日报新闻截图

《新民晚报》以"北大行使优先权,江苏错失过云楼"为题报道称:"日前由江苏凤凰出版传媒集团以2.16亿元在匡时春拍竞拍下的过云楼藏书，最终被北京大学行使'国有文物收藏单位优先购买权'，横刀夺爱。""昨天，匡时拍卖公司董事长董国强称，经向北京市文物局请示，确认北京大学为国有文物收藏单位，可行使此权利，北大将以场上最终落槌价收购。"

中新社发布消息称，今年春拍市场上备受关注的"过云楼藏书"最终买家 12 日突生变故。北京大学当天行使北京市文物局此前规定的国有文物收藏单位的优先购买权，对"过云楼藏古籍善本"进行收购。

拍卖公司负责人也在微博上转发该消息并表示，"'优先权'只适用于国有文物收藏单位行使，经与北京市文物局请示，确认北京大学为国有文物收藏单位，可行使此权利，北大将以场上最终落槌价收购。"

高速列车平稳地飞驰在京沪线上，可笔者心情却波澜起伏。回想 4 月以来围绕"过云楼藏书"发生的那一幕幕，笔者的心情久久不能平静。现如今已身处绝地，难道就轻言放弃，无奈地接受"失宝"的结局？面对作为百年名校的竞争对手，凤凰集团虽是中国出版业领军企业，但在外人看来与北大却不是同一重量级的对手，几无胜算可言。选择放弃，那不是凤凰人的性格。

事情似乎已成定局，难以扭转！特别是北京市文物官方微博（北京文博）发出的信息，难道政府主管部门已有裁决？有媒体报道称，北京大学行使优先购买权横刀夺爱，凤凰集团或痛失"过云楼"。拍卖公司方面称对凤凰出版集团未能最终得到这批藏书表示遗憾。北大似乎已经得到了这批国宝。

一石激起千层浪。消息甫出，顿时引来网上一片议论声，社会舆论为之哗然。

事态突变，波谲云诡，"凤凰行动"遭遇"北大计划"。工作小组决定，迅即向媒体发布江苏省人民政府办公厅致北京市文物局的函。这时，距离媒体发出有关北大行使"优先购买权"新闻，仅仅 2 个小时！

北大欲"横刀夺爱"的消息一出，更让在准备迎接国宝回归的凤凰人倍感惊诧，他们顿时陷入一片忙碌。虽说大家对有可能出现得而复失的变局早已有心理准备，也做了必要的工作准备，但事情真的发生了，

凤凰衔书：“过云楼藏书”回归江南记

北京大学函件

北函〔2012〕18 号   签发人：周其凤

关于确认对"过云楼藏古籍善本"
使用优先购买权进行收购的函

北京匡时国际拍卖有限公司：

北京大学经研究决定，使用北京市文物局出具的《关于北京匡时国际拍卖有限公司 2012 春季拍卖会过云楼藏书专场文物标的审核的批复》(京文物〔2012〕561 号)文件所规定的国有文物收藏单位的优先购买权，对在 6 月 4 日晚由贵公司拍卖的"过云楼藏古籍善本"按落槌竞买价一亿八千八百万进行收购。我们与贵公司签署的《关于北京大学参与竞投北京匡时"过云楼藏古籍善本"专场的特别协议》中所规定的阶段付款期限依本函送达之日起顺延。其他相关事宜将进一步协商。

二〇一二年六月十日

主题词：古籍 收购 确认 北京大学 函

北京大学党委办公室校长办公室   2012 年 6 月 10 日印
(共印 3 份)

北京大学函件（网络图片）

大家回顾，这次拍卖竞购前，打的是"情报战""心理战"，对外情况掌握及时，内部保密也到位。第一战役以完胜告终。在"第七个工作日"第六天的上午，及时发出省政府办公厅致北京市文物局公函，打出了第一张法律牌，争取了主动。但是，接下来将面对强势的"夺宝"方，迎来更具挑战性的"争夺战"。大家更要猝然临之而不惊，稳住阵脚，按既定方案有条不紊地开展工作，有理有节地全力"争夺"，不言放弃。

战役的突破口选在哪里？工作小组时刻关注着舆论动向，从新闻中积极捕捉有价值的东西。经预判认为，在省政府公函公之于众之后，从法律层面上已形成有效"对冲"效应，行使"优先购买权"冲击波已被大大削弱，甚至可以说又回到了突变前的态势，回到事物演变的原点。而媒体新闻透露出的一些信息极有价值，也能为我所用。特别是，网络上那一片议论声中，舆论于我有利者居多，自可借力用力。过云楼，一座江南的藏书楼，过云楼藏书 3/4 早已入藏南京图书馆。一个让国宝"回归江苏、合璧江南"的话题，一定会成为一个社会公众话题，勾连起人们的历史记忆，触动人们对"团圆"的美好向往。相信公众的力量，会一定程度影响到事

心理上受到的冲击之大可想而知。为了成功竞购"过云楼藏书"，凤凰人投入了情感，投入了心血，投入了资源，度过了多少个辗转难眠的夜晚，付出已太多太多，无论如何，不能接受一个痛失"过云楼"的结局！

"夺宝"大战既然已经打响，面对争夺一方兵行险招、后发制人，应对方虽是被动应战，但必须绝地反击，不破楼兰终不还！凤凰高层抱定决心：志在必得，不言放弃！

当晚抵达北京后，随即召集工作小组成员商讨全方位应对之策。

态演变的轨迹。第二战役首要是持续打好"舆论战",主动出击,舆论先行,积极发声。同时,积极谋划展开法律战。

于是,决定在向文物主管部门提交书面公函的同时,第二天就由集团两位高管出面,主动登门拜访北大;于是,即刻通知集团博士后工作站的博士后们,草拟以"回归""合璧"为诉求的过云楼"系列话题";于是,即刻联系集团内多位拥有诸多粉丝的出版家、小说家,江苏学界著名的专家学者,请他们发声;于是,即刻致电集团机关党委副书记、党群工作部主任田志萍,集团团委书记费强,发动凤凰青年员工围绕"话题"集中网络发声。打出这一张"感情牌",大声发出:深情呼唤"过云楼"回归!

这是"过云楼藏书"争夺战的第一天。

北京，那一片凤凰祥云

6月13日，星期三（之一）。

"过云楼藏书"争夺战第二天。

是日，意外读到一则关于"凤凰"的消息。

国际在线报道称，大自然是个天才艺术家，2012年6月12日，北京，天空为画布，一场云遮日的小"坏"天气，居然形成一朵祥云"凤凰"。昨日中午，记者在南二环菜户营桥附近看到，东南方向天空飘来多块云朵，其中有一块大云朵的造型非常特别，似一只起飞的凤凰。它伸开翅膀，额头向前，恣意在蓝天中翱翔。在大观园南门处准备入园游览的游客不禁驻足观看，大家纷纷掏出相机记录这一美丽的自然瞬间……

13日是"7个工作日"最后一天、媒体曝光北大行使优先购买权消息第二天。工作小组成员精神处于高度紧张之中，当天安排了两个行程：一是赴北京市文物局当面递交江苏省政府公函（前一日已发传真件），二是赶赴北京大学主动沟通。

一个有吉祥寓意的自然天象！作为无神论者，虽说不预示着什么，但美好的事物总能给人以心理上的良性诱导，尤其是当一个人处在心理高压状态下的时候。打电话给南京同事，让打印一张彩色图片送给董事长。陈董事长发来短信："真像！"

当日上午一早，赶往北京市东城区府学胡同36号，向北京市文物局送达江苏省人民政府致北京市文物局公函。文物局工作人员认真地签收文件并再次确认，12日上午收到的公函传真件已经上报。这是"7个工作日"第七天的开始。

下午，受集团董事长指派，与在北京出差的集团纪委汪维宏书记一起，赶赴北京大学。学校办公室一位年轻女士出面接待，听明来意后，即离开办公室，许久返回后说，领导都不在，给书记、校长的信可以转交，未获我方同意。年轻女士又提出，能不能留下复印件？获得允许，并约定第二天再来登门拜访。一行人随即离开了校园。在返回入住酒店的路上，笔者用手机写下了"凤凰集团两位高管主动拜访北大，北大方面热情接待"的新闻稿，发往相关媒体。《人民日报》报道称，"13日，凤凰集团两位高层亲自造访北大，但是协商的内容尚未对外公开。"各类媒体纷纷报道了这一消息。

国际在线网络发布照片

一份问答形式的声明

6月13日，星期三（之二）。

中新网播发《凤凰集团派高层与北大沟通，申明对过云楼志在必得》，报道称，13日下午，凤凰集团再次向中新网发来一份问答形式的书面声明，继续申明集团对此次事件的态度。声明中表示，凤凰集团此前对北京大学"夺宝"完全不知情，目前已派两位领导班子成员去北大拜访、沟通。

声明称，文物保护立法的目的是使文物不致流散，能够为中国公众享用。凤凰集团竞得"过云楼"标的，保护与传承的目的就可以实现了，完全符合立法精神。很显然，在江苏省政府支持下，这批藏书在江苏的保管不会比任何机构差，而且会利用得更好。竞购由凤凰集团和国有文博单位南京图书馆共同实施，合情、合理、合法，所以凤凰集团志在必得。

报道全文引述了凤凰集团这份书面声明：

问：围绕"过云楼藏书"的争夺已成为公众文化事件，你们对北大的"夺宝"行动事先是否有思想准备？

答：事先完全不知情，感到非常突然。参与竞拍要做大量前期调研论证工作，团队付出了许多辛苦，而且要承担很大的责任风险，因为前无参照，难以证明竞价的合理性。表面看起来是围绕"过云楼藏书"拍卖标的的"国宝之争"，但凤凰集团力争不是因为国宝很值钱，而是作为国有骨干文化企业，勇于承担力所能及的社会责任。我想北大也不希望给公众一个"夺宝"的印象，一定也是出于社会责任感。在教育经费普遍不宽裕的情况下，一个教育机构花巨资收购文物，是需要很大决心的。所以，北大就此表现出的强烈社会责任感是令人钦佩的。双方的初衷是一致的，心灵是相通的。因此，我们已主动派两位领导班子成员去北大拜访、沟通。

问：北大收购"过云楼藏书"可以用于学术研究，而凤凰集团为何要如此积极地参与古籍竞购？

答：凤凰集团是业内和文博界公认的古籍出版的重要机构，从未停止过对古籍的整理、发掘、出版和学术研究，有很强的专业团队和专业出版社，联系着包括北大学者在内的全国众多文博专家。曾完成《中华大典·文学典》（5500万字）、《全元文》（3000万字）、《中国地方志集成》（1500册）、

深圳晶报新闻截图

《京剧历史文献全编》、《册府元龟》等一批重大古籍文献出版工程，现正在实施的文化传承学术工程就有多项。集团每年都给予古籍出版大额专项补贴，而且历年来我们已经积累了许多古籍善本。

众所周知，国内不少文博单位所藏古籍，因条件所限，连专家都难得一览，这让我们出版人羡慕而唏嘘。一所校内图书馆和一个有规模、有资金保障的专业出版机构，哪个受众更多？答案是不言自明的。

问：据悉，竞购"过云楼藏书"得到了江苏省政府的支持，也看到网民一片热议，可以说官方和民间高度一致。为什么江苏人对一批古书如此期盼？

答：江苏有着深厚历史底蕴和文化渊源，自古崇文爱书。"过云楼"历经沧桑磨难，凝聚着江苏文化人的情感，对"过云楼"的关注体现了江

苏儿女的文化情结。毕竟"过云楼藏书"的大部分已在江苏，现在竞购的是散失民间的部分。如果《富春山居图》隔海相望是历史的遗憾，何必要人为地让"过云楼藏书"南北分居？完璧归苏，于整体学术研究有利，于出版再利用有利，于中华文化的传承有利，于建设文化强省有利。

问：北京市文物局专门下发了红头文件，据此，北大是完全有理由优先受让的。

答：文物保护立法的目的是使文物不致流散，能够为中国公众受用。我们竞得"过云楼"标的，保护与传承的目的就可以实现了，完全符合立法精神。很显然，在省政府支持下，这批藏书在江苏的保管不会比任何机构差，而且会利用得更好。竞购由凤凰集团和国有文博单位南京图书馆共同实施，合情、合理、合法，所以我们志在必得。我相信，北京大学会信任江苏的保管能力，最终会成全江苏人民的美好意愿。成愿之日，我们会邀请北大学者参与"过云楼"的学术研究。

这份问答形式的书面声明，出自凤凰集团旗下凤凰出版社（古籍出版）社长姜小青和他的同事之手，从正面回应了竞争方的一些说法，回答了社会各界关心的一些问题，如凤凰集团参与竞购的初衷、社会使命与担当、规模实力与社会责任、古籍保护与价值开发等，让关心"过云楼藏书"归宿的人们，对事件有了更全面的了解。

南图馆藏首次亮相

6月13日，星期三（之三）。

　　"过云楼藏书"争夺战不断升温。6月13日，南京图书馆首次对外展示馆藏的部分"过云楼藏书"。

　　媒体报道，这次南京图书馆展出的"过云楼藏书"，有包括《字苑类编》在内的1部元刻本及3部宋刻本，虽然数目不多，却是南京图书馆迄今为止最大规模地对外展示所收藏的"过云楼藏书"。因为年代久远，古籍已经变色，纸张也显得有些残破，但是印在上面的字词却清晰依旧。由于南

南京图书馆"过云楼藏书"展示现场

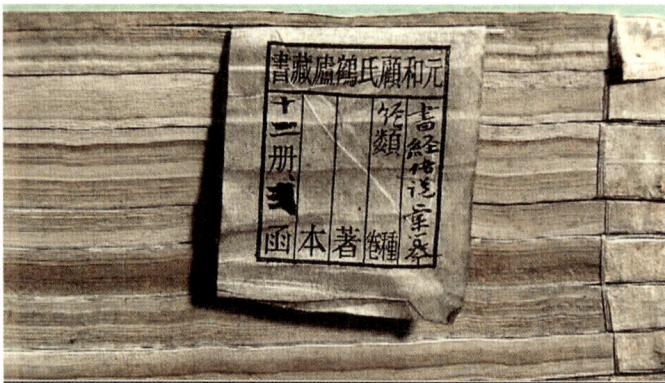

南京图书馆藏"过云楼藏书"

京图书馆从未对外展示过馆藏的"过云楼藏书"，所以外界相关的资料并不准确。据馆方的消息，目前图书馆所藏的部分中已确认有18部是宋元本。

　　早在1992年，南京图书馆从顾氏后人手中买下了部分"过云楼藏书"，数量上约占过云楼藏书3/4。只是这部分过云楼古籍久藏深闺，20年间外界无从知晓她在金陵古都的存在。南京图书馆的这一展示举动，积极配合了竞购胜出方的"夺宝"行动，打了极好的"组合拳"，更激起了公众对"过云楼藏书"回归故里、合璧江南的热切期盼。

"横刀夺爱"的理由

6月13日，星期三（之四）。

真是一件让人费解的事，媒体昨天就曝出了北京大学行使"优先购买权"夺宝的消息，北京大学新闻网却于今天刊发题为《北京大学决定收购过云楼部分旧藏》的新闻，全文如下：

北京大学经研究决定，使用北京市文物局出具的"京文物〔2012〕561号"文件内容所规定的国有文物收藏单位的优先购买权，对在6月4日晚拍卖的"过云楼藏古籍善本"按落槌竞买价进行收购。收购确认函已在6月10日由校长签署批准，并于次日下午送达北京匡时国际拍卖有限公司。这批典籍将由北京大学图书馆保存，该馆系国务院批准的首批全国古籍重点保护单位。

这批书大多递藏有序，其典籍传承文化内涵极为丰富，并且有很多是目前北京大学图书馆所未藏的，入藏后将会得到永久的珍藏与合理的使用，不再进入拍卖市场。具体而言，不仅可以补充图书馆古文献典藏的品

中央电视台新闻画面

种与类型，提高教学和学术研究的文献保障力度，同时更是中华文化传承和创建世界一流大学图书馆文献资源保障应有之义。

本次收购过云楼部分旧藏由校内诸多专家教授签名推荐购买，包括吴小如、汤一介、乐黛云、袁行霈、安平秋、楼宇烈、白化文、严绍璗、王晓秋、荣新江、邓小南等知名学者。图书馆还特意聘请全国古籍保护专家委员会数名委员对这批书逐部进行了鉴定，包括国家图书馆、中国社科院、上海图书馆等知名研究（馆）员。

拍卖当天北大是参与竞拍的唯一国有文物收藏单位。购买过云楼部分旧藏经费，学校将从社会捐赠募集，既符合国家财经纪律，也不会影响师生员工的现实利益。

过云楼部分旧藏是私家藏书集合的重要组成部分，北京大学图书馆组织专家鉴定所得结论是：这批书的质量高，具有重要的学术研究和收藏的价值，作为有传承中华学术文化血脉责任的北京大学图书馆理应收藏。

工作小组很快关注到了这一新闻，随即与法律、收藏界人士展开探讨分析，认为可以从中解读出一些重要信息。北大方面发布这一消息，极有可能一则体现行使"优先购买权"的权威性、正当性，二则也有可能出于平息内部不同声音的考虑，如称"本次收购过云楼部分旧藏由校内诸多专家教授签名推荐购买""购买过云楼部分旧藏经费，学校将从社会捐赠募集"等。消息透露的一些信息，从法律层面上也是值得商榷的，如，"收购确认函"送达的是作为中介机构的拍卖公司，而不是国家文物主管部门。又如，"这批典籍将由北京大学图书馆保存，该馆系国务院批准的首批全国古籍重点保护单位"的说法，这就表明提出主张的法律主体是北京大学，而不是"全国古籍重点保护单位"北京大学图书馆。再如，"拍卖当天北大是参与竞拍的唯一国有文物收藏单位"，那就证明北大已经作为市场主体参与了"价高者得"的拍卖公平竞价，现在又行使"优先购买权"，不成了"争不过就夺"。网络上也有不少议论：既然几天前就决定行使"优先购买权"，也该主动跟人家去谈谈，怎么还要让胜出一方"主动登门"来协商？

CCTV新闻（3）：藏书争夺战开打

扫描二维码观看央视新闻

6月13日，星期三（之五）。

中央电视台CCTV2财经频道，播发《聚焦过云楼藏书之争——北大宣布行使优先购买权，过云楼藏书争夺战开打》的新闻。时长1分52秒。以下是央视播发新闻的文字实录：

中央电视台新闻画面

古籍善本过云楼藏书以2.16亿的天价成交，当时大家关注的只是创纪录的价格，但是，围绕这套天价的"过云楼藏古籍善本"又出了大V新闻，这一回的事端是源自当时参与竞拍的唯一一个国有文物收藏单位——北京大学。

【同期】（央视记者）：北京大学今天（13日）在其官方网站上发布了公告，决定行使国有文物收藏单位的优先购买权，对6月4日拍卖的"过云楼藏古籍善本"按落锤竞拍价进行收购，如果收购成功，这批典籍将被保存在我身后的北京大学图书馆。对于此事，北京大学宣传部的负责人并没有接受记者的采访。

【同期】（北京大学宣传部门负责人蒋朗朗）：我们刚刚今天上午在

我们北大的官网的主页上发布了一个情况的说明，你先看看那个，好吧？

【同期】（央视记者）：您能回答我几个问题吗？

【同期】（北京大学宣传部门负责人蒋朗朗）：我现在没办法采访，我现在在开会当中。

6月4日，江苏凤凰传媒在过云楼藏书竞拍中胜出，但是所有人都没想到，北京大学在竞拍之后凭借优先购买权站了出来。那么，什么是文物的优先购买权呢？北京大学在公告中提及的"优先购买权"，源自北京市文物局《关于北京匡时国际拍卖有限公司2012春季拍卖会过云楼藏书专场文物标的审核的批复》里的规定，规定说，在竞拍结束后的7个工作日内，国有文物收藏单位有权行使优先购买权，以同样的价格购买该批藏书。而北京大学正是在7个工作日的最后一天，也就是6月13日，正式在其网站上公布行使优先购买权。

【同期】（中央财经大学拍卖研究中心名誉主任王凤海）：这个文件不是北京市的文件，《中华人民共和国文物保护法》就已经作出了明确的规定，当国家的文物行政管理部门也就是文物局对拍卖企业拟拍卖的物品进行审核的时候，可以指定国有的文物收藏单位行使优先购买权，这就从立法的意义上设置了优先购买权的规定。

中央电视台新闻画面

事实是，围绕"过云楼藏书"的争夺战早已打响，只不过此前的争夺战是"暗战"，而现在是"明战"。但一个基本的事实却是，凤凰方面从一开始就处于十分不利的境地。作为国有骨干文化出版企业，太清楚"过云楼藏书"的价值所在，在获得省委省政府和主管部门的热情鼓励和明确支持后，凤凰迅速组织了操作团队。一方面，组织文博专家、古籍鉴定专家鉴定其真伪和文化、文物价值，另一方面组织艺术收藏界精英评估其市场价值。但如

中央电视台新闻画面

此大的动静必然引发关注，走漏风声，从而带来竞价的风险，购买意愿越强烈，得到的可能性越低，越想买反而越买不到，或者买到的价格会很高。可是，为了确保国有资产的安全，这两方面的调研又非做不可。因此，在拍卖前业内流传着一个说法：宝贝是江苏的，但最终归属不会是江苏的。在外界看来，国有单位决策过程复杂，而江苏人的性格谨慎有余、魄力不足。外界的猜测是，北大图书馆、民生银行可能才是凤凰集团的有力竞争者。过去的几十年间，这批"过云楼藏书"已经多次与国有文物收藏单位失之交臂，其中有国家图书馆、上海图书馆等国有文博单位。著名古籍专家李致忠，如今已是国家文物鉴定委员会委员、国家图书馆发展研究院院长、国家古籍保护专家委员会主任，谈起40年前的那次遗憾，仍然记忆犹新。20世纪70年代前期，李致忠拿到一份书目，是苏州博物馆提供的过云楼藏书，这是他第一次了解到过云楼的藏书。"我一看那两本目录呢，这可不得了，有相当一部分书国图很想要。我赶紧让同事悄悄复印了一份，留了一份底子。""文革"结束后，根据政策，这批书回到了顾家人手中。李致忠仍然念念不忘这批书的去向，与顾家的代表商谈。谈完之后，国家图书馆召开专家会议讨论价格，给出30万的收购价。"那时也不得了，人家希望就是40万。"李致忠不敢突破图书馆给出的底线价格，双方价格还没有达成一致，顾家又传来消息，因为族中几房关于收购的意见不一致，国图收购只好作罢。"这是我管理国家图书馆古籍的一大遗憾。"国

家文物鉴定委员会委员、上海图书馆历史文献中心副主任陈先行，也跟这批"过云楼藏书"有缘，他说道，"'过云楼藏书'均分给了四房后人，上海图书馆老馆长顾廷龙曾数番不辞辛苦挨家挨户去做工作，希望能出让给上海图书馆收藏，以免将来遭遇不测而散失。如果在今天，想成为文化大省的江苏及其南京图书馆或许会尽力争取收藏，因为南京图书馆过去已收藏了过云楼的部分古籍，但在当时他们没有反应。上图也没能收购。"而如今北大提出行使"优先购买权"，看来"夺宝"意愿强烈，也是志在必得，凤凰方面更是陷入了"绝境"之中。

再上北大

6月14日，星期四（之一）。

"过云楼藏书"争夺战第三天。

上午，再上北大。北大图书馆负责人在图书馆大门口热情迎候。凤凰方面转交了凤凰集团致北京大学并书记、校长的信后，真诚地表达心愿，希望校方理解江苏大众期盼"过云楼藏书"回归故里的心情。

这封信函的主要内容如下：

香港大公报新闻截图

据悉，北京大学及北京大学图书馆有意收购"过云楼藏书"，故致信你们，表达我们的心愿，转达江苏人民的诉求。

在江苏省委、省政府的全力支持下，凤凰出版传媒集团作为国有骨干文化单位成功竞拍"过云楼藏书"。"过云楼藏书"3/4已在南京图书馆，现1/4成功竞购回归江苏，社会舆论热切企盼"过云楼藏书"合璧，认为"过云楼藏书"回归江南是最好的归宿。江苏各界击掌相贺，顾家后人甚感欣慰，

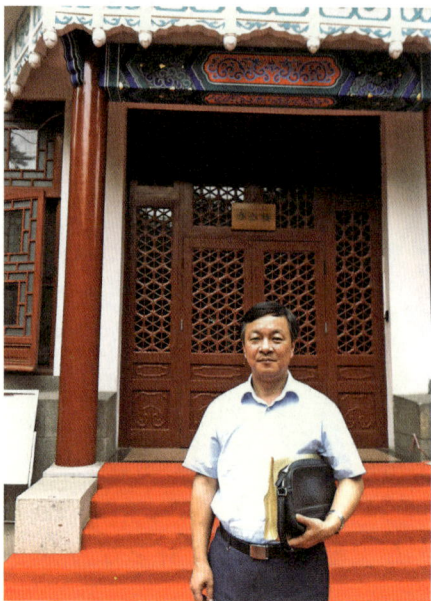

笔者在北京大学留影

与过云楼、江苏相关的媒体（微博）信息多达 180 万条之多，微博上更是热议一片，不少人惊喜赞叹"幸哉！江苏！国宝回家！文脉相承！""让过云楼藏书整体落户南京，成为南京乃至江苏文化界的重要资源"，"是江苏文化界的一件大事"。可见，此项收购案已演变成一次轰动性的公众文化事件，在社会公众心目中"过云楼藏书"已然成为江苏文化的一个代表符号，载满了江苏儿女的深情和厚望。……

北京大学是中国最高的学术府邸，受到所有国人的尊敬。我们真诚地希望北京大学能够顾及江苏人民的感情，支持江苏国有文博单位和国有文化单位传承文化的举动，让"过云楼藏书"能够完璧归"苏"，踏上重返江南故里之路。

双方进入谈话，言语简短，气氛却显得有些严肃。一方说，你们是知道北大要买的；一方说，市场上的传言不足为信。一方说，我们收购"过云楼藏书"是做研究的；一方说，我们企业也是做文化的，不是煤老板！道别。再次第一时间向媒体透露了相关消息。

人民网转发《新京报》一则新闻，报道称：

昨日（14日）下午，江苏凤凰出版传媒集团高层到北京大学就"过云楼秘藏"收购事宜进行沟通，北大图书馆馆长朱强等出面接待。朱强称，此次沟通时间并不长，双方各自表达了想法，对方还向北大的书记校长转交了一封信。

据凤凰出版传媒集团提供的资料，这封信中表达了江苏方面的心愿，希望北大方面体谅江苏人民的感情，促成"过云楼秘藏"回归江南故里，北大与江苏共同书写一段"过云楼藏书"新佳话。

江苏凤凰出版传媒集团称，这是他们第二次到北大就"过云楼"部分藏书问题进行沟通。前日，凤凰出版传媒集团两位高层负责人"代表江苏方面"，曾专程到北大就此事沟通，北大党办校办工作人员"给予热情接待"。凤凰出版传媒集团还特别强调说，迄今为止北大并未主动与其沟通联系。北大图书馆馆长朱强此前接受本报采访时表示，双方还是会通过协商来解决问题。

两度主动登门造访，双方没有达成共识。

官方紧急澄清

6月14日，星期四（之二）。

"过云楼藏书"争夺战第三天。

风云再次突变。

"过云楼藏书之争"出现戏剧性一幕。几天来笼罩在国宝古籍回归江南之路上的阴云，仿佛又拨云见日！

媒体曝出北大行使"优先购买权"一天后，又一条爆炸性的"过云楼"新闻，迅即被各大网络媒体转载。

14日凌晨，新华网等多家媒体发布消息称，北京文物局澄清归属传闻，过云楼未定北大优先买。昨天（13日），北京市文物局有关负责人明确表示，此前有媒体报道中所提及的"北京市文物局已经通过北京大学的手续报备，确定北京大学优先购买权行使有效"的说法不准确，北京市并未最终裁定北京大学拥有优先购买权。

至于6月12日下午在其官方微博"北京文博"上发布的消息，市文物局相关负责人表示，此前的这种表述并不准确。这只是"北京文博"转发"新浪收藏"所报道的关于北京大学宣布对"过云楼藏书"行使优先购买权的新闻而已，并不是北京市文物局对此事的官方表述，也并不代表确认了北京大学行使优先购买权。只要是国有收藏单位都有优先购买权，北京市文物局并没有确定一定就是北大获得这种权利。

该负责人还表示，京文物〔2012〕561号文件，只是一份关于文物标的审核的批复，并不意味着市文物局就确认了北大的优先购买权。按照法律规定，在与普通买家竞争时，国有收藏单位可拥有优先购买权。但法律没有明确，如果不止一家竞拍单位拥有优先购买权，这种情况该如何处理。是再次进行竞拍，还是由哪家主管单位进行裁定？所以，面对北京大学和凤凰集团的"争夺战"，北京市文物局没有"拍板权"，已经将情况上报国家文物局批准。

"夺宝"事件突然峰回路转，"机会之窗"再一次打开，新的转机出现了！这一转折，真乃"山重水复疑无路，柳暗花明又一村"！对于已然陷于绝境、心低意沮的小组成员，仿佛蓦然见到了雨后彩虹、满天星光，情不自禁地背诵起欧阳修《醉翁亭记》："峰回路转，有亭翼然临于泉上者，醉翁亭也。"

中国新闻网

北京文物局澄清归属传闻 过云楼未定北大优先买

2012年06月14日 02:43 来源：京华时报

过云楼藏书未定北大优先买
市文物局澄清归属传闻最终裁定要报国家文物局

日前，围绕"过云楼藏书"，北京大学和江苏凤凰出版传媒集团展开了激烈的竞争。此前有表述称，北京市文物局已经确认了北京大学优先权行使有效。至于江苏凤凰出版传媒集团(下称凤凰集团)与南京图书馆联合参与竞争后，最终结果要北京市文物局裁定。但北京市文物局有关负责人昨天明确表示，北京市文物局并没有确定北大的优先购买权，最终的裁定也将上报国家文物局。

过云楼藏书6月4日在北京匡时春拍成功拍出，落槌价1.88亿，加上佣金以2.16亿元成交，买家为凤凰集团。

按照我国《文物保护法》的规定，文物行政部门在审核拟拍卖的文物时，可以指定国有文物收藏单位优先购买其中的珍贵文物。购买价格由文物收藏单位的代表与文物的委托人协商确定。

此前，有消息称按照北京市文物局的批复，北京大学作为国有文物收藏单位，有权行使优先购买权，并以同样的竞买价格成为该批藏书的购买人。该消息还称，目前，北京市文物局已经通过北京大学的手续报备，确认北京大学优先权行使有效。由此才引发了北大优先权的行使、凤凰集团的不放弃，以及在江苏政府支持下，凤凰集团与南京图书馆的联合。

昨天，北京市文物局有关负责人表示，此前的这种表述并不准确。只要是国有收藏单位都有优先购买权，北京市文物局并没有确定一定就是北大获得这种权利。他指出，目前实际上还处于买家市场竞争的阶段。如果需要政府机关干预、裁定，北京市文物局将上报国家文物局批准。

此前有报道称，市文物局曾出具(京文物〔2012〕561号)文件相关规定，在拍卖结束的7个工作日内，北京大学作为国有文物收藏单位有权行使优先购买权，以同样的竞买价格成为该批藏书的购买人。北京市文物局有关负责人表示，(京文物〔2012〕561号)文件只是一份关于文物标的审核的批复，并不意味着市文物局就确认了北大的优先购买权。(记者张然)

中国新闻网新闻截图

CCTV 新闻（4）：公说公有理，婆说婆有理

扫描二维码观看
央视新闻

6月14日，星期四（之三）。

中央电视台 CCTV2 财经频道，播发《聚焦过云楼藏书之争——专家：优先购买权已有先例可循》的新闻，时长 2 分钟。以下是央视播发新闻的文字选录：

围绕着天价的过云楼藏书，现在真称得上是公说公有理，婆说婆有理，江苏凤凰传媒称，竞购过云楼藏书成功在先，而且过云楼藏书 3/4 在南京，现在 1/4 的藏书成功竞购理应也回归江苏。而北京大学是全国最知名的大学，有公认而且深厚的文物收藏和研究功底。一个南京，一个北京，都是言之凿凿，认定自己才是"过云楼藏古籍善本"最合理的主人，为何昔日一套寂寞且不为人知的古籍善本，会成为各方争夺的焦点呢？

历次春拍，中国古书画都是支柱性的拍品，而且由于这几年文物收藏升温，一些知名文物屡创天价。今年春拍，并不是"过云楼藏古籍善本"

中央电视台新闻画面

在拍卖市场上的第一次亮相，早在 2005 年，这批藏书就曾在嘉德春拍中以 2310 万元的高价被一神秘买家收入囊中，创造了当时中国古籍拍卖最高价。7 年后，"过云楼藏古籍善本"在 6 月 4 日晚举行的北京匡时 2012 春拍过云楼藏书拍卖专场中，再一次吸引了众多收藏机构和个人的关注，这批藏书以 1.8 亿元起拍，经过现场买家的多次举牌，最终以 1.88 亿元落槌。加上 15% 的拍卖佣金，"过云楼藏古籍善本"此次的整体成交价达到 2.16 亿元，再一次刷新了中国古籍拍卖的纪录。7 年间，身价暴涨近十倍。虽然在 2005 年的时候，并没有国有文物收藏单位提出要针对过云楼藏书行使优先购买权，但在中国拍卖市场上类似的先例也并不是没有出现过。

【同期】（中央财经大学拍卖研究中心名誉主任王凤海）：类似的情况发生在 2009 年。2009 年中国嘉德拍过一个胡适、陈独秀之间往来的书札，这场拍卖是 5 月 30 日进行的，6 月 5 日文物局向嘉德公司发出了通知，这个应该由国有的文物收藏单位收藏。嘉德就说服了买受人，后者拿了出来。这就是非常明显的例子。

这则新闻释放的信息，意味着中国法律界对文物"优先购买权"有着不同的理解，也意味着"过云楼藏书"争夺战的焦点在"优先购买权"之争。已有先例可循的"先例说"，与其他法律界人士的理解形成对立，正如央视新闻所言"公说公有理，婆说婆有理"。

CCTV 新闻（5）：争抢过云楼，这个可以有

扫描二维码观看央视新闻

6 月 14 日，星期四（之四）。

当日，中央电视台 CCTV13 新闻频道，罕见地播出了一则时长达 6 分钟的"国内焦点"新闻——《过云楼秘藏引发争夺——"最贵古籍"最终归宿悬而未决》。这则新闻在阐述了引发争夺的新闻事实的同时，还介绍了"过云楼藏书的前世今生"，最后"主播点评：不管国家文物局最后怎么判定，这批藏书到底花落谁家，但双方的争抢，让我们感到宽慰和高兴，因为让人们看到了对文化的重视和珍惜，比起抢名人故里和抢名人的出生地，乃至于抢着要和神话传说中的人物套词，这样的争抢可以有"。

以下是新闻文字实录：

【字幕】[国内焦点　过云楼秘藏引发争夺]"最贵古籍"最终归宿悬而未决

中央电视台新闻画面

接下来，我们来关注过云楼藏书的最新信息。

6月4号，过云楼藏书以总价二亿一千六百万元的拍卖价格，成为了最贵的古籍。而这个新闻还没有退出公众的视野，另外一场风波又起。12号，就在拍卖刚刚结束的一周之内，一场围绕着"过云楼秘藏"优先购买权的夺宝大战开场了。

一方是北京大学、北京市文物局，而另外一方是江苏凤凰出版传媒集团、南京图书馆。北京想要，南京要留，这套最贵古籍最终会花落谁家，还是个悬念。

据了解，由于北京大学方面宣布决定行使国有文物收藏单位优先购买权收购过云楼藏本，根据优先购买权规则，拍卖结束的7个工作日内，国有文物收藏单位可以以同样的价格优先成为藏书的购买人。因此，这期间江苏凤凰还不能被认为过云楼藏书的最终归属。

【同期】（记者）：我现在是在南京图书馆的古籍书库，"过云楼藏书"的3/4就存放在这里，其中，目前已确认的宋元本为18部，均属于国家文物。无论是文物价值和文献史料价值均无法衡量。长期以来这3/4珍贵的藏书也热切期盼着能与失散在外的另1/4兄弟重逢，恢复昔日的完整面貌。

由于现在处于竞购敏感期，南京图书馆最终没有接受记者的采访，但鉴于江苏省政府的大力支持，凤凰出版传媒集团对于收购的最后认定仍然具有信心。

【同期】（凤凰出版传媒集团董事长陈海燕）：（江苏）省政府已经致函北京市文物局，说明这次竞购是得到政府支持的。如果能够使散落到民间的这部分国宝回归江苏，实现完璧归苏，将会有利于整体的开发利用。

北京大学则表示，决定购入过云楼藏书作为学校图书馆馆藏是为了更好地保护这批重要古籍资源，进一步推动学术研究和文化传承。对于这一说法，凤凰出版传媒集团也予以了回应。

【同期】（凤凰出版传媒集团董事长陈海燕）：北大一定也是出于社会责任感的目的，所以跟我们参与竞购的目标是一致的，初衷是一致的。

此外，关于国有收藏单位优先购买的规则，江苏方面认为已经由南京图书馆行使。对此，拍卖方北京匡时拍卖公司在接受采访时表示，这种情况下过云楼藏书的归属最终如何确定，还需文物主管部门来裁定。

【同期】（北京匡时国际拍卖公司副总经理谢晓冬）：包括南京图书馆也给北京市文物局发去了公函，解释说这是它们联合实施的一个举措。这个问题首先就看北京市文物局，因为如果它觉得裁决上有问题或者有困难的话，可以报请国家文物局。

【字幕】过云楼的前世今生

过云楼的藏书怎么能拍出这么一个天价，又为什么会引发北大和南京方面的争夺战呢？要揭开这些还要细数过云楼的前世今生。"譬之烟云之过眼"。北宋大文豪苏轼用"过眼云烟"表达中国古代文人对淡泊的追求，顾氏过云楼就得名于此。作为江南著名的私家藏书楼，过云楼有"江南收藏甲天下，过云楼收藏甲江南"之称，经过 6 代人 150 年传承，藏书共集宋元古椠、精写旧抄、明清佳刻、碑帖印谱 800 余种。

顾氏家族示有家训：过云楼藏画可任人评阅，而家藏善本古籍不可轻易示人。故此过云楼藏书终年置于密室，隐而不宣。民国时期应著名藏书家傅增湘的再三要求，顾氏后人顾鹤逸同意其在楼内观书，但不能带纸砚

中央电视台新闻画面

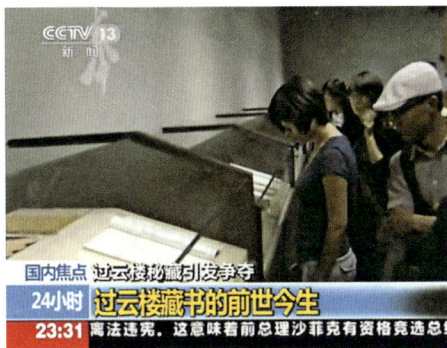

中央电视台新闻画面

抄写，于是傅增湘每天阅书后凭记忆默写书名，后发表《顾鹤逸藏书目》，过云楼藏书方大白于天下。20世纪90年代初过云楼藏书的3/4被南京图书馆收购，剩余的179部近1300册藏书，2005年首次现身拍场，是唯一一批在私人手中的国宝级藏书。记者了解到，这批私人收藏的过云楼藏书中有宋刻《锦绣万花谷》、元刻《皇朝名臣续碑传琬琰集》这样名重天下的存世孤本，还有黄丕烈、顾广圻、鲍廷博等大家批校手迹，其中《锦绣万花谷》不仅是传世孤本，也是目前海内外所藏部头最大的完整的宋版书。

【字幕】主播点评：争抢过云书楼这个可以有

我们听明白了，北京方面争取这批藏书的理由是国有文物收藏单位有优先的购买权，拍卖结束的7个工作日之内，他们可以有同样的价格优先成为藏书的购买人。而南京方面的理由也是非常的充足，过云楼藏书的3/4本来就存放在南京，应该让失散的这1/4和原来的藏书合璧，恢复完整的面貌。不能不说双方都有理，不管国家文物局最后怎么判定这批藏书到底花落谁家，但双方的争啊，让我们感到宽慰和高兴，因为让人们看到了对文化的重视和珍惜，比起抢名人故里，抢名人的出生地，乃至于抢着要和神话传说中的人物套词，这样的争抢可以有。

诚如央视报道的那样，"过云楼藏书"争夺战第三天，最终归宿仍悬而未决。有媒体报道称，"近几日，事态的发展似乎越来越明朗，尽管凤凰传媒联合南京图书馆共同竞标，动用江苏省政府致函北京文物局进行行政干预，特派高层人员前去北大协商，诸多努力，似乎也难让这1/4的过云楼藏书重返故里"。

CCTV 新闻（6）：南京还是北京？

6月14日，星期四（之五）。

中央电视台 CCTV2 财经频道，播发《聚焦过云楼藏书之争——南京还是北京？都说搞研究，都要等裁决》新闻。时长2分25秒钟。以下是央视播发新闻的文字实录（略有改动）：

中央电视台新闻画面

北京大学以国有文物收藏单位具有优先购买权为由，半路杀出，这令过云楼古籍藏书到底花落谁家陡生变数，江苏凤凰传媒花了大力气和大价钱眼看要到手的宝贝，会轻易相让么？

【同期】（央视记者）：我现在是在南京图书馆的古籍书库，过云楼藏书的 3/4 就存放在这里。其中，目前已确认的宋元本有 18 部，均属于国家文物，无论是文物价值还是文献、史料价值，都无法衡量。长期以来，这 3/4 珍贵的藏书也热切期盼着能与失散在外的另 1/4 兄弟重逢，恢复昔日的完整面貌。

由于现在处于竞购敏感期，南京图书馆最终没有接受记者的采访。但是江苏省政府却已表现出对过云楼回归江苏的大力支持，并发出函件，指定过云楼藏书由南京图书馆收藏，以利于整体学术研究和通过再出版开发其重大文化价值。而凤凰出版传媒集团对于收购的最后认定仍然具有信心

【同期】（凤凰出版传媒集团董事长陈海燕）：（江苏）省政府已经致函北京市文物局说明这次竞购是得到政府支持的。我们认为江苏出去的国宝应当回归江苏，如果能够使散落在民间的这一部分国宝回归江苏，实现完璧归苏，将会有利于（文物）整体的开发利用。

而北京大学则表示，决定购入"过云楼藏书"作为学校图书馆馆藏，是为了更好地保护这批重要古籍资源，进一步推动学术研究和文化传承。对于这一说法，凤凰出版传媒集团也予以了回应。

【同期】（凤凰出版传媒集团董事长陈海燕）：北大一定也是出于社会责任感的目的，所以跟我们参与竞购目标是一致的，初衷是一致的。

此外，关于国有收藏单位优先购买的规则，江苏方面认为已经由南京图书馆行使。对此，拍卖方北京匡时拍卖公司表示，这种情况下，过云楼藏书的归属最终如何确定，还需文物主管部门来裁定。

【同期】（北京匡时拍卖公司副总经理谢晓冬）：昨天我们也看到了凤凰传媒集团发给北京市文物局的公函。关于这一点，我们可能还要等最后的北京市文物主管部门的决定，在裁决上有问题或者有困难的话，它可以去报请国家文物局。

据记者了解，国有的收藏单位一旦购买，就不可能将来再次拍卖这件文物，而国有企业收购后可以作为投资品将来再次出手。但是，凤凰传媒已经联合了南京图书馆共同应对，弥补了这一缺项，这样一来，过云楼藏书的去向越发难以捉摸。

中央电视台新闻画面

《人民日报》：过云楼"云归何处"

6月15日，星期五（之一）

"过云楼藏书"争夺战第四天。

《人民日报》刊发记者调查《凤凰集团"志在必得"，北京大学"努力争取"，过云楼旧藏归属仍难定——文物优先购买如何"优先"》，并发表快评《古籍，有身价更要有身板》。人民网转载时加编者按语：

本周热点事件之：过云楼旧藏归属难定　优先购买如何"优先"

小编点评：6月4日，今春匡时拍卖中备受瞩目的"过云楼藏书"以2.162亿元花落江苏凤凰集团。本以为"过云楼藏书"可以荣归江苏时，北京大

人民日报新闻截图

学却提出他们有优先购买权，宣布收购过云楼旧藏，紧接着江苏省政府紧急致函全力支持过云楼秘藏回苏。这场争夺战中，"过云楼藏书"究竟会花落谁家？"过云楼藏书"究竟有何来历，不但拍得了史上古籍最高价，还引起北大与江苏两地相争？

事件热度：★★★★★

《人民日报》报道称，拍卖场上的落槌，敲出了总价2.16亿元的"中国最贵古籍"过云楼旧藏，但它的去向却并没有因此而敲定。原本以为胜券在握的江苏凤凰出版传媒集团，如今不得不面对北京大学"优先购买权"的行使。而对于藏书旁落的可能，凤凰集团似乎有些紧张，不仅拉南京图书馆入伙，连带江苏省政府也前来助阵。13日，凤凰集团两位高层亲自造访北大，但是协商的内容尚未对外公开。

回应

北大此次竞拍是法律框架下的商业行为，行使优先购买权并非半路杀出。

不少媒体用"志在必得"4个字来形容凤凰集团。但是，对于这批藏书，北京大学也在"努力争取"。

在北京大学图书馆馆长朱强看来，这批旧藏的价值非常巨大，是"能留传6代的古籍，非常珍贵，可以用寸纸寸金来形容"。尤其对于宋版书而言，一页纸就能拍出数万元的价钱。

"这些善本对于研究当时社会的制度、风貌，对研究中国文献的源流、版本以及许多学科都有难以估量的价值。"朱强坦言。

对于凤凰集团频频亮出的感情牌：江苏人民期待完璧归"苏"，朱强强调，感情是一回事，程序是另外一回事，"我们的竞拍是在法律框架下的商业行为，并非半路杀出"。据介绍，北大此次参与竞拍都是依照流程进行，前期做了很多的价值论证工作，也向政府申请、备案了。

北大此次对藏品的"主动出击"，在许多人眼里很是新鲜。"北大图书馆的珍藏的确有很大一部分是捐赠的，但近几年来，北大也开始参与一些市场拍卖。"朱强回忆，几年前，北大就曾斥资500万元竞得程砚秋家族收藏的几千册戏曲唱本，"这一次竞拍标的物的数量和价格确实是空前的"。

"既然已经参与现场竞拍，为何不当场拿下，还玩起'马后炮'？"面对质疑，朱强认为，北大不是企业，"参与哄抬价格也不是北大的作风，只要最终的成交价可以承受，北大就会行使优先购买权"。

对于花落谁家的问题，南京图书馆党委书记方标军并不看好凤凰集团的得标前景，"北京大学图书馆行使优先购买权也是符合规则的，并且，这也是北京大学集体作出的决定，校长已签字，目前看来已无退路。"

澄清

北大的优先购买权并不唯一，如需裁定将上报国家文物局。

什么是优先购买权？文物保护法第五十八条规定，文物行政部门在审核拟拍卖的文物时，可以指定国有文物收藏单位优先购买其中的珍贵文物。购买价格由文物收藏单位的代表与文物的委托人协商确定。

2002年，在中贸圣佳秋季艺术品拍卖中，国家采用"指定拍卖"形式，指定国有收藏机构作为唯一的竞拍者，以2999万元收购了北宋大书法家米芾的《研山铭》。对于政府的唯一性指定，业界颇有争议，而且对收购价格也有微词，认为不能反映其真实的价值。

正是由于这些争议，2009年国家文物局在行使优先权购买"陈独秀等致胡适信札"时作了一些改进，委托拍卖公司进行预先声明，声称"本公司于拍卖结束后7日内，将政府有关部门是否优先购买的决定通知相关标的买受人"。

在中国嘉德当年5月28日的拍卖会上，这批信札以554.4万元成交。6月5日，国家文物局向嘉德公司发出信函，指定人大博物馆作为国有收藏单位优先购买。这被看作是我国国家文物主管部门首次正规使用"文物优先购买权"。

有专家认为，具体到"过云楼"这件事情，需要了解的是，在拍卖预展期间，北京市文物局是否已通过拍卖公司公开声明会使用优先购买权？凤凰集团是否事先已知晓这一声明？如果已经看到此声明，依然参加竞拍，就表示认同这一声明中的约定。

据媒体报道，对于此前北大唯一享有优先购买权的说法，北京市文物局有关负责人表示并不准确。只要是国有收藏单位都有优先购买权，北京市文物局并没有确定一定就由北大获得这种权利。他指出，目前实际上还处于买家市场竞争的阶段。如果需要政府机关干预、裁定，北京市文物局将上报国家文物局批准。

《人民日报》评论：古籍，有身价更要有身板

尘埃虽未落定，但这场古籍争夺战将善本的价值推向了又一个高位。据传，凤凰集团还将为过云楼旧藏兴建藏书楼。如此礼遇，倒也不负"中国最贵古籍"的名号。

只是，古籍者众，能被如此厚爱者怕也是只鳞片爪。因为经费、人才的问题，更多的古籍只能在幽暗的角落里"绿霉成霜蓬"。全国古籍重点保护单位河南省图书馆超过半数的馆藏古籍已经损坏。"23 年只换过一次上水管道"的窘境，"古籍除尘只能靠鸡毛掸子"的尴尬，或许不只是河南省图书馆的"专利"。据国家图书馆之前的调查报告显示，全国大约3000 万册古籍中，破损的约有 1000 万册。

须知，并非每一家收藏单位都如凤凰集团那般资金雄厚，也并非每一座图书馆都如北大图书馆、南京图书馆那样条件完备。在新闻的喧哗之下，民众似乎屏蔽了泛黄的纸张脆裂的声音——在古籍的世界里，素蟫灰丝、老化霉蚀是一种更常见的状态。

藏书是万年百世之事，今世赖之以知古，后世赖之以知今。任何古籍的散佚、湮灭，对中华民族的记忆而言，都将是难以弥合的裂缝。在赚足眼球的"最贵"之外，"沉默的大多数"理应同样值得关注和呵护。

"过云楼藏书"之争进入第四天，社会舆论不断发酵，事件热度持续升温，除中央级媒体、北京南京两地媒体外，从东北到海南几乎全国各地的媒体纷纷关注这场古籍藏书之争，仅中央电视台播发"聚焦过云楼藏书之争"的新闻就已达 4 条之多。争议内容也开始从"优先购买权"延伸到公藏还是私藏、古籍保护传承等诸多话题。网络上争议声趋于激烈，开始出现各种激烈言词。

陈海燕答网友问

6月15日，星期五（之二）。

"过云楼藏书"争夺战第四天。

凤凰集团总部大楼 2807 会议室。

新浪网工作人员、直播器材各就各位，会议室俨然成了"演播大厅"。新浪网组织的"过云楼藏书"之争网友互动直播活动在这里进行。应邀回答网友提问的是凤凰集团董事长陈海燕。网友问答从 16:30 开始到 18:00 结束，持续了一个半小时，陈海燕一一回答新浪网友提问。以下为陈海燕与网友的答问节选：

问：倘若最终凤凰集团拍得，会不会将这些古籍全部商业开发，文化价值大打折扣？

答：通过出版再利用，国宝的交易价值有可能打折扣，因为它没有了唯一性；但其文化价值从此发扬光大。

问：您对北大提出使用优先购买权感到意外么？

答：非常意外，毫无思想准备。就凤凰来说，当然不是令人高兴的事，但对公众来说，过云楼之争，未尝不是好事。因为它激发了对文博事业的关注，加深了对中华文献古籍价值的认识。

问：想听听陈总对古籍善本如何在当下与公众发生关联，并产出最大效应的高见。我想如今北大、南图都是国有文博单位，凤凰本来就是国企，最终花落谁家，可能取决于谁能真正意义上发挥这批旧藏的最大效应了。

答：珍贵文化资源应当通过出版让公众分享，而不应该成为某个图书馆的私藏宝贝。

问：凤凰是一家上市公司，对投资者/股东负有盈利上的责任。请问陈总，在购买文物的社会效益以及对投资者的盈利责任之间如何平衡？

答：收购资金由控股大股东凤凰集团承担，而上市公司凤凰传媒可以无偿地出版利用。利益归公众投资者。

问：身为一个在北京读过10年书的南京人，我对北大那极其有限的文化资源共享（或者说文化资源垄断）深有体会！特别希望凤凰能够最终取得过云楼藏书，发挥出版人的作用，让文化资源进入大众视野，成为真正的"资源"！祝凤凰成功！

答：一个大学教授进入公共图书馆查阅文献，要比一个社会学者进入高校图书馆查阅文献要容易得多。

问：过云楼归属最终会走法律程序吗？

答：按北京市文物局所发文件，可以有行政复议和行政诉讼。但不会出现这样的情况，因为不存在这样的必要。

问：陈董，北大图书馆馆长朱先生所说的江苏发函已过7天，属于无效，确实吗？

答：江苏发函在有效期内。

问：北大收藏起码属于政府收藏，属于学术界收藏，起码不会出现其他什么变故，但所谓的凤凰出版传媒集团收藏很可靠吗？

答：高校图书馆收藏可属于公藏，国有骨干文化企业收藏也是公藏。因为出资人都是政府。在国有资本控制之下，都可成为公藏，关键是看能否服务于公众。"私藏变公藏"，这个理念就是凤凰首先提出的。

问：凤凰集团能兑现北京发布会上的承诺吗？如果能，希望藏书留在凤凰，因为我们需要守信的人守住这批藏书。北大图书馆演出的这场戏不靠谱。

答：凤凰是国内出版界和文博界公认的最重要的古籍出版机构之一，曾完成过许多填补学术空白的重大工程，拥有一批教授级的资深编辑，其中包括教育专家、古籍专家、文献专家、作家、美术家，还设有博士后工作站，承担学术研究、培养高层次人才的任务。如我们已完成的重大学术研究和文化传承工程就有《全元文》等。

问：国宝级藏书不仅属于国家，更应该属于大众，而不是束之高阁，请问董事长，您对这个问题是如何考虑的？

答：我们已经向媒体公布了随后的古籍开发计划，由专业出版机构介入，本身就意味着古籍的宝贵内容一定会得到再利用。目前，凤凰与南图已在着手制订合璧后过云楼具体出版计划。

问：如果北大采用拖字诀，对他们来说没任何损失——反正他们现在没有投入任何资金，也不承担任何损失。这对凤凰集团很不公平。请问法律对这种事情的解决没有时间限制吗？

答：我想不会拖得太久，因为我们相信北大与凤凰的初衷都是一致的，都是为了保护文物。很显然，过云楼回归江苏最有利于保护和传承。因此，相信北大最终会成全江苏人民的美好意愿。

问：为什么在北大出来后，才知道南图参与呢？

答：事先就有预案，凤凰与南图紧密合作事先就已经达成高度共识，而且南图提出主张也是在法定时效之内。

问：凤凰出版社是全国最好的古籍出版社，如果竞拍成功，会整理出版吗？

答：凤凰比单纯文博单位额外具有的优势：一是出版的投资和技术能力；二是可以将全部内容数字化，永久传承；三是有亚洲最先进的数码印刷技术和设备，能够复制传播。南京具有保存古籍的最好的条件，远胜任何一所高校图书馆。

问：凤凰斥巨资从事长城、大运河两大遗产工程，这次竞购"过云楼藏书"，可看出其中的必然逻辑关系。你能否给出具体承诺：过云楼国宝由凤凰集团参与珍藏，比纯粹文博单位更利于彰显价值？

答：《长城志》与《运河志》是集团投资的两大文化传承出版工程，将是中国有史以来最大的两部志书，而且是复合出版工程。例如，与央视合作，我方投资的大型纪录片《长城"中国的故事"》即将开拍。集团作出的过云楼永不复拍的承诺，是由集团党委会正式决议的，此决议还将报送文物主管部门，由政府监督。

问：当初你们购买此书的目的是什么呢？而现在北大突然杀出来，对于他们所说的"优先购买权"，你们会怎么处理呢？

答：收购的目的：一是出于江苏情结，让国宝回归江苏；二是出于文化情结，让珍贵文物不致流散民间，得到保护和传承；三是出于出版情结，出版人最爱书，懂得古书的价值，可以通过再出版开发其内容价值；四是出于公益情结，国有骨干文化企业，有义务、有能力担当这样的社会责任。

问：一家公司肯定是以盈利为目的，那么您当初决定购买过云楼藏书的目的是什么？

答：收购过云楼未考虑赢利，因是非经营行为，所以投资主体是集团，而不是凤凰传媒上市公司。但是，凤凰传媒将来可无偿利用这部分资源，通过再出版获得赢利。也就是说，凤凰传媒的公众投资者将可因此获益。

问：在拍卖预展期间，北京市文物局是否已通过拍卖公司公开声明会使用优先购买权？凤凰集团是否事先已知晓这一声明？

答：凤凰集团事先知晓北京市文物局关于 7 个工作日内可确定优先购买者的文件规定。目前，北京市文物局并未确定任何一家机构享有此权利。

问：出现几家具有优先购买权的单位争购的情况，应该卖给谁？

答：如果出现多家拥有优先购买资格，则将由文物行政主管部门裁定。

问：今天中午看到一篇报道，说北大图书馆馆长拒绝了凤凰集团高层向北大的书记校长带的一封信，主张根据规定程序和办法来解决此事，那么如果完全按照程序办事，凤凰的胜算有多大？

答：凤凰和南图的诉求合情、合理、合法，如果完全按照程序办事，有充分的把握完璧归苏。

问：作为国有文化企业，在行使企业的社会责任时遇到诸如"过云楼"事件怎么办？凤凰还将如何更多地在商业活动中肩负文化企业的社会责任？

答：凤凰一向重视履行社会责任，每年公益投入和在文化传承出版方面的补贴耗资不菲，这是任何一个高校不能相比的。今后将继续坚持文化企业贡献社会的宗旨，支持公益事业、公民阅读和文化传承，并有计划在海外开设专门办事处，尝试海外收购中华文物使之回归祖国。

　　"过云楼藏书"之争，已经持续了 4 天，争论越来越激烈，社会关注度也越来越高。凤凰方面抓住网络互动直播这一机会，表明对事件的态度，集中发声，回答公众关心的问题，解答公众存有的疑虑，也让原先不熟悉不了解凤凰企业属性、规模实力的公众，知道了一个真实的凤凰集团。

一次"绝密会议"

6月16日，星期六（之一）。

"过云楼藏书"争夺战第五天。

昨天晚上（15日），陈董事长给笔者来电说：这些天与北大的"网战"已经占了上风，这个双休日，叫大家好好休息一下。还说他这两天要到外地去一趟。不料，今天一早，陈海燕却又来电了，说1个小时后召开一个小范围会议，并一一指定了与会人员。

发生什么紧急的事了？电话上他没说。接到通知的集团投资法务部门、凤凰出版社（古籍出版）负责人等几个人，急匆匆赶往集团总部大楼，会议地点就在董事长办公室。陈海燕一开始就说，今天的会议要绝对保密，不允许外传。现在，"7个工作日"已经过去2天，"过云楼藏书"争夺到了关键时刻，说不定1个小时之后、1天之后就见分晓。对或胜或负的结局，我们都要勇敢面对、沉着应对。要作好胜出、失败两种准备，拟定成功、失败两个方案。成功了我们做什么，失败了我们又怎么办？

大家围绕董事长的意图开始讨论。"过云楼藏书"争夺战开打5天，"战场态势"总体于我有利。"感情牌"打得很漂亮，呼唤"回归故里、合璧江南"，社会公众反响热烈。围绕公藏与私藏的辩论、"优先购买权"的争议等多个话题，总体上也得了分。在最终结果揭晓前，仍要乘势作为，继续回答社会关切的问题，这方面工作依然不能松懈。但是，目前事态发展将进入下一个博弈期，要主动出击，打出"法律牌"，运用法律说话，依据法律发声。"法律牌"的最后一手，就是动用法律手段，提起行政诉讼"打官司"。这个态度要坚决。

其实，此时此刻，与会者心里明白，结局只在国家文物主管部门的一纸裁决公文。大家想得最多的还是如何面对"夺宝"失败的结局，心里笼罩着一片阴云。

会议形成两个行动方案：

第一个方案，胜出方案。如果最终裁定凤凰集团"夺宝"胜出，要第一时间发出两封公开致谢信，一封致北京大学，一封致社会各界。大家特别提到，两封信的基调要真诚、真情。我方胜出了，也要真切理解北大"夺宝"的初衷与我们是一致的，感谢北大的心情是真挚的。社会各界参与到"过云楼藏书"大讨论，给了我们许多鼓励和鞭策，要由衷地道一声谢谢，真诚感谢社会公众的宝贵支持。

第二个方案，失败方案。如果最终裁定凤凰集团"夺宝"失败，也不言放弃，果断动用法律手段，不惜将做出裁决的文物主管部门告上法庭，"谁裁定的就告谁"，坚决维护国有文化企业权益。集团常年法律顾问团队立即着手起草相关法律文案。在国家文物主管部门做出裁决之前，先以集团常年法律顾问名义，公开表明我方对北大行使"优先购买权"一事在法律方面的观点。

陈海燕叮嘱说："两种方案准备的文案，由分管领导审定，事态一旦发生重大变化，抢在第一时间快速反应，该公开发布的就马上发布出去。"

会后，工作小组根据会议议定的10项应对事项，形成了《"过云楼事件"应对事项列表》，明确每个事项的责任人、承办人，分头落实。

拟定"败战"预案

6月16日，星期六（之二）。

午后，包括集团常年法律顾问团队多位律师在内的人员，齐聚集集团总部，研究落实"第二方案"。

按"失败"做"作战想定"，从最坏处着想，这是多么不情愿但又必须做的事。"胜兵先胜而后求战，败兵先战而后求胜"，未雨绸缪，有备无患。现在急着要做的是，以事实为依据，以法律为准绳，草拟一份可供公开发表的"律师声明"类的材料。

参加讨论的法律顾问团队成员，多是从业经验丰富的专业律师。这些天来，他们一直关注、关心着凤凰参与"过云楼藏书"之争，但对"文物优先购买权"相关法律问题，过去基本没有接触过。从哪里入手？大家一时拿不定主意，议论了好半天。好在工作小组成员从4月下旬开始就着手研究文物法、拍卖法等相关法律条文，也讨教过多位法律专家，对涉及"文物优先购买权"相关法律条文已有较多理解，便根据"过云楼藏书"之争已发生的客观事实，梳理出涉及6个方面的法律问题，并写出相应文字提供给律师团队。法律顾问团队和工作小组一起，对照法律条文，字斟句酌，反复推敲，终于形成了文案。那又以什么形式公开发表？有人提议发"律师声明"，有人建议用"律师公开信"，大家众说纷纭，莫衷一是。工作小组认为尽管发表的是严肃的涉法内容，但还要注意受众亲和度，最终确定采用"公开谈话"的方式。

当天和17日是双休日。对新闻传播规律有所了解的人知道，节假日并不是发布重要新闻的最佳时机。工作小组决定，这两天内只要不出现文物主管部门发布裁定的结果不利于我的情况，"公开谈话"就在下周一（18日）发布。

CCTV 新闻（7）：凤凰不会放弃争夺

扫描二维码观看
央视新闻

6 月 17 日，星期日。

中央电视台新闻画面

"过云楼藏书"争夺战第六天。

中央电视台CCTV4、CCTV13新闻频道，在"新闻直播间"播发《"过云楼藏书"拍卖起风云——凤凰传媒、北大两家夺宝》的新闻。时长 3 分 14 秒。以下是新闻文字实录：

近日在北京举行的匡时春季拍卖会上"过云楼藏书"以 1.88 亿元被拍出。加上佣金之后总价为 2.16 亿元。

6 月 4 号，"过云楼藏书"拍卖尘埃落定。这批国宝级藏书实际成交价达 2.162 亿。6 月 5 号，竞得方江苏凤凰出版传媒集团在京举行发布会。表示争取与南京图书馆举办过云楼藏书合璧展。6 月 12 号，北大决定行使北京市文物局所规定的国有文物收藏单位的优先购买权，对"过云楼藏古籍善本"进行收购。当晚江苏省政府办公厅就致函北京市文物局，称江苏凤凰出版传媒集团竞购过云楼藏书得到了省委省政府全力支持并已竞拍成功。

这场充满戏剧性的争夺，让过云楼显得迷云密布。过云楼是江苏苏州著名的私家藏书楼，已有超过150年的历史。其藏书集宋元古籍、明清佳抄、碑帖印谱等共800余种。其中约3/4于上世纪转归于南京图书馆。而此次拍卖的179种1292册是唯一一批还在私人手中的国宝级藏书。

【同期】（凤凰出版传媒集团董事长陈海燕）：要保护文物，有两点是最重要的。一个文物的完整性，就同一件古玉器一样，如果缺了一个角那就是个憾事。对于"过云楼藏书"来说也是这样。只有保持它的完整性，1/4和3/4能够合璧在一起，那么才能充分显示它的价值。

北大在其官方网站上挂出消息称，专家鉴定所得结论是这批书的质量高，具有重要的学术研究和收藏价值，作为有传承中华学术文化血脉责任的北京大学图书馆理应收藏。而江苏凤凰出版传媒集团则认为所谓的公藏还是私藏，并不取决于收藏机构的单位性质，而应该取决于收藏的目的。

【同期】（凤凰出版传媒集团董事长陈海燕）：比较有些文博单位，宝贝永不示人，很难说是公藏。如果说采购一批宝贝，仅仅是为了满足自己那个单位增加品种，提升知名度，那不一定是公藏。

"过云楼藏书"拍卖共有3个竞拍方进行竞争，起拍价格是1.8亿元，最后成交价格是1.88亿元。整个竞价过程大约进行了9分钟。一共举了8轮竞价牌。

虽然现在"过云楼藏书"最终能花落谁家还不清楚，但江苏方面表示

中央电视台新闻画面

不会放弃剩下的过云楼 1/4 藏书。另一方面，北京大学图书馆馆长朱强近日表态称，北大主张根据规定的程序和办法来解决此事。

"过云楼藏书"争夺战，战局仍处于胶着、拉锯状态，双方互不相让，作为"夺宝"方的北大一直没有主动联系凤凰方面沟通。工作小组同志内心充满焦虑，紧张不安的情绪在不断积累。好在这两天国家文物主管部门并没有作出"过云楼藏书"最终归属的裁决，于是，我们决定第二天一早就公开发布律师"公开谈话"，作出主动"进攻"的姿态。

第二张法律牌

6月18日，星期一。

"过云楼藏书"争夺战第七天。

当天早上，凤凰集团、凤凰传媒官方网站同时发布《凤凰集团常年法律顾问就"过云楼藏书"之争发表的公开谈话》，这是继出具省政府办公厅和南京图书馆公函后打出的第二张法律牌。这个"公开谈话"，被各大主流媒体网站纷纷予以转载。

《凤凰集团常年法律顾问就"过云楼藏书"之争发表公开谈话》全文：

一、"过云楼藏书"之争，其实质为优先购买权之争。北京大学行使所谓"优先购买权"于法无据

《中华人民共和国文物保护法》第五十八条规定：文物行政部门在审核拟拍卖的文物时，可以指定国有文物收藏单位优先购买其中的珍贵文物。购买价格由文物收藏单位的代表与文物的委托人协商确定。该法律条文包含三个含义：1.赋予国家对珍贵文物的优先购买权；2.行使优先权的时间为拍卖前；3.行使方式是双方协商。

《中华人民共和国文物保护法》和《文物拍卖管理暂行规定》中均有优先购买权的相关规定，其立法本意是为防止国家珍贵文物外流，保障国家对于珍贵文物的收藏、利用和保护。

从全球范围来看，国家对收购珍贵文物行使优先购买权的现象较为普遍，尤其是欧洲国家，如意大利、英国、法国等国。法国早在 20 世纪 40 年代便作出了具体规定，国立博物馆和美术馆拥有购买文物及艺术品的优先权，并可对拍卖品标价购买。2001 年 9 月，法国政府得知中国清代乾隆皇帝的《南巡图》第一卷在拍卖会上亮相，便先后动用了 37 次优先购买权来收购这件珍品。我国文物"国家优先购买权"有关法条的形成，就来自对西方国家立法的借鉴。

显然，国内外的立法对优先购买权的规定均为保护本国珍贵文物之目的而作出的。凤凰集团作为国有独资公司，不应被曲解为优先购买权规定的限制主体。

北京市文物主管部门依据上述法律规定，在审核拟拍卖的"过云楼藏书"时，可以指定国有文物收藏单位优先购买。我们注意到，北京市文物局 2012 年 5 月 23 日出具京文物〔2012〕561 号批复时提及依据《中华人民共和国文物保护法》第五十八条规定，国有文物收藏单位对上述标的具有优先购买权。但是，在 5 月 23 日至 6 月 4 日期间，并没有任何一家包括北京大学图书馆在内的国家文物收藏单位向北京市文物局致函要求行使优先购买权。6 月 4 日匡时公司组织"过云楼藏书"拍卖，实质上就是市场拍卖行为，应适用《拍卖法》的相关规定。在市场拍卖中，即使拥有优先购买权的一方，也应在拍卖现场在同等条件下提出行使其优先权，如不行使即丧失权利。本次"过云楼藏书"现场拍卖时，事实没有任何一个竞买人提出过优先购买主张，在拍卖成交后再要求行使优先购买权显然没有法律依据。

在匡时拍卖特别声明的"本场竞买结束后 7 个工作日内"，北京大学并没有取得优先购买权，现在"特别声明"约定的有效期限已经结束。我们注意到，根据有关媒体披露的信息，北京市文物局有关负责人于 6 月 13 日明确表示，此前有媒体报道中所提及的"北京市文物局已经通过北京大学的手续报备，确认北京大学优先权行使有效"的说法不准确，北京市文物局并未最终裁定北京大学拥有优先购买权。北京大学称致函匡时拍卖，向北京市文物局"备案"，可以认为北京大学并没有向北京市文物局正式提出主张申请，程序不当，所谓抄送"备案"不具有法律效力。我们认为，北京市文物局没有凭一份北京大学致拍卖企业行文的"备案"件认定北京大学享有对"过云楼藏书"优先购买权的行政决定是完全恰当的。

二、"过云楼藏书"之争，其争议主体值得关注和论证

北京大学创办于 1898 年，初名京师大学堂，是中国第一所国立大学，1912 年改为现名，成为一所以文理基础教学和研究为主的综合性大学，为国家培养了大批人才。

北京大学图书馆原为京师大学堂藏书楼，是我国最早的现代新型图书馆之一。辛亥革命后，京师大学堂藏书楼改名为北京大学图书馆。1952 年，北京大学图书馆合并了原燕京大学图书馆。2000 年，北京大学与北京医科大学合并，原北京医科大学图书馆并入北京大学图书馆。2008 年，北大图书馆成为国务院批准的第一批"全国古籍重点保护单位"。

通过上述简单的历史沿革描述，可以清晰地看出，北京大学和北京大学图书馆从发展历史、综合功能到具体资质，均不可相提并论，混淆视听。

"过云楼藏书"之争，如需要确定有权行使优先购买权的适格主体，也只能是北京大学图书馆，而不是北京大学。

三、"过云楼藏书"之争，所谓的"定向拍卖"问题

有媒体报道，北京大学方面称参加了当天的拍卖，并且是参与的唯一国有文物收藏单位。但事实上当天的拍卖不是"定向拍卖"，北京大学并不比其他竞买人拥有更多的权利。

《文物拍卖管理暂行规定》第十六条规定：国家对文物拍卖企业拍卖的珍贵文物拥有优先购买权。国家文物局和省、自治区、直辖市文物行政

主管部门可以要求拍卖企业对拍卖标的中具有特别重要历史、科学、艺术价值的文物定向拍卖，竞买人范围限于国有文物收藏单位。该条包含五个含义：1.确认国家对珍贵文物享有优先购买权；2.行使行政权力的主体是国家及省级文物主管部门；3.行使具体优先购买权的主体是国有文物收藏单位；4.行使优先购买权的时间为拍卖中；5.行使的方式是定向拍卖、以竞买人身份参加竞买。但是，拍卖前和拍卖中，文物主管部门和拍卖公司都没有公布过有这样的文件认定此次拍卖是面向国有文物收藏单位的定向拍卖。因此，尽管北京大学声称参加了6月4日的"过云楼藏书"竞拍，但其也仅仅是作为一般竞买人参加拍卖的市场行为。参与拍买方都是匿名的，这样匿名的"唯一的国有文物收藏单位"出现在拍卖现场，没有任何特别意义，并不比其他竞买人拥有更多的权利。北京大学有关人士也声称他们是"一定法律框架下的市场行为"。

四、"过云楼藏书"之争，所有权的归属

凤凰集团作为竞买人取得"过云楼藏书"是有法律依据的。根据《中华人民共和国拍卖法》及拍卖机构的相应规则，凤凰集团已经完成了"过云楼藏书"拍卖竞购活动，并且签署了相关成交确认书，支付了部分款项。在凤凰集团按照成交确认书和相关协议约定的时间支付全部拍卖款后，"过云楼藏书"的所有权即归属凤凰集团。现在，任何一级国家文物主管部门也不具有再指定优先购买的法律依据。这一点已十分明确，不应存在争议。

五、"过云楼藏书"之争，公藏、私藏之辩

此前北京大学有关人士表示，"我们购买属于公藏行为，入藏后会得到永久珍藏与合理使用……但作为企业，他们的收藏行为属于私藏行为"。这样的说法是没有法律依据的。

根据《中华人民共和国文物保护法》第五条的规定，国有文物收藏单

位以及其他国家机关、部队和国有企业、事业组织等收藏、保管的文物属于国家所有。凤凰集团作为江苏省人民政府 100% 持股的国有文化企业，其收藏行为符合《中华人民共和国文物保护法》第五条的规定，其保管的文物属于国家所有，绝不是私藏行为。

六、"过云楼藏书"之争，政府和主管部门的立场

北京大学有关人士称，"江苏省政府介入文物拍卖的市场行为不合适"，"在道德和法律层面都是不合理不合法的"，这种说法不恰当。

凤凰集团是国有独资公司，江苏省人民政府是其唯一出资人，支持凤凰集团收购"过云楼藏书"，是履行出资人职责的行为，属于依法行政范畴，既合理又合法。江苏作为文化大省，省政府的举动是一种负责任的表现。

我们也相信，国家文物主管部门在"过云楼藏书"之争中会依法行政，切实维护国有文化企业的合法利益。

"公开谈话"被纷纷转载的同时，网络上却是出乎意料的平静，网友评论无几，也没有听到直接的反驳声。读到一则新浪收藏的网友评论：凤凰集团法律顾问就过云楼之争发表的公开谈话有理有据，支持！

专家："过云楼"之争源于法律滞后

6月20日，星期三（之一）。

"过云楼藏书"争夺战第九天。

中国新闻网播发中新社记者闫欣雨、胡星的北京报道视频，在时长2分25秒的现场采访视频中，记者采访了中央财经大学法学院副院长刘双舟等相关人士。以下是文字实录：

【解说】近日，江苏和北京两地关于"过云楼藏书"的争议引起了公众的广泛关注。6月20日，记者采访了中央财经大学法学院副院长刘双舟，他表示在这场争夺战中，任何一方都没有错。

【同期】中央财经大学法学院副院长刘双舟：导致今天这样一个局面，任何一方都没有错。所有参与这个活动的人都没有太多可指责的地方，错就错在立法滞后了，法律的修改没有赶上文物市场发展的趋势。

【解说】6月4日，代表南京方面的凤凰出版传媒集团以总价2.162亿元成功拍下"过云楼秘藏古籍善本"。然而一周之后的6月11日，北京大学决定行使北京市文物局〔2012〕561号文件所规定的国有文物收藏单位的优先购买权，对在6月4日晚由匡时拍卖的"过云楼藏古籍善本"进行收购。

【同期】北京匡时拍卖公司董国强：国家对于公立机构收藏重要文物这一点，不是约束，更多的是鼓励。重要文物被国有的文博机构收购，从法律上规定，它就不能再交易了。企业和个人买了之后，法律是不能约束的。

国有机构在拍卖以后的七天之内提出，这也是一个惯例。这个规则可能更多的是由拍卖公司来确定的，因为它毕竟是个商业活动，拍卖公司在商业活动中是主体。

中新社视频画面

【解说】国家优先购买权是指在某件物品拍卖之前，与持有人进行协商的过程中，双方在价格上若一直未能达成一致意见，这时国家有关部门便可参照国际通行的做法，使用"国家优先购买权"。但是对优先购买权的法律依据问题，刘双舟表示并没有法律依据。

【同期】中央财经大学法学院副院长刘双舟：事后行使优先购买权只是在 2009 年做过一次，但是这个并没有形成法律文件或者法律依据，并没有把它转化为法律规定。这次国家文物局的批复里是这样说的：拍卖成交以后 7 天内。但这个程序不是一个法定程序。

【解说】目前，"过云楼藏书"究竟花落谁家，还没有定论。归属问题还在等待有关部门的批复。

中新社这则视频新闻，受到各方关注，凤凰卫视转发了这个视频，不少媒体转载了文字实录。从新闻中可以看出，法律界人士开始对"优先购买权"相关法律条文作出反思。

CCTV新闻（8）：最终归属仍未见分晓

扫描二维码观看央视新闻

6月20日，星期三（之二）。

中央电视台CCTV13新闻频道［新闻直播间］播发《"过云楼藏书"拍卖起风云——专家：放弃竞价等同于放弃优先购买权》的新闻。时长2分钟。记者采访了著名法律专家、古籍善本收藏家田涛教授。专家认为，放弃竞

中央电视台新闻画面

价等同于放弃优先购买权。以下是新闻文字实录（有个别改动）：

在本月4号北京匡时2012春拍上，江南顾氏"过云楼藏书"以总价2.16亿元被江苏凤凰出版传媒集团拍得。但是随后北京大学以国有文物收藏单位具有优先购买权为由，宣布收购过云楼藏本。那么北大能否拥有并且行使优先购买权呢？

【同期】北京大学新闻中心主任蒋朗朗：这批书的质量还是比较高的，有重要的学术研究和收藏价值。专家的意见觉得还是很有必要来收藏。

中央电视台新闻画面

依据《中华人民共和国文物保护法》第五十八条相关规定，国有文物收藏单位对该标的具有优先购买权。北京大学图书馆属于国有文物收藏单位，在依法具有优先购买权的范围内。但北大到底是否行使这个权利呢？记者采访了我国著名法律专家和古籍善本收藏家田涛教授。

【同期】著名法律专家、古籍善本收藏家田涛教授：据我所知，争论双方在当时都报名成为了竞买人。他们的竞买号牌不一样。那么在后来又经过了几轮竞价，南京方面最后以1.88亿的现场的最高价成为了买受人。这是符合法律规定的。北京大学的图书馆也作为另外一个竞买人放弃了竞价，不管以什么样的原因，总之，他放弃了。因为优先购买权是有条件的，全称应该是具有同等条件下优先购买权的竞买人。如果你放弃了竞价，就等同于你放弃了这个同等条件所设置的一切条件。

虽然"过云楼藏书"的最终归属还未见分晓，但田涛教授认为这批古籍的价值是在竞拍的环境下体现的。只要是将文物留在国内，不管最终归属是在北京还是在江苏都是件好事。

"九天乱战"（一）：回归江南之期盼

6月12日—6月20日，星期二至下星期三。

"过云楼藏书之争"焦点话题之一：该不该打"感情牌"？

凤凰集团总部设在南京，当成功拍下"过云楼藏书"后，媒体就曝出"过云楼藏书"有3/4早于20世纪90年代入藏南京图书馆；剩下这1/4，是唯一还在私人手中的国宝级藏书。消息传来，惹来媒体上一片欢呼和赞叹：历经数百年风雨，"过云楼藏书"终于回归江南！然而，欢呼声未落，却遭"横刀夺爱"，回归之路陡生波折！不用说，突生变故，受到冲击的当是许多人的情感神经。面对争夺，凤凰方面向争夺方、向全社会公开发出呼吁：让国宝藏书"回归故里、合璧江南"！

该不该打"感情牌"的争议话题，出自一次媒体记者采访。报道称，凤凰集团在信中呼吁北大方面顾及江苏人民的感情，促成"过云楼藏书"回归江南故里，双方共同书写一段"过云楼藏书"佳话。北大有关人士说，是在打感情牌吧，是想突出他们在感情上始终是占了优势，占领了感情的

扬子晚报新闻截图

高地。但是我认为光用感情是不解决问题的。《人民日报》报道称，对于凤凰集团频频亮出的感情牌：江苏人民期待完璧归"苏"，朱强强调，感情是一回事，程序是另外一回事，"我们的竞拍是在法律框架下的商业行为，并非半路杀出"。

另一方认为，呼唤国宝回归故里、合璧江南，这是一种情感表达。因为理解"夺宝"双方初衷是一致的。在中华文化基因里，在儒家"团圆文化"中，期盼回归、合璧、圆满，是合乎情理的精神情感。这批藏书3/4已在南京，1/4回归江苏，正是期盼着一种圆满。争夺双方都是爱书之人，

新商报新闻截图

最终会理解这一点，相信国宝藏书一定能踏上"回家"之路。"凤凰海燕"微博6月18日还从另一个角度表明观点："关于'过云楼藏书'分与合问题。过云楼分与合怎样对这批文物有利？重要的问题在于保护文物还是争抢宝物。'争保'是为公益是好事，而'争宝'那就可能是为私，或者只是为局部利益。"事实上，这的确是凤凰方面主动打出的"感情牌"，因为在当时形势下，并不愿从一开始就选择从法律层面表达观点，而是选择了情感诉求这一柔性的选项。

"感情牌"的话题，引来媒体和网友的热议。《第一财经日报》刊发《疑云密布的过云楼之争，悬念求解》一文称，"事实上，本次拍卖的'过云楼藏书'古籍是过云楼珍藏古籍的一部分，余下的3/4一直在南京图书馆珍藏。让'过云楼藏书'合璧，也是文物界所一直期盼的。"《深圳商报》报道，江苏希望过云楼完美合璧，北大则希望将过云楼秘藏馆藏，爱宝之

情令人感动。此情此景，让人想起辽宁与甘肃的《四库全书》之争，辽宁有文溯阁无《四库全书》，甘肃有书无阁，合璧至今遥遥无期。过云楼秘藏能否与其他的3/4合而为一，是否会重蹈《四库全书》的覆辙，我们只能静观其变。

《长江商报》发表本报评论员文章《观察"过云楼秘藏"之争的多重视角》："出发点似乎都源于'保护古籍'的公心。很显然，从立场上来看，两者对于藏书保护权的争夺，难分胜负。""此种纠结态势下，裁决的凭依或需另当别论了。""一般来说，在藏馆的主体地位相同，且文物保存的硬件条件无较大差别的情况下，判断文物的'归属'问题，如何更好保留文物的完整性，发掘文物的社会影响，当是一条重要依据。如据此，这场争夺的胜负当会明了许多。其一，过云楼藏书的四分之三已经被保存在南图，剩下部分存于他乡，对于秘藏完整性的伤害，显而易见。其次，凤凰与南图收购藏书，还包含了出版的意图，这于藏书学术、史料价值的传承，无疑有利。再说，过云楼坐落江南百余年，秘藏对当地人来说，已然具有太多的情感赋予，北大的介入，多少给人'横刀夺爱'的意味。"

《扬子晚报》记者采访多位知名文化人，报道称，江苏文化人渴望"过云楼藏书"合璧。南京师范大学教授、博士生导师、古籍研究所所长钟振振认为，当然，回江苏是最好的归宿。既然有3/4在南图，那么剩下的1/4回归是大家都盼望的……于情于理都应该归江苏才对。南京大学教授、博士生导师、藏书家徐雁认为，"过云楼藏书"是中华民族宝贵的文献遗产，在这个大的帽子底下，到底谁来收藏？原则上说，不流出国外都可以。但是，文化的东西有学理性，这个学理性体现在顾家的很多东西在江苏，那么就有一个"完璧"的问题，也就是它的完整性、系统性。所以说，回归江苏，留在江苏是最合理的文化逻辑。中央财经大学拍卖研究中心名誉主任王凤海从法律角度分析后也认为，江苏提出的"合璧说"也具有优势，毕竟过云楼的善本古籍如能团聚，意义重大。而相对于专家学者和新闻媒体的理性评论，网络上的一片热议声中，话语则尖锐得多，也不乏情绪化的评论或留言，多家媒体在报道中引述网友评论。

"让藏书'回归故里'的表态使得舆论偏向江苏一方"（《中国新闻

周刊》）。新浪网发起"您希望过云楼藏书的最终归宿是：留在北京，留在江苏"的微博投票，结果投票留在北京 4.5%，留在江苏 95.5%。

争议还引出"成人之美"还是"横刀夺爱"新话题。有网友问，与其横刀夺爱，何不成人之美呢？

争议中有个"小插曲"。"过云楼藏书"之争持续多日，网络上开始出现比较激烈的言词，"火药味"还挺浓，不时冒出一些指责、讽刺的话语。而作为争夺一方的上万名凤凰人，可以说人人都成了"夺宝"参与者。大家"护宝"心切，选择网络发声的自然不在少数，有的还是拥有众多粉丝的网络大 V。就连从来没有触碰微博的陈海燕，也注册了"凤凰海燕 V"实名微博，短短几天，粉丝量就达 4 万多个。工作小组意识到，虽然我们无法引导舆论，也无法左右谁该说或不该说什么，但凤凰人应当做到理性表达。于是，与集团总部相关部门、团委沟通，要求员工自觉约束言行，坚持理性发声，可以大声疾呼，但不抨击，可以据理争辩，但不舌战，可以评说论道，但不妄言，不发表不恰当的言论。这一提议，得到大家的积极回应。

"九天乱战"（二）：优先购买之论战

6月12日—6月20日，星期二至下星期三。

"过云楼藏书之争"焦点话题之二：谁的过云楼，谁的"优先购买权"？

《人民日报》刊发《聚焦过云楼旧藏：文物优先购买如何"优先"》一文称，拍卖场上的落槌，敲出了总价2.16亿元的"中国最贵古籍"过

云楼旧藏，但它的去向却并没有因此而敲定。原本以为胜券在握的江苏凤凰出版传媒集团，如今不得不面对北京大学"优先购买权"的行使。而对于藏书旁落的可能，凤凰集团似乎有些紧张，不仅拉南京图书馆入伙，连带江苏省政府也前来助阵。

一个是驰名华夏的百年名校，一个是全国著名文化国企，但"卧龙"与"凤雏"日前却因1.88亿元定槌的"过云楼秘藏"归属而唇枪舌剑。"争夺战"的核心问题是国有文物的

北京日报新闻截图

优先购买权。这是《经济观察报》报道内容。

而对于"优先购买权"争论的结果，部分法律界、拍卖收藏界人士似乎已给出了结论。《中国新闻周刊》刊发《谁的过云楼》一文称，由于相关法律规定和之前人民大学成功行使"优先购买权"的案例，让包括匡时拍卖公司董事长董国强在内的专业人士认为，北大这次的收购已经注定成功，江苏凤凰出版传媒集团不得不让出即将到手的"过云楼藏书"。《人民日报》新闻称，对于花落谁家的问题，××图书馆党委书记×××并不看好凤凰集团的得标前景，北京大学图书馆行使优先购买权也是符合规则的，并且，这也是北京大学集体作出的决定，校长已签字，目前看来已无退路。匡时国际拍卖公司负责人在接受记者采访时表示：我知道北大和凤凰都对这次拍卖花费了很多心血，我对他们的努力表示感激和尊重。我也没有想到最终事情会变得这么复杂，有人质疑政府的"优先购买权"是否合理。但是规则就是规则，我也为凤凰集团感到遗憾。"优先权"只适用于国有文物收藏单位行使，经与北京市文物局请示，确认北京大学为国有文物收藏单位，可行使此权利。北大将以场上最终落槌价收购，匡时也将实践"国有文博机构收藏减免佣金"的承诺。

"优先购买权"之争，究竟在争论些什么？新闻媒体、各界人士纷纷提出观点，给出话题。雅昌艺术网的一则报道中提到，"过云楼藏书"花落谁家仍然未有定论，在凤凰集团与南图和北大图书馆抢滩"过云楼藏书"中，一直有一个关键词，这也是引起争夺"过云楼藏书"战争的导火线——优先购买权，从字面意思上来理解是："过云楼藏书"这组标的，国家机构有权比私人藏家在拍卖既成价格上优先购买，这是大家在微博上的普遍反映，但是大家也都对优先购买权提出了疑义，并对优先购买权的合理性产生质疑。比如，行使优先购买权为什么不是在拍卖前，也不是在拍卖现场，而是在拍卖结束之后的特定期限内；再比如，哪些单位具备优先购买权；等等。这些问题同时也摆在了凤凰集团与南京图书馆眼前，假使北大图书馆属于文博机构，同时北大又行使了优先购买权，那么对凤凰集团和南京图书馆来说，将会是不可扭转的局面。在雅昌艺术网发起的微博中，大家也都在讨论，"过云楼藏书"的案例中，优先购买权究竟扮演着怎样的角色？

它的存在合理吗？

有媒体甚至提出这样的问题："优先购买权"存在法理悖论吗？

真是迷雾重重的"优先购买权"！

围绕"优先购买权"争议这一话题，已经不完全是南北争议双方之间的事，而是扩展到了法律界、收藏拍卖界等社会各界人士之间，引申出究竟谁拥有"优先购买权"、如何行使"优先购买权、行使"优先购买权"的合法程序、《文物法》第五十八条与"7个工作日"的法律冲突、行使优先购买权已有先例即"先例说"等多个争议点。

争议点 1：究竟谁拥有"优先购买权"资格？或者用法律术语讲，谁是"适格主体"？

一方认为，"北京大学经研究决定，使用北京市文物局出具的'京文物〔2012〕561号'文件内容所规定的国有文物收藏单位的优先购买权，对在6月4日晚拍卖的'过云楼藏古籍善本'按落槌竞买价进行收购。""这批典籍将由北京大学图书馆保存，该馆系国务院批准的首批全国古籍重点保护单位。拍卖当天北大是参与竞拍的唯一国有文物收藏单位。"

面对随后而来的各方质疑北大是否具有优先权的问题，北大方面早有准备，北京市文物局的批复，似乎掷地有声地确认了它的合法地位。

另一方认为，"过云楼藏书"之争，其争议主体值得关注和论证。媒体称，凤凰出版集团法律顾问就过云楼之争发表公开谈话："对整个事件中存在争议的法律问题进行了全盘分析，攻势猛烈。在近3000字的谈话中，律师对之前涉及的'优先购买权'进行了详解，并指出北大作为竞购主体的不妥。""凤凰出版集团对整个事件有了清楚的认识和把握。"

凤凰集团法律顾问公开谈话认为："北京大学创办于1898年，初名京师大学堂，是中国第一所国立大学，1912年改为现名，成为一所以文理基础教学和研究为主的综合性大学，为国家培养了大批人才。""北京大学图书馆原为京师大学堂藏书楼，是我国最早的现代新型图书馆之一。辛亥革命后，京师大学堂藏书楼改名为北京大学图书馆。1952年，北京大学图书馆合并了原燕京大学图书馆。2000年，北京大学与北京医科大学合并，原北京医科大学图书馆并入北京大学图书馆。2008年，北大图书馆成为国务院批准的第一批'全国古籍重点保护单位'。""通过上述简单的历史沿革描述，可以清晰地看出，北京大学和北京大学图书馆从发展历史、综合功能到具体资质，均不可相提并论，混淆视听。""过云楼藏书之争，如需要确定有权行使优先购买权的适格主体，也只能是北京大学图书馆而不是北京大学。"

《21世纪经济报道》6月15日发表《拷问法律："过云楼藏书"该花落谁家》（作者张立伟）："该事件第一个疑问是国有文物收藏单位资格如何鉴定，是不是有具体的标准还不得而知。北大'横刀夺爱'后，江苏省政府紧急下发文件，要求具有国有文物收藏单位资格的南京图书馆与凤凰集团合作，从而让优先购买权陷入法律困境。""事实上，这个案例的核心是国有文博单位有优先购买权与拍卖市场之间的矛盾，而非国有部门之间的纷争。国有文博单位有优先购买权是国际普遍存在的规则，但这种优先权应该得到限制而不能成为冲击市场公平性的风险源。""如果国家文博单位可以对任何拍卖会上的任何文物，只要成交价不高都可拍后横刀夺爱，对买受人而言是极其不公平的。优先购买权设定前提应该是对文物进行审核和定级，达到一定级别后国有单位才有实行优先购买的权利，也提醒买受人风险。问题是，拍卖前到底由哪家单位审核与定级并不清楚，这留下了可能出现混乱的机会，并最终由政府部门确定文物的去留。从过云楼的案例中，我们看到了太多法律完善的空间。"

对北大到底算不算"国家文博机构"，不少人提出质疑。社会各界尤其是法律界人士，则较多认为北大"优先购买权"理由不足、主体不适格。《法治周末》记者采访北京律师界人士对北大动用"优先购买权"进行了解读，认为："北大参与收购，主体不适格。依据文物保护法第五十八条规定，国有文物收藏单位显然不是指北大这样的教育机构，而是指具有公益性质的国立图书馆。如果是国家图书馆不失时机主张优先购买权，倒不会引起太大的争议。"

争议点2：何时行使"优先购买权"与"7个工作日"。

一方在面对媒体质疑北大在"7个工作日"的最后期限，提出行使"优先购买权"后发制人的做法时表示：我们为什么要当时就决定行使优先购买权呢？我们为什么不可以在 7 天期限内行使这一权利呢？这是完全可以的，是法律允许的。媒体称，北大认为自己的做法既不违法，又能置对方于无法翻身的地步，利于自己获得藏书，有什么不可为的呢？

一方认为，在 5 月 23 日至 6 月 4 日期间，并没有任何一家包括北京大学图书馆在内的国家文物收藏单位，向北京市文物局致函要求行使优先购买权。6 月 4 日匡时公司组织"过云楼藏书"拍卖，实质上就是市场拍卖行为，应适用《拍卖法》的相关规定。在市场拍卖中，即使拥有优先购买权的一方，也应在拍卖现场在同等条件下提出行使其优先权，如不行使即丧失权利。本次"过云楼藏书"现场拍卖时，事实没有任何一个竞买人提出过优先购买主张，在拍卖成交后再要求行使优先购买权，显然没有法律依据。现在"特别声明"约定的有效期限已经结束。凤凰集团作为竞买人取得"过云楼藏书"是有法律依据的，凤凰集团已经完成了拍卖竞购活动，并签署了成交确认书，支付了部分款项。现在，任何一级国家文物主管部门也不具有再指定优先购买的法律依据。

《人民日报》在题为"聚焦过云楼旧藏：文物优先购买如何'优先'"的报道中，回顾了《文物保护法》"优先购买权"首次实施及"7 个工作日"提出的演进过程：

2002 年，在中贸圣佳秋季艺术品拍卖中，国家采用"指定拍卖"形式，指定国有收藏机构作为唯一的竞拍者，以 2999 万元收购了北宋大书法家米芾的《研山铭》。对于政府的唯一性指定，业界颇有争议，而且对收购价格也有微词，认为不能反映其真实的价值。

正是由于这些争议，2009 年国家文物局在行使优先权购买"陈独秀等致胡适信札"时作了一些改进，委托拍卖公司进行预先声明，声称"本公司于拍卖结束后 7 日内，将政府有关部门是否优先购买的决定通知相关标的买受人"。

在中国嘉德当年 5 月 28 日的拍卖会上，这批信札以 554.4 万元成交。6 月 5 日，国家文物局向嘉德公司发出信函，指定人大博物馆作为国有收藏单位优先购买。这被看作是我国国家文物主管部门首次正规使用"文物优先购买权"。

法律界人士对此纷纷提出自己的观点。如博客认证"蒋勇律师的博客"《"过云楼藏书之争"的纯法律分析》一文认为:"在'过云楼藏书之争'中,核心问题就是关于国有文物的优先购买权的问题。《文物保护法》第五十八条、《文物拍卖管理暂行规定》第十六条,条文很简单,优先权的行使期限、行使方式均无规定。""优先拍卖权在拍卖前还是拍卖后宣布是争议焦点。"该文引述了专家学者的多方观点,"有学者认为,拍卖前应对珍贵文物存在优先购买权作出声明。根据《拍卖法》第十八条的规定:'拍卖人有权要求委托人说明拍卖标的的来源和瑕疵,拍卖人应当向竞买人说明拍卖标的瑕疵。'如果作出说明之后进行拍卖,竞买人参与竞买,可视为其接受保留优先购买权,如因行使优先购买权,而使买受的竞买人无法买到标的,并不承担由此产生的违约责任。这样能够解决优先购买权与拍卖法的冲突。""当然也有学者认为,不能提前宣布国家可能行使优先购买权,因为这很容易对拍卖现场标的价格、对国家的利益造成损失,标的价格会出现哄抬的现象,所以通过事后一定期限来完成行使权利。""我们假设如果过云楼拍卖前,拍卖公司便声称北大保留优先权,这样,现在可能就没有这么大的争议了。"

至于文物收藏单位在"7个工作日"内可行使"优先购买权",法律界人士则普遍提出了质疑。学者刘双舟认为,北大行使优先权是不符合法律程序的。他说:"《文物保护法》第五十八条规定'文物行政部门在审核拟拍卖的文物时,可以指定国有文物收藏单位优先购买其中的珍贵文物。购买价格由文物收藏单位的代表与文物的委托人协商确定'。该法条有三个含义:1. 赋予国家对珍贵文物的优先购买权;2. 行使优先权的时间为拍卖前;3. 行使方式是双方协商。在我们这样一个成文法制的国家,以行政手段突破国家法律规定的做法事实上属于违法行政"(《大公书画》)。有法律界人士指出:"北大收购的依据是北京市文物局的京文物〔2012〕561号文件,显然这个文件的位阶无法和文物保护法相提并论,况且还有冲突,不能适用这一文件。"

事实上,《中华人民共和国文物保护法》、国家文物局《文物拍卖管理暂行规定》都对"优先购买权"作了规定,但并没有规定"优先购买权"

的行使期限、行使方式，法律也没有明确国有文物收藏单位的定义。这些都给如何行使"优先购买权"带来了难度。而"7个工作日"规定出台的背景是，2002年艺术品拍卖中，国家首次采用"指定拍卖"形式，指定国有收藏机构作为唯一竞拍者，收购北宋大书法家米芾的《研山铭》，在业界引发了较大争议。因而，2009年国家文物局在行使优先权购买《陈独秀等致胡适信札》时作了一些改进，委托拍卖公司进行预先声明，声称"本公司于拍卖结束后7日内，将政府有关部门是否优先购买的决定通知相关标的买受人"。这正是"过云楼藏书"引发"优先购买权"之争的缘由所在，也让争议中的社会公众误以为"7个工作日"是法律所规定的。法律界人士的普遍观点是，按照相关法律条文，"优先购买权"的行使期限，应当是"在审核拟拍卖的文物时"，而行政规定"7个工作日"与相关法律规定相冲突。

争议点3：先参加了竞拍，可否再行使"优先购买权"？

一方称，"拍卖当天北大是参与竞拍的唯一国有文物收藏单位"。"一开始我们就决定买，我们不希望这批书落入私人或企业手中，我们参与了当天的竞拍，我们不可能老是跟企业比着举牌"，北大人士在接受媒体采访时透露，"北京大学就是6月4日第一次叫价的买家"。

《人民日报》消息，"既然已经参与现场竞拍，为何不当场拿下，还玩起'马后炮'？"面对质疑，北大方面认为，北大不是企业，"参与哄抬价格也不是北大的作风，只要最终的成交价可以承受，北大就会行使优先购买权"。《经济观察报》报道称，"北大强调，该校是6月4日参与竞拍的角逐者中唯一的一家文物单位。不过，本报获得的可靠消息是，北京大学并没有像凤凰集团以及其他的竞拍者一样，缴纳5000万元的保证金"。

另一方认为，北大是不是竞拍参与方，我们都愿意相信。但是，如果北大是参与方，就意味着放弃了优先购买权，因为竞价者应该是平等的，不能有双重身份。如果北大是以优先受让的身份参与，那应该在现场声明。如果北大没有真正参与拍卖竞价，那么他们有理由提出"行使优先购买权"的申请。但全国可以提出申请的不只有北大一家。

"凤凰海燕"微博提出，对北大人士称曾经参与竞拍，凤凰集团完全不知情。北大人士称曾参与竞价，如果确实，北大方就具有双重身份，即既是竞价者又是"优先受让方"。这对其他的竞价者是不公平的，不符合拍卖市场的通行规则。北大如确实参与了竞价，实际上就已放弃了优先购买权，事后重提优先购买权是不合理的。

法律界人士对此问题提出了明确的观点。著名法律专家、古籍善本收藏家田涛在接受央视记者采访时指出，争论双方在当时都报名成为了竞买人。那么在后来又经过了几轮竞价，南京方面最后以 1.88 亿的现场的最高价成为了买受人。这是符合法律规定的。北京大学的图书馆也作为另外一个竞买人放弃了竞价，不管以什么样的原因，总之，他放弃了。因为优先购买权是有条件的，全称应该是具有同等条件下优先购买权的竞买人。如果你放弃了竞价，就等同于你放弃了这个同等条件所设置的一切条件。

争议点 4：主张"优先购买权"的程序是否恰当？

一方公开宣称，收购确认函已在 6 月 10 日由校长签署批准，并于次日下午送达北京匡时国际拍卖有限公司。

另一方认为，北京大学行使所谓"优先购买权"主张申请，程序不当。北京市文物局并未最终裁定北京大学拥有优先购买权。北京大学称致函匡时拍卖，向北京市文物局"备案"，可以认为北京大学并没有向北京市文物局正式提出主张申请，程序不当，所谓抄送"备案"不具有法律效力。北京大学并没有取得优先购买权。

有法律界人士指出，北大行使"优先购买权"程序有问题。依据《文物保护法》第五十八条规定，显然北大在文物拍卖落槌后再主张优先购买权，程序有严重问题，错过了宝贵的时间。至于中国人民大学在两三年前曾成功地使用国家优先权，优先拍得陈独秀、梁启超等致胡适的信札，那么北大此次行为是有先例可依的说法，社会人士提出还是应"有法可依"才行。

"优先购买权"之争，引起法律界对我国文物立法问题的思考。刘双舟认为，"过云楼藏书"之争源于相关法律滞后。导致今天这样一个局面，任何一方都没有错。所有参与这个活动的人都没有什么可指责的地方，错就错在立法滞后了，法律的修改没有赶上文物市场发展的趋势。《第一财经日报》刊发《疑云密布的过云楼之争，悬念求解》一文称，"这是一个公立机构参与文物市场竞拍的典型案例，无论'过云楼藏书'最终被哪家公立机构收藏，都是一件好事，这种争夺有可能引发政府对政策法规方面的修改。"《中国商报》消息称，不少人士认为这场争夺都是规则不细而惹的祸。王凤海便坦言，对于如何定性国有文物收藏主体以及通过何种方式来行使优先购买权，"国家法律法规还需要进一步细化"。也有媒体人士指出，"游戏规则"设定上的缺陷，会让参与者举棋不定，显然不利于国家文物的保护。

和讯头条《2012艺术品收藏市场的噱头与博弈》一文中写道，"过云楼藏书"之争，源头在哪里？围绕这场举世瞩目的拍卖，如何行使文物的优先购买权，到底谁才有资格行使优先购买权，始终是人们关注和议论的焦点。我们注意到，国家相关法律条款的"粗线条"，即《文物保护法》对于优先购买权实施细则的缺失，以及国有文物收藏单位概念的模糊，是导致此次"过云楼藏书"之争的"罪魁祸首"。"游戏规则"设定上的缺陷，最终使得游戏的参与者举棋不定、不知所措。随着我国艺术品收藏市场的进一步繁荣，必然会有越来越多的珍贵文物浮出水面，那么怎样才能使得市场交易的结果最有利于文物的保护，同时又不挫伤竞买者的巨大热情，这是值得我们思考的问题。

《文物保护法》第五十八条

《中华人民共和国文物保护法》（第五届全国人民代表大会常务委员会第二十五次会议于1982年11月19日通过）第五十八条：文物行政部门在审核拟拍卖的文物时，可以指定国有文物收藏单位优先购买其中的珍贵文物。购买价格由文物收藏单位的代表与文物的委托人协商确定。

"九天乱战"（三）：公藏私藏之辩析

6月12日—6月20日，星期二至下星期三。

"过云楼藏书之争"焦点话题之三：国企收藏是公藏还是私藏？

一方认为，他们是企业（指凤凰集团）吧。之前说过，北大购买属于公藏行为，入藏后将会得到永久的珍藏与合理的使用，一旦入藏就绝对不可能再拿出来拍卖了，这批文物不可能再进入拍卖市场了。但作为企业，他们的收藏属于私藏行为，将来再把这批文物拿出来拍卖，从法律上讲完全没有任何问题和障碍。

另一方认为，"私藏变公藏"的概念是凤凰集团首先提出的，拍下的"过云楼藏书"将永久收藏、永不复拍。国有企业、事业组织等收藏、保管的文物属于国家所有，这在《文物保护法》里就有明确规定。作为国有文化企业，收藏保管的文物属于国家所有，绝不是私藏行为。"凤凰海燕Ｖ"微博发文："关于'公藏与私藏'问题。怎么理解公藏与私藏？一所高校图书馆收藏与一个公共图书馆和骨干专业出版机构联合持有，哪个对公众有利。由国有文化企业出资参与就必然是私藏吗？那么全国国有文化事业单位绝大部分要转成企业，这难道就是私有化过程吗？认为事业就是公，企业必然是私，这种观念不合时宜。文博单位收藏未必一定是公藏，藏品未得到妥善保管，根本不开发利用，这种情况屡见不鲜。国企参与收藏未必就是私藏，凤凰集团此前就已公开承诺，永不复拍，将通过再出版服务公众。"

公藏还是私藏之辩，引起了学界和媒体的广泛讨论。《经济观察报》发表《夺宝"过云楼"：公藏与私藏之辩》（作者仇子明）一文称，在笔者看来，谁拿下这批"过云楼藏书"不重要，关键在于这批古籍善本能否得到妥善的保管、合理的使用。南京大学公共行政学院教授孔繁斌认为，"拍卖本来就是市场行为，既然北大到了竞拍现场，也有强烈的意愿拿下过云楼秘藏，为什么不和凤凰集团竞价？北大强调自己是文物单位，拥有优先购买权，难道就不是搬出政府法规给自己助拳？北大以'公藏'为名，其实只是一种放大了的'私'，其实质上，只是为了丰富自己的馆藏。"

凤凰集团法律顾问在"公开谈话"中，就"过云楼藏书"之争是公藏还是私藏之辩指出，争议方的说法是没有法律依据的。根据《中华人民共和国文物保护法》第五条的规定，国有文物收藏单位以及其他国家机关、部队和国有企业、事业组织等收藏、保管的文物属于国家所有。凤凰集团作为江苏省人民政府100%持股的国有文化企业，其收藏行为符合《中华人民共和国文物保护法》第五条的规定，其保管的文物属于国家所有，绝不是私藏行为。

网络上一篇题为《过云楼藏书：北大"自拍"与凤凰"白拍"》的文章，引起了众人的关注和认同，作者张敬伟在文中直言："事件的吊诡之处在于，江苏凤凰既非外国藏家也不是私人藏家，而是国有企业。在竞拍文物上，并不会导致过云楼藏书的流失。而且，凤凰作为出版单位，还有志于出版这批宋版书，让普通读者亦能品读。而北大一旦购买，过云楼藏书则被深藏图书馆，成为精英学者的禁脔，这批宝藏图书，对普罗大众真的就成了过眼云烟。"一些文博单位藏而不管、藏而不用，这个到底是私藏还是公藏呢？有媒体报道称，"值得一提的是，2005年，北大高调买下了1500册《玉霜簃戏曲钞本》，这一古籍对研究戏曲有很高的史料价值。不过，时隔8年，这套书似乎成了'秘藏'，再无外人见过，在学术研究方面，北

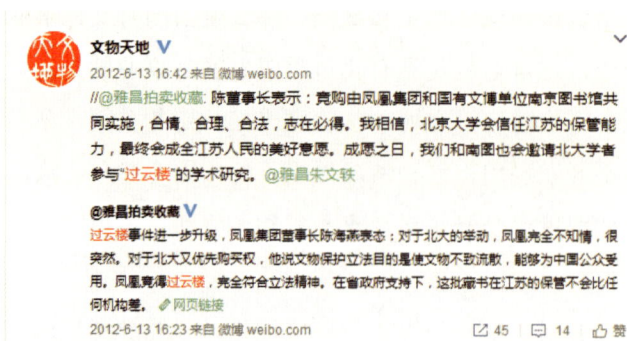

文物天地微博截图

大至今也尚未有一篇论文出炉。"

《大公书画》在《谁会笑到最后？——也说"过云楼藏书"之争》一文中指出，从凤凰集团的几项承诺中，"我们不难发现，凤凰出于做文化和出版的情愫，欲将藏书出版印刷，向世人展示这一批藏书的全貌，使得这一私藏，变成真正意义上的公藏。从私人的书斋，走向大众的图书馆，对于文化的传播和传承具有巨大的推动作用"。

这次公藏与私藏之辩，也引起一些文博机构的反思，就是如何解决他们藏而不管、藏而不用、藏而私用的问题；又如何利用他们的宝藏来为社会服务，来为公众服务。

"九天乱战"（四）：政府公权之介入

6月12日—6月20日，星期二至下星期三。

"过云楼藏书之争"焦点话题之四：政府该不该出面？

就在各方都认为北大的突然介入将改变"过云楼藏书"的归宿时，江苏省政府公函的公开发布，被媒体称为"更为戏剧性的情节上演了"。

媒体报道称，"北大早干什么去了？"这是网上很多人对北大"参战"的态度。相比于网友情绪化的发泄，各相关部门的介入显得更具实际效力。

一方认为，以办公厅的名义发函，我们感觉到有压力。政府这个时候出面其实是不合适的，因为这本来是一个市场行为，是在一定法律框架下的市场行为，政府不应当来干涉最终的结果。政府在此时介入文物拍卖的市场行为并不合适。"在道德和法律层面都是不合理不合法的。"

另一方认为，争议方的说法是不恰当的。凤凰集团是国有独资公司，江苏省人民政府是其唯一出资人，支持凤凰集团收购"过云楼藏书"，是履行出资人职责的行为，属于依法行政范畴，既合理又合法。江苏作为文化大省，省政府的举动是一种负责任的表现。

陈海燕直言，谁都可以看出这个说法的自相矛盾。如果说市场行为，那已经有了明确结果，就不会有后来申请"优先购买权"一说。（北大此次行使"优先购买权"）本来所依据的就是北京市文物局的红头文件，就是行政行为。如果完全讲市场行为，就根本没有北大的机会。江苏省政府致函北京市文物局发表支持凤凰集团的意见，是完全合理合法的。凤凰集团和南京图书馆都是国有资本控股，出资人都是政府。江苏省政府出面，是在履行出资人的职责。而且，涉及珍贵文物，政府就是应当干预。这是有法律依据的。

政府该不该出面？这个问题也引来众多关注和讨论。《中国文物报》发表《对"过云楼藏书"之争的一点法律思考》一文，"请注意，凤凰集团早

文物天地微博截图

在 6 月 4 日就完成现场竞拍，依拍卖规则已完成购买行为的部分程序，只差付款最后一道程序。竞买文物是企业的市场行为，政府是否有权可以'确定'谁与谁'收购'，值得商榷。很显然，这是在出现北京大学要横刀夺爱的情况下，省政府为了支持本省企业、维护本省文化利益的临时'义举'"。《法治周末》报道，江苏省政府带来"国有文博单位"南京图书馆，似欲补充凤凰出版集团的"资质缺陷"。凤凰和南图"牵手"，让夺宝战的争夺出现势均力衡的局面。北大方面表示，江苏省政府出面，他们感觉压力很大。对此，陈海燕回应说："北大说政府介入不妥，这是站不住脚的。首先，珍贵文物涉及公益，政府必须介入，北大正是因为援引了政府文件才能声称优先购买权。第二，凤凰集团是全资国有文化企业，南京图书馆是全资国有文化事业单位，最终的出资人都是江苏省政府。所以省政府出面支持合情合理，而且应该出面。涉及大额的竞购，涉及动用国有资产，省政府作为出资人介入是很正常的。令人不理解的是，北大可以依靠行政权力，却不允许别人来依靠政府支持，这就很奇怪了。"对于在"过云楼藏书"之争中政府该不该扮演角色的问题，网络上也是一片议论，网友"马铃薯兄弟 A"：震惊，"过云楼藏书"本已花落凤凰集团，强烈期待"过云楼藏书"回到江南故土，坚决支持政府出面，主持公道。

《第一财经日报》发表的《疑云密布的过云楼之争，悬念求解》一文称："'过云楼藏书'拍卖落槌已满 7 个工作日，花落谁家却成悬案。事实上，这也是第一次在拍卖市场流通的文物面临两家国有机构竞相购买。其意义可能并不仅限于这批珍贵的文物究竟花落谁家，公立机构如何在市场公平规则下参与竞拍，而不是通过红头文件和印章来确定文物的去留，这一事件很可能是一个新的样本。""但可以确定的一点是，两大国有机构的争战，将使得'过云楼藏书'的文化价值和历史价值得到更大范围的传播和宣扬。

"九天乱战"（五）：传承开发之发问

6月12日—6月20日，星期二至下星期三。

"过云楼藏书之争"焦点话题之五：传承开发之问——文脉保护与传承。

一方认为，过云楼部分旧藏是私家藏书集合的重要组成部分，北大图书馆组织专家鉴定所得的结论是：这批书的质量高，具有重要的学术研究和收藏的价值。作为高校图书馆，北大图书馆有传承中华学术文化血脉的责任，理应收藏。

另一方认为，国内不少文博单位所藏古籍，因条件所限，连专家都难得一览，这让我们出版人羡慕而唏嘘。一所校内图书馆和一个有规模、有资金保障的专业出版机构，哪个受众更多？答案是不言自明的。凤凰是国内出版界和文博界公认的最重要的古籍出版机构之一，曾完成过许多填补学术空白的重大工程，拥有一批教授级的资深编辑。凤凰比单纯文博单位额外具有的优势：一是出版的投资和技术能力；二是可以将全部内容数字化，永久传承；三是有亚洲最先进的数码印刷技术和设备，能够复制传播。南京具有保存古籍的最好条件。

陈海燕说："作为出版人，我们懂书、爱书。实际上，我们在20多年前就开始关注'过云楼藏书'，当年曾制定了整体的出版计划。但是当时'过云楼藏书'一部分在国有文博单位我们见不着，再加上一部分在民间无法追踪，所以最后不得不放弃了这个出版计划，只出版了一本《过云楼书画记》。现在重新燃起了我们要整体出版过云楼的激情，而且也变得可能了。集团每年对古籍文献出版给予大量补贴，在古籍文献学术研究、整理出版上的投入是任何一个高校图书馆所不能比拟的。公众有时候会产生一个误解,好像在大学藏书会被很好地挖掘利用。那不一定。很多文献在大学是'藏而不用'或者'藏而私用'。就是外面的人用不着,而我们的古籍文献不仅'藏'而且'用',用于传播服务公众,并且传播到海外,向海外传播中华文化。"

社会各界对"过云楼藏书"传承开发的争议,其实就是一个简单的问题:谁能更好地传承和开发这批藏书的文化价值?

这一问题,自然引起了社会对中华古籍传承与开发问题的发问和思考。《法治周末》报道认为,和古籍的毁坏同样重要的一个问题,是古籍的利用和挖掘。大部分古籍"藏而不用"为人们所诟病。这也成为凤凰出版集团竞购"过云楼藏书"的一个出发点。《深圳商报》发表《更关心过云楼古籍保护和利用》一文,认为公众关心过云楼古籍的归属,可更关心过云楼古籍的利用。其实对于公众而言,过云楼秘藏去江苏或去北大并不重要,他们所关心的是这些价值连城的古籍能否得到最好的保存和最好的利用。过云楼古籍善本价值连城,可如果只是束之高阁,或者作为炫耀的资本,那再高的拍卖价格也与废纸无异。这场价值 2.16 亿的争夺,究竟是文化之争还是利益之争,无从知晓。但从现实来看,过云楼古籍的名气和人气要大于其利用价值。《南都周刊》刊发《过云楼天价拍卖后的尴尬现实》一文,认为高价背后是古籍善本文化价值传承的紧迫性与市场行情被低估的双重尴尬。《文汇报》报道称:"对于此次凤凰成功竞得过云楼,专家们显然乐见其成,国有文化出版企业资金雄厚,完全有条件保存好古籍,而且便于再出版利用,能够更好地传播。"中国之声"小编大声"点评:请回归文化本位,少些利益考量。谁都看得出来,"过云楼藏书"之争,不仅仅是各方出于文物保护的目的,其背后亦有经济利益之争。过云楼古籍的价值,已经通过 5 年涨价 8 倍的事实体现了出来,况且这批古籍一旦要再出版传播,效益可观,谁不心动?这两天还看到消息说,河南图书馆数十万古籍因保护不力受损,为何却无人问津出资保护?相比之下,不由唏嘘。在对待文化遗产方面,各方还是要回归文化本位,少点利益考量。"过云楼藏书"归谁并不重要,关键是能否保护好并且很好地开发利用。

"九天乱战"（六）：古籍保藏之呼吁

6 月 12 日—6 月 20 日，星期二至下星期三。

"过云楼藏书之争"焦点话题之六：唏嘘不已的古籍保藏窘境。

纸寿千年。古籍善本由于对保存条件与要求苛刻，使得其资源极为稀缺珍贵，极大地提升了它的文献价值和学术价值，这也是与其他文物艺术品显著不同的地方。正当"过云楼藏书"归属争议纷纷之时，河南省图书馆却意外"躺枪"。中国广播网北京 6 月 13 日消息，据中国之声《新闻纵横》报道，1989 年投用的现馆，23 年来从未进行过大修，只是在去年换了一次上水管道。说这话的是河南省图书馆馆长杨扬。由于古籍书库不达标、

深圳商报新闻插图

专业人才缺乏，河南省图书馆 50 万册古籍超半数损坏。在一个根本不达标的古籍书库内，记者看到，成堆的古籍凌乱地摆放着。部分古籍，只要吹口气，纸屑就"哗哗"往下掉。昨天是文化遗产日，河南省图书馆的这一窘境让众多网友唏嘘不已。

中国之声的《纵横点评》说：河南省图书

馆古籍保护的情况是河南公共图书馆的一个缩影。它遭遇的窘境绝不仅仅是这一座图书馆的。古籍是宝贵的文化遗产和精神财富，而对古籍的保护更是一项系统工程，需要资金的投入、硬件的改善、人才的培养。"传承历史文明"不能只是一句口号，有关部门在唤醒公众保护意识的同时，能否来点儿实在的行动呢？若待到古籍都成了垃圾，可就追悔莫及了！

这一消息让原本不为公众知晓的国内古籍保藏现状暴露于天下，也与"过云楼藏书"之争联系在一起，引出了关注国内古籍保藏窘境的话题。

《人民日报》6月15日发表《评过云楼之争：古籍，有身价更要有身板》一文，评论说，尘埃虽未落定，但这场古籍争夺战将善本的价值推向了又一个高位。评论称，只是，古籍者众，能被如此厚爱者怕也是只鳞片爪。因为经费、人才的问题，更多的古籍只能在幽暗的角落里"绿鬓成霜蓬"。全国古籍重点保护单位河南省图书馆超过半数的馆藏古籍已经损坏。"23年只换过一次上水管道"的窘境，"古籍除尘只能靠鸡毛掸子"的尴尬，或许不只是河南省图书馆的"专利"。据国家图书馆之前的调查报告显示，全国大约3000万册古籍中，破损的约有1000万册。须知，并非每一家收藏单位都如凤凰集团那般资金雄厚，也并非每一座图书馆都如北大图书馆、南京图书馆那样条件完备。在新闻的喧哗之下，民众似乎屏蔽了泛黄的纸张脆裂的声音——在古籍的世界里，素蟫灰丝、老化霉蚀是一种更常见的状态。评论认为，藏书是万年百世之事，今世赖之以知古，后世赖之以知今。任何古籍的散佚、湮灭，对中华民族的记忆而言，都将是难以弥合的裂缝。在赚足眼球的"最贵"之外，"沉默的大多数"理应同样值得关注和呵护。

中国之声《新闻晚高峰》6月22日报道"京苏'过云楼藏书'之争终于尘埃落定"消息，用了《古籍公藏未必最佳结局》这一新闻标题，报道称：问题却很实际，用真金白银买回来的东西，自然懂得爱护。可眼下，大部分国有图书馆的藏书，要么来自捐赠，要么来自收缴，基本上不怎么要花钱。来得容易，爱护之心自然大减。"所以，在目前的收藏环境

凤凰衔书：『过云楼藏书』回归江南记

和条件中，从保存角度看，私人或者机构收藏古籍，并不一定会比公库差。图书文物是天下公器，但'颗粒归公'这回事对文物收藏来说，并不见得就是最完美的结局。"

有学者从古籍保护与市场关系的视角，探讨古籍保护问题。中国新闻网转发"广州媒体人谢勇"微博《"过云楼"花落谁家 无关大局 古籍保护别拒绝市场》，文中写道："两条新闻，均事关古籍。一喜一悲，放在一起看，意味深长。""同是古籍两种境遇。""与这厢的大团圆结局不同，发生在河南图书馆的事情可就算是彻头彻尾的悲剧了。有媒体报道了在这个图书馆里古籍图书遭遇的种种窘迫：由于场地不达标、专业人员配备不到位、50万册古籍超半数损坏。……而在记者拍摄的照片上，人们能看到，一堆堆的古籍已经严重污损、风化，状如垃圾。风吹之下片片陨落的古籍，更似在叱责着不孝子孙们，如此慢待自己的祖先和文化。""守住遗产呼唤文化消费者。总结下保护文化传统和遗产的几个因素。首先，要有市场，

中国新闻网　首页 → 新闻中心 → 文化新闻　　字号：大 中 小

"过云楼"花落谁家无关大局 古籍保护别拒绝市场

2012年06月14日 07:46　来源：新京报　参与互动(2)

【焦点话题】

无论"过云楼"古籍花落北大还是荣归南京，从文物的角度，均可以视为好运气，得善果。与这厢的大团圆结局不同，发生在河南图书馆的事情可就算是彻头彻尾的悲剧了：由于场地不达标、专业人员配备不到位，50万册古籍超半数损坏。

两条新闻，均事关古籍，一喜一悲，放在一起看，意味深长。

同是古籍两种境遇

先是6月4日，由海内外孤本、宋版《锦绣万花谷》全八十卷领衔的179种、1292册"过云楼"藏历代古籍善本在北京拍卖。几经拉锯，过云楼藏书整体1.88亿元落槌，连同佣金2.162亿元成交，刷新中国古籍拍卖纪录。而这，其实不过是最近古籍市场水涨船高的显现。

事情还不算完，正当料费巨资拿下古籍的江苏凤凰出版集团额手称庆之际，半路杀出个程咬金，北京大学援引北京市文物局规定，行使了国有文物收藏单位优先权实权，宣布要用同样价格将这套古籍纳入毂中。似平空欢喜一场的凤凰随后向媒体发来一份江苏省人民政府办公厅致北京文物局的函，称凤凰集团得到江苏省委、省政府支持，成功竞拍过云楼。"过云楼藏书3/4在南京，现1/4成功竞购回归江苏，是江苏人民在社会舆论的呼声和企盼。"此外南京图书馆也表明将做好过云楼的收藏工作。

实际上，无论这套古籍花落谁家，从文物的角度，均可以视为好运气，得善果。不论是凤凰出版集团还是北京大学，一个是国有企业，一个是京办大学，古籍珍本，不需流落异国他乡而能被珍视，被善待，是一个皆大欢喜的结局。至于最后是花落未名湖还是夫子庙，枝节问题，无关大局。

与这厢的大团圆结局不同，发生在河南图书馆的事情可就算是彻头彻尾的悲剧了。有媒体报道了在这个图书馆里古籍图书遭遇的种种窘迫：由于场地不达标、专业人员配备不到位，50万册古籍超半数损坏。而面对媒体采访，河南图书馆馆长更是爆出一肚子苦水：古籍保护的现状，只是河南省图书馆诸多窘境的一个方面，1989年投用的现馆，23年来从未进行过大修，只是在去年换了一次上水管道。而在记者拍摄的照片上，人们能看到，一堆堆的古籍已经严重污损、风化，状如垃圾。风吹之下片片陨落的古籍，更似在叱责着不孝子孙们，如此慢待自己的祖先和文化。

那些有形的文化何以能够保存？这个镜似过分宏大的问题，其实可以从过云楼图书的命运中一窥端倪。据介绍，过云楼为江苏省顾氏之私家藏书楼。始建于清同治年间，历经数代"清芬世守、递藏有缘"，最后才有了"江南收藏甲天下，过云楼收藏甲江南"之称。为了收集这藏，过云楼主人往往耗费巨资，"即使倾数千金，断不吝惜。"除了不惜工本买收藏，过云楼书籍被保存下来，更是由于主人爱书、懂书、珍惜书：据顾氏后人回忆，在顾家，书的待遇是高于人的，因为古籍善本每一次拿出来翻阅，纸张就会氧化遭成损耗，所以即使是顾家子孙也很难有机会一睹这些藏书的真容。因为外界的全之甚少，反倒使过云楼藏书更为稳妥，大部分得以留传至今。

守住遗产呼唤文化消费者

总结下保护文化传统和遗产的几个因素。首先，要有市场，要有文物的流动机制。从过云楼的故事可以看出，只有存在着收藏流通的机制，最终才能落在喜欢者、珍惜者手里而不至于暴殄天物。其次，需要有懂行、能够"消费"文物的文人阶层、鉴赏阶层。没有这个阶层的存在，自然也就没有靠愿意为之花钱的"顾客"。更没有了能够含辛茹苦呵护文物的文化守望者。与中国文化而言，在时代变迁中，除了有形文物损毁，更大的损失恐怕是作为文保物鉴赏、保护人角色出现的文人阶层的消失。第三，文物的私人产权需要被承认。否则，因为文物均属国家，看似符合公共利益，实际上更可能是被锁在库房里，消失于公众面前，不知所踪了。

回到这两条冰火差异的新闻，在我看来，这其中的区别可以看做是计划和市场之异。在计划体制下，以公共服务面目出现的种种文化机制，实际上可能沦为文物的直接杀手；而在市场条件下，由于文物获得价恰，却能得到真正的良好的保护。至于北大与凤凰出版集团对过云楼古籍的争夺，似乎在印证经济学者提出的地方竞争推动中国发展的论断。甚至我们可以设想下，把河南图书馆里那些被糟蹋的古籍拿出来拍卖，无论花落谁家，这些古籍都以被珍视，得到较好的保存，而不至于沦为废纸。

□谢勇（广州媒体人）

中国新闻网新闻截图

要有文物的流动机制。从过云楼的故事可以看出，只有存在着文物流通的机制，最终才能落在喜欢者、珍惜者手里而不至于暴殄天物。其次，需要有懂行、能够'消费'文物的文人阶层、鉴赏阶层。没有这个阶层的存在，自然也没有愿意为之花钱的'顾客'，更没有了能够含辛茹苦呵护文物的文化守望者。与中国文化而言，在时代变迁中，除了有形文物损毁，更大的损失恐怕是作为文物鉴赏、保护人角色出现的文人阶层的消失。第三，文物的私人产权需要被承认。否则，因为文物均属国家，看似符合公共利益，实际上更可能是被锁在库房里，消失于公众面前，不知所踪了。"

香港《大公报》6月14日刊登《"过云楼秘藏"掀争夺战》新闻，直言"北大古籍已'太多'"。报道称，据了解，北大之所以强势介入，是因为其号称"收藏古籍150万册"。但据北大图书馆工作人员估计，其藏书中至少有50万册古籍尚未清点。在北大图书馆古籍部工作近30年的沈乃文坦承："北大收藏的古籍虽然都是无价之宝，但破损得比较厉害，不容易修复。"目前，北大图书馆仅有2名古籍修复人员。据内部人士介绍，如果要修复图书馆目前的15万册待修古籍，至少得干上700年才能修完。江苏有学者表示，与其让国宝级的"过云楼秘藏"在北大的芸芸众书中变黄、变破，不如将其请回江苏，享受家乡人民的珍爱。

《环球人物》刊发《过云楼藏书的寂寞和喧嚣》一文，称"过云楼藏书"是集"万千宠爱于一身"，可中国还有很多的古籍善本被"打入冷宫"，在仓库中静待消亡。据复旦大学统计的数据显示，其所调查的40多家图书馆里，古籍总藏量为1600多万册，破损率高达26%，几十家图书馆的修复人员加起来不到70人。今天，"南北之争"让过云楼藏书吸引了很多注意，这种热情如果能从过云楼惠及万万千千的古籍保护，再由此上升到学术收藏和研究，无疑对文化传承会有更大的意义。

"如果说'过云楼藏书'是集'万千宠爱于一身'，那么在河南省图书馆中十分之一的古籍，则是在'冷宫'中慢慢消亡。"《新民晚报》发表《研究古籍传承文化，比关注"过云楼"更有意义》一文称。文章认为："古旧文献典籍是历史留给我们的宝贵财富，体现了中华民族的优秀文化和丰沛的文化创造力。中华民族的文化传统为什么一直没有中断？其中一个很重要的原因就是我们重视文献的收集、整理、保存和研究。但是值得注意的是，现在的一些图书馆，由于长期没有适量的资金投入，对于一些普通古籍的保护并不重视，特别是在南方的夏季，书库里没有空调，闷热潮湿，许多古书早已经破损不堪。""呵护文化典籍，守望历史文明。保护古籍不仅是为保护其物质形态，也是为了内容能为我所用，即使一般的古籍也有一定文化传承的意义。从宋朝开始，历朝历代都以修大书为国之大事，从宋朝的《太平御览》到明朝的《永乐大典》再到清朝的《四库全书》，规模一次比一次浩大。各个时期古籍的完备和有序的特点，使其完全具备成为连接历史主线的可能。今天，如何通过对于浩如烟海、汗牛充栋的古籍进行研究，使我国悠久的历史和灿烂的文化发扬光大，远比关注'过云楼藏书'花落谁家更有意义。"

令人欣慰的是，当"过云楼藏书"惊艳书林之时，传来一个好消息。《齐鲁晚报》报道，山东省图书馆所藏一部由福山王懿荣、日照马惠阶等收藏的宋赣州州学刻本《文选》，刀法朴拙，版样雅古，字大如钱，楮墨精绝，在民国初年极为罕见，藏书家珍若拱璧。此书在历经数百年后，破损严重，已无法翻阅。"日前，在充分论证的基础上，省图聘请国内著名修复专家将此书修复，让其走出深宫，与广大读者见面，使读者一睹宋版书之真容。"

"纸寿千年"的故事

纸是中国古代"四大发明"之一。中国是最早发明造纸术的国家，早在一千多年前的东汉时期，就由蔡伦发明了造纸术。产于安徽宣城地区的宣纸，因易于保存、经久不脆、不会褪色等特点，故有"纸寿千年"之誉。到了宋代时期，徽州、池州、宣州等地的造纸业逐渐转移集中于泾县。当时这些地区均属宣州府管辖，所以这里生产的纸被称为"宣纸"。

传说，东汉安帝建光元年（121）东汉造纸家蔡伦逝世后，他的弟子孔丹在皖南以造纸为业，很想造出一种世上最好的纸，为师傅画像修谱，以表怀念之情。但年复一年难以如愿。一天，孔丹偶见一棵古老的青檀树倒在溪边。由于终年日晒水洗，树皮已腐烂变白，露出一缕缕修长洁净的纤维，孔丹取之造纸，经过反复试验，终于造出一种质地绝妙的纸来，这便是后来有名的宣纸。宣纸中有一种名叫"四尺丹"的，就是为了纪念孔丹，一直流传至今。

"九天乱战"（七）：营销炒作之质疑

6月12日—6月20日，星期二至下星期三。

"过云楼藏书之争"焦点话题之七：营销炒作"过云楼"？

一次全民参与的作秀？"过云楼藏书"之争疑点重重。一件本身无可指摘的"开门"国宝为何能"爆点"频现？是推广普及还是营销"作秀"？《广州日报》评论称。该文提出了"过云楼藏书"之争三个疑点，疑点一：为何拍前推广两个月话题不断？疑点二：国企高调亮相是"商业秀"？疑点三：北大为何半路杀出？

舆论质疑营销炒作"过云楼"的声音，主要指向一是拍卖公司，二是作为企业的凤凰集团。

报道称，为何拍前推广两个月话题不断？"过云楼计划"从4月12日的"过云楼藏书"新闻发布会上开始启动，直至6月初顺利成交，拍前推广期长达近两个月。业内人士认为，这次推广活动可圈可点："'过云楼'营销战略的可取之处，一是使用了所有的传播手段，二是借力众多专家学者。"然而，"过云楼"带来的"爆点"不断，"精彩"的情节令市场上的质疑声也从未停过。事实上，在"过云楼"拍卖前，市场上已经存在质疑，有人认为北京匡时国际拍卖有限公司在"过云楼"的各方面公关都做得极好，否则行内人不可能都一边倒叫好，几乎无人喝倒彩；有人质疑匡时捐赠买方佣金的做法是一次"秀"，目的是为了自我炒作，名利双收；还有人断言："匡时肯定是因为知道买家不会是国家文物机构才声称自愿慷慨解囊的。"有媒体甚至在报道中直言："无处不炒作的网络时代，过云楼藏书拍卖之前如此大阵仗地巡展，也引起了部分网民质疑：几本古籍拍卖为何闹得如此高调？'过云楼藏书'的价值当然不可置疑，但天价估价却让真正喜欢此藏书的潜在买家望而却步。"并称："也有拍板砖者认为董国强亮出的高姿态无非在于吸引相关部门的注意，掏钱接单，他所抛出的愿捐出买方佣金收入，用于文物保护或其他公益事业的言论，说到底是一种高明的营销手段，更难逃广告的嫌疑。更有人质疑董总的诚意为什么只捐买方佣金，真有诚意那就把卖方佣金也给捐出来。"当然，无论是正面还是负面的报道，"过云楼效应"在拍卖前的两个月中持续"加温"，这批古籍也当仁不让地成为当年春拍焦点所在。

报道称，国企高调亮相是"商业秀"？竞拍成功的几个小时后，身处北京的众多媒体接到江苏凤凰集团即将召开新闻发布会的消息。第二天，该集团高层高调出席发布会，同时公开拍后如何安置藏书的一揽子计划。而董国强也向记者确认凤凰集团确实有备而来。这种有条不紊、志在必得的高调，与印象中传统国企的做派有所不同。当舆论肯定凤凰集团让"过云楼"回南京"团聚"的"义举"时，也有人质疑这次收购是不是为了投资保值增值的商业行为，这批古籍在凤凰集团能不能得到妥善保管，能否兑现其将私藏转化为社会财富的承诺，而整个竞买过程又是不是一场早已安排妥当的"秀"呢？

舆论对拍卖公司的营销"过云楼"予以相当肯定。有媒体分析认为，这是"一次全民参与的营销""此次营销很成功，相信这个模式未来会被大家接受和效仿"。有人认为整个"过云楼"事件是北京匡时一次极为高明的"炒作"："最大的赢家就是名利双收的匡时。"营销研究者赵先生则认为，如果非要称之为"炒作"，那么匡时的"炒作"应该还是止于竞拍成功后的宣传报道，其后发生的一系列变化和纷争，估计匡时也始料未及，不在预期之内："其实我们可以发现，'过云楼事件'发生前后，对匡时或凤凰集团发出质疑声的是公众而不是行家或专家。"

《市场瞭望》刊文称，"过云楼事件"却已经演化为一个重要的文化事件。对于快速发展中的中国艺术品市场来说，其也许将成为标示市场转向的一个里程碑，其中释放的信号为人们展示了新的市场前景。过云楼"文化营销"很成功，相信这个模式未来会被大家接受和效仿。尽管"过云楼"

以 2.16 亿元的天价打破古籍世界拍卖纪录,但为业内所津津乐道的并不仅仅是这个数字,不少行内人甚至还对 2.16 亿元的价格"心有不甘",认为"卖便宜"了。上海博古斋拍卖有限公司新掌门人李东溟一语道出"过云楼"成为业内研讨案例的原因:这是一次全民参与的营销,其他案例难以匹敌,也不可复制。

至于凤凰集团的"秀",高调宣布成功竞购"过云楼藏书"、公布一揽子藏书开发计划等,确实是经过了精心谋划。而"这种有条不紊、志在必得的高调",也引来了媒体和公众的一些质疑声。然而,自北大提出行使"优先购买权"之后发生的一切,事实上已不在主动掌控之中。考验的是团队的智慧谋略和背水一战的勇气,打的是一场真正意义上的商战,充满风险和不确定性,已是既无资本也无心去冒险做"商业秀"了。中国新闻网 6 月 5 日消息称:"清晨,北京各大媒体收到了凤凰传媒将举行新闻发布会的短信。""这是个罕见的高调举动,但绝非'史无前例'——早在 1987 年 3 月 30 日,伦敦佳士得拍卖行将梵高的代表作《向阳葵》以 2500 万英镑(约合 2.5 亿人民币)的创纪录高价卖出。买家是日本安田保险公司,这家企业迅速名声大噪。2006 年,当张兰还不是大 S 的婆婆时,她和她的俏江南也以同样的方式,打了一则昂贵的广告:在当年的北京保利秋拍上,张兰以 2200 万拍下刘晓东的油画《三峡新移民》,轰动一时。""那么从昨天开始,'凤凰传媒'的名号,也注定会比以往更加出名,也比上面提到的安田和张兰更会经营。"这则新闻说的是藏书拍卖两天内的事。之后,经过"过云楼藏书"之争、"九天乱战","凤凰传媒"的名号被无数国人所记下,"凤凰传媒"品牌价值呈几何级放大,这也是客观事实。一位古籍专家说"谁要买下了这批珍贵的藏书,则天下人都知道了你是谁",但这仅是"过云楼事件"的溢出效应,而非当事方的有意而为之。

从拍卖前的"情报战""心理战"到金槌落下后的高调举动,从"九天乱战"中依次打出"感情牌""法律牌"到尘埃落定后的致谢各方,虽步步惊心却能步步为营,虽处处被动却能泰然处置,虽身处险境却勇于绝地反击,直至反败为胜,绝望中看到希望,被动中争取主动,事件过程可谓充满悬念、惊心动魄。

单从商业实战的视角分析，"过云楼藏书"竞购行动的确可以作为一个成功案例认真加以总结。一位持续关注"过云楼事件"的资深金融投资人士感言道：这次"过云楼藏书"收购行为，称得上是一个经典的商业案例，可以入选哈佛商学院的教学案例。这或许只是一句随口说说的笑言，但这一案例在中国拍卖史上或将成为一个经典。

"九天乱战"（八）：争议价值之反思

6 月 12 日—6 月 20 日，星期二至下星期三。

"过云楼藏书之争"焦点话题之八：这场争议的价值何在？

这是"一场价值 2.16 亿元的争夺战"。天价固然是吸引眼球的一个标签，但"过云楼藏书"的文化价值，以及这场纷争给人们带来的思索与争论，远非 2.16 亿这个单纯的数字所能涵盖。有媒体这样报道。

当争议还在进行过程中，社会各界就开始关注和思考"这场争议的价值"。"过云楼藏书"之争，绝非争夺双方之间的争拗，而是演变成了大众参与、深具意义的一场中华文化价值的大讨论。

一个关于古籍藏书的小众话题，一个原本不受大众关注的文化话题，竟然在热烈争论中，持续了 9 天之久。"过云楼藏书"一波三折之后，古籍收藏却从生僻冷门的学问，变成了街头巷尾的谈资，着实让人惊叹。

"九天乱战"，让国宝回归江南之路陡生波折，而争论却超出了"优先购买权"这一话题本身。随着事态不断发酵，在社会舆论众说纷纭、莫衷一是的喧嚣声中，如上所见，争论的话题从"优先购买权"引出，交织引申出多个争议性的话题。这些话题中，既有对现实的认知，又有对法律的思考，当然还有思想情感的宣泄。然而，令人欣慰的是，人们看到，尽管有时争辩的言词激烈，颇有些火药味，但多为理性的表达。

正如《中国新闻出版报》评论《责任感令人欣慰，北大江苏争抢"过云楼"》所言，"虽然这批珍贵的'过云楼藏书'最终花落谁家目前还不得而知，但是双方的争抢，却让文化界人士和网友感到宽慰，纷纷感叹：这样的争抢，真的可以有。""这种拍卖价格上的'天价'，远远不能概括这批藏书的全部价值，除了藏书本身的文物价值之外，其史料价值、文化价值、研究价值，远不是用金钱多少所能衡量的。这也就意味着，'抢书'的背后是在抢文化、抢历史。不管这批图书最终被谁抢到，都足以说明双方对其文化价值的认同和重视，这一点尤为令人欣慰。""总之，争抢藏书的双方，都体现出了高度的文化责任感和为了文化事业一掷千金的魄力，这一点，是尤为难得且令人欣慰的。"

"过云楼藏书"之争，其实争议的还不止上文提到的几个话题，争议的结果也没有谁赢谁输之说。诚如陈海燕事后所言：正因为北大的参与，才可能使"过云楼之争"成为一个公众文化事件，引起社会各界对中国文博事业的关注，提升了大众对中华古籍价值的认知。可以说，北大与凤凰形成了不约而同的默契，好比一次事先无排练的即兴二重唱，虽然是两个不同声部，但主旋律都是传承中华文明。

《经济观察报》评论，这场争议的价值，并不在于谁是最后的赢家，而在于争议本身带给我们对文博事业的诸多思考。比如推动文博立法的完善，比如私藏与公藏的区分。《收藏快报》称，"这次过云楼秘藏之争夺，是一场没有输家的争夺"，"无论这批古籍之争结果和动机如何，其本身也算是有些文雅之气。同时，这一争，也引发了大众对于古籍保护的关注"。

《光明日报》在《2.16亿元过云楼藏书花落谁家？》的报道中，则表达出了热切的期望："'过云楼藏书'拍品最终花落谁家尚不可知。但我们相信，只要发生争执的各方，均能以国家珍贵古籍'过云楼藏书'进入公藏机构、免遭再次流入拍卖市场为重，经过各方的协商，'过云楼藏书'一定会有一个好的归宿。"

《中国商报》刊发《过云楼藏书之争，源头在哪里？》一文，文中写道：一个在南，一个在北；一边是出版界的翘楚，一边是百年名校；一边有中国第三大图书馆做后盾，一边则坐拥京师大学堂藏书楼，如今为了世界最贵的中国古籍，江苏凤凰出版传媒集团与北京大学之间展开了一场令世人瞩目的角逐。谁会成为这场角逐中的胜利者，目前还不得而知，不过在这场古籍归属权之战中，文物优先购买权到底如何行使，谁有资格行使这一权利，企业收藏是公藏还是私藏等一系列问题也成了各方关注的焦点。

匡时拍卖公司负责人认为，"过云楼事件"有三个方面的积极意义。第一，通过这次拍卖，会令社会对古籍的认知有所改变，推动对古籍的保护和收藏。第二，凤凰集团作为国有骨干企业，能够参与艺术品拍卖，购买这种公认的国宝级文物，可能目前来说在中国艺术品拍卖市场是第一次，是史无前例的。作为企业领导人来说，需要很大魄力和勇气。这对文物保护和艺术品收藏起到了很好的榜样作用。第三，北大参与了这次竞拍。国有文物收藏机构在拍卖市场收购重要文物，应该采取什么样的途径和办法，包括对拍卖规则和文物保护规则的认识，引起了一些法律界人士的讨论。今后，在国有文物单位参与这种拍卖的规则和步骤方面，可能会有更明确的规则出台，这有利于国家文物保护法规的实施。此事可以让大家重视法律法规，从而进一步完善化。

从中华文化发展史的视角看，"过云楼藏书"之争的价值，更体现在它让社会大众接受了一次久违的文化洗礼，折射出中华传统文化所蕴含的恒久魅力。文化自觉、文化自信在争议声中得到升华。这一价值体现将会更深远、更持久。

北京文博：最终买受人按拍卖规则确定

6月20日，星期三。

"过云楼藏书"争夺战第九天。

剧情发生惊天逆转。

18时31分：

《文物天地》杂志（国家文物局主管、中国文物报社主办）官方微博发布信息称，北京市文物局已正式收到国家文物局的复函，"过云楼藏书"最终买受人将按拍卖规则确定。

消息称，6月20日下午4时，在北京新闻大厦举行了"2012北京·中

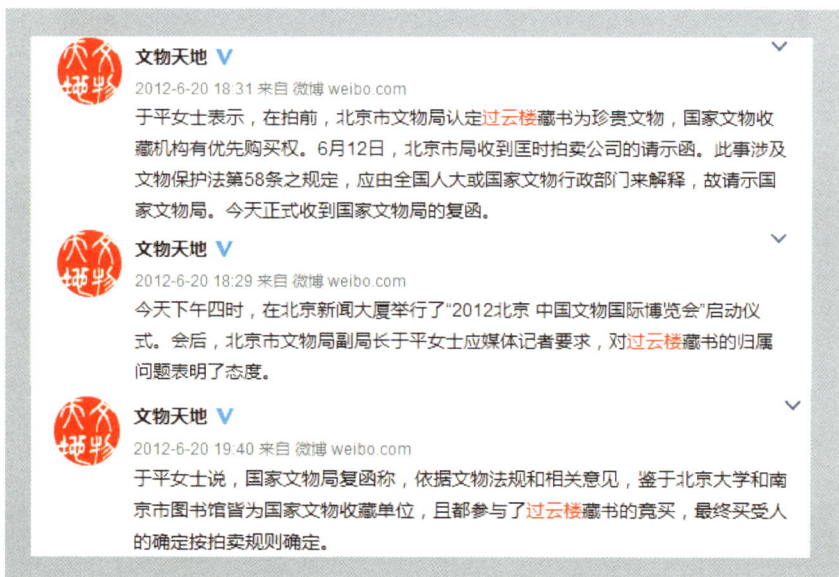

文物天地 V
2012-6-20 18:31 来自 微博 weibo.com
于平女士表示，在拍前，北京市文物局认定过云楼藏书为珍贵文物，国家文物收藏机构有优先购买权。6月12日，北京市局收到匡时拍卖公司的请示函。此事涉及文物保护法第58条之规定，应由全国人大或国家文物行政部门来解释，故请示国家文物局。今天正式收到国家文物局的复函。

文物天地 V
2012-6-20 18:29 来自 微博 weibo.com
今天下午四时，在北京新闻大厦举行了"2012北京 中国文物国际博览会"启动仪式。会后，北京市文物局副局长于平女士应媒体记者要求，对过云楼藏书的归属问题表明了态度。

文物天地 V
2012-6-20 19:40 来自 微博 weibo.com
于平女士说，国家文物局复函称，依据文物法规和相关意见，鉴于北京大学和南京市图书馆皆为国家文物收藏单位，且都参与了过云楼藏书的竞买，最终买受人的确定按拍卖规则确定。

文物天地微博截图

国文物国际博览会"启动仪式。会后，北京市文物局副局长于平应媒体记者要求，对"过云楼藏书"的归属问题表明了态度。于平表示，在拍前，北京市文物局认定"过云楼藏书"为珍贵文物，国家文物收藏机构有优先

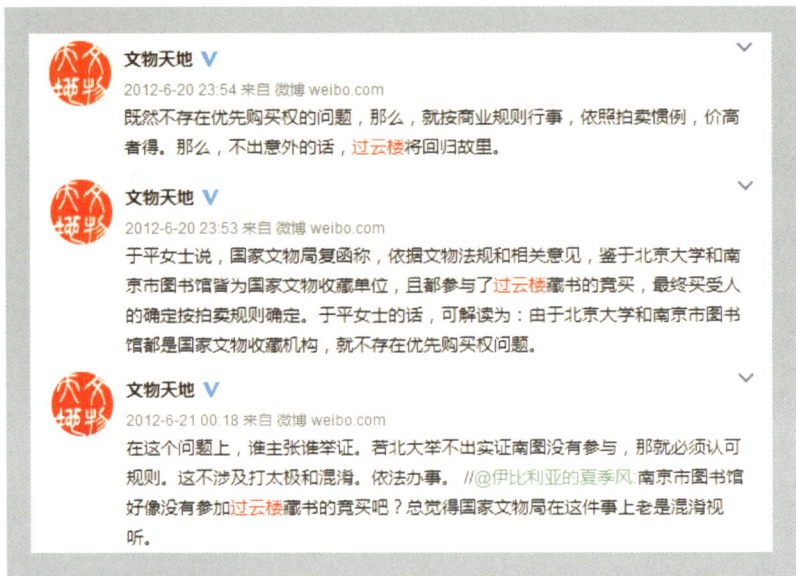

文物天地微博截图

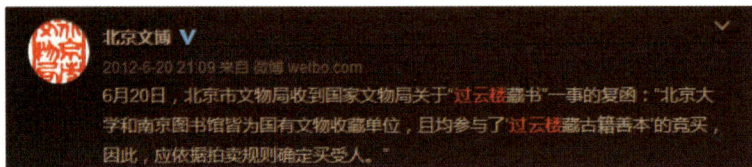

北京文博微博截图

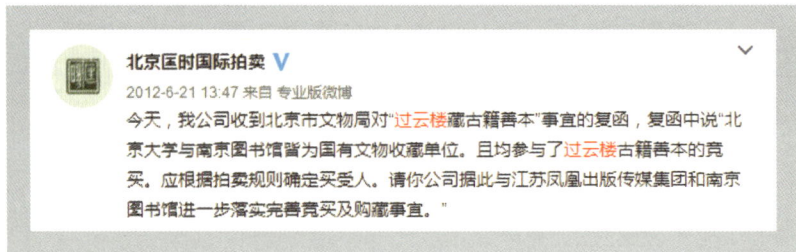

北京匡时国际拍卖微博截图

购买权。6月12日，北京市文物局收到匡时拍卖公司的请示函。此事涉及文物保护法第五十八条之规定，应由全国人大或国家文物行政部门来解释，故请示国家文物局。20日正式收到国家文物局的复函。她说，国家文物局

复函称，依据文物法规和相关意见，鉴于北京大学和南京市图书馆皆为国家文物收藏单位，且都参与了"过云楼藏书"的竞买，最终买受人按拍卖规则确定。

21 时 09 分：

北京市文物局官方微博"北京文博"发布信息称："6 月 20 日，北京市文物局收到国家文物局关于'过云楼藏书'一事的复函：'北京大学和南京图书馆皆为国有文物收藏单位，且均参与了"过云楼藏古籍善本"的竞买，因此，应依据拍卖规则确定买受人'。"该官方微博消息还称，在南京图书馆和北京大学都被确认为国家文物收藏单位之后，两者就重新回到了起点，不存在优先购买权的问题了，有的就是商业规则：价高者得。

北京匡时国际拍卖公司则在发布的微博中说："今天，我公司收到北京市文物局对'过云楼藏古籍善本'事宜的复函，复函中说'北京大学与南京图书馆皆为国有文物收藏单位，且均参与了过云楼古籍善本的竞买。应根据拍卖规则确定买受人。请你公司据此与江苏凤凰出版传媒集团和南京图书馆进一步落实完善竞买及购藏事宜'。"

"过云楼藏书"最终归属权终于裁定！这一消息，迅即被各大新闻媒体转载。

"三谢北大"

扬子晚报新闻截图

6月21日,星期四(之一)。

　　"凤凰小组"逐字逐句研读了国家文物局的批复,作出解读:一是国家文物局批复裁定的结论是"应根据拍卖规则确定买受人",根据拍卖规则,换言之就是按商业规则的"价高者得",作为竞得方的买受人身份得到完完全全确认;二是文物主管部门明确按拍卖规则来走,意味着不再存在"优先购买权"的问题,政府部门也不再介入,事件重新回到了原点,接下来就剩下受买方凤凰集团与拍卖公司之间的标的交割;三是批复回避了北京大学是否具备"优先购买权"资格的问题,同时两家主张"优先购买权"的单位"且均参与了过云楼藏古籍善本的竞买",其"优先购买权"主张没有得到确认,意味着参与的身份是一般市场竞价者而不是"优先受让方"。

　　基于上述判断,决定第一时间发布早已拟就的凤凰集团董事长"三谢北大"媒体公开谈话、凤凰集团就成功竞购"过云楼藏书"致社会各界的感谢信两篇文稿。

　　上午9时,凤凰集团董事长"三谢北大"媒体谈话发布。以下是陈海燕媒体公开谈话（全文）：

正如社会各界所预期的那样，文物管理部门作出了正确的裁定。在凤凰集团竞拍成功以后，北京大学突然提出优先购买的诉求，确实给我们带来了很大压力，团队因可能产生的不确定性而经历了不安和担忧。现在，终于结束了6月13日以来七天的难眠之夜，终于平定了6月4日拍卖会以来起伏纠缠的心情，终于完成了4月12日拍卖公告以来所做的艰辛工作，可以击掌相贺了。但我们没有任何理由埋怨北大，反而增添了对北大的敬意。作为凤凰集团的负责人，我对北大还怀有感激之情。

第一，正因为北大的参与，才可能使"过云楼"之争成为一个公众文化事件，引起社会各界对中国文博事业的关注，提升了大众对中华古籍价值的认知。可以说，北大与凤凰形成了不约而同的默契，好比一次事先无排练的即兴二重唱，虽然是两个不同声部，但主旋律都是传承中华文明，而听众就是社会各界，其产生的积极社会效应是巨大收获。为此，要感谢北大！

第二，北大的参与，更加证明凤凰集团不惜斥巨资竞购"过云楼"的决定是完全正确的，结果是物超其值。可以说，是北大为我们的竞购又作了一轮权威论证，让我们的投资行为取得了金字背书。为此，要再谢北大！

第三，北大作为著名学府，欲求宝籍之心是真的；同时，对江苏人情感的理解也是真的。所以，给人的明显感觉是，北大虽然争取了，但并未全力争取。否则，以北大的影响力，凤凰得愿的困难会很大。关键在于，争宝的初衷都是为了争"保"（保护文物），在竞争中又惺惺相惜，所以给凤凰留了机会。为此，还要三谢北大！

早在20多年前，凤凰集团的前身江苏省出版总社就规划了"过云楼藏书"的再出版工程，可惜因为藏书单位都不愿示人，《锦绣万花谷》等流落民间的部分更是杳无踪影，最后放弃了出版计划，只与顾氏后人合作出版了《过云楼书画记》《过云楼书画续记》。现在与南京图书馆联手，凤凰出版人终于可以圆梦了。

香港大公报新闻截图

前些天，我们的操作团队担心得睡不着觉，而现在，我们的古籍出版专家们又高兴得睡不着觉——这种出版人的执着情结可能是行外人很难理解的。

"私藏变公藏"的概念是凤凰集团首先提出的。如今，"私藏"与"公藏"已成了公众话题。凤凰集团党委关于"永久收藏"的集体决议，将上报国家文物管理部门，让政府和舆论来监督承诺的履行。凤凰与南图关于"过云楼"整体学术研究和整体出版利用的具体计划正在抓紧制订，公众不久就将获知学术活动的新信息。我们也将邀请北大学者参与"过云楼"的研究，相信北大的参与将有助于研究水准的进一步提升。

"过云楼"之争已经尘埃落定，但给人们留下了有关发展文博事业的许多思考。例如，关于政府的作用与社会组织的作用，关于私藏与公藏的定义，关于事业主体与企业主体的功能，关于行政权与市场规则的关系等等。"过云楼"之争是可以载之于史的事件，不仅将引起对中华古文献的价值大发现，而且将促进文博立法的完善，提高国有文物收藏单位"公藏公用"的自觉，并宣示文化体制改革的深远意义。

可以"剧透"一下，这篇"三谢北大"的媒体谈话稿，出自陈海燕本人之手。本来根据6月16日"绝密会议"布置，工作小组已草拟了信件稿，可两天前，在北京公差的陈海燕来电话，说那封致北大的感谢信，我自己来写。从公开谈话中不难看出，陈海燕发出了由衷肺腑之言。

致社会各界的感谢信

6月21日，星期四（之二）。

10时15分。凤凰集团、凤凰传媒官方网站刊发《凤凰集团就成功竞购"过云楼藏书"致社会各界的感谢信》，媒体第一时间纷纷予以转载。

以下是这封感谢信的全文：

国宝归乡路，真情盈满时。今日"过云楼藏书"归属终于锤定，结果圆满，皆为赢家。在此，我们向社会各界表达无比诚挚的感激之情。

我们感谢文物主管部门——国家文物局、北京市文物局，感谢你们依法行政，感谢你们公正裁决。是你们确认了国宝归属权的法律效力，是你们肯定了市场竞争的公平原则，为文物投资交易的规范树立了标尺。

我们感谢江苏省委省政府——感谢你们对文化战略的坚定不移，感谢你们对文化传承的正确引领。你们热情支持的态度，得到了公众的高度赞誉，让全省文化企业从业者倍受鼓舞，更加坚定我们奉献于文化强省建设的决心。

我们感谢北京大学——感谢你们作为竞购方以大局为重，感谢你们对江苏人民感情的体谅和尊重。我们真诚邀请北京大学专家学者参与"过云楼藏书"的学术研究。

我们感谢南京图书馆——感谢你们在省委省政府指导下积极响应，感谢你们真诚的合作。南图"过云楼"3/4的震撼展示，学术权威的公开论证，无不为国宝回归江南故土做出贡献。南图收藏、保护古籍善本的能力也得到公众推崇。

我们感谢专家学者——感谢你们对古籍文物的积极研讨，感谢你们公正严谨的学风。是你们适时地为公众上了一堂生动的古籍、法学、文博和拍卖等方面的普及课，更带动了一场中国传统文化价值的大讨论。

我们感谢新闻媒体朋友——感谢你们夜以继日关注"过云楼藏书"的命运，感谢你们实事求是的新闻作风。是你们让媒体受众感知了"过云楼藏书"的传奇魅力，是你们让百姓大众参与了国之珍宝的圆梦之旅。

我们感谢社会公众——感谢你们对文化瑰宝的无比热爱，感谢你们对江南文化的深情厚谊。是你们发自内心的声音在情感上给予我们莫大的鼓励。"过云楼藏书"竞购的意义已远远超越藏品和事件之本身，那是对中华五千年文化的敬畏。事件的缘起引发了社会大众对我国文化传承、文物立法及古籍开发等多方面的广泛关注和深刻思考，意义深远。

我们感谢顾氏一门和"过云楼藏书"——感谢顾氏一门创造的"江南收藏甲天下，过云楼收藏甲江南"的百年传奇，感谢"过云楼藏书"，是它跌宕起伏的命运，及其重大的历史价值、文化价值和出版价值，让古籍竞拍发展成一次前所未有的公共文化事件，让社会大众接受了一次尘封已久的文化洗礼。

今夕得佳报，明朝待友朋。我们深刻领悟到，"过云楼藏书"回归江南是公众心中最纯净真挚的情结，不容亵渎和轻视。功成不易，倍加珍惜；众望所归，任重道远。我们郑重承诺：履行文化使命，坚持文化操守，保护文化珍品，践行文化义务，撒书香于四海，播吉祥于五洲。我们定当尽责倾力，让"过云楼藏书"的社会价值、文化价值和历史价值发扬光大。我们呼吁更多的文化企业共同支持中国文博事业！

过云楼的前世，演绎的是悲欢离合；过云楼的今生，承载的是百爱千宠；过云楼的将来，呈现的定是蔚为大观。中华文化史上将记载我们共同谱写的这一段新的"过云楼"佳话！

这封致社会各界的感谢信，是按照 6 月 16 日"绝密会议"确定的第一方案，即胜出方案而事先拟就的。凤凰集团博士后科研工作站博士后刘博执笔草拟，经"凤凰小组"修改定稿。

"三谢北大"媒体公开谈话和凤凰集团致社会各界的感谢信发布后，引起各方面热烈反响，媒体纷纷予以转载。网友评论这封感

扬子晚报新闻截图

谢信"情真意切。好消息，好文章"，"文章比拍卖更精彩"，"规则战胜了权贵，市场 PK 了官场"。

然而，有媒体报道称，"值得注意的是，在业内人士看来'须按照拍卖规则确定归属'一说，并不一定代表凤凰集团就一定是最后的'赢家'，而目前除了凤凰集团发表了声明之外，国家文物局、北京市文物局、北京大学、北京匡时拍卖有限公司均未发表任何意见，这无疑使得中国'最贵书籍'的归属依然充满了悬念"。

尘埃落定

6 月 21 日，星期四（之三）。

中新社发布视频新闻：《北京江苏过云楼藏书之争落定，国宝将合璧南京》。以下是文字实录：

【导语】长达半个多月的"过云楼藏书"之争终于尘埃落定，21 日在匡时国际拍卖行的官方微博上，贴有北京市文物局对"过云楼藏古籍善本"事宜的复函，复函中明确，"请匡时公司据此与江苏凤凰出版传媒集团和南京图书馆进一步落实完善竞买及购藏事宜"。随后记者拨通了江苏凤凰出版传媒集团董事长陈海燕的电话，向其求证。

【同期】江苏凤凰出版传媒集团董事长陈海燕：

因为现在文物行政管理部门已经明确了，仍按拍卖规则来走，也就是说文物管理部门就不介入了，还是回归到拍卖规则，（剩下的）只是我们跟匡时之间的关系了，那就是依据我们原来的约定，我们作为拍卖的竞得方，我们就履行后面的手续了。

【解说】陈海燕还表示，与匡时拍卖行的交接手续将会很快启动，但"过云楼藏书"何时在江苏完成合璧暂未确定。该集团接下来将与南京图书馆协商"过云楼藏书"收藏保管条件。

【解说】"过云楼"为苏州名门望族顾氏的私家藏书楼，以藏品丰富文化价值高而闻名天下。"过云楼藏书"3/4 现由南京图书馆所收藏，剩下 1/4 由私人收藏家所持有。6 月 4 日，在北京国际饭店的拍卖中，余下的"过云楼藏书"由江苏凤凰出版传媒集团以 1.88 亿的落槌价所拍下。但是就在古籍即将回归故里之时，北京大学半路杀出，提出将行使北京市文物局文件所规定的国有文物收藏单位的优先购买权，对"过云楼古籍善本"进行收购。随后，江苏省人民政府办公厅 12 日紧急致函国家文物局和北京市文物局，确定此项收购由国有文博单位南京图书馆和江苏凤凰出版传媒集团实施，江苏省人民政府全力支持"过云楼秘藏"回江苏。

拍案一怒为哪般？

6月22日，星期五（之一）。

当竞得方为"过云楼藏书"归属终于裁定而高兴之时，拍卖公司负责人就国家主管部门裁定的表态见诸报端，让人大为惊讶。

"过云楼藏书"争夺战开战以来，竞得方一直关注着拍卖公司的表态，唯一的期望是他们能保持中立客观的立场。"然而，对于双方的购买倾向"作为拍卖公司负责人的态度"是有些变化的"，有媒体报道称。

6月12日下午，媒体刚刚传出北大行使"优先购买权"的消息，拍卖公司方面随后就对媒体作出表示，"对凤凰出版集团未能最终得到这批藏书表示遗憾。""作为国家文博单位的北大有权行使优先购买权，对于凤凰集团没有获得'过云楼藏书'表示遗憾。""相信国有企业江苏凤凰集团有足够文化承载能力，凤凰集团的社会责任心也令人钦佩，但是目前只能替凤凰集团感到遗憾。""北大拥有优先购买权，这点无可非议，现在江苏虽然决定南图介入，但当时凤凰集团是作为国企来参拍的。"拍卖公司抢在文物主管部门表态前，就发表了北大拥有"优先购买权"的意见，而且对"优先购买权"作了并不全面的解读。

媒体报道，拍卖公司方面还表示，"有人质疑政府的优先购买权是否合理。但是规则就是规则，我也为凤凰集团感到遗憾"。并且称，"优先权只适用于国有文物收藏单位行使，经与北京市文物局请示，确认北京大学为国有文物收藏单位，可行使此权利。北大将以场上最终落槌价收购，匡时也将实践'国有文博机构收藏减免佣金'的承诺"。媒体称，"看来，×××的表态已经有了明确的倾向，为什么他一直有所偏倚的要免去买家佣金呢，作为一个靠佣金存活的企业，2820万不是一个小数目。×××在想什么？"

拍卖公司的态度引起竞得方关注和重视，于6月15日以适当方式正式向拍卖公司提出交涉，告知江苏省政府和南京图书馆公函，已早于媒体公布北京大学有关消息之前（6月12日12时前），传真至国家文物局、北京市人民政府办公厅、北京市文物局，并于6月13日上午正式送达上述部门。要求拍卖公司遵循拍卖规则，不能采取任何向他方交割拍品标的之行为及发表导致误导公众之意见。否则，保留追究其法律责任的权利。显然，这次交涉没有引起拍卖公司方面的足够重视。

6月21日媒体消息：北京市文物局昨日正式接到国家文物局的复函。复函里表示，"依据《中华人民共和国文物保护法》有关规定及国家文物局的相关意见，鉴于北京大学与南京图书馆皆为国有文物收藏单位，且均参与了过云楼藏古籍善本的竞买，因此，应依据拍卖规则确定买受人"。

随后，多家媒体出现了拍卖公司方面的声音。新浪收藏网发出《凤凰发竞购过云楼感谢信，董国强称文物局没给明确回复》称，"当我们看到凤凰集团的感谢信，会认为凤凰集团应乡亲们的愿望和自己的努力竞购成功了，但（拍卖公司负责人）却表示国家文物局并没有给一个明确的答复。备受关注的'过云楼'去向是否真的已尘埃落定？""对于凤凰今天发出致谢信一事，他也不清楚是怎么回事，根据他对此事的了解，现在应该还没有最终的裁决。""国家文物局把函下发到了北京文物局，复函没有明确、具体说清楚过云楼古籍到底给了谁，我们希望北京市文物局能够再下发一个非常明确的文件，但现在匡时拍卖并没有从北京文物局那里获得明确的答复。×××在和新浪收藏的谈话中最后强调：希望北京文物局给出一个明确的答复，因为拍卖公司无法承担这么大的话语风险。"

读到这些内容，经历了喜讯传来短暂舒展的心情，又纠结起来。于是，笔者致电拍卖公司负责人，对他们的公开表态表达不满。通话开始，笔者提出今天的通话双方都做录音，以示负责。笔者在通话中表示，此时此刻，凤凰方面希望得到的是一份来自拍卖公司的祝福，而不是误导舆论。从批复文字上看，的确没有把"过云楼藏书"直接指名道姓判给凤凰集团，但是，从法理上讲，"依据拍卖规则确定买受人"，这个买受人只能是凤凰集团，而不会是其他，这一点已经非常明确。在商业人士看来，这一市场规则是不难理解的，何来不明确之说？说着说着，笔者的声调越来越高，甚至拍起了桌子。事后得知，同楼层办公的多位年轻同事闻声而至，站在走廊里听着到底发生了什么。

曾经犹疑要不要写下这段"日记"。写下只是还原一个事实，并无责怪谁的意思。事后看来，拍卖公司方面在应对"过云楼藏书"之争上的表态发言和应对方式，让竞得方处于舆论被动，但或是无心之举，用他们对媒体的话说"没有想到最终事情会变得这么复杂"。同时，拍卖公司出于自身利益考虑，尽力规避"话语风险"也无可指责。然而，不可回避的事实是，由于拍卖公司的态度和对国家主管部门批复的质疑，导致北京市文物局出具了与国家文物局批复精神并不一致的函复。事隔多年，重听那段同事保存在电脑里的录音，对于那次瞬间爆发的情绪宣泄，或当反思。亲历了事件全过程，那种大起大落的复杂心情，那种所经历的心路历程，真是难以用语言来表达，也不是局外人能够轻易理解的。

CCTV新闻（9）：藏书归属最新消息

扫描二维码观看
央视新闻

6月22日，星期五（之二）。

中央电视台新闻画面

中央电视台CCTV13新闻频道播发《"过云楼藏书"拍卖起风云——尘埃落定，文物部门批复：过云楼藏书归江苏》的新闻。时长1分钟。以下是新闻文字实录：

来看"过云楼藏书"归属的最新消息。北京市文物局副局长、新闻发言人余平披露了国家文物局关于"过云楼藏书"优先购买权的复函内容。复函称，依据《中华人民共和国文物保护法》有关规定及国家文物局的相关意见，鉴于北京大学与南京图书馆皆为国有文物收藏单位，且均参与了"过云楼藏古籍善本"的竞买，因此应依据拍卖规则确定买受人。21号北京匡时拍卖公司正式收到北京市文物局对于"过云楼古籍善本"事宜的复函，确认最终竞买人为江苏凤凰出版传媒集团与南京图书馆。

这已是"过云楼事件"以来，中央电视台就"过云楼"新闻事件播发的第九条新闻。在短短几天时间里，中央电视台"聚集过云楼藏书之争"，"关注'过云楼藏书'拍卖起风云"的新闻，累计时长达25分10秒，最长的一则新闻长达6分钟。有过省级新闻单位工作经历的笔者知道，央视新闻可是惜"秒"如金啊，CCTV如此密集作出报道实属罕见。

"杜甫很忙" "过云楼藏书"

8月10日，星期五。

2012年，适逢"诗圣"杜甫诞辰1300周年。

是年季月，这位为后人留下1500多篇诗篇、诗作被誉为"诗史"的伟大诗人，却爆红网络，爆红的方式却很另类：高中语文必修课本中插图上杜甫那仰天沉思的形象，被人涂鸦颠覆后传到微博，随后一张又一张涂鸦图片如过江之鲫，在网络微博上疯传。在这些"再创作"的涂鸦图片里，杜甫时而手扛机枪，时而挥刀切瓜，时而身骑白马，时而脚踏摩托，时而与美女共舞……涂鸦"杜甫很忙"一时成为一股网络风潮，上万张图片充斥网络，成为舆论热点，

杜甫像（网络图片）

让推崇"诗圣"的人们惊讶不已。这一自媒体时代的网络文化现象，引起不少争议声，有人发问"杜甫很忙"是教育缺失，还是网络狂欢？有人认为恶搞杜甫是无知、浅薄、低俗，也有人认为只是一场快闪式的网络狂欢而已。

"诗圣"与"过云楼"并无关联，却因"杜甫很忙"与"过云楼事件"发生在同一时空而一起入选报纸流行语。

《中国新闻出版报》8月10日消息：国家语言资源监测与研究中心平面媒体分中心、北京语言大学、中国新闻技术工作者联合会、中国中文信息学会日前联合发布"2012年春夏季中国报纸流行语"。综合类十大流行语包括："神舟九号""明胶""黄岩岛""伦敦奥运会""穆巴拉克""舌尖上的中国"等。此外，"文化产业发展""延安文艺座谈会70周年""过云楼藏书""泰坦尼克号""惠特尼·休斯顿""杜甫很忙"也成了文化类流行语。入选的流行语在国家语言资源监测与研究中心平面媒体分中心动态流通语料库的基础上提取，语料来源包括《人民日报》《光明日报》《中国青年报》等国内15家报纸今年1月1日至6月30日的全部文本。

"过云楼藏书"一词入选报纸流行语，可以理解为是对"过云楼事件"社会影响的一个注解。而将"杜甫很忙"与"过云楼藏书"联系在一起议论，则是因为两者都是同一文化指向，就是中华传统文化。当我们灯下夜读《春望》《北征》《三吏》《三别》等不朽诗作，轻声吟诵《春夜喜雨》诗中"好雨知时节，当春乃发生。随风潜入夜，润物细无声"，《登高》诗中"风急天高猿啸哀，渚清沙白鸟飞回。无边落木萧萧下，不尽长江滚滚来"等雄奇飘逸的诗句，内心对诗人的敬畏之心、崇敬之情怎不由然而生？面对属于珍贵文化遗产的那一篇篇"世上疮痍，诗中圣哲，民间疾苦，笔底波澜"的经典诗作，面对一位心系苍生、胸怀家国，被后人尊称为杜拾遗、杜工部，也称杜少陵、杜草堂，开创了沉郁顿挫、忧国忧民诗风的先人，岂有戏弄涂鸦之理？而"过云楼藏书"之争，实质上是一场中华文化价值的大讨论，一次社会大众对中华文化传承的大觉醒，唤回的是对中华五千年文化的敬畏之心。可以说，"杜甫很忙"与"过云楼藏书"，从正反两个方面给了世人以深远启示。

《中国艺术报》2012大事盘点："二楼"拍卖。先有过云楼，后有广韵楼。保利秋拍推出广韵楼藏书，"其中最重要的藏品宋版孤本《钜宋广韵》拍出3450万元人民币，这个孤本仅有5册，成交价也充分体现出它的价值"。

《中华读书报》评选2012年十大文化事件："南争北抢'过云楼'"入选十大文化事件之一。

上篇结语

"过云楼文化事件"，一场雅意十足的纷争落下帷幕。引述《北京日报》官方微博一段文字："[北京日报 V：过云夺目]1.88 亿元的拍卖成交价，以及随后的优先购买权之争，让曾经闻名于世的'过云楼藏书'再一次'名满天下'。持续两周的争夺战尘埃落定，'过云楼藏书'聚首合璧，算是一个大团圆结局。而这次一波三折的藏书之争，也演变成了一次全社会关注的文化事件，揭开了过云楼的百年传奇。"

"过云楼事件"的影响，远远超越了"过云楼藏书"及事件本身。无数国人所表现出的对中华五千年文化的敬畏，对中华文化瑰宝的热爱，让事件亲历者感动不已。那是一场中国传统文化价值的大讨论，一次尘封已久的全社会的文化洗礼，一次现代中国从文化自觉走向文化自信的有力佐证。

清华大学研究员刘蔷女士曾于 1996 年撰写发表《顾氏过云楼及其藏书》一文。可那时，"过云楼"还只是一个零星散见于文献中的名字。文中引述明史大家谢国桢《江浙访书记》对"苏州顾鹤逸旧藏"的描述，过云楼所藏众多"铭心绝品""一展卷，而纸白如玉，墨光如漆，铁画银钩，笔笔俱到，珠光宝气，光彩夺目……"这让无数文化人心生向往。如今，过云楼以"惊世一拍"，优雅地走进了中国文化史。

"过云楼事件"没有是非曲直之分，没有输赢对错之辩，有的只是社会大众对中华悠久历史文化的敬畏之心。而事件的落幕意味着一项文化工程的同时开启，"凤凰衔书"又将延续过云楼怎样的辉煌？

附录 1：新闻媒体报道"过云楼事件"一览（部分）

人民日报：《文物优先购买，如何"优先"》（2012 年 6 月 15 日）

人民日报：《古籍，有身价更要有身板》（2012 年 6 月 15 日）

人民日报（海外版）：《"寸纸寸金"宋刻本》（2012 年 5 月 4 日）

人民网：《过云楼"云归何处"？》（2012 年 6 月 15 日）

人民网：《北大优先权存争议，过云楼藏书归属待文物局表态》（2012 年 6 月 14 日）

中央电视台：《过云楼藏书 2 亿成交，刷新古籍拍卖记录》（2012 年 6 月 6 日 CCTV2 财经频道）

中央电视台：《[聚焦过云楼藏书之争]北大宣布行使优先购买权，过云楼藏书争夺战开打》（2012 年 6 月 13 日 CCTV2 财经频道）。

中央电视台：《[国内焦点　过云楼藏书引发争夺]"最贵古籍"最终归宿悬而未决》（2012 年 6 月 14 日 CCTV13 新闻频道）

中央电视台：《[国内焦点　过云楼秘藏引发争夺]过云楼藏书的前世今生》（2012 年 6 月 14 日 CCTV13 新闻频道）

中央电视台：《[聚焦过云楼藏书之争]优先购买权已有先例可循》（2012 年 6 月 14 日 CCTV2 财经频道）

中央电视台：《[聚焦过云楼藏书之争]南京还是北京？都说搞研究，都要等裁决》（2012 年 6 月 14 日 CCTV2 财经频道）

中央电视台：《[过云楼藏书拍卖起风云]凤凰、北大两家夺宝》（2012 年 6 月 17 日 CCTV13 新闻频道）

中央电视台：《[过云楼藏书拍卖起风云]专家：放弃竞价等同于放

弃优先购买权》（2012 年 6 月 20 日 CCTV13 新闻频道）

中央电视台：《[过云楼藏书拍卖起风云] 文物部门批复；过云楼藏书归江苏》（2012 年 6 月 22 日 CCTV13 新闻频道）

新华社：《过云楼藏书将拍卖》（新华社 2012 年 4 月 13 日电）

新华社：《"最贵古籍"过云楼藏书归属江苏》（新华社北京 2012 年 6 月 23 日电）

新华每日电讯：《北京南京都想要，"最贵古籍"谁夺宝》（2012 年 6 月 15 日）

新华网：《过云楼秘藏引发争夺"最贵古籍"将花落谁家》（2012 年 6 月 15 日）

新华网：《江苏省与北大争夺过云楼藏书续：江苏终获藏书》（2012 年 6 月 22 日）

中新社：视频《与北大争夺善本南京大规模展示过云楼藏书》（2012 年 6 月 14 日）

中新社：视频《文物局复函过云楼藏书之争各方反应不同》（2012 年 6 月 21 日）

中新社：视频《法学专家：过云楼藏书之争源于相关法律滞后》（2012 年 6 月 20 日

中新社：《过云楼藏书价值有几何》（2012 年 5 月 7 日）

中新社：视频《北京江苏过云楼藏书之争落定国宝将合璧南京》（2012 年 6 月 21 日）

中国新闻网：《凤凰集团再赴北大沟通"过云楼秘藏"归属问题》（2012 年 6 月 14 日）

中国新闻网：《国家文物局复函过云楼藏书之争凤凰集团称归江苏》（2012 年 6 月 20 日）

中国新闻网：《过云楼藏书争夺战》（2012 年 6 月 15 日）

中国新闻网：《北京南京巨资争秘藏古籍苏州过云楼寂静如往昔》（2012 年 6 月 15 日）

中国新闻网：《中新网访凤凰集团董事长：获"过云楼秘藏"只是时

间问题》（2012年6月20日）

中国新闻网：《北京江苏过云楼藏书之争落定国宝将合璧南京》（2012年6月21日）

中国新闻网：《凤凰集团派高层与北大沟通申明对过云楼志在必得》（2012年6月13日）

中国新闻网：《凤凰集团打感情牌北大主张规定程序和办法来解决此事》（2012年6月15日）

中国新闻网：《盘点2012之忙人榜杜甫很忙》（2012年6月21日）

中国新闻网：《国家级藏书过云楼引舆论风波：众机构卷入其中》（2012年7月4日）

光明日报：《2.16亿元过云楼藏书花落谁家？》（2012年6月19日）

中国广播网：《新闻纵横：河南省图书馆：50万册古籍逾半损坏吹口气就掉纸屑》（2012年6月13日）

中国广播网：《"过云楼藏书"归属成迷，江苏省政府支持其回归江南》（2012年6月14日）

中国广播网：《小编大声："过云楼藏书"之争请回归文化本位少些利益考量》（2012年6月14日）

中国广播网：《古籍公藏未必最佳结局》（2012年6月22日）

中国广播网：《过云楼藏书鉴定评估情况发布多部明清刻本极为珍贵（组图）》（2012年6月26日）

中国广播网：《江苏省与北大争夺过云楼藏书续：江苏终获藏书》（2012年6月22日）

中国文化报：《"过云楼之争"的台前幕后》（2012年7月9日）

中国文化报：《争抢过云楼藏书，这个可以有》（2012年6月12日）

中国文物报：《对"过云楼"藏书之争的一点法律思考》（2012年6月20日）

中国新闻出版报：《评：责任感令人欣慰北大江苏争抢"过云楼"》（2012年6月22日）

中国新闻出版报：《"过云楼藏书""杜甫很忙"入选报纸流行语》（2012

年 8 月 10 日）

中国经济网：北京大学行使优先购买权横刀夺爱凤凰集团或痛失"过云楼"（2012 年 6 月 15 日）

中国证券报：《过云楼一石数鸟：价值判断扭转市场焦点》（2012 年 6 月 9 日）

中国商报：《过云楼藏书之争源头在哪里？》（2012 年 6 月 27 日）

中国之声：《新闻晚高峰：过云楼公藏未必完美服务公众才是正道》（2012 年 6 月 27 日）

中国对外贸易杂志：坐看云卷云舒——从"过云楼"藏书看中国文物拍卖的变数》（2012 年第 9 期）

凤凰卫视：《过云楼藏书成春季拍卖重磅交易》（2012 年 5 月 26 日）

凤凰卫视：《"过云楼秘藏"私藏变公藏》（2012 年 6 月 6 日）

凤凰网：《过云楼南北之争——聚集 2.16 亿元过云楼归属》（专题）

凤凰网：《江苏凤凰出版传媒集团回应"过云楼"藏书争夺》（2012 年 6 月 13 日）

凤凰网：《文物部门复函云归南京》（2012 年 6 月 22 日）

香港大公报：《北大横刀夺爱江苏急起力争"过云楼秘藏"掀争夺战》（2012 年 6 月 14 日）

香港大公报：《国家文物局一锤定音"过云楼藏书"花落江苏》（2012 年 6 月 22 日）

北京晚报：《北大宣布优先购买过云楼藏书是否有效尚未确定》（2012 年 6 月 13 日）

文汇报：《"过云楼"藏书有望活化》（2012 年 6 月 6 日）

文汇报：《文化的价值从来不是落槌的数字》（2012 年 6 月 30 日）

新民晚报：《北大行使优先权江苏错失过云楼》（2012 年 6 月 13 日）

新民晚报：《研究古籍传承文化比关注"过云楼"更有意义》（2012 年 6 月 14 日）

扬子晚报：《江苏文化人：渴望"过云楼"秘藏合璧》（2012 年 6 月 13 日）

扬子晚报：《国宝"过云楼秘藏"回家2.16亿花落凤凰集团》（2012年6月6日）

扬子晚报：《聚焦北大与江苏争夺"过云楼秘藏"归属权》（2012年6月13日）

扬子晚报：《过云楼藏书终回江苏，买主感谢北大参与竞争（图）》（2012年6月22日）

中国江苏网：《过云楼藏书想不红都难》（2012年7月6日）

南方周末报：《过云楼成了神话》（2012年7月3日）

南方周末报：《除了2.16亿，我们还知道过云楼的什么？》（2012年7月31日）

中华读书报：2012年十大文化事件之南争北抢"过云楼"》2013年1月1日）

中华儿女杂志：《由过云楼藏书拍卖说开去——载道以物，求道唯心》（2012年15期）

99艺术网：《过云楼藏书硝烟弥漫北大与凤凰争战未休》（2012年6月14日）

博览群书杂志：《由过云楼谈私家藏书的贡献》（2012年第8期）

出版参考杂志：《凤凰集团董事长陈海燕就收购"过云楼秘藏"答记者问》（2012年第12期）

大公书画网：《谁会笑到最后？——也说过云楼藏书之争》（2012年6月14日）

第一财经日报：《疑云密布的过云楼之争悬念求解》（2012年6月14日）

东方早报：《过云楼藏书有价值吗？读后》（2012年7月23日）

东方早报：《江苏争到"过云楼"拟邀北大同研究》（2012年6月22日）

东西南北杂志：《过云楼藏书传奇》（2012年17期）

广州日报：《一次全民参与的作秀？过云楼藏书之争疑点重重》（2012年6月19日）

海峡书画艺术网：《"过云楼秘藏"争夺战将推动古籍的保护和收藏》（2012年6月22日）

华夏经纬网:《北京南京巨资争秘藏古籍苏州过云楼寂静如往昔》(2012年6月15日)

海南日报:《过云楼藏书归江苏》(2012年6月21日)

环球人物杂志:《过云楼藏书的寂寞和喧嚣》(2012年第17期)

今晚报:《最后的"过云楼"秘藏》(2012年6月1日)

华夏时报:《过云楼飘来的竞拍疑云》(2012年6月16日)

京华时报:《北京文物局澄清归属传闻过云楼未定北大优先买》(2012年6月14日)

经济观察报:《北大以"优先购买权"争夺过云楼秘藏理由不足》(2012年6月25日)

经济观察报:《夺宝过云楼藏书:北大未缴纳5000万元保证金》(2012年6月16日)

深圳晶报:《"过云楼藏书"花落谁家?》(2012年6月16日)

深圳商报:《过云楼藏书:北大"自拍"与凤凰"白拍"》(2012年6月14日)

辽沈晚报:《乱世中的过云楼藏书命运:保存至今本身就是奇迹》(2012年6月6日)

六六收藏网:《争抢过云楼藏书是个好事》(2012年7月20日)

南都周刊:《过云楼天价拍卖后的尴尬现实》(2012年度第23期)

文网杂谈:《争夺"过云楼"公众失去了哪些?》(2012年6月19日)

钱江晚报:《过云楼藏书花落江苏》(2012年6月21日)

齐鲁晚报:《过云楼藏书整体拍卖引关注宋版书究竟价几何?》(2012年4月23日)

人民书画网:《过云楼往事:恰似一缕淡淡的云彩飘浮在历史的窗前》(2012年6月21日)

人民文摘:《过云楼藏书经历百年风雨》(2012年第8期)

深圳商报:《更关心过云楼古籍保护和利用》(2012年6月15日)

时代周报:《南争北抢"过云楼"》(2012年6月21日)

市场瞭望:《从"过云楼"专场看国内春拍营销新模式》(2012年第

13 期）

市场瞭望：《从过云楼到南长街 54 号》（2012 年第 19 期）

收藏杂志：《"过云楼"开启古籍拍卖新蓝海吗？》（2012 年第 7 期）

收藏杂志：《过云楼之争引发优先购买权热议》（2012 年第 7 期）

收藏杂志：《访过云楼》（2012 年第 9 期）

收藏快报：《过云楼秘藏归属之争全解析》（2012 年 7 月 12 日）

苏州日报：《过云楼藏书故事也很"迷人"》（2012 年 5 月 19 日）

苏州日报：《三问过云楼藏书归属之争》（2012 年 6 月 14 日）

苏州日报：《国家文物局平息"中国最贵古籍"权属之争，过云楼藏书归江苏》（2012 年 6 月 21 日）

深圳商报：《更关心过云楼古籍保护和利用》（2012 年 6 月 15 日）

时代周报：《南争北抢"过云楼"》（2012 年 6 月 21 日）

苏州新闻网：《"过云楼"及其顾宅建筑》（2015 年 7 月 6 日）

外滩画报：《最后的"过云楼"秘藏》（2012 年 6 月 1 日）

现代快报：《过云楼藏书回乡出意外》（2012 年 06 月 13 日）

现代快报：《过云楼秘藏成为大众文化事件揭秘》（2012 年 6 月 11 日）

现代快报：《顾氏后人：过云楼私藏变公藏甚感欣慰》（2012 年 6 月 11 日）

新华日报：《四分之一"过云楼藏书"历经劫难重返故里》（2012 年 6 月 7 日）

新华日报：《专家鉴定过云楼藏书 17 部宋元珍本"人间罕见》（2012 年 6 月 27 日）

新京报：北大 2.16 亿"争夺"过云楼藏书（2012 年 6 月 13 日）

新浪财经：《过云楼藏书争夺战开打北大宣布行使优先购买权》（2012 年 6 月 14 日）

新浪收藏：《过云楼藏书争夺战一场价值 2.16 亿的战争》（专题）

新浪收藏：《"过云楼"价值严重低估拍卖价还不如明朝》（2012 年 6 月 19 日）

新浪收藏：凤凰发竞购过云楼感谢信董国强称文物局没给明确答复》

（2012年6月21日）

新浪网：《天价拍卖"过云楼"藏书背后的传奇》（2012年6月13日）

新浪网：《过云楼藏书之争的六大问题》》（2012年6月19日）

新民晚报：《花落谁家不重要苏州过云楼寂静如往昔》（2012年6月20日）

雅昌艺术网：专稿《过云楼藏书报告之一：一个家族与古籍的命运波澜》（2012年5月4日）

雅昌艺术网：专稿《过云楼藏书报告之二：谁是新藏书家》（2012年5月4日）

雅昌艺术网：专稿《过云楼藏书报告之三：古籍定价的失位与回归》（2012年5月4日）

雅昌艺术网：《谁动了"过云楼"的优先购买权？》（2012年6月13日）

雅昌艺术网：博客《过云楼藏书：如何发挥最大价值》（2012年7月3日）

雅昌艺术网：《"过云楼"藏书争夺战：政治问题还是法律问题？》（2012年6月16日）

长江商报：《观察"过云楼秘藏"之争的多重视角》（2012年6月14日）

长三角杂志：《"过云楼"藏书与一个家族的命运沉浮》（2012年第5期）

证券时报：《过云楼藏书"争夺"事件回顾（图）》（2012年6月14日）

证券时报：《过云楼藏书争夺续：凤凰传媒称已派人去北大沟通》（2012年6月14日）

成都商报：《凤凰传媒拍下过云楼藏书评：又一则昂贵的广告》（2012年6月6日）

成都商报：《超九成网友希望"过云楼"回归江苏》（2012年6月14日）

东方艺术杂志：《北京匡时"过云楼"：学术拍卖新模式》（2012年第23期）

文物鉴定与鉴赏：《过云楼，万卷藏书皆善本》（2012年第6期）

钟山风雨：《苏州顾氏过云楼的故事》（2012年第4期）

艺术百家：《顾氏过云楼的书画鉴藏及其文化影响》（2012年第6期）

附录2：北京匡时过云楼藏书研讨会专家发言纪要

沈燮元（著名版本目录学家、老一辈古籍研究泰斗）：

大家知道过云楼书画出名，过云楼藏书一直到傅增湘刊出《顾鹤逸藏书目》后才被世人所知。从这批书的量和质来讲，并不比翁万戈、陈清华这几个人的书差，因为里面有好几种孤本，全世界仅此一本。还有很多名人稿本、抄本、校本。这批书是一个很大的发现，好书很多。

陈先行（国家文物鉴定委员会委员、上海图书馆历史文献中心副主任、国家古籍保护专家委员会委员）：

我认为"过云楼藏书"的价值，可以和他所藏的书画相媲美。如此丰富的藏书，即便在清末江南藏书家群雄纷争的时候，也是首届一指的。如果他们意识到自己家的藏书并不比所藏书画弱，或更甚于他们的书画，好像早应有一本"过云楼藏书记"。如今且不说古画，一幅近现代名人的画作也动辄上亿，人们不以为贵。2005年这批书首拍时2300万。当时我就说，过不了几年，只一部《锦绣万花谷》就远不止这个价，其余书都是白送的。当年老馆长顾廷龙先生不惜精力，多方努力，望这部书能入藏上海图书馆而未能成功。因为哪怕上海图书馆收藏的不下200种的宋本中，也拿不出《锦绣万花谷》这样单部就有40册的宋刻完本。这样的版本实际上就是不可多得的国宝，是无价的。

宋版《锦绣万花谷》的出现，让我们重新审视以往对这个书各种版本的研究，它们是研究其他宋本和刻本的关键所在。我认为这个本子可能是现存宋本中刊刻最早者，且非书坊所刻。因此，它们是研究其他宋本及该书不同版本系统的关键。而其他众多善本也堪可宝贵。

"过云楼藏书"拍卖并不是一个纯粹的商业活动，它有很深的文化意义。尤其对我们这些喜欢书的人。将来我们回头看今天这个会，它的意义或许会慢慢地显现出来。

杨成凯（国家文物鉴定委员会委员、中国社会科学院研究员、国家古籍保护专家委员会委员）：

过去私家藏书大抵意在修身养性，怡悦心情，若非友好，轻易不肯以藏籍示人，外人也就不知底细，顾氏藏书就是这种情况。直到 1931 年傅增湘先生刊出《顾鹤逸藏书目》，内有宋元刻本 50 种，且有若干人间孤本，其余精抄旧抄、明清精刻近 500 种，世人才得以过屠门而大嚼，悬想而惊诧其中的珍秘。

过云楼藏书在保护古代文献方面都做出了显赫的贡献，弘扬他们的事迹、表彰他们的功绩，劝导世人学习他们热爱文化传统的精神，这是当今古籍保护工作的一项内容，应该得到重视。借过云楼藏书彰显于世的春风，很希望能掀起一个弘扬古代藏书传统的热潮，这对当前的古籍保护工作也是一个有力的配合和支持。

过云楼藏宋元本很有国宝级的重器，《锦绣万花谷》《皇朝名臣续碑传琬琰集》赫赫有名，独步藏界，海内外驰名。其实其余精抄旧抄、明清刻本都值得注意，其中大有珍稀难得的好书，这些书的真价值需要我们认真鉴赏。

我永远不能忘记前辈的告诫，藏书要注意品位，一本书要看看它能不能写进藏书目录里。藏书体现一个人的水平，在这方面书比其他收藏品有更广阔的天地和更丰富的文化内涵，而藏书也就比藏别的东西需要更多的文化修养。惟其如此，在古书收藏传统中断多年之后，当前的藏书家很需要向前辈学习。

刘蔷（清华大学图书馆研究员）：

谢国桢先生在《江浙访书记》中提到顾鹤逸旧藏，提到这些书。我记得谢老先生对书评价非常高，说这些书是铭心绝品，名门之风范，珍贵之文物。我们知道尤其是光绪中后期，顾家的"怡园雅集"很有名，与他们家往来不光是书画名流，也都是一些名世文人。他们家藏书很多批校本，也有再早些年的作品，他们家所藏的书很多都是江南藏书家传承有序的一些藏本。像"过云楼"这样有名的这么大一宗藏书，目前对它的研究远远不够的，难得的是这一批书能够面世，我坚信将来藏书总是要化私为公，大的趋势毕竟是这样的，公家收藏会有一个好处，他要提供给社会服务，提供给学界服务，希望大家来看，做深入研究。

赵前（国家图书馆研究馆员）：

除了在学术界我们认可，在拍卖界给它一个合理的价格，我觉得也是不过分的。因为过去的书是无价的，包括宋刻书，这是一批国宝，我认为应该得到它应有的价值。如果是私人的企业家得到，希望他们能够把这批东西化私有为公藏，捐给国家，使这一批珍贵的文献得到更好的保护。

陈鸿森（台北"中央研究院"历史语言研究所研究员，"中央大学"中文研究所教授）：

这批"过云楼"藏书中李鼎祚撰《易解》作为影宋抄本引起了我更多的注意。此书根据张绍仁的介绍，由黄丕烈通校通批注，实在罕见。这批书里面有非常重要的稿抄本，琳琅满目，弥足珍贵。

（资料来源：匡时国际拍卖公司官网）

中篇

凤凰衔书

过云楼"霞晖渊映"匾额

引 言

　　"过云楼的前世，演绎的是悲欢离合；过云楼的今生，承载的是百爱千宠；过云楼的将来，呈现的定是蔚为大观！"

　　这一段出自凤凰集团就成功竞购"过云楼藏书"致社会各界感谢信中的文字，被诸多媒体引用转载，公众期待"过云楼藏书"竞得者"担起延续与保护这批国宝级藏书的责任"，发挥"传播的力量"，而不是"金屋藏娇"。有媒体更是直言，人们关心的是买家究竟懂不懂"过云楼"本身，又能否担起延续与保护这批国宝级藏书的责任。

　　《文汇报》发表《文化的价值从来不是落槌的数字》一文中写道："艺术品市场到底不同于股票市场，艺术品承载的历史价值、艺术价值、文化价值分外动人心，而所谓的经济价值，则是依附于这些根本价值之上的。不管资本卷起的'钱'潮有多高，我们惟愿掷下重金的人们抱有的不止投资心态，更能怀揣一份收藏的情怀，认知、发现与欣赏文化艺术的恒久价值。""这场拍卖重要的不是成交与否，以什么价格成交，而是买家懂不懂'过云楼'本身，又能否担起延续与保护这批国宝级藏书的责任。""文化是蕴含着温暖的光的，哪怕再微弱，也不会熄灭，我们惟愿这场争夺是为了让藏书内容为人所阅读、研究，而非居奇货以期高价，因为文化的价值从来不是落槌的数字，而是传播的力量。"

　　"对珍贵古籍文物，我们到底该如何妥善保护？这个问题最终考验的是后人的良心和责任感。凤凰集团说：过云楼的前世，演绎的是悲欢离合；今生，承载的是万爱千宠；将来，呈现的定是蔚为大观。希望这份珍惜，不仅仅只停留在过云楼秘藏这一套古书之上。"中国之声《新闻晚高峰》报道称。

凤凰人始终保持着对中华历史文化的敬畏，牢记使命担当，信守责任承诺：今夕得佳报，明朝待友朋。"过云楼藏书"回归江南是公众心中最纯净真挚的情结，不容亵渎和轻视。功成不易，倍加珍惜；众望所归，任重道远。将履行文化使命，坚持文化操守，保护文化珍品，践行文化义务，撒书香于四海，播吉祥于五洲。定当尽责倾力，让"过云楼藏书"的社会价值、文化价值和历史价值发扬光大。"过云楼藏书"回归江南后，凤凰人没有将这批国宝藏书束之高阁，而是以十分敬畏与苦心孤诣，围绕"过云楼"全方位深度开发、价值挖掘，努力使之成为名副其实的公共财富，让中华文明的薪火传之久远。

"回家"后的日子里，"过云楼很忙"。凤凰衔书，让书写在"过云楼藏书"里的文字活了起来，更让历史长河中积淀下来的文化珍存，开始走近百姓、走进当今时代。一个半世纪以来，"过云楼藏书"第一次大规模公开展示，合璧金陵，"省亲"姑苏，远赴宝岛，让社会大众有了高山仰止的机缘。凤凰典藏全部179部1292册"过云楼藏书"完成数字化加工，再出版工程全面展开，古籍专家们期盼已久的《过云楼藏书书目图录》熠然问世，被称之为"天字第一号"的宋版古籍《锦绣万花谷》影印本，已经呈献在读者面前。"过云楼"百年收藏的传奇故事，演绎出多样的版本，以不同的载体和媒介传播开来：一本书名《过云楼》的书籍，被翻译成英文版在国外发行，成为百个"符号江苏"之一；大型原创音乐剧《锦绣过云楼》完美"开楼"，以书传家、舍身护书的故事，让观众感动、震撼、落泪，感受到江南之大美、文化之大美、人文之大美，更登上国际艺术舞台，收获了"中国版的《战争与和平》"的赞誉；拍摄制作的文献纪录片《过云楼》登上中央电视台，进入《国宝档案》……

"和氏璧蒙尘"

2012 年 7 月 18 日，星期三。

　　"过云楼藏书"还没有完成标的交割。外面世界因它而引发的风雨交加，并没有惊扰到它，它仍然静卧在匡时拍卖公司藏品库里。

　　"凤凰小组"邀请翁连溪等 6 位古籍研究专家，对"过云楼藏书"进行全面核查。第一次有机会双手触摸到那书香四溢的国之珍宝，内心激动不已。在专家指导下，轻轻展卷《锦绣万花谷》，眼前那一页页宋刻宋纸宋印的书页，字体古劲而雅，纸质莹洁，墨色清纯，真是让人惊叹，顿感穿越了千年时空。

　　专家经过一整天的紧张工作，逐册清点核查"过云楼藏书"后发现，

清点核查"过云楼藏书"现场

这批藏书的品相和价值超出预期，内容、版本都有新的价值发现，多部古籍善本或可列入国家一级文物之列。

专家们认为，这批藏书时间跨越从宋代至今近千年的历史，整体质量高，保存相当完好。几部宋元巨著保存之完好更是超乎想象。《锦绣万花谷》为宋刻、宋纸、宋印，且《前集》《后集》完整保存，书品极好，可谓非常珍贵。此宋版《锦绣万花谷》又具有极高的校勘、辑佚价值，果不负"书成锦绣万花谷，画出天龙八部图"之说。

专家发现，藏书中的明、清刻本多以精刻为主，其中既有内府刻本、名坊之作，也有大量名家精刻。明、清刻本也有很多值得进一步探讨的地方，例如其中班固撰、颜师古注的《前汉书》原定为明百衲本，但专家经过对纸张和内容的仔细观察，认为或为宋元明递修本，则可列入国家一级文物之列。还有很多其他明清刻本的价值都值得研究和再发现。

专家还发现，众多的稿抄本与批校本也是这批藏书的一大亮点。此次"过云楼藏书"中有众多精美的稿抄本，其中有刘履芬稿抄本8部，他的稿本《鸥梦词》极其引人瞩目。批校本是古籍版本中颇具特色的一种。一种普通古籍一经名家批校、题跋或题记，顿时身价倍增。其中，声名最为显赫的当属著名校刊学家、藏书家顾广圻和黄丕烈。他们二人的批校题跋本号称"顾批黄跋"。"顾批黄跋"本不仅有很高的学术价值，也有很高的经济价值，自清中期以来就是如此。

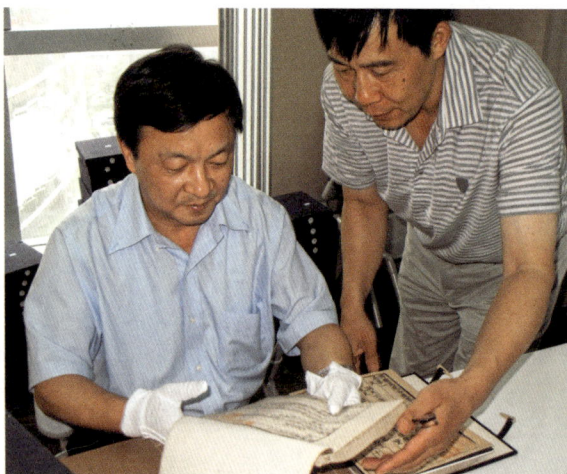

按现代确定的善本古籍定级标准，凡有"顾批黄跋"之书，即可列入一级古籍善本。这批"过云楼藏书"中，不乏黄氏士礼居的旧藏本，其中的汲古阁本《易传》还有黄氏的通篇校字，尤为珍贵。古籍善本中还有大量批注，尤其是夹杂在藏书中的许多稿本批校，一时还不能确定批注者，对这些批注的研究也极有价值，经过专家深入研究和出版再造，其价值将更多呈现到公众面前。

关于这批"过云楼藏书"的市场价值，"过云楼事件"中被称为"中国最贵古籍""中国古籍拍卖最高纪录"外，业界讨论并不多。著名藏书家韦力在《顾氏过云楼西津草堂：书画名世，古籍秘藏》中说："不少的记者采访我时，我都说，那批书的价值，绝不止这区区2个多亿的价值。先声明，我说的可不是反话。传统观念中，古籍本来就是高大上的收藏品种，只是因近百年的社会风气，而使这块和氏璧蒙尘，今天终于卖出了个还算像样的价格，有什么值得大惊小怪的，更何况，这2亿多人民币不是一部书，而是170余部古籍的总成交价。"中国收藏家协会咨询鉴定专家委员会秘书长刘建业在新浪收藏发表《"过云楼"价值严重低估，拍卖价还不如明朝》的长微博。他认为，"6月4日北京匡时拍卖春拍，'过云楼藏书'以2.16亿元成交。消息传出，藏界引为新闻。2.16亿的成交价，成为藏家感慨的天价，媒体则惊呼'为中国古籍善本创下了拍卖世界纪录'。然而这一切却难以令我振奋，只能说一声'遗憾'。遗憾什么呢？最大的遗憾就是这179种古籍，没有实现其应有的价值。古籍善本，应是所有收藏品中地位最高、品位最佳、价值最贵的珍宝。明代大收藏家王世贞曾以一座庄园换回了一部宋版《两汉书》。这座庄园有多大，已无可考，但以王世贞当时的身份地位，总不会是几间破屋子吧？""'过云楼'这批古籍包括有宋版书孤本《锦绣万花谷》80卷。这是宋代最大部头的类书。比《两汉书》规模大多了，如果在明代被王世贞知道，恐怕也要拿出几个庄园去换吧？现在北京的别墅（比庄园小多了），动辄数千万一幢，你说一座庄园得多少钱？80卷宋版孤本，再加上另一

部宋版古籍，还有 3 部元代珍本和 1000 多册历代善本，只拍了 2.16 亿，这事要是被王世贞赶上，还不得乐翻天？因此可以肯定地说，即使按明代古籍的价格，这套过云楼也算低价了。""还用王世贞换过的那部《两汉书》来比，此书明末被大学者钱谦益以 1200 金购得。1200 两黄金折合 37500 克，按目前每克 300 元的价格，应为 1025 万，这仅是明代一部宋版书的价格。过云楼的这批书共 1292 册，又有上面说的那么多宋元珍本，总得超过一部《两汉书》几十倍吧？就按 50 倍算，这批书在明代的购买价也相当于人民币 5 亿多。那么按现在的价呢？提供一个参考数吧，2011 年嘉德推出一部元代刻本《两汉策要》12 卷，以 4830 万成交。尽管此书十分珍贵，但在比其规模大数倍的宋代孤本《锦绣万花谷》面前，身价恐仅及其一成。5 亿能否拿得下来？实在难说了。""如此说来，被视为天价的这次拍卖，就算按明代的价格也买不到其中的一半。而不少人竟为这 2.16 亿惊叹不已，连呼创纪录，创什么纪录？它连明代的纪录都没突破，换句话说过云楼这批藏书，现在的价值已从明代倒退了几倍了，它应有的价值，远在 2.16 亿以上。""如此看来，艺术市场的潜在经济资源，实在是让你无法预料。10 多年前齐白石的一个草虫册页，拍了 120 多万，已经让人震惊。10 多年后，它又上了拍卖市场，结果卖了 9530 万，跳了将近 80 倍。而过云楼这批书 7 年间涨了不到 10 倍，还能算多吗？艺术品价值的增长率远超黄金，已是一个不争的事实，这也正是越来越多的人脱离'股'海，跳出'房'山，而挤进艺术品投资圈子的原因。鄙人相信艺术品的潜在资源还在无限膨胀，投资艺术品当然就是保价增值的最佳途径，而且只要不买赝品，就绝对是一本万利的途径。""古籍善本潜在的资源大，书画的潜在资源就更大，前几天刚刚面世的北宋巨幅绢画《文潞公耆英会图》，1998 年标价 1480 万元，而今天有专家评估，其价值已达到 2 亿—4 亿。就按 2 亿说，十几年间也翻了 14 倍，是不是比古籍还要'雷人'？因此当不少人高喊目前艺术品市场'泡沫'太多时，他们实在应该回头看看历史。当他们了解了 300 多年前的市场行情后，就会知道即使跳回明代的价格，现在出现的市场价也差得远呢！遗憾之余是庆幸，庆幸时代给了我们一个这样前途无量的投资机会。使我们能在获得无穷精神寄托的同时，还能获得令人振奋的经济回报。"全文引述这一段文字，或可给后人保存一份参考。

漫漫"回家"路

2012 年 8 月 16 日，星期四。

"过云楼"今日踏上了"回家"路。

昨日下午，"过云楼藏书"拍卖标的交割工作顺利完成。为确保文物运输安全，"凤凰小组"按文物包装运输要求，细

"过云楼藏书"起运现场

致做好藏书清点包装等一系列工作，选择了北京当地专业化的文物运输企业作为承运方。

清晨的北京城，依然笼罩在朦朦胧胧的夜色中，没有了车水马龙、人来人往的声浪喧嚣，显得格外静谧。装载着藏书的专业文物运输车辆，从北京出发，沿着京沪高速公路，迎着八月的阳光，一路南行。北京公安警察随车押运，小组成员也驱车随行，守护在它的身后。按文物运输专业要求，车辆一路保持低中速行驶。对长途出行者来说，每小时几十公里时速，速度够缓慢了，但随行的人们丝毫没有急躁情绪。护送着国宝藏书"回家"，内心充满着喜悦。

"过云楼藏书"运抵凤凰集团总部

坐在平稳行驶的车里，内心却不平静，感慨中浮想联翩。北京—南京，虽相距遥远但也不过1000多公里。然而"过云楼藏书"回家的路，却走了近一个世纪，几多风雨几多情，不知多少人曾为它悉心呵护。想当年，国难当头，故宫人为保全国宝以免罹难，护送百万国宝大迁移。仰赖军民付出巨大努力与牺牲，穿越南北，横跨东西，历经艰难险阻，颠沛辗转15年数万公里，创造了一段艰苦卓绝的文化传奇。人们说"古物有灵""国家之福命"，5000年中华文明薪火相传，其实更是因为有无数国人典守文脉、舍命相护。

车辆进入南京地界已近傍晚，在长江北岸八卦洲稍作停留，直奔凤凰集团总部。"过云楼藏书"终于回家了！

惊艳宝岛·明月何曾是两乡

2012 年 9 月 12 日—9 月 16 日，星期三至星期日。

　　"回家"不久的"过云楼藏书"，又远行宝岛台湾，参展在台北举行的第八届海峡两岸图书交易会。江苏省是这一届图交会的主宾省。经过国家文物局、国家文化部和国务院领导批准，包括《锦绣万花谷》10 册在内共 100 册"过云楼藏书"赴台展出。这也是"过云楼藏书"回归江南后首次在世人面前亮相。

"过云楼藏书"台北展出现场

　　12 日晚，在专业安保人员全程护送下，装在 3 只银行专用保险箱里的藏书从南京空运至台北桃园机场。入机场海关时，海关官员按规定要求开箱抽检。护送人员出示了国家文化部批文，提出当天空气湿度大，箱内是国宝级的中华古籍善本，希望不要开箱检查。年轻的海关官员听说是珍贵的文物，当即表示免检放行，还说一定要到展出现场去观展。

　　9 月 13 日上午，第八届海峡两岸图书交易会在台北世贸中心拉开大幕。"过云楼藏书"展柜位于展馆中心区域，图交会主办方按古籍善本展出要求，准备了 3 个特制的玻璃展柜，柔和的灯光，显得格外神秘。主办方还聘请专业文保专家提前对展出环境的湿度、温度和光照度进行了监测，以保证藏书展出安全。事后听说，前一天下午，是图交会布展时间，提前得到"过

连战先生观摩"过云楼藏书"

洪秀柱女士观摩"过云楼藏书"

云楼藏书"来台消息的台湾媒体记者，在江苏馆内蹲点守候了一下午，迟迟不愿离去，都想提前一睹这批古书的"芳容"。然而为了古籍安全，这批藏书要在第二天开展前才会布展。

在台北展出的3天里，"过云楼藏书"展示柜前人头攒动，络绎不绝，许多观众驻足长留，许久不愿离去。一位自称是大学教授的老先生，连续3天来到展示区观看，并不时与工作人员交流。有观众向工作人员提出请求，能不能将隔离线移一移，让更近些看看。中国国民党荣誉主席连战先生、中国国民党主席洪秀柱等台湾社会名流前来观展。说到连战先生前来观展，还有一个小插曲。按照通报的连战先生行程，当日上午他先参与一个新书发布会，随后到"过云楼藏书"展区。不料，新书发布会结束后，连战先生在一群人簇拥下，径直向展馆门口方向走去。笔者见此情景，急忙走上前去，拉着连先生的手说："连主席，请您参观'过云楼藏书'。"连战先生这才连声说"好好"，转身来到藏书展区。在展示柜前，连先生看得很仔细，不时提问。当问到"过云楼藏书"有多少册时，笔者对连先生说："报告连主席，合璧金陵的'过云楼藏书'多达720部、4999册，这里展示的仅1/50。欢迎连主席访问南京时，观摩全部'过云楼藏书'。"连战先生点点头，笑了。

"过云楼藏书"惊艳宝岛台湾，岛内媒体记者天天围着藏书展柜，各类媒体纷纷作出报道，连展板上《锦绣万花谷》的"谷"字繁体字用得是

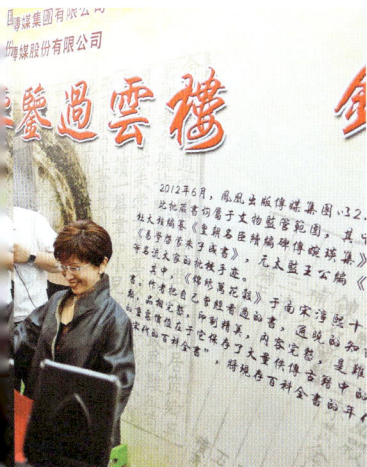

"过云楼藏书"台北展出现场

否得当也成了报道内容。观众更是反响热烈，台湾出版商洪先生连连对扬子晚报记者说，台湾人真是太有眼福了。他说："本来听说要来展出，以为可能是复制品，结果看到是原件，让我们真的是受宠若惊。我也特别感谢江苏的朋友对台湾读者素质和素养特别信任。江苏把全球首度的机会给台湾非常荣幸，也是两岸一家亲最好的证明。"

16日，"过云楼藏书"经桃园机场空运回南京。在机场海关又发生了与入关时相似的情景，海关官员更主动提出由他们护送文物登机。两名海关官员推着行旅车直接进入飞机商务舱，并出面与机组人员协商，用3个座位安置好了藏书保险箱。机场海关官员的举动，让藏书守护人员大为感动，真切感受到，在中华民族共有的文化遗产面前，同根同源的海峡两岸人，依然怀有"青山一道共云雨，明月何曾是两乡"（唐·王昌龄）的共同情感。

凤凰衔书图

2012年11月18日，星期日。

古籍特藏书库完成建设。"过云楼藏书"由临时存放地点旗下艺术公司艺术品库，转入特藏书库收藏。

"过云楼藏书"运回南京后，为了创造高标准的藏书收藏保护条件，集团公司选择了一个独立区域建设特藏库。藏书库建设中，对照《图书馆建筑设计规范》和国家发布的图书馆古籍特藏书库基本要求，在书库围护结构密闭性和保温隔热性能、门窗气密封性等方面作了精心设计。

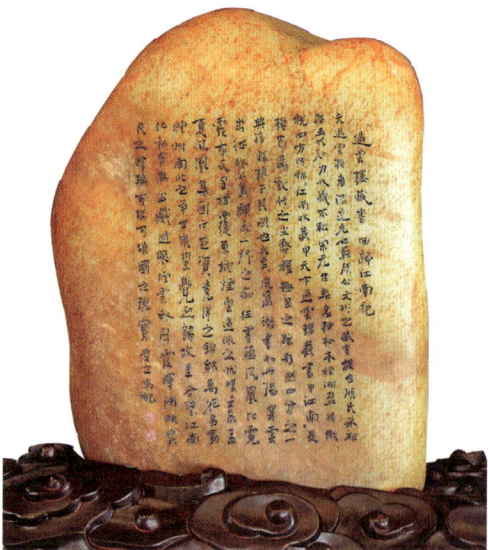

凤凰衔书图玉雕

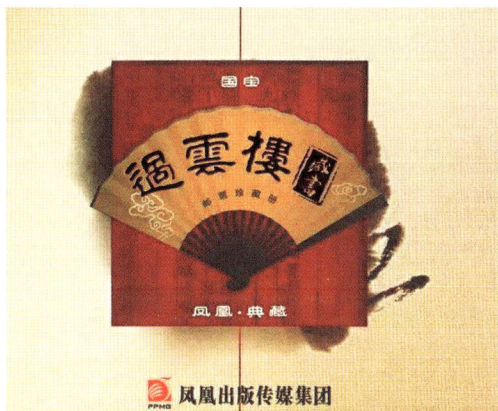

《国宝过云楼藏书纪念邮票》

设置了独立的恒温恒湿空调机组，以保证书库温湿度达到标准要求，并配备了温湿度监测仪器，全年监测和记录温湿度的变化情况。设置文献消毒用房和杀虫设备。照明和防紫外线、消防与安防等方面，都按国家标准要求作了设计。设置了气体灭火系统，以及基于互联网的远程水灾、火灾自动报警、自动防盗报警系统。还定制了一批红木书柜。国宝藏书终于有了回到故乡后的居家，凤凰人更会以百倍用心，像过云楼主人那样善待它、呵护它。望着静静置身于古色古香的红木书柜里的藏书，笔者心想，这批珍稀"过云楼藏书"的最后归宿就在这里！

为了表达凤凰人对中华文化那份内化于心、外化于行的敬畏之心，为了纪念"过云楼藏书"回归江南故里，此前，集团公司特别申请国家邮政总局批准，印制了《过云楼藏书纪念邮票》整版8枚、首日封和贺岁名信片。还不惜重金，打造了一件玉雕《凤凰衔书图》，与"过云楼藏书"收藏在一起。

说起做这件玉雕作品的灵感，则是来自一句古语。一日，笔者突然想起一句古语："凤凰衔书，赐我玄圭"，又想，集团公司正是以象征祥瑞的百鸟之王"凤凰"命名的，何不以"凤凰衔书"为主题，约请玉雕大师创作一件作品，以此永久纪念"过

和田玉籽料

著名学者王蒙观摩"过云楼藏书"

美国出版家观摩"过云楼藏书"

云楼藏书"回归江南？北京凤凰华章公司几经周折，终于采购到一块色泽、质地尤其是形态适合主题创作的新疆和田红皮白玉籽料，重量达6.8公斤。这块玉石籽料运到了中国三大玉雕重地之一的江苏扬州市，请中国工艺美术大师、中国玉雕大师、第一批国家级非物质文化遗产代表性传承人顾永骏创作设计。顾永骏大师很快构思出了玉雕造型，画出了"凤凰衔书图"。当时，正赶上《过云楼藏书纪念邮票》印制，这张艺术构图就上了这册特种邮票。

完成雕刻后的这件玉雕，造型优美、琢工精致、浑然天成，凸显了扬州玉雕工艺所特有的浑厚、圆润、儒雅、灵秀、精巧的艺术特征。玉雕件正面是一只远翔天衢的凤凰，口中衔着一卷书简，一座古色古香的藏书楼巧妙地置于画面之中。笔者撰《"过云楼藏书"回归江南记》刻于背面，记述"过云楼藏书"历尽流离颠沛，终于回归江南故里的百年历程。"凤凰衔书"语出汉代焦赣《易林·泰之益》："凤凰衔书，赐我玄圭，封为晋侯。"又，唐代欧阳询《艺文类聚》卷九九引《春秋元命苞》："火离为凤皇，衔书游文王之都，故武王受凤书之纪。"本谓帝王受命的瑞应，后亦以"凤凰衔书"谓帝王使者持送诏书。玉雕作品取名"凤凰衔书"，意寓祖国昌盛、文化繁荣。一曰凤凰衔书，广播文化，造福大众，表达凤凰人对中华文化的敬畏之心，对中华古籍的热爱之情。二曰书蕴凤凰，薪火相传，励志更新，表达凤凰集团作为文化产业领军企业，自觉践行文化使命，为文化大发展大繁荣贡献力量的决心。铭文全文：

"过云楼藏书"回归江南记

夫过云楼者，清道光年间姑苏顾公文彬之藏书楼也。顾氏承祖孙五代勉力，收藏不辍，宋元佳椠，名抄秘本，缥湘盈楼，傲视四方，时称"江南收藏甲天下，过云楼收藏甲江南"。是楼也，荡数代之尘弊，耀极目之炫彩，然四分之一典籍辗转于民间也久矣。

凤凰衔书，如丹阳穿云出征，终不负顾氏一门之痴狂；书蕴凤凰，比霓霞布天呈祥，覆东坡烟云过眼之忧叹！壬辰孟夏，凤凰集团斥巨资竞得之，锦绣万花，名动神州，南北之争，世众蛰觉，迎归故里，合璧江南，化私有为公藏，过眼烟云终为霞晖渊映矣！民之珍瑞，可撰可颂，国之瑰宝，幸之为记！

"过云楼藏书"入藏特藏书库之后，实现了严格的出入库管理，4名库管人员同时到场才能打开使用电子、机械双锁的两道库门，随后才能再打开红木书柜上的铜锁。经过特别允许的重要嘉宾，方能进入书库隔柜观书。

"开楼"百年第一回

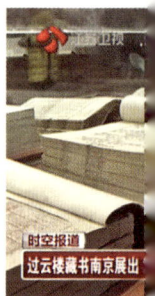

"过云楼藏书"回归江南特展现场

2012 年 12 月 12—14 日，星期三至星期五。

　　风光秀丽的玄武湖畔。与凤凰集团总部毗邻的南京城市展览馆门前，新近矗立起一座"过云楼"门楼，引起无数路人驻足注目。这里将举办一场罕见的文化盛宴——"过云楼藏书"回归江南特展。

　　这次"过云楼藏书"特展，距离藏书回归江南仅仅 3 个多月。凤凰人践行"公藏公享"承诺，经过精心筹划，向公众展出凤凰集团收藏的全部"过云楼藏书"。顾氏一门创下了"江南收藏甲天下，过云楼收藏甲江南"的传奇，但顾氏对收藏古籍善本从来"秘不示人"，使"过云楼藏书"蒙上了神秘的面纱，成了"私藏""秘藏"。这次特展可以说是过云楼百年集书汇藏以来，首次集体在世人面前亮相。这样大规模的古籍善本展示，在此前的国内古籍善本展览活动中也未曾见过，一时成为金陵古城一道亮丽的文化风景。

　　《扬子晚报》13 日报道，"以 2.16 亿身价落户凤凰出版传媒集团的过云楼藏书昨日终于揭开神秘面纱，在玄武湖畔的南京规划展览馆连续免费展 3 天。现场人头攒动，不少人兴奋地表示来看看'到底长啥样'"。"记者昨日一早赶到现场，只见门口高悬大红灯笼，一派喜气洋洋。门头也是古香古色，带有苏州园林风格。据悉，凤凰集团特意请展览设计公司根据过云楼的旧照设计的。""这是过云楼集书汇藏以来，最大规模的一次公开展示，规模空前，史无前例。展出的'过云楼藏书'，共计 179 种，1292 册，流传有序，规格之高，品质之精，规模之巨，世所罕见。""现

场戒备森严，四处遍布保安。数十个摄像头对'过云楼藏书'进行安全监控，还有'您已进入监控区域'的牌子提醒你。据介绍，凤凰集团与中国平安保险公司达成协议，为天价古籍'过云楼藏书'签下 5 亿元的保险大单，这也创下中国艺术品保险单笔保单的最高纪录。"

　　12 月 12 日到 14 日的 3 天里，吸引了大批观众前来观摩，展厅门口排起了长长的队伍。3 天下来，观摩人数累计达到 15000 多人次。安静的观摩人群中，观众的眼眸闪动着对中华文化敬畏的光芒，为有一睹国宝藏书芳泽的机缘而欣喜。每一个观摩者都沉浸在千年历史文化之中，近距离感受着中华文化的恒久魅力。有观众说，面前这些历经战火硝烟、国家兴衰而幸存下来的藏书，每一件都是珍品，每一本都是文化遗产，背后都有劫后余生的故事。百年等一回，排长队也值了！记者现场报道，"有些对过云楼有所了解的观众则一下就奔着'最珍贵的'去了：宋刻宋印《锦绣万花谷四十卷、后集四十卷》，整套四十册，为流传 800 多年的存世孤本，

凤凰衔书：「过云楼藏书」回归江南记

扬子晚报新闻截图

是目前已知存世的最大部头宋版书"。"在过云楼藏书展区，一件名为'凤凰衔书'的玉雕作品颇为引人注目。稀罕的是，背面还刻满了文字。原来是一篇《"过云楼藏书"回归江南记》，有观众笑言：'这简直就像《红楼梦》中青埂峰下的通灵宝玉一样，遍身刻满尘世一游的经历。'"媒体还将铭文刊登在了报纸上。

"让文物说话，把历史智慧告诉人们"。"过云楼藏书"回归江南特展引来的社会大众的热情关注，那些匆匆走近国宝藏书的热切步伐，无不透出人们对中华文化的一种历史敬畏。热烈的观展场面，让出版人倍感欣喜又不失为提醒：书籍是中华文化最主要的载体、最基本的文化基因，国之瑰宝所唤醒的是人们对书籍的热爱，接受的是文化的洗礼。展览现场，不少观众一面感叹古籍书的珍贵，一面为只能隔着玻璃看看感到遗憾。如果只能被珍藏在书库中，古籍就变成了凝固的文物。让传统文化变成活的知识传播开去，不正是作为出版人的使命吗？

"过云楼藏书"回归江南特展现场

独家专访吐心声

2013 年 7 月 8 日，星期一。

接受雅昌艺术网记者独家采访，这也是笔者唯一一次跟媒体作者谈"过云楼"。这次受访，着重谈了深度挖掘"过云楼"文化价值问题，透露的不仅是"过云楼"开发计划，更透露出对中华文化的敬畏之心。以下是报道的部分摘录：

凤凰集团透露"过云楼"开发计划

问：凤凰集团在 2012 年以 2.162 亿元成功竞得"过云楼藏书"，创造了中国古籍善本拍卖价格的最高纪录。您能回忆一下当初凤凰集团决定购买"过云楼藏书"的原因和过程吗？

答：参与竞购"过云楼藏书"到现在，我还是第一次接受媒体采访。当初参与"过云楼藏书"竞购，是凤凰集团领导班子的集体决策。说到原因和动机，其实很简单，就是凤凰集团是一家大型出版企业，是国有骨干文化领军企业，以书立企，以书传世。作为出版人，对文化有着一种天然的敬畏之心、热爱之情，做书更喜欢书。我们觉得应当去搏一搏，争取拿到这批国宝级的中国古籍善本，并且通过再出版，让中华文化得到传承。这是作为文化企业肩负的文化使命和社会责任使然，不掺杂商业目的。竞购成功后的第二天，陈海燕董事长就在媒体见面会上慎重向社会公开承诺："公藏公享，永不复拍。"现在可以公开说了，陈海燕董事长和班子集体，一开始就抱着"志在必得"的决心，在当初我们给上级的报告中就写下了

凤凰衔书："过云楼藏书"回归江南记

摘要　凤凰出版传媒集团党委子成员、凤凰艺术有限公司董事长叶建成先生【导言】2012年6月，由宋版《锦绣万花谷》领衔的"过云楼藏书"以2.162亿元拍卖成交，成为去年最为瞩目的艺术事件之一。本次凤凰春拍中，一批多达50件的"过云楼藏画"将亮相南京。其中有一

凤凰出版传媒集团党委子成员、凤凰艺术有限公司董事长叶建成先生

【导言】2012年6月，由宋版《锦绣万花谷》领衔的"过云楼藏书"以2.162亿元拍卖成交，成为去年最为瞩目的艺术事件之一。本次凤凰春拍中，一批多达50件的"过云楼藏画"将亮相南京。其中有被张大千称誉为"当代鉴定第一"的顾麟士著录于《过云楼续书画记》的樵隐《猛虎图》，有清末民初盛名于世的"怡园画社"成员吴大澂、顾鹤逸、吴昌硕、顾若波、陆恢、金心兰、倪田、吴毂祥、任预、费念慈等人作品，还有过云楼三代主人顾文彬、顾承、顾鹤逸祖孙三人的字画真迹。业内人士认为，这批"过云楼藏画"的价值远超出其字画作品本身，有极高的历史文化价值，是研究江南文化及"怡园画社"史的珍贵实物资料。"过云楼藏画"的惊艳亮相，势必引发社会公众"过云楼"背后的文化意义的更多讨论。

为此，雅昌艺术网特别专访凤凰出版传媒集团党委子成员、凤凰艺术有限公司董事长叶建成先生。这也是凤凰集团首度向媒体透露"过云楼"开发相关信息。

过云楼藏书

凤凰集团透露"过云楼"开发计划

雅昌艺术网：叶先生，您好！凤凰集团在2012年以2.162亿元成功竞得"过云楼藏书"，创造了中国古籍善本拍卖价格的最高记录。您能回忆一下当初凤凰集团决定购买"过云楼藏书"的原因和过程吗？

这4个字。至于竞购过程，当时媒体已作了大量报道，作为直接参与者或者说"操盘手"，经历了全过程，也知道许多还不方便披露的"内情"，但还是没有想到这件事最终会演变成一次前所未有的公共文化事件，"过云楼藏书"一词被列入了当年报纸流行语，就说明了公众对这一文化事件的关注度之高。社会大众对祖国文化传承的广泛关注和深刻思考，让我们感动。

问：当时您会想到以2.162亿的价格拍下来这一批藏书吗？这个价格在您的意料之中吗？

答：意料之外又在意料之中。因为价值决定价格，而价格最终是由市场决定的。但是，在价值发现者的眼里，在"志在必得"者的心里，这个价格肯定是物有所值的。

问：江苏凤凰集团在竞得"过云楼"藏书后，向媒体公开声明让"过云楼藏书"的社会价值、文化价值和历史价值发扬光大。听说你们制定了一个"过云楼藏书"深度开发方案？

答：是的。成功竞购"过云楼藏书"之后，我们通过国家邮政总公司发行了《过云楼藏书纪念邮票》，请中国玉雕大师设计创作了一件新疆和田玉玉雕作品，重达6.8公斤，取名为"凤凰衔书"，这正是为了表达凤凰人对中华文化的敬畏之心。

之所以讲深度开发，是因为我们着眼于藏书开发，又不局限于藏书。除了做好这批藏书的再出版，还要深度挖掘"过云楼"背后的文化故事。对当今社会来说，从更开阔的视野去审视"过云楼"的文化意义，弘扬中华传统文化，或许更能放大"过云楼"所揭示的历史与文化价值。通过研究"过云楼藏书"再出版，到现在我们把关注点拓展到顾氏家族百年传奇的故事，原因在于，文化传承靠的是人。一部《锦绣万花谷》从南宋到现在传承了八百多年，在顾氏家族里面，就保存了 100 多年，就这一点，顾氏家族对文化传承的贡献，多么了不起！

一批古籍善本记录下中华文化的千年传承，一座过云楼述说着江南望族的文化传奇。由于工作原因，我较多知道苏州顾氏家族及过云楼的故事，与顾家后人也有较多接触。在我心中，作为江南望族的苏州顾氏一门，真是了不起，值得我们学习。发生在"过云楼"背后的故事，是顾氏一门诗书传家的优秀传统，是顾氏家族对文化的敬仰敬畏。顾氏一门作为文化守护者的形象，在我心中是如此高大。千古江南诗书地，可以说，"过云楼"是江南历史的一个文化符号；"过云楼"是中华文化生生不息的一个精神写照；"过云楼"更是具有代表性的一个文化传奇。

问：可以跟我们讲讲"过云楼藏书"深度开发方案的哪些具体内容吗？

答：去年 9 月，我们就着手制定"过云楼藏书"深度开发方案，目前正在按计划有序推进之中，许多工作可以说在齐头并进开展。凤凰集团坚守着我们的承诺，社会公众将会持续分享到我们的劳动成果。整个开发计划中，第一次较完整地向媒体透露，大致有这么一些内容：

第一，向公众公开展示"过云楼藏书"。目前为止展出过两次，去年的 12 月份，在南京举办了《"过云楼藏书"回归江南特展》，将全部凤凰集团典藏的这批藏书，一本不剩地最大规模向社会公众作了展示。这是自清道光年间过云楼集书汇藏近 200 年来的首次集中展出，史无前例，反响热烈，观众络绎不绝，反映出社会大众对中华传统文化有一种敬仰之心。第二次是去年的 9 月份，参加海峡两岸的文化交流活动，经过国家文物局、文化部批复，部分藏书到宝岛台湾展出，很多台湾社会名流、普通大众都来看，当时场面也是非常感人。现在按照古籍善本保护要求，这批藏书已经被收藏在恒温恒湿的环境里，不会轻易地拿出去展示，唯有通过再出版，让全社会能"公藏公享"。

第二，我们现在正在做的事，是对"过云楼藏书"的再出版。这列入了凤凰集团重大出版工程，包括《锦绣万花谷》在内的部分过云楼藏书将通过再出版公开发行。计划的第一本书就是《过云楼藏书书目图录》，预计今年三季度就可以面世。然后就是选择其精选部分的"过云楼藏书"进行再出版。最终我们想要把这整批"过云楼藏书"进行数字化出版，让这批国宝级藏书变成公共财富，让文化得到传承。接着，还要运作"过云楼藏书"的国际出版项目，我们已经跟一家国际知名的出版集团签订战略合作协议，做外文版，让中国文化"走出去"。

问：我们从网上得知，凤凰集团还要为"过云楼藏书"招收博士后？是出于怎样的考虑？

答：这也是列入开发方案的。凤凰集团设有国家级的博士后科研工作站，在2013年博士后招收计划中，就有招收古文献专业的博士后专门作"过云楼藏书"学术研究，为深度开发藏书的历史文化价值提供学术支持。很高兴的是，现在有5位博士后报这个选题，这个月就能找到优秀的人才来做这事。同时，我们还准备邀请一批著名古籍专家，对这一批"过云楼藏书"再做一次研究审定，目前有5件国家的一级文物在里面，我们的本意不是为了再找出几件一级文物来，不是这么简单的一个目的，而是通过专家学术上的介入，来锁定这一批藏书里面最具文化价值、学术价值的部分，为再出版提供帮助。

挖掘"过云楼"背后更多的文化价值

问：方案中除了藏书公开展示和再出版，还有什么延伸开发项目？

答：这是我们计划的第三部分内容。我前面说过，顾氏家族守护文化的故事，是一个传奇，实际上是一个鲜活的文化符号。不仅是因为过去历史上讲的"过云楼收藏甲江南",我们回过头来再看顾氏家族,它应该成为我们中华文化经久不衰、生生不息的一种精神的写照。因此过云楼的故事、顾氏家族的故事,它所释放出来的强烈的人文信息,能给我们很多宝贵的启示,所以我们想延伸开来,作深度的开发。可以透露的是,一部以反映顾氏家族诗书传家的文献记录片《过云楼》即将投拍。大型原创音乐剧《过云楼》也即将完成创作,不久会实现舞台呈现,其他文学艺术表现形式的作品也将陆续推出,这都将更多挖掘出"过云楼"的社会价值、文化价值包括它的历史价值。

问:为什么过云楼拥有那么多的国宝级的藏品,是跟整个顾家文化的传承有关系吗?还是与整个的对于后人的教育理念有关系?

答:这个家族都是大文化人。一代一代传下来,对于文化的那种执着都令人感动。我与顾氏后人顾笃璜先生有过多次交往,顾老是一位昆曲艺术家,当过苏州市文化部门领导,现在虽年事已高,但对文化、对昆曲艺术的追求仍那么执着。每个礼拜星期二、星期六两个上午,必定跟同道去交流昆曲艺术。发源于苏州的昆曲,属于阳春白雪一类,受众很小。从顾笃璜老先生身上,能看到顾氏祖先对文化坚守的影子。

在历史上,过云楼得到"江南收藏甲天下,过云楼收藏甲江南"的称誉,无疑跟整个顾氏家族文化的传承有关系,还有就是与对于后人的教育理念有关系。

"自古江南多名士,水院山桥落文章。"此句用在世居吴门、拥有"过云楼"和"怡园"的顾氏一门身上十分贴切。顾氏家族"治学以画以藏",一门博学,数代丹青,是有史实为证的。从来书画皆为诗文之余事,学养高而书画格调自高。顾氏一门延续了对顾氏子孙的传统文化教育,《民国书画汇传》中描述其子女"皆擅书",如顾则久、顾则扬、顾则坚等,顾则奂兼善白描人物,顾则正等擅山水。数代之中文人辈出,风雅盛事,莫过于此。

解读过云楼收藏

问：看到一批过云楼的藏画，您是如何对它进行解读的？

答：顾氏家族特别注重文化。我曾经带了两样东西给"顾老爷子"，老人很开心，一个是把我们做的一套《"过云楼藏书"纪念邮票》送给他，另一个是我们把过云楼的第一代楼主顾文彬花了5年时间写的"过云楼日记"（收藏于上海博物馆）做了个复印件，带了一套给他。他很感慨地说，这是我们祖上的东西！

我不是书画鉴赏行家，只是试图从文化的视角，解读您提出的过云楼藏画问题。我的理解，这个关注点并不主要在藏画本身，而是它能给我们释放的文化信息。通过这些藏画，读出顾氏一门作为文化守护者的故事。

历史上的过云楼及苏州顾氏一族，显赫于江南。之所以得到"江南收藏甲天下，过云楼收藏甲江南"的称誉，还是因为"楼内所藏唐宋元明真迹无与伦比"。清道光年间的江南地区，收藏风气并未因"外患内乱"而沉寂。顾文彬、顾承及顾麟士3代人，以文人的地位从事收藏，从清代同治年间延续至民国时期。顾文彬晚年在其子顾承协助下，编撰成一部体例严谨的书画著录《过云楼书画记》，顾麟士又沿袭其祖，著《过云楼续书画记》。这两本书画目，作为从实物转为文本的记录，是研究顾氏收藏大成的重要资料。"溯道光戊子，迄今丁卯，百年于兹。唐宋元明真迹入吾过云楼者，如千里马之集于燕市。"顾麟士此段文字表明了过云楼百年收藏的历史以及过眼书画之富。

说到过云楼藏书，不能不说到怡园画社。怡园画社称得上是晚清江南地区第一个具现代意义的书画家社团组织。你看到的怡园画社成员顾鹤逸、吴大澂、吴昌硕、任预、陆恢等作品17件，虽是小品，却张张精绝，盈尺间现宏宏巨制，是画社文化活动的见证。怡园画社以过云楼大量藏画和顾氏财富为重要支撑，使画社活动扩展到以整个江南地区为地域的人文交流。透过这些过云楼的藏画，可以说，当年过云楼及怡园的文化影响力其实已超越了它的艺术影响力。"一处园林的名声并不从它'自身的景致'中来，而是从它所具有的文学、艺术财富中来。"怡园画社作为清末民初江南文化再度兴盛的象征和标志，实至名归，而顾鹤逸作为清末民初时期画坛盟主的地位也得以确立。

问：如您所说，"过云楼"第三代人顾麟士在民国时期一直是画坛盟主并深受日本藏家推崇，为什么现在却很少有人知道呢？

答：我们现在讲的是过云楼的第三代楼主顾麟士。在北京进行"过云楼藏书"拍卖的时候，一位专家曾经跟我讲了一句话说，顾鹤逸（顾麟士）这个人在中国美术史上都是留下名的。当时我只关注藏书而没有特别在意。根据我们掌握的历史资料，当初他在全国画坛盟主的地位是公认的，还深受日本藏家推崇。1929 年举行的首届全国美术展览会，汇集了全国 284 位知名画家，所出版《全国美术展览会特刊》（蔡元培作序）中，顾麟士高居首位、吴湖帆名列第二、张大千名列四十、黄宾虹名列六十、齐白石名列一百零六。

为什么到了今天，一代画坛盟主顾麟士却鲜为人知呢？其实，这是有着深刻的社会原因和时代背景的。简单地说，就是五四运动之后，以康有为为首的学者开始从根本上否定传统文人画，认为艺术应该为"社会现实"服务，画坛风气因而为之一变。那些作品能成为"斗争"武器的艺术家开始成为画坛主流，传统的具有中国人文精神的文人画被彻底否定和批判。这不仅是一种绘画流派的"基因阻断"，更是在特定的社会背景下一种文化潮流的转向。以至于到今天，当时的画坛盟主顾麟士淡出了人们的视线，其艺术价值也被社会所忽视。今天，当重新审视顾麟士，恢复其在中国美术史上应有的历史地位。

云霞重聚合璧展

2013 年 12 月 1—5 日，星期日至星期五。

"过云楼藏书"合璧展现场

12 月 1 日，《云霞重聚 百年传承——"过云楼藏书"合璧展》在南京图书馆隆重开幕。这是因过云楼析产而致藏书分离 88 年后的首次合璧，引起了社会大众的特别关注和浓厚兴趣，盛赞这是一件百年难得一遇的文化盛事。

南京图书馆、凤凰集团从全部 720 部、4999 册"过云楼藏书"中，精选出 120 部、197 册古籍珍本在这次合璧展上公开展出，汇集了宋刻本、元刻本、明刻本与清刻本精华。

"过云楼藏书"回归江南后，凤凰集团、南京图书馆两家单位就商定共同举办"过云楼藏书"合璧展。经过周密计划和精心筹备，合璧展终于得以举行。展览期间，展厅里每天挤满了慕名而来的观书者，人们争相一睹这批珍贵古籍的真容。这次合璧展展出的 120 部古籍善本，汇集了宋元明清刻本、稿本、批校本、抄本等过云楼精粹，精品纷披，其中最受关注的当属领衔 2012 年 6 月"过云楼藏书"拍卖的宋版书《锦绣万花谷》。还有唐宋八大家之一苏辙所著《龙川略志》和《龙川别志》，记录他贬谪期间所见所闻，为海内孤本，被评为 2012 年"中国古籍十大发现"；同为孤本的《乖崖张公语录》记录宋代治蜀名臣张咏言行，该书从元代起就不见著录，直到民国时才现身过云楼而重现人间。

合璧展上，一些古籍的传奇故事，让

"过云楼藏书"合璧展现场

观展者兴趣盎然。清代内阁学士翁方纲手稿《石洲诗话》，写成后曾被人盗走。5 年后，被翁氏友人叶继雯购得。翁方纲见到书稿后发现，书尾已被人冒用自己的名义写了跋文，无奈，翁氏只好将这段跋文圈去，另作一跋说明原委。《雪矶丛稿》是"四库全书"的底本，原藏于扬州盐商马裕家，乾隆年间为修《四库全书》而被收入翰林院。1900 年八国联军攻入北京，翰林院被焚毁，四库底本基本被毁于一旦，而此书却被保存了下来，而它又是如何逃过这场劫难的已无人知晓，成为历史之谜。面对这批稀世藏书，有观众惊叹，这批藏书的珍贵程度，简直无法用金钱来衡量。

《锦绣过云楼》（一）：看了"过云楼"，不信你不哭

《锦绣过云楼》演出剧照

2014 年 6 月 4 日，星期三。

这一天，恰逢凤凰集团成功竞得"过云楼藏书"两周年的日子。

这一天，也是凤凰集团创作并出品的大型音乐剧《锦绣过云楼》，经过近 3 个月紧张排练，剧组首次不带妆连排的日子。

总导演陈蔚这个并非刻意的安排，或许是冥冥之中，自有天意，用这一特殊的方式，纪念国宝古籍"过云楼藏书"回归江南故里两周年。

让过云楼百年收藏的传奇故事，立体呈现，搬上艺术舞台，是凤凰集团全方位开发过云楼文化价值计划的一部分。从文学剧本创作到实现剧组连排，《锦绣过云楼》剧目运作已历时近一年半时间。这出戏剧以"一部国宝古籍书，记录下中华文明的千年传承，一座百年藏书楼，讲述着江南

望族的文化传奇"为切入点，以苏州顾氏一门为生活原型，以国宝藏书宋刻本《锦绣万花谷》流转、跌宕的命运作为主线，以剧中男女主人公以书为媒的爱情故事作为次主线，将日本侵略者妄图毁灭中国文化作为副线，以千年历史名城苏州特有文化元素等作为散点，讲述过云楼顾氏以书传家、以身护书的故事，讲述一个关于中国文化的故事。

《锦绣过云楼》集合了国内一流的作曲、导演和演出团队。担任作曲的是上海音乐学院教授、著名作曲家金复载。长期为观众喜爱的动画电影《哪吒闹海》《宝莲灯》中的音乐就是他创作的。担任总导

扬子晚报新闻截图

演的是中央音乐学院教授陈蔚，她曾导演过歌剧《再别康桥》《红河谷》、音乐剧《五姑娘》等舞台剧，作品先后获得"五个一工程奖""文华奖""国家舞台精品工程奖"等大奖 20 多项。出演女主角的是中国民歌新"天后"、海军政治部文工团著名歌唱家吕薇，男主角由解放军总政治部文工团青年歌唱家汤子星担当。舞美、灯光、服装设计等也都为业内的精英团队。

排练大厅内，布置了临时制作的代用道具，摆放着一架钢琴。全体演员也仅穿着代用演出服装。担任指挥的青年指挥家周军，就站在钢琴边的指挥位置上。

连排开始前，坐在前排板凳上的青年演员方鹏鹏（B 角女一号），回

过头来，指着一盒纸巾，调皮地对笔者说："一会儿用得着的，要用时尽管拿，保证供应。"

钢琴声响起，随着剧情层层推进，排练场的气氛也由轻松变得凝重，只见青年指挥周军一边挥着手中的指挥棒，一边不时从身边的纸巾盒里抽出纸巾擦试双眼……获准进入排练厅的扬子晚报记者张艳，以女性独有的视角和细腻的笔触，发出现场报道：《看了"过云楼"，不信你不哭》。

报道写道："距苏州6月26日的全球首演不到一个月，记者日前观看了剧组首次联排，上半场非常好看，下半场相当震撼，最后跟所有在场的人一样哭成泪人！""感人！哭得根本停不下来。两年前，由宋版《锦绣万花谷》领衔的'过云楼藏书'以2.162亿元拍卖成交，成为当年最为瞩目的文化事件之一。如今，这批天价藏书背后的传奇故事也将被搬上舞台——《锦绣过云楼》讲述了20世纪30年代末苏州过云楼那一场沧桑巨变。该剧以过云楼的第三代楼主顾麟士为原型，演绎了姑苏顾氏家族以书传家、

以身护书的感人故事。剧中，顾氏夫妇因《锦绣万花谷》结缘而成伉俪。虞枕书忍痛成全夫君的舍身取义，忍辱负重将过云楼藏书守护下去……《锦绣过云楼》的编剧、凤凰传媒集团的副总经理叶建成表示：'我们的故事不单是传奇，不单是凄美的爱情，观众可以看到一个大美江南和家国情怀。'记者在排练现场看到，上半场顾氏夫妇青春韶华因书结缘，故事充满了浓浓的书香和伉俪的情深。下半场，历经战乱纷争和颠沛流离，中年的顾氏夫妇最后又重逢……文艺但不矫情、感人但不煽情，感情的激荡和迸发完全是跟着观众的情绪层层推进。唱到下半场在大历史中命运的抗争与坚持、文化的传承与坚守，真是无处不震撼、无人不落泪。""联排到最后一场戏，演员和工作人员以及记者已经哭成一片，编剧叶建成在场边也不停抽纸巾默默拭泪。"眼前正演绎着一个从自己心灵深处流淌出的故事，音乐声与心声共鸣，又怎能不泪洒青衫？

回想起 3 个多月前（2月13、14日），主创团队在南京召开的《锦绣过云楼》二度创作会议。导演、作曲、演出团队热烈讨论要合力打造一台舞台剧精品和文化"走出去"项目。笔者作为剧目出品方代表和编剧就作品创作意义和主旨作陈述。会议确定剧目4月进入排练，6月中旬在苏州首演，8、9月分别参加英国爱丁堡国际艺术节和江苏省文化艺术节，然后进入全国巡演。导演团队观看了省演艺集团歌舞演出，与主要演员见面交流，为演员选拔作准备，还赶赴苏州采风，参观过云楼和顾宅庭院怡园，考察首演场地。导演团队对《锦绣过云楼》舞台呈现充满信心，认为这出戏的题材及家国情怀，将对民族传统文化的热爱、守护、忠贞和爱国主义精神、中国梦、民族伟大复兴进行结合，角度十分新颖，出手高、立意远；剧本唱词、语言，言辞优美，具有画面感。这出戏提炼和抓住的人物气质、语言、唱词中的浓浓书卷味，让人拍案叫绝。有此气质，这部戏一定会区别于现有的各种音乐剧，具备在音乐剧领域占有一席之地，并成为"现象级"作品的基础，有信心为观众完美呈现讲述一个中华文化大美的故事。观看了剧目的完整连排，向着既定目标前进了一大步，信心更足了。

《锦绣过云楼》演出剧照

《锦绣过云楼》两度创作工作照

《锦绣过云楼》（二）：震撼与感动并存

2014 年 6 月 11 日，星期三。

南京紫金大戏院。

当日，《锦绣过云楼》首次对媒体开放联排。媒体报道称，"在泪眼朦胧中感受到了江南之美，文化之美，对 6 月末的首演更加充满期待！"

《扬子晚报》记者张艳再次发出现场报道："'大美姑苏城，人间天上最是仙葩……千年姑苏城啊！美玉无瑕。大美姑苏城啊！如诗如画……'开场的一段唱曲美词美，一个天上人间的唯美江南姑苏跃然台上。为了生动呈现江南文人的情怀，剧中顾麟士与文人雅士们相聚一起谈书品画，

《锦绣过云楼》专家研讨会现场

凤凰衔书：「过云楼藏书」回归江南记

千幅丹青、万卷墨香在台前尽显风雅。著名昆曲演员龚隐雷友情出演的杜丽娘在一群长衫的文人中翩翩出场，开口就是雅致精美的牡丹亭《皂罗袍》，顿时文人们游园之雅兴生

音乐剧"过云楼"媒体场惊艳亮相

"奇书""奇情"演绎大美江南

"古筝金奖之夜"
周六登陆南京
"四大美女"演绎锦绣芳华

扬子晚报新闻截图

动地呈现在观众眼前。在这一片诗情画意里，现场的观众们宛若走进了如诗如画的江南水乡，走进了书香四溢的过云楼，走进了跌宕起伏的命运里，更走进了荡气回肠的中华文化中。"

"没有刻意煽情，全场却潸然泪下。动人的情节时刻牵动着在场观众的万千情绪，音乐剧上半场所体现的姑苏之美、文人之美、文化之美有多惊艳，下半场国破山河在的悲凉感就有多深刻。上半场，因为剧情集中在男女主角邂逅、相爱、成亲，舞台上轻松写意甚至配角'吴妈'等戏份还具有颇多笑点。人们陶醉在柔美旋律中，沉迷在长衫旗袍的优雅姿态里。但下半场开始，战火纷飞中，男女主角为保护文物的凄苦，惹得台下观众频频拭泪。尤其是男女主角为了保卫中华文化，不得不洒泪而别的场面，交织着举家祭祖的悲壮还有宁与楼共存亡的气节……没有刻意煽情的桥段，却让全场观众止不住地泪流满面。在饱经八年的颠沛流离之后，男女主角在枫桥码头再次重聚，一家三口抱头痛哭唱响'江山依旧如画'的场面着实震撼着所有观众的心。顿时，即使没有经历过那个时代的年轻人，也完全能体会男女主角为何把两箱书看得比生命还重要的衷情。"

"这就是《锦绣过云楼》，有小桥流水，也有战争硝烟；有中国文化的气质大美，也有文人风骨的坚韧气节；有感人肺腑的眼泪，更有坚忍不拔的态度。观众席上不时传来唏嘘声，演出结尾现场传来了持续不断的掌声。""这是一场震撼与感动并存的盛宴。"

《锦绣过云楼》（三）：故乡"开楼"记

2014年6月26—30日，星期四至下星期一。

金鸡湖畔。苏州文化艺术中心大剧院。

《锦绣过云楼》出品方凤凰集团，特意选择故事的故乡"开楼"，作为这台大型原创舞台剧全球首演的第一站。

过云楼顾氏第六代、第七代后人来了，苏州城的各界人士来了，北京、上海、广东、海南等外地观众也来了，人们带着一份期盼甚或好奇，要一睹搬上舞台的"过云楼"真容。《锦绣过云楼》从6月26日首演到30日，在苏州文化艺术中心大剧院连演5场，1000个座位的剧院，几乎场场爆满。

《锦绣过云楼》惊艳"开楼"，反响热烈。有媒体报道称，"之前听说很感人，要备好纸巾，说实话有些将信将疑，但是今天震撼了……日前这一轮全球首演完美落幕，收获了无数的点赞、掌声和眼泪。就像这位观众观后所感，很多人之前并不相信自己会哭，可现场情不自禁就洒了一泡热泪。"

新闻媒体报导截图

《锦绣过云楼》演出现场

"如诗如画的大美江南、可歌可泣的书香情缘，《锦绣过云楼》作为一部讲述姑苏人故事、展现江南画卷、传承中华文化的大型原创音乐剧，在苏州首演最能'检验'其舞台品质，因为过云楼本就位于苏州。该剧把国家的命运与过云楼的命运紧紧联系在一起，用过云楼家族的悲欢离合串起了那段沉重的历史。导演陈蔚以她对音乐剧把握的娴熟手法，将这部具有江南风格的民族音乐剧演绎得美轮美奂。这段有年代感历史感的故事既有感人的爱情也有沉重的历史，最初记者也曾担心过现在的 80 后、90 后年轻人能否理解一介书生和弱质闺秀可以为了书而不顾生命，而首演的观众反响彻底打消了这一疑虑，有网友观后在微博上感慨：'带情演绎、用心去感受，一部精品力作的巨献就此完美落幕。幕布落下挡住的是舞台完美的呈现，挡不住的是《锦绣过云楼》永远难忘的历史。为古籍《锦绣万花谷》的得以保存而倍感珍惜！'"

美国尼德伦公司总裁在苏州演出现场

《锦绣过云楼》剧组在深圳演出

报道称，"大美苏州，苏艺大剧院的舞台不小，但要装下整个苏州……不过，通过《锦绣过云楼》的舞美设计，你会发现，苏州的美，通过光与影，静与动，浅与深，近和远，表现得唯美而脱俗。我更爱苏州了"。就像这位苏州网友表达的，《锦绣过云楼》细节做得非常精致，舞台上一个精致秀美的苏州活脱脱地呈现在观众面前，不仅有苏州标志性的小桥流水、粉墙黛瓦、古迹名园，亭台、奇石、竹林、桌椅等细节也都无一处不精巧。硬件过硬还需要精彩的软件，演员的旗袍、长衫件件精工织绣，发型、手帕甚至书籍字画等道具也都是件件做到贴近剧中的历史感和人物性格，当著名昆曲花旦龚隐雷穿着戏服、甩着水袖莲步姗姗走上舞台唱起《游园》时，观众无不赞"美哭了"，就连一个几分钟的表现才子文士谈诗论画品曲的画面，都要如此精确到位！真正"美哭了"的是下半场日本人的入侵，那么美的苏州城、那么优雅的诗意生活就这样被野蛮地毁掉了，有多美就有多残酷，当藏书楼置身一片火海的时候，观众无不和剧中的顾家人一样心碎落泪。需要表扬的是此处舞美灯光，当然不能真的在舞台上点把火，一连串红光连闪的灯光效果让舞台上的精致书楼顿时置身炙热"火光"之中，俨然逼真的一片火海。当结尾处男女主角在沧桑乱世八年后又重逢时，一家三口抱头痛哭再度唱响"江山依旧如画"的场面，让之前再克制的观众也忍不住跟着台上的演员一起流泪。

观众人群中，有一群特殊观众——来自全国各地的数十位收藏家们。在"过云楼事件"中，他们可谓是最关注事态发展的人。著名收藏家张振宇专程从海南赶到苏州观演。收藏家祝宇清看完演出便找到主创人员说，

中国佛教协会副会长、北京大学南亚学系教授湛如法师在上海演出现场

中央电视台新闻联播画面。《锦绣过云楼》获"十大著作权人奖"

这部戏很有意义很感人，到深圳去演出吧，并当场承诺提供百万元资金资助。2015 年元月，《锦绣过云楼》新年献演鹏城，在深圳大剧院唯美上演。热情的深圳人用掌声、笑声和泪水回报剧组的艺术家们。

随后的日子里，《锦绣过云楼》先后在北京、上海、南京等地上演，过云楼的故事讲遍了大江南北。

当中华古籍邂逅艺术舞台，就绽放出绚丽的艺术之花。《锦绣过云楼》好似婀娜多姿的少女，又如羽扇纶巾的大儒，带着气节与风骨，以她独有的典雅姿态，坦然地，从容地，走进这个时代，重温着那段余温尚存的岁月。在第二届江苏省文化艺术节上，收获了文化艺术节最高奖项"优秀剧目奖"；在江苏省舞台艺术精品评选中，入选"江苏省舞台艺术精品工程"；通过专家严格评审，成功入选国家艺术基金"大型舞台剧资助项目"；在中国版权保护中心（CPCC）主办的中国版权年会上，获得"2014CPCC十大著作权人奖"，相关新闻上了央视《新闻联播》。

《锦绣过云楼》首演，还曾迎来一位"百老汇"特别嘉宾——美国尼德伦环球娱乐公司总裁小罗伯特·尼德伦先生。正在中国南京访问的尼德伦先生，从江苏演艺集团总经理、著名昆曲艺术表演家柯军那里，知道一部中国原创音乐剧即将首演，便专程拜访凤凰集团，与笔者进行了深入交谈。第二天，他又赶往苏州观看剧目彩排。尼德伦先生欣赏这个原汁原味的中国故事，说"这是在中国看到的最接近百老汇音乐剧的中国音乐剧作品，也是在中国看到的最好的原创音乐剧"。笔者当天不在苏州，从音乐剧公司微信号看到这段话后，向工作人员问了现场情况，得知是上海音乐学院教授现场翻译的才放心，翻译没有问题就好。"百老汇"是一个让人充满期待和幻想的名字，与伦敦西街同为世界戏剧表演艺术的中心，前些年不时从留学美国的女儿那儿听说"百老汇"——她又去看演出了。尼德伦环球娱乐公司是一家国际著名的娱乐公司，在百老汇拥有 9 家音乐剧剧场，尼德伦家族几代人更是见证了百老汇的百年繁华。一部首演的原创剧能得到"百老汇"总裁的赞许，自然是一件高兴的事，但笔者没有同意用这段话作剧目宣传：百老汇总裁的话权当鼓励，更期待中国观众的评价。

"省亲"姑苏城

2014 年 7 月 3 日，星期四（之一）。

以"阅读点亮梦想，书香成就人生"为主题的第四届江苏书展在苏州市国际博览中心隆重开幕。过云楼部分藏书首次重回故里，"省亲"姑苏城，亮相在苏州乡亲面前，成为整个书展的一大亮点。

《过云楼藏书书目图录》新书发布及赠书仪式

在书展上展出 100 册过云楼藏书，其中包括宋刻本《锦绣万花谷》40 册中的 10 册。顾笃璜先生来到过云楼藏书展区，几十年后再次见到这批家藏古籍，无限感慨，"《锦绣万花谷》有 800 多年的历史，保存到现在很不容易。当时顾家最好的房间都是用来存书的，人是住在楼下的。"

过云楼藏书重回故里，吸引了众多苏州市民前来一睹过云楼旧藏古籍的风采，展柜前围满了观展者，还有一批从外地专程赶来的大学生。观展者在现场看到，由于展览场地内灯光亮度偏高，工作人员用红布遮盖了展柜玻璃的一大半，以降低光线对古籍的影响。书展开幕当天，天空突然下起了细雨，为防止空气湿度不达标，工作人员又紧急采购了透明的真空藏物袋，小心翼翼地将藏书装入袋中，一点一点地抽走袋中的空气。一位当地古籍界的观展者看到藏书的新主人那样用心呵护，感慨地对现场工作人员说，这批藏书是从苏州走出去的，经过了太多的风雨，现在的收藏者能这样善待它，让人放心。

期盼百年终成真

2014 年 7 月 3 日，星期四（之二）。

上午 11 时，《过云楼藏书书目图录》首发式在书展江苏馆举行，吸引了众人的目光。这是凤凰集团为践行"公藏共享"承诺，传承中华优秀文化，实施"过云楼藏书"出版工程的首批成果。时年已 86 岁高龄的顾氏后人顾笃璜先生应邀出席。首发式上，主办方向过云楼顾氏后人、苏州图书馆、苏州博物馆和苏州大学图书馆分别赠送了新书。

过云楼的藏书，一直被蒙着一层神秘的面纱。一座藏书楼的藏书书目，更是让知识界期盼了上百年！

过云楼主人曾经撰书记载过云楼收藏。第一代主人顾文彬著《过云楼书画记》，第三代楼主顾鹤逸著《过云楼续书画记》。然而，这两本书的记载均集中在楼内藏画上。过云楼历代楼主并没有编撰过"过云楼藏书"的书目，直到民国时期著名版本学家傅增湘发表《顾鹤逸藏书目》，但这个书目只是将过云楼藏书做了一个简单书名抄写和归类，外界仍无从了解过云楼藏书的历史全貌。

正因如此，当"过云楼藏书"2012 年再次出现在世人面前时，古籍研

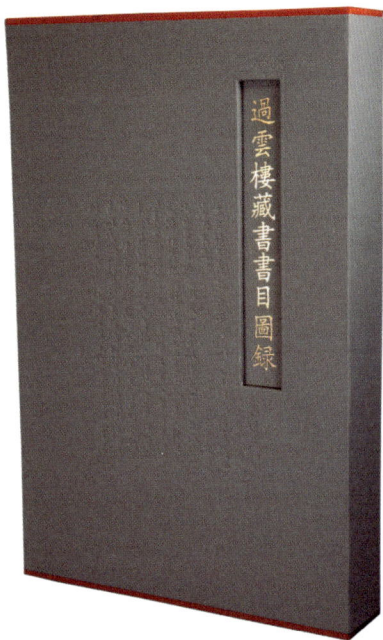

《过云楼藏书书目图录》

究专家们热切期待：编写一部《过云楼藏书目》！

在当年的一次过云楼藏书研讨会上，国家文物鉴定委员会委员、国家图书馆发展研究院院长、国家古籍保护专家委员会主任李致忠说，有件事我心里惦记了很久，南图的那批过云楼藏书一直没有整理出书目来，我们现在正在甄选《珍贵古籍名录》《中华再造善本》续编第二期，但缺少"过云楼"这批书的详细书目，我一直想把这一部分增补进去。现在这批书又出现了，是个好机会。希望做一本完整的《过云楼藏书目》，完善傅增湘发表的《顾鹤逸藏书目》，动员我们古籍行业的人来做个案研究，研究这批藏书的版本价值、学术价值，在前人的成绩上推进一步，经过大家的努力弄一本古籍的地藏史，深入浅出，让文人雅士束之高阁的东西走出象牙塔。故宫博物院图书馆研究馆员、国家古籍保护专家委员会委员朱赛虹也说，不管将来这批书落到谁家，希望将来与收藏单位合力做一个过云楼全部的书目，反映他们家收藏的原貌，几代人心血的原貌。傅增湘先生做的这个比较简单，我们希望新的书目将来能够留给后人一个完整的"过云楼"，这才是有历史贡献。清华大学图书馆研究员刘蔷也提出，与其争论过云楼旧藏中某一本书的版本、价值，不如把过云楼的藏书看成整体。不管过云楼藏书花落谁家，如果它的新主人能为这些书原原本本地建一个书目，以利学者对照书目研究过云楼藏书的始末源流，那将功德无量。借助这样的研究，后辈学人可以看到顾家与同代知识分子的交往，哪些人曾得益于顾家的藏书；顾家与同好的互动，又怎么培育了自家的藏书见识……一叶知秋，可以推想当年江浙一带中等官宦士族的知识结构。

文物类学术期刊也刊文呼吁尽早编写《过云楼藏书目》。《文物鉴定与鉴赏》第30期发表题为《关于过云楼藏书拍卖之影响》一文，称"编写《过云楼藏书目》是收藏机构之要务"，"当年傅增湘在过云楼观书而写下的《顾鹤逸藏书目》只是将过云楼藏书做了一个简单书名抄写和归类，并没有对顾氏藏书详细编目。如今过云楼藏书在南京图书馆、上海博物馆、苏州图书馆、苏州博物馆等多个机构有收藏，邀请专家学者来编写《过云楼藏书目》应是收藏机构的重要工作。中国藏书家有编写藏书目录的习惯，私家藏书大多有自己的收藏特色、文化取向，或出于兴趣爱好，或源于治学需要，或者为了规避某些外在因素。希望重新编写的《过云楼藏书目》能够留给后人一个完整的过云楼，从中可窥见地域文化的发展以及藏书家的思想历程、文化意趣和收藏保存经历，这或许是比拍卖价值更值得期待的事情。"

专家们的期待，与凤凰集团"过云楼藏书"开发计划不谋而合。在匡时拍卖公司热情支持下，凤凰集团典藏《过云楼藏书书目图录》编撰工作付诸实施。

《过云楼藏书书目图录》（凤凰集团典藏），在对藏书按宋刻本、元刻本、稿抄本、手抄本进行分类的基础上，以图片和文字相结合的形式，全面呈现了过云楼藏书179部、1292册古籍的详细资料信息。读者从中可以领略到这一批古籍善本的完整面貌，也为学术界提供了珍贵的研究资料。

情缘爱丁堡（一）：让五星红旗在爱丁堡升起

《锦绣过云楼》剧组在爱丁堡

2014 年 7 月 31 日，星期四。

爱丁堡，一座被誉为"北方雅典"、有着建于公元 6 世纪的古城堡的苏格兰历史名城。

一场全球性的艺术盛宴——2014 爱丁堡国际艺术节即将在这里拉开帷幕。

当天上午，大型原创音乐剧《锦绣过云楼》献演爱丁堡国际艺术节媒体发布会顺利举行。中国驻英国大使馆、驻爱丁堡总领事馆、爱丁堡艺术节组委会官员，苏格兰南艾尔郡郡长，英国伦敦书展、英国出版协会人员，苏格兰中国侨界领袖，以及新华社、中央电视台、中国日报、凤凰卫视，英国 BBC、泰晤士报等国内外重要媒体记者参加发布会。

第二天，《锦绣过云楼》就要在爱丁堡上演，情不自禁地想起这部戏剧与爱丁堡这座古老城市的因缘，一个两年前许下的"爱丁堡心愿"。

凤凰衔书：「过云楼藏书」回归江南记

新闻媒体报道截图

　　2012 年 7 月，刚刚完成竞购"过云楼藏书"不久，随董事长因公访问英国，抵达爱丁堡。漫步石板铺就的爱丁堡王子大街，仿佛置身于中世纪的市井街道，不由得驻足凝望，细细品味古老的苏格兰文明。站在高处眺望远方景色，一眼便能望见碧波荡漾的福斯湾河，一群海鸥在碧蓝的天空自由自在地飞翔。高坡上那座高耸入云的哥特式建筑，是为纪念苏格兰著名的历史作家、诗人斯考特而建。回头遥望旧城，蓝天白云映衬着古老的建筑，古朴雄伟，迤逦向上，直至最高处的爱丁古堡。高踞悬崖之上的爱丁堡城堡，巍峨壮观，气势凛然，在阳光照耀下颇有几分梦幻色彩，充满历史沧桑，宛如一副错落有致的绚丽画卷。街道边，身着苏格兰格子呢裙的街头艺人，正神情专注地吹奏着风笛，悠扬的苏格兰风笛声打动心灵深处，更让人感觉身处苏格兰古老城市的氛围之中。整座古城处处充满苏格兰独特魅力，着实让人迷恋。然而，当来到爱丁古堡下，却被一个新的景致所吸引：广场左右两侧搭建的巨大露天舞台。熟悉苏

格兰文化的凤凰伦敦公司同事介绍
道，这是为即将举行的艺术节而搭
建的。这座城市举办的国际艺术节，
创立于 1947 年，又称爱丁堡边缘
艺术节（The Edinburgh Festival
Fringe），这是世界上最负盛名的
艺术节之一。每年艺术节期间，上
千台的话剧、舞剧、歌剧及古典音
乐会汇集古城，城市各个角落的大
小剧场里、露天舞台上、城区街道
旁，上演着来自世界各地的各类剧
目，整座爱丁堡城仿佛就是一个大
舞台，成了世界各地艺术家的嘉年
华。听到这里，再抬头看露台高处，
蓦然发现，在飘扬着的那一面面参
演国家的国旗当中，却没有见到那
面心中最神圣的五星红旗！

　　此情此景，让笔者内心像触电
一般受到触动，突然萌生出一个心
愿。就在爱丁古堡下，把心中的想法
报告了集团董事长："将过云楼的
故事做成一部舞台剧，到爱丁堡来
讲一个中国的故事，讲一个中国文
化的故事，让五星红旗在爱丁堡升
起！"当即得到陈海燕的赞成支持。

　　一份五星红旗情怀，一个"爱
丁堡心愿"。

　　其实，为过云楼创作一部舞台
剧或影视剧，讲一个过云楼故事的

新闻媒体报道截图

中篇　凤凰衔书

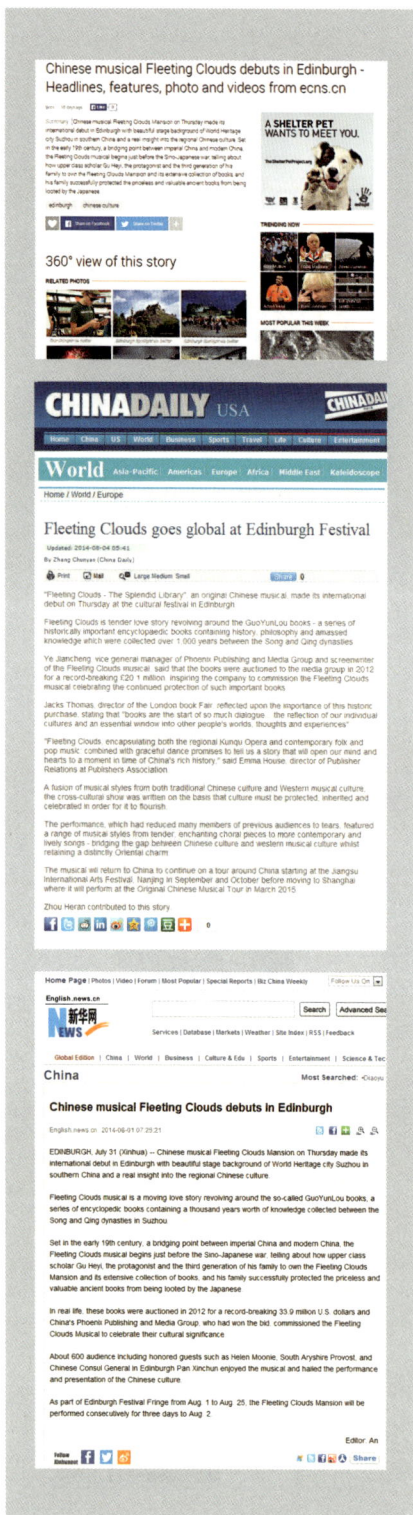

新闻媒体报道截图

想法早已萌发。经历了竞购"过云楼藏书"和"过云楼事件"，知道了许多过云楼主人百年收藏的艰辛，也知道了历史上藏书家的不少收藏典故。过云楼顾氏几代人用他们对文化的挚爱，写下了一段可歌可泣的文化传奇，正是中华文化经久不衰、生生不息的精神写照。过云楼的故事，过云楼主人甚至不惜生命守护藏书的壮举，时时感动着自己。从心灵深处被感动，讲出的故事才可能感动别人。只有这样的故事，才能彰显其文化内涵与主人公的精神风骨。

联想两年前，在希腊考古博物馆，凝望着一组古希腊群雕而泪流满面的经历，不禁让人遐想与思考。人类历史上古巴比伦、古埃及、古印度、中国等四大古文明，创造了最辉煌、最荣耀的人类文明记录。然而，文明滥觞，历史进化，却多难逃湮灭的命运，而唯独中华文明五千年薪火相传、绵延不辍。人类古文明或长生或毁灭，深藏着太多待解的文明密码。华夏子孙一代代人以智慧甚至生命，接力传承中华文明，守护古老的中华文化，或是中华文明千年传承最为深刻的原因。过云楼主人及历代藏书家正是其中的一个缩影。

"摅怀旧之蓄念，发思古之幽情"

（汉·班固《西都赋》）。点滴不觉间，进入到渴望推动创作的激情中。回国后，便紧锣密鼓地谋划过云楼舞台剧剧本创作，并将其写入了过云楼藏书开发计划。根据收集到的素材，确定剧本创作定位："苏州顾氏家族历经150多年传承守护中华文化，创造了'江南收藏甲天下，过云楼收藏甲江南'的佳话，在中国文化史上极为罕见，是一段令后人称道的文化传奇，是江南文化的一个代表性符号，更是十分珍贵、值得深度挖掘的文化资源。策划创作一部以江南文化为背景、顾氏家族守护国宝古籍为主线、融入昆曲等江南元素的大型原创音乐剧作品，目的在于推介江南优秀文化，弘扬中华传统文化。"笔者将创作主题提炼概括为两句话：一部国宝古籍书，记录下中华文明的千年传承；一座百年藏书楼，讲述着江南望族的文化传奇。简言之，就是讲一个中华文化传承的故事。于是，以过云楼顾氏几代人为生活原型，动笔写下了"以书为媒、受骗立规、千金不换、舍家护宝"4个故事组成的剧本故事梗概。

尽管笔者写下了这些文字，但并没有打算自己动手写剧本，而是准备将故事梗概交由剧作家，进行签约主题创作。然而，剧本创作却颇费了一番周折。先与上海一位剧作家签约创作，就剧本主题创作与剧作家多次作了长谈交流。剧本初稿出来了，但笔者认真研读后发现，剧本初稿没有表

爱丁堡国际艺术节演出剧目手册

达出创作主题，还不是心中想讲的过云楼故事，而过度地虚构情节又顾忌过云楼顾氏后人的看法。于是，笔者给编剧写了一封电子邮件《关于音乐剧过云楼剧本创作的意见建议》，就剧本主旨、戏核和剧中的感情戏等问题交换意见。剧本第二稿仍然没有达到委托方要求，最后只好中止合约。此后，笔者一边继续寻找签约创作方，一边在故事梗概基础上进一步构思全剧，并以故事演进为脉络，确定了部分要创作的唱词歌名，设想从《大美姑苏城》开头，依次创作《过云楼》《书为媒》《锦绣万花谷》《中华文脉》等几首重点歌词，以《中华文脉》为主题歌。

笔者的创作构想是，过云楼戏剧题材创作，一是语言上要实现回归，戏中唱词、对白要文雅有质感，有文言味。因为这是一个讲传统文化的故事，时代背景在清末民初。带有文言质感的语言，能更好地表达戏剧主题。二是全剧戏核以国宝古籍《锦绣万花谷》贯穿始终。讲一个关于中国古书的故事，要以这部古书为具象来设计剧情，表达出剧中主人翁在爱书、护书中体现的家国情怀。三是要融合苏州古城的景观与文化，以江南之大美烘托文化之大美、人文之大美。与凤凰文艺出版社编辑黄孝阳深入讨论后，由黄孝阳根据故事梗概和确定的主要歌名，写作文学剧本。黄孝阳是一位优秀编辑，也是一位有才气的青年小说家，出版过《人间世》《遗失在光阴之外》《时代三部曲》等多部长篇小说及许多短篇小说。剧本第一稿很快出来了，稿子已接近创作主题。只是由于他表示承担着社内挺重的图书选题、市场营销任务，实在没有精力参与剧本后继创作。好在笔者有多年新闻写作经历，也有些文言文底子，算是爬了几十年格子的人，便不自觉地进入了过云楼故事"主讲人"的角色。舞台剧剧本的创作，可比写一篇长篇通讯困难得多。3个多月时间里，花去

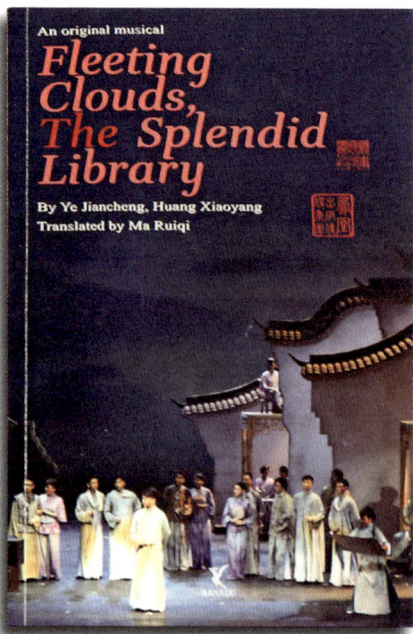

《锦绣过云楼》（剧本英文版）

了几乎所有属于自己的业余时间，双休日也一个人往办公室跑。从 2013 年 6 月到 8 月，剧本反复修改，十易其稿，在个人电脑存档里，精准记录下了完成每一稿以分秒计的时间，而过程艰辛却又有乐趣。剧本开场曲《大美姑苏城》歌词是这样的：

千年姑苏城，

人间天上最是繁华。

虎丘剑池，

恰似名士风流映朝霞。

枫桥夜泊，

寒山寺的钟声传天涯。

观前街前那粉墙黛瓦，

闻香碧螺春茶木樨花。

留园拙政园里歌喉扇舞，

阊门内外户户枕水人家。

爱丁堡街头宣传海报

大美姑苏城，

人间天上最是仙葩。

长街短巷，

仿佛工笔丹青自成画。

园林寺塔，

宛如泼墨写意多典雅。

吴侬软语滋润万户千门，

昆曲评弹声声红尘佳话。

苏绣霓裳织出桃红柳芽，

诗书耕读共唱锦绣繁华。

爱丁堡媒体发布会现场

拿着写好的歌词，给身边的同事分享。年轻的李姓同事读后笑了。问为何？答如今网络上"奇葩"已带有调侃意味。与在外地工作的女儿通电话时提起这事，女儿笑说，两代人有代沟啊。《红楼梦》里《枉凝眉》有一句"一个是阆苑仙葩，一个是美玉无瑕"，用"仙葩"两字岂不更好？于是"奇葩"改成了"仙葩"。歌词中准备将传统名茶洞庭碧螺春与苏州市花桂花写在一起，写到"闻香碧螺春茶……"一句时，发现"桂花"两字既不上口也不够优美，后忽想起桂花属木樨科植物，也称木樨花，于是有了"闻香碧螺春茶木樨花"一句。描绘水乡古城风貌句子时，想到用工笔画、水墨画两种画风来表达，于是有了"长街短巷，仿佛工笔丹青自成画。园林寺塔，宛如泼墨写意多典雅"。在写到"苏绣霓裳织出桃红柳芽"一句时，先是用"桃红柳绿"或"柳绿桃红"，总觉得未脱俗，后改为一个"芽"字，同事叫好。身边同事也加入到集体创作中来，每每与他们分享时，总会提出建议。《大美姑苏城》副歌："千年姑苏城啊，美玉无瑕。大美姑苏城啊，如诗如画！"两句，就是一位同事提议加上的。剧本中的歌词，虽称不上美词佳句，却也是逐字逐句，反复推敲出来的。

说到主题歌《中华文脉》的创作，则是先从理解中华文化开始的。文字是文化的主要载体和传播媒介，以象形为基础的汉字，其方块形体构造，在世界不同文字中可谓独树一帜，从汉字的字形字体、书写工具到内容归类，无不区别于世界其他文明，极具汉民族文化特色。流传至今的宋刻古书上，那一个个疏朗秀丽的方块汉字，虽历经无数历史的风陵渡口，也不曾被抹去。中华文明一脉，之所以能五千年绵延不绝，当归功于汉字超强的生命力。从这一理解出发，写下了《中华文脉》词句：

上下五千年，

方块汉字铸就中华文化。

笔墨纸砚，

书殇成笺写春秋。

篆隶楷行草，

漫卷诗书采烟霞。

唐诗宋词，

百代流香韵古今。

经史子集，

鸿篇巨制装下九州天涯。

那是中华的血脉、民族的灵魂，

书香一脉承载中国梦想。

铺开千万里长卷，

谱写民族复兴伟大篇章，

让中华文脉绵延下一个五千年，

这华夏不灭的繁华，多少人家，

总有一天仍会江山如画！

中华文化五千年传承，几十年、一代人，弹指一挥间，每个华夏儿女都自觉或不自觉中扮演着文化守护者、传承者的角色。从中华文明的历史辉煌中，我们完全能找回 21 世纪中国的文化自信，并承担起新的文化使命担当。歌词中一句"让中华文脉绵延下一个五千年"，正是抒发这样的文化情怀。

此后，进入导演剧本两度创作阶段，又参与到了其中，那已是 2014 年春月的事。一日，讨论到祭祖这一桥段戏时，导演陈蔚、作曲家金复载老师提议，这里不用唱词，改用一段吟诵。于是，当晚就赶写出一篇《祭祖文》：

煌煌吾祖，赫赫显德，

诗书风采，布衣典范。

道光戊子，百年于兹，

书画是好，累叶收藏。

耽乐不怠，披沙沥金，

筚路蓝缕，集腋成裘。

中华典籍，宋元真迹，

锦绣万花，希世之珍，

缥缃盈楼，富藏天下。

世纪光阴，过眼烟云，

先祖遗训，铭记于心：

书香济世，诗书传家，

子孙耕读，承传后世。

吾辈不幸，国难当头，

倭寇大患，山河破碎。

姑苏古城，烽烟眼前，

镇楼瑰宝，危在旦夕。

护宝远行，共赴时艰，

保我文脉，舍命担当。

祖兮有灵，呜呼歆飨！

《锦绣过云楼》走上了国际艺术舞台，将在这里向世界述说一个中国的故事。站在古城街头，仰望飘扬在爱丁堡上空的五星红旗，两年前的心愿终于如愿，心中无限感慨。

情缘爱丁堡（二）："中国版《战争与和平》"

2014 年 7 月 31 日—8 月 2 日。星期四至星期六。

爱丁堡国际会议中心大剧院。

中国艺术家在这里用音乐剧这一国际表达方式，讲述中国故事《锦绣过云楼》，收获了"中国版《战争与和平》"的赞誉。

爱丁堡国际艺术节创立于 1947 年，是世界上历史最悠久、规模最大的艺术节之一，创办初衷是希望艺术家的作品能在二战之后为人民抚平伤

英国《华闻周刊》报道

痛，表达和平的凤愿，被公认为世界上最具有活力和创新精神的艺术节。本届爱丁堡艺术节，有来自 43 个国家的近 5000 名艺术家，为慕名而来的各国艺术爱好者献上为期 3 周的艺术盛宴。爱丁堡国际艺术节总监乔纳森·米尔斯说，2014 年爱丁堡国际艺术节恰逢第一次世界大战爆发 100 周年。艺术节旨在探索历史影响，特别是战争与动乱对人类文化和世界人民生活造成的巨大影响，通过语言和歌声、动作和形象，用文艺作品带给人们乐观与超越。发生在战争年代的《锦绣过云楼》故事，高度契合了这一届爱丁堡艺术节"战争与和平"的主题。

连续 3 天的演出，吸引了来自世界各地的观众。中国驻爱丁堡总领事馆总领事，中国驻英国大使馆文化处、艺术节组委会官员，苏格兰华侨界领袖等观看首场演出。每次演出结束，观众的掌声持久又热烈。

首场演出当天，新华社以《中国音乐剧〈锦绣过云楼〉亮相爱丁堡》为题发出专电：

新华社爱丁堡 7 月 31 日电（记者郭春菊）大型中国原创音乐剧《锦绣过云楼》7 月 31 日在爱丁堡国际会议中心亮相。雅致的舞台背景、优美

香港《凤凰周刊》报道

剧组演员在爱丁堡街头表演

的唱腔和乐曲以及中国江南地域文化深深吸引了观众。

这部被誉为中国版《战争与和平》的音乐剧由江苏凤凰出版传媒集团出品、江苏省演艺集团演出。音乐剧以苏州过云楼藏书为故事背景，讲述了过云楼的第三代楼主顾麟士以书传家、以身护书的感人故事。

江苏凤凰出版传媒集团两年前用 2.16 亿元人民币竞拍获得由宋版《锦绣万花谷》领衔的部分过云楼藏书，围绕"过云楼"展开了全方位的深度开发，成功将这批"天价"藏书背后的传奇故事搬上舞台。

苏格兰南艾尔郡郡长海伦·穆尼在演出前举行的新闻发布会上说，希望这部音乐剧能让苏格兰人更多了解中国文化，也希望通过文化交流让中国人更多了解苏格兰文化，从而进一步促进双方经贸和投资活动。

此次演出活动恰逢 8 月 1 日至 2 5 日举行的爱丁堡边缘艺术节，属于艺术节期间一个耀眼的中国元素。

《中国日报》伦敦 8 月 3 日报道称："大型中国原创音乐剧《锦绣过云楼》精彩亮相，给中外观众呈现了饱含苏州风情、国际风范的歌舞音乐剧。""这部剧的题材及家国情怀出手高、立意远，唱词优美动听，风格时尚又充满浓浓的书卷味。"中央电视台、中国国际广播电台、凤凰卫视、英国 BBC、泰晤士报、星岛日报等重要媒体作了报道，国内主流网站转发相关新闻。中央电视台英文国际频道，播出了时长 4 分钟的新闻。英国最大中文期刊《华闻周刊》，以"八百年话过云楼，爱丁堡上的'战争与和平'"为题刊发长篇报道。报道称："用西方的艺术表现手法讲述一个关于中国文化的故事，与爱丁堡艺术节的诞生同出一辙，《锦绣过云楼》让人们懂得，和平才能繁荣文化，战争只会毁灭一切。""中国版《战争与和平》登场。中国原创音乐剧《锦绣过云楼》正是一个战争与和平的故事。这部戏中的男女主人公因为战争来临，为保护家传古书而经历了一段悲欢离合的命运。""舞台上，通过声光与灯影的变幻，一个天上人间的如画姑苏城，一幢名为过云楼的百年藏书楼，一段可以传世的爱情奇缘，一个弥漫在战争中的护书传奇跃然台上，在经历了长达 8 年的颠沛流离，男女主角在枫桥码头的重逢桥段，顾氏一家三口抱头痛哭唱响'江山依旧如画'的歌声震撼着在场每一位观众。"

　　剧目演出采取中文演唱、配合英文字幕方式，但丝毫没有影响外国观众的热情。此前，英文版《锦绣过云楼》文学剧本已在英国出版发行，人群中就有手里拿着书的热心观众。外国观众对这一剧目的演出反响相当热烈，香港凤凰卫视报道：在本地观众卡洛琳看来，该剧最吸引人之处在于它将"书"作为核心元素。这部剧围绕着"书"展开，在我看来很特别。以往中国剧的主题元素多是黄金、珠宝和宝藏等，书在我心中是比这些东西都特别，更有深意。苏格兰中国协会爱丁堡分会主席彼得·林顿则对《锦绣过云楼》的丰富情感表达印象深刻，"我觉得经常被西方观众忽视的一点是，中国文化非常注重情感的表达。这些情感通过文学艺术作品，如诗歌和音乐等方式来传递。"英国《华闻周刊》报道中以"向英国讲述中国

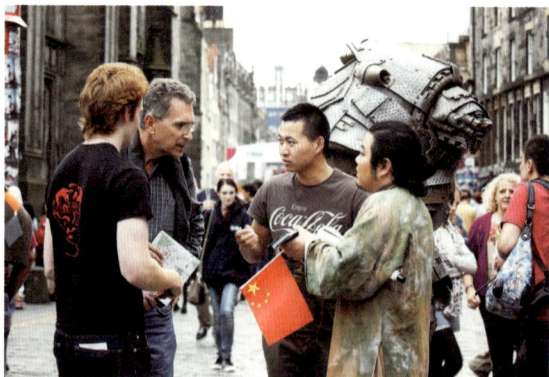

情怀"为小标题，写到这样一个细节：在演员谢幕后，观众希娜仍然意犹未尽端坐在座位上，她是一个地道苏格兰人，在整个演出中，她跟着演员们一起哭、一起笑。"这台演出非常棒，我很喜欢它的音乐。虽然是中文唱词，但字幕可以很好地帮助我理解剧情。或许有率真细节容易丢失，但绝不妨碍我欣赏它。"

观演嘉宾也对演出给予积极评价。苏格兰南艾尔郡郡长海伦·穆尼说，这部音乐剧能让苏格兰人更多了解中国文化，也希望通过文化交流让中国人更多了解苏格兰文化。中国驻爱丁堡总领事馆潘春新总领事，是一位出生于江南的资深外交官。观看首场演出后，与艺术家们长时间交流，显得特别开心，他称赞《锦绣过云楼》为中国文化"走出去"，提升文化软实力，做了一件很有意义的事。江南文化特色很亲切，用音乐剧这种生动的形式，而非传统的说教，来增进国外观众对中国文化、中国历史的了解，演出非常成功。总领馆要为你们庆功！第二天晚上，总领事馆专门为剧目成功演出举行庆功宴会，一位总领馆外交官透露，总领事作这样的安排是破例的。

值得一提的是，《锦绣过云楼》爱丁堡演出当年，还被评为"江苏省对外宣传工作创新奖"。

CCTV 新闻（10）：史诗般的爱情故事

扫描二维码观看央视新闻

央视英文国际频道播报《锦绣过云楼》爱丁堡演出画面

2014 年 8 月 4 日，星期三。

中央电视台英文国际频道播报驻英国记者采写的新闻，报道《锦绣过云楼》爱丁堡演出，时长 4 分 15 秒。以下为文字选录：

每年这个时候，全世界到爱丁堡寻找艺术、文化与思想。苏格兰首府举办了种类繁多的文化活动、演出和景观，包括世界最大的艺术节之一——爱丁堡国际艺术节。艺术节于周五正式开幕，在此之前，一部极富原创性的中国音乐剧在爱丁堡国际会议中心举行国际首演。

这个史诗般的、跨越千年的爱情故事《锦绣过云楼》，以"过云楼藏书"为中心。这套藏书相当于百科全书，珍藏了 1000 年的知识，涵盖宋代到清代的书籍，藏于文化名城苏州。该剧融中国古代戏剧与当代民乐为一体，表达了深刻的洞见，吸纳了原创性的中国文化与昆曲（被誉为中国所有戏曲之母）。《锦绣过云楼》在爱丁堡的演出可谓群星荟萃，参与者包括中国最有活力的戏剧和音乐剧导演之一陈蔚。

陈蔚（同期声）："这是我第二次带我导演的音乐剧到爱丁堡。中国音乐剧已经从改编成长为原创。英国是世界音乐剧中心之一，我们来向英国同行学习，但我们也想借此机会让世界听到中国音乐剧的声音。"

前不久，"过云楼藏书"引起了全中国的关注，它于 2012 年以 3400 万美金的创纪录金额拍卖成功。

中央电视台新闻截图

叶建成（同期声）："当我们在 2012 年了解了这一批藏书的故事之后，我感到很大的激励，想让它的故事焕发新生。这是一个生动的例子，佐证了我们的文化如何一代代传承下来。除了这部音乐剧，我们还计划推出其他衍生作品，比如小说、电视剧，当然还要推出这些藏书的影印版并将其翻译成其他语言。"

"过云楼藏书"的故事以 20 世纪 30 年代中国抗日战争为背景。这部音乐剧的演出，是对今年盛大的爱丁堡国际艺术节的致敬。

战争与和平、冲突与和解：本届爱丁堡国际艺术节的主题是第一次世界大战爆发百年纪念。今年爱丁堡国际艺术节与1947年创办时的主题——歌颂第二次世界大战之后丰富的欧洲文化也类似。

爱丁堡被誉为世界艺术节之都，它开放的胸襟和激发灵感的气氛，与这座历史古城的美丽相得益彰。很多人相信，就是这一点，让爱丁堡与世界其他地方大不相同。

"真的激动人心。爱丁堡有持续不断的游客流动，这里还举办艺术节，让艺术家们有机会交流切磋。观看别人的表演非常有意思，尤其是这里的国际艺术节非常难得，很多东西在别的地方是看不到的。在艺术节上，大家可以分享观念、图像和思想。这是一种非常美妙的体验。"

每年有成千上万的表演艺术家在爱丁堡各地搭起数百座舞台，提供满足各种品味的表演。从世界娱乐圈的名人，到努力奋斗的无名艺术家，艺术节能够让每个人找到自己喜爱的东西。2013年，有3000种演出，共上演4.5万场，使之成为世界上规模最大的艺术节。

符号江苏《过云楼》

2014 年 8 月。

"符号江苏"丛书之《过云楼》中文版正式出版，是该丛书推出的第一批 15 个"江苏符号"之一。

"符号江苏"丛书是江苏省推出的重点出版工程，国家"十二五"重点图书出版规划项目。2013 年 4 月，江苏省人民政府新闻办公室主办"江苏符号"全球征集活动，征集活动历时半年。从网友提出的上万个文化符号中，经网民投票、专家评审，遴选出最能代表江苏历史文化基因和符号意义的文化资源，由相关领域专家逐一进行权威生动的解

《过云楼》（中文版）

读。它作为一张张色彩斑斓的江苏历史文化名片，向海内外介绍和传播江苏大地上中华文明中的物质和非物质文化遗产，向世界展示一个俊秀灵动的江苏形象。

江苏省地处中国大陆沿海中部和长江、淮河下游，东临黄海，北连山东、西接安徽，东南与上海、浙江接壤，是长江三角洲地区的重要区域。江苏是一个地理概念，也是一个地域文化概念。这片美丽富饶、诗情画意的沃土，汇集南北之精华，沁透东南之秀气，坐拥江海之广阔，孕育出多姿多彩的江南文化，是中国古代吴越文化、长江文化的发祥地。泰伯南迁，吴越图霸，

楚汉相争，十朝兴废，在江苏大地上留下了无数珍贵历史文化遗产，吴韵秀丽，汉风恢宏，构画出一幅"最江苏"的文化基因图谱。

藏书文化则是江苏传统文化极具代表性的符号之一。历史上江苏地区经济发达富裕，催生出一种特有的文化现象——藏书文化。据历史记载，江苏地区私人藏书蔚然成风，自宋元以始便是如此，至清朝末年更是进入鼎盛时期，虽寒俭之家，藏书数十百册，而富裕之家则连栋充栋。在太湖东岸、苏州城西，有一个地方就以"藏书"命名的，就是现今

《过云楼》（英文版）

苏州市吴中区藏书镇。"藏书"地名的由来，据说是因西汉名臣、会稽太守朱买臣青年时发奋读书，在山石下藏书的典故而得名。享有"过云楼收藏甲江南"称誉的过云楼，收藏历史历经上百年、几代人，堪当江苏藏书历史文化的代表符号。受领《过云楼》写作任务后，笔者却迟迟没有动笔，一则因手头工作不少，总是静不下心来，二则"符号江苏"丛书写作要求高，特别要求注重文化意味和阅读趣味，深入浅出，图文并茂。眼见截稿日期临近，负责组稿的江苏人民出版社编辑室主任汪意云着急了，一次又一次地催稿。一日，收到汪意云发来的一条短信，读后却发现内容是她向上级领导解释为何未能按规定的期限收到《过云楼》约稿的原因，她说责任不在她，而在作者。读罢笑了笑没有回复。第二天，汪意云发现短信误发了，赶紧打电话说明。一条短信的"误会"却促使笔者加快了书稿的写作进度。《过云楼》一书从江南收藏文化写起，介绍了过云楼顾氏历代主人、过云楼收藏典故、过云楼收藏传承等，较为翔实全面地呈现了过云楼百年收藏的历史。

2016年4月，经过重新修订和装帧设计的《过云楼》中文第二版出版。

2016年6月，英文版《过云楼》与其他9种书同时出版，在伦敦国际书展上首次发行。

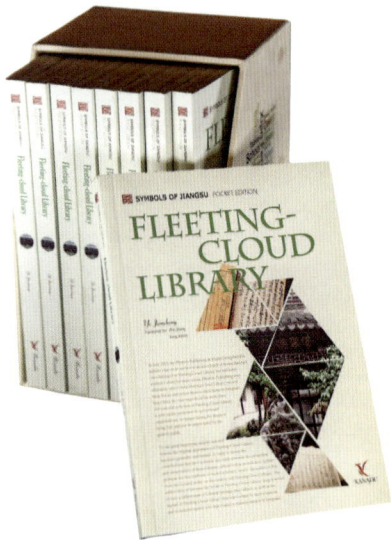

影像过云楼

文献纪录片《过云楼》画面

2014 年 8 月 5 日，星期二。

　　文献纪录片《过云楼》经过几个月外景拍摄，终于顺利杀青。

　　年初，出品方凤凰集团在苏州召开文献纪录片《过云楼》摄制专题研讨会，约请了古籍研究专家、顾氏后人与央视摄制团队齐聚姑苏，研讨拍摄事宜。在"过云楼藏书"深度开发方案中，摄制一部纪录片是计划之一，用影像记录的方式，讲述过云楼百年收藏的故事，记录下一个江南望族的文化传奇，以弘扬诗书传家的优秀传统文化。

　　文献纪录片《过云楼》6 月在苏州过云楼前开机。之后，由于过云楼藏品分散多地，摄制组走遍了收藏有过云楼藏品的苏州、上海、南京、北京等多个城市。

在苏州拍摄时，摄制组前往过云楼、怡园、苏州博物馆、苏州市档案馆、苏州图书馆等地取景，拍摄了大量苏州街景，特别是采访到了过云楼顾氏后人。在苏州市档案馆，摄制组对馆藏的过云楼珍贵资料进行了拍摄，其中包括过云楼第一代楼主顾文彬的《宦游鸿雪》（6册）、《过云楼日记》（12册）。《宦游鸿雪》为顾文彬在外担任官职之时写给儿子顾承的书信底稿，由顾文彬亲自誊写，共有10册，前后跨度十余年，其中写有不少官场上的事情，并涉及与晚清名臣左宗棠、"红顶商人"胡雪岩等交往的史实。又因当时过云楼、怡园等顾宅建筑正在营造阶段，顾文彬则在信中提到了对构造、采办的各种要求。《过云楼日记》为顾文彬于清同治十年

文献纪录片《过云楼》画面

（1871）四月至光绪六年（1880）十二月间记下的日记，详细记录了他的宦游生涯、家庭生活等情况。摄制组还拍摄到了馆藏档案中顾公硕等自愿将怡园捐献政府的原件、馆藏资料《老苏州》中顾鹤逸等顾氏

文献纪录片《过云楼》画面

后人的珍贵照片。在苏州博物馆，拍摄了顾氏后人顾公硕及其子女捐赠的元代王蒙《竹石图》、文徵明《五月江深图》、祝枝山手稿本《正德兴宁县志》等珍贵文物。

在上海博物馆，摄制组拍摄了过云楼顾氏后人顾公雄夫人沈同樾及其子女无偿捐献给上海博物馆的过云楼藏品，包括巨然、倪云林、赵孟頫、沈石田、文徵明等名家书画作品，其中有极为珍贵的宋代魏了翁《文向帖》、张渥《九歌图》、明代祝允明《怀知诗卷》、沈周《送行图》等。

在南京图书馆，摄制组寻访到民国时期出版的全国美术展览会文献，拍摄到过云楼第三代主人作为那个年代画坛盟主的物证。

摄制组用几个月时间，辗转上海、北京、南京、苏州多地，为制作《过云楼》纪录片收集到丰富而翔实的素材，拍摄了大量珍贵镜头。剪辑拍摄完成后的纪录片《过云楼》时长60分钟，分上下两集。

文献纪录片《过云楼》从选题策划、文稿创作、实地拍摄到剪辑完成，历时近半年时间，其间克服了许多困难。作为选题策划人，没有想到拍摄一部历史题材的文献纪录片，还真不是一件容易的事。

国宝档案·乱世藏书过云楼

扫描二维码观看央视《国宝档案》（上）

扫描二维码观看央视《国宝档案》（下）

2014 年 8 月 18 日，星期一。

文献纪录片《过云楼》在中央电视台《国宝档案》栏目首播。

这部纪录片拍摄完成后，《国宝档案》栏目组主动提出，根据栏目要求经适当剪辑后先在该栏目播出。《国宝档案》是央视第一次以电视栏目的形式，为国宝级文物重器进行揭秘建档的栏目，从 2004 年 10 月开播以来，以其高收视率成为中央电视台国际频道一线品牌栏目，而作为历史文献纪录片《过云楼》正契合栏目的主旨。文献纪录片《过云楼》以《传奇——乱世藏书过云楼》《传奇——百年藏书逃生记》为题分两集在《国宝档案》栏目播出并多次重播。

2014 年 12 月 13 日，在纪念抗日战争胜利 70 周年之际，国家在南京举行南京大屠杀死难者国家公祭日公祭仪式，党和国家主要领导人出席。中央电视台在

中央电视台《国宝档案》画面

直播公祭仪式前，播出
《传奇——乱世藏书过
云楼》。当年日寇攻陷
苏州前，过云楼主人为
保护过云楼收藏不惜冒
着生命危险，护送楼内
珍藏避走他乡，留下了
"只要字画不要孩子"
的故事，再次被今天的
人们所记忆。

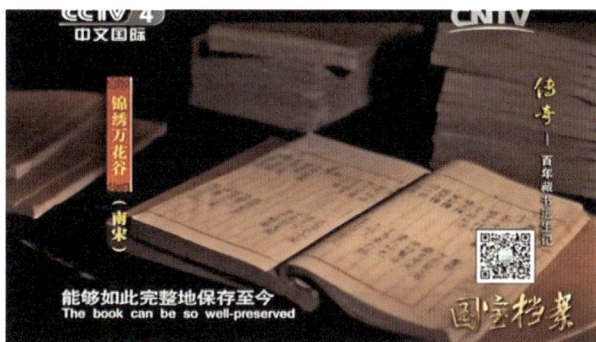

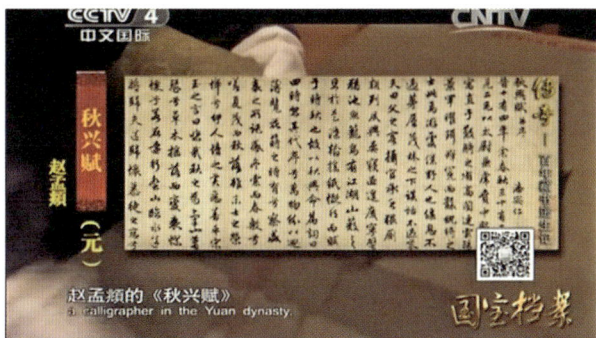

中央电视台《国宝档案》画面

CCTV 专题：吕薇《非常星发布》

扫描二维码观看
央视专题

2014 年 12 月 31 日，星期三。

中央电视台专题画面

央视王牌节目《非常 6+1》推出《非常星发布》特别节目——吕薇专场。

节目中，吕薇发布的是由她主演的大型原创音乐剧《锦绣过云楼》，这部饕餮之作已在苏州、南京、北京等地进行了展演。

同样出生于江南的主持人朱迅，当天携由歌唱家吕继宏、汤子星、张英席、王晰等人组成的男团倾力助阵。朱迅与吕薇这两位苏杭美女聊得相当投机，江南的服饰、文化、语言、音乐等元素贯穿始终；4 位男神团成员在工作中是吕薇的同事，生活中则是吕薇的益友，他们分别与吕薇合作演唱了歌曲。

据央视网报道，当天节目录制长达 4 个小时，在中央电视台综艺频道播出时长达 77 分钟。

此前 3 天，吕薇还做客中国国际广播电台"环球旅游广播"节目，与广大听众分享她主演音乐剧《锦绣过云楼》台前幕后的趣事。

报道称，节目中，吕薇为大家详细地介绍了《锦绣过云楼》的故事背景、创作经历及演出感受。对于这样一部鸿篇巨制的音乐剧作品，吕薇报以满满的信心，祝福这部作品能成为中国乃至世界音乐剧的经典。

节目交流中，吕薇还与听众分享她对苏州的印象，以独特的视角将自己家乡杭州与苏州进行对比，给大家带来不一样的文化享受。结合音乐剧《锦绣过云楼》，吕薇还将与苏州相关的园林文化、民国文化名人、风土人情作了精致的介绍，引得互动的听众赞叹不已，大呼"才女吕薇"。

记得当初筹备排练《锦绣过云楼》时，总导演拿出了多位知名演员的照片，征求出品方意见。作为编剧，一眼认定吕薇正是自己笔下的"虞枕书"。这位西子湖畔长大、被媒体和观众誉为"民歌新天后"的江南女子，有着一种江南灵秀的气质、淡雅古典的秀美。3个多月的剧目排练中，吕薇全身心投入，用心去理解角色，每当排练到动情处，总是泪流满面。一日，笔者突然接到同事来电说吕薇排练时负伤了，急忙查问。原来她和年轻演员一样参加形体等基础训练，因劳累引起旧伤复发，算是虚惊了一场。良好的职业素养，影响着剧组的年轻演员，她们都亲切地称呼她"薇姐"。《锦绣过云楼》演出中，她那清丽婉转、韵味十足的演唱，完美演绎了一个裙裾飘飞的民国女子形象，征服了无数观众。成功塑造《锦绣过云楼》女主角虞枕书之后，这位早已蜚声歌坛的青年歌唱家，更是好事连连。2015年，中央电视台春节联欢晚会上，零点时分，吕薇倾情演唱《把心交给你》。同年，在第11届德艺双馨艺术家评选中，她荣获"全国德艺双馨艺术家"称号。

苏州重修过云楼

2015 年 5 月 18 日，星期一。

今日有媒体报道，为重视和保护过云楼的文化价值，经过当地政府两年的修缮和布展，百年过云楼修缮一新，过云楼陈列馆于 5 月 18 日正式对外开放。

沉寂多年的过云楼进行了全面保护修缮，曾经在此办公的地下管线所、三轮车公司等多家单位全部迁出。经过两年的时间，按照修旧如旧的原则，把过云楼的历史文化复原出来传承下去，以此弘扬藏书文化，再现历代楼主的家风传承。严格按照文物维修的要求修复，按照原样复原，门窗古雅，雕刻精细，木质梁柱都粉刷一新。白墙灰瓦间，修缮一新的过云楼，依稀又恢复了往日的风貌。

真是一个令人欣慰的消息。

3 年前，当"过云楼事件"发生时，人们的目光再一次聚焦到苏州顾氏过云楼，有苏州百姓追问："过云楼登勒啥场化（在哪里）？"

历史的长河总会冲淡世间的一切，曾经辉煌的过云楼也不例外。就在"过云楼藏书"之争激烈进行时，多路媒体记者纷纷造访过云楼。

中新社《北京南京巨资争秘藏古籍，苏州过云楼寂静如往昔》报道，风雨岁月中，过云楼藏书几经磨难，直至 2012 年 6 月，忽然以一种令人眩目的高调姿态，曝光于公众视野中。2012 年 6 月 14 日，正当"过云楼藏书"之争烽烟四起之时，中新社记者李克祥实地走访过云楼，"但在过云楼名满天下之时，苏州过云楼旧居却寂静一如往昔，外面的风云激荡，看不出对这里有什么影响"。"记者先来到干将西路 2 号。石条围成的门口上方，悬挂着'过云楼'的牌匾，但在门的右侧，却又挂着'苏州市地下管线管理所'的招牌。这有点怪异，但在苏州古城内很平常。"

"稍显可惜的是，这厢，争夺'过云楼藏书'正酣，那厢，苏州'过云楼'那幢古朴的藏书楼怕是成了被人遗忘的所在。怕只怕，买家们关心'过云楼藏书'是假，关心藏书给自己脸上贴的那层金是真。"一位苏州网友写下这段文字，颇有些悲凉的味道。"苏州有很多不一样的大木门，有的每天都开，迎接好奇的外乡人一瞥苏州园林的秀色；有的却从来不开，高高的粉墙上涌出的翠绿透露着私家园林的高贵身份和秘密的存在。过云楼离游人如织的怡园仅 100 米，那扇大木门却从来不开，淹没在坊间的烟火气中，成了干将路上的一件老家当，一直摆在那儿。"《文汇报》报道称。

修缮前的过云楼场景

《南方周末》发表《除了 2.16 亿，我们还知道过云楼的什么？》一文，披露了过云楼现状。报道称，"过云楼"一下成为炙手可热的名词。而这里却是"大狼狗，歌舞团，餐饮一条街"。1982 年，过云楼被列入苏州市文物保护单位，2010 年，市文化局又将其列入省文物保护单位推荐名单向省文物局提出了申报。但过云楼地处闹市，又在交通中枢节点上，难免受重点交通工程的影响。

1993 年，在干将路改造工程中，按设计要求，拆除了顾文彬故居第一

进建筑，以增加干将路路幅。

旧城改造需解决资金平衡问题，为此又拆除了过云楼以东所有房屋，其中包括顾宅东侧第一落建筑，以腾出地块建造电信大楼。配合改造工程总体规划，将过云楼、艮庵内的住户全部迁出。

数年前，有关部门曾计划将怡园列入世界文化遗产——苏州古典园林的增补目录。但是与怡园一墙之隔的正是嘉余坊餐饮一条街，餐馆后的垃圾场正对着怡园的围墙，排烟管道排出的油烟早已将怡园的墙砖和窗棂熏得黢黑。恶劣的外部环境，使"申遗"计划被迫流产。

一语成谶，过云楼真的成了"过眼烟云"。珍藏四散，宅园也被拆散。新中国成立以后，顾家人将怡园和房子捐给国家，开放为公共园林。与怡园一巷之隔的顾家大宅，长期归"风光三轮车公司"使用，过云楼则由"苏州市地下管线管理所"使用，另外，还有些公司在顾宅内租房办公。

《扬子晚报》报道，记者昨日采访苏州过云楼顾氏后人，顾笃璜的外甥吴刚坦承舅舅对于藏书最终回归江苏甚感欣慰，可以说是众望所归，"能够集中在江苏，是很好很让人欣慰的一件事情，不管怎么说，国宝免于再漂泊的命运，留在了国家"。吴刚也向扬子晚报记者呼吁，将一度搁浅的"过

修缮后的过云楼场景

过云楼陈列馆内景

过云楼陈列馆内景

云楼陈列馆"继续下去，"冀望过云楼这座昔日的艺术殿堂重焕光彩"。

　　据他介绍，20世纪80年代末，在苏州旧城改造中，原为五落五进的

过云楼陈列馆内景

顾文彬宅第因干将路拓宽及人民路改造，南向两进被拆除，东侧一落被改建为商业用房，过云楼已非原来的深宅内院，变为沿街浅屋。

过云楼修复之初，干将路指挥部与平江区文化馆联手，决定成立"过云楼陈列馆"，并征得顾文彬五世孙顾笃璜同意由他出任馆长。不料主办方提出每年需收取房租金 18 万元，而将建的"过云楼陈列馆"应属社会公益事业单位，无此偿付能力，只得作罢。苏州文化界人士联名上书当时的苏州市委书记杨晓堂，呼吁维持原定筹建"过云楼陈列馆"计划不变，并免收房金，作为公益事业单位面向社会开放，却迟迟没有答复，这已是 1989 年的往事了。

"可以预见，若'过云楼陈列馆'果能成立开放，必将产生深远影响"，吴刚说，"收藏甲江南的过云楼，岂能成为尘封的历史和记忆？"

《现代快报》报道，随着"过云楼藏书文化事件"的发酵，人们的目光也再一次聚焦到这套藏书的"娘家"苏州顾氏过云楼。近日快报记者走进了这座曾经号称"江南收藏第一楼"的过云楼，这里如今是苏州地下管线管理所，早已物是人非，书香不再。"过云楼"的匾额仍悬挂在过云楼主楼上方，只是顾笃璜告诉记者，此匾额已非清道光二十年榜眼冯桂芬题写的原物，亭台楼阁、门窗、湖石等均非原物，过云楼主楼的落地长窗被拆走安装在松鹤楼上。

过云楼修缮一年后的冬日，笔者走进过云楼。只见一楼 3 个厅，分别陈列展示着当年会客厅、书房、画房。会客厅挂有"霞晖渊映"匾额，两侧墙面贴有《过云楼书画记》，书前有顾文彬于 1882 年所作的自序一篇。西侧的书房内，墙上贴有顾麟士编著《过云楼续书画记》。步入一楼东厅，墙上的文字内容是顾公雄捐给上海博物馆的书画目录、顾公硕捐给苏州博物馆的书画目录。靠门的是多媒体画卷，参观者可以浏览代表性的画卷。

二楼陈列了顾家的一些收藏、捐赠轶事。在二楼的最东侧，里面有一个密室。此次修缮过云楼时被意外发现，一个甬道状的暗室，暗室宽约 1.3 米，长约 7 米，高度随屋面坡顶而变化。为了让市民们能够更直观地了解书籍内容，陈列馆内添加了不少高科技的多媒体设备。陈列馆内分布着大大小小的多媒体放映墙，拉开书籍陈列柜下面的抽屉，还能看见书卷造型的触摸电子屏。顾氏后人讲述过云楼的故事可以在这里观看。

苏州重修过云楼，或因受"过云楼事件"影响？无从得知。

CCTV 新闻（11）：《锦绣过云楼》纪念抗战胜利 70 周年

扫描二维码观看
央视新闻

2015 年 4 月 23 日，星期四。

由江苏省文化厅、江苏省戏剧家协会主办的"江苏省舞台艺术精品工程"项目验收演出，在南京紫金大剧院举行。一年前经评审入选精品工程的《锦绣过云楼》，

中央电视台新闻画面

经过再一次修改提高，当晚进行汇报演出。

中央电视台记者现场采访，央视一频道《晚间新闻》以"《锦绣过云楼》纪念抗战胜利 70 年"为字幕标题播出新闻。文字实录：

大型原创音乐剧《锦绣过云楼》昨天晚上在江苏南京上演。该剧以抗战时期日本侵略者妄图损毁有千年历史的国宝古籍《锦绣万花谷》为主线，讲述了过云楼楼主夫妇毁家纾难、舍身护书的悲壮的故事，展现了中华儿女共赴国难的民族大义和英勇无畏。

《锦绣过云楼》在国内外多地演出中，新闻媒体对剧中过云楼主人抗日战争期间守护古籍这一剧情，曾给予大量关注和报道。媒体纷纷以"《锦

绣过云楼》被誉中国版《战争与和平》""《锦绣过云楼》还原真实历史""八百年话过云楼,爱丁堡上的'战争与和平'""《锦绣过云楼》在南京演绎文化爱国"等为标题,报道该剧的演出。

《凤凰周刊》刊发《文脉不断的理由——评音乐剧〈锦绣过云楼〉》一文中写道:"都说人类历史上有四大古文明,却唯中华文明历五千年而不辍。这一则说明,文明薪火之传承延宕并非必然,有太多自然与人为的因素,都可以让一种文明瞬息毁灭,化为灰烬或长眠于地下;另则说明中华文明得以长存之艰辛不易,从焚书坑儒、朝代更迭到军阀混战、外敌入侵与政治运动,千年文脉一次次走到历史的风陵渡口,却被有胆有识之士力挽狂澜。"

"《锦绣过云楼》是一部历史正剧,'国破山河在,城春草木深',文人士子毁家纾难、救亡图存,力保中华文脉不断,却未板起面孔训诫,使剧情过于严肃沉重,而是将儿女情长与家仇国恨相结合,将美与丑、善与恶、战争与和平糅合在一起诉说,以一座藏书楼的兴衰再现了那段烽火历史。"

《中国文艺报》发表《〈锦绣过云楼〉:当国宝古籍与音乐剧联姻》一文:"当国宝古籍与音乐剧联姻,会绽放出怎样的艺术之花?在北京天桥剧场上演的大型原创音乐剧《锦绣过云楼》解答了这一疑问。苏州水乡、才子佳人、诗词书画……各种浪漫元素都汇聚于这部音乐剧之中。然而故事发生的时间——上世纪30年代末似乎预示着,在抗日战争的历史大背景下,这段以书传家、以身护书的故事注定将是凄美感人的。……而在编剧叶建成看来,《锦绣过云楼》的故事不单是传奇,也不只是凄美的爱情,更展现了中华文化五千年的传承:观众可以看到一个记忆中的大美江南,真切感受到中国人在国难当头的家国情怀。"

在《锦绣过云楼》剧情中,日本人骗走过云楼秘藏《古今杂剧》、苏州沦陷时楼主人舍身护书两个桥段,虽是编剧者滴墨倾情之处,但并非刻意为创作抗战题材而艺术虚构的。抗战期间,过云楼主人护送楼内珍藏远走他乡的真实故事,成了创作的素材。一代楼主顾公硕为无力保护楼藏而自沉苏州河的悲剧一幕,更是深深打动了笔者。记得这次汇报演出十来天

中央电视台新闻画面

前，想到剧中男主人公“与楼同焚”一场戏中，只是重复演唱剧中《离骚》部分词曲，似没有完全表达出主人公此时此刻的内心情感，于是，准备重写一段歌词。这一想法得到总导演赞同。经过几天酝酿，新作了歌词《恨与叹》，从主人公面对祖国山河破碎、千年姑苏城破，过云楼将焚三个层面，来描写一介士子内心那种极度悲愤又无奈的复杂心情，在声声呐喊中抒发出一个中国知识分子的家国情怀。写下歌词，轻轻吟诵一遍，感觉进入了剧中主人公的内心世界，眼泪禁不住流了下来。随即用短信发给陈蔚导演，陈导回复“好”！作曲家金复载很快为新歌谱了曲。汇报演出中的新歌演唱，达到了有感染力的舞台效果。

有关《古今杂剧》藏书典故及楼主自沉苏州河的故事，本书下篇将作阐述。

《过云楼日记》（点校本）

2015 年 5 月 21 日，星期四。

顾文彬《过云楼日记》（点校本）新
书首发座谈会在苏州举行。

两年前，过云楼后人顾笃璜先生，将
其高祖顾文彬所撰《过云楼日记》手稿
10 册（其中光绪五年至十年手稿，现归
藏上海图书馆，由凤凰集团影印并转赠顾
笃璜先生），悉数捐赠给了苏州市档案馆。
苏州市档案馆除了妥善保管这份文物外，
专门组织专业人士进行研究整理。这部由
苏州市档案馆、苏州过云楼文化研究会点
校出版的新书，全书 30 万字，是过云楼
第一代主人顾文彬 15 年间宦游生涯与归
隐生活的实录。

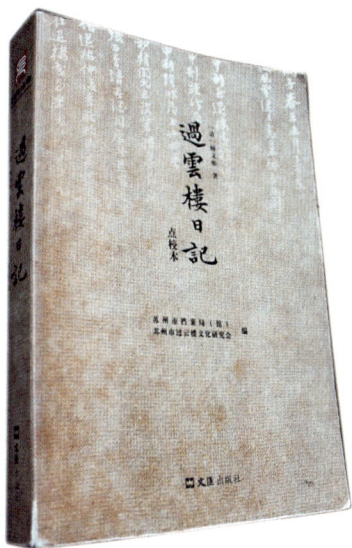

《过云楼日记》（点校本）

清同治九年至光绪十年（1870—1884），顾文彬任浙江宁绍台道台，
后辞官归隐故乡苏州。个人日记是极其私密的载体，既是个人生活的真实
写照，也属于个人的内心独白。翻阅《过云楼日记》发现，顾文彬通过流
水账式的记录，有事则多记，无事则一笔带过，翔实记录了其本人官场及
家庭生活状态，真实反映了个人性情、思想、喜好及其为官之道。

顾文彬为官数十载，是历经同治、光绪两代皇帝的官道中人，与大清
名臣李鸿章、红顶商人胡雪岩等多有交往。官场活动自然是其日记的重要

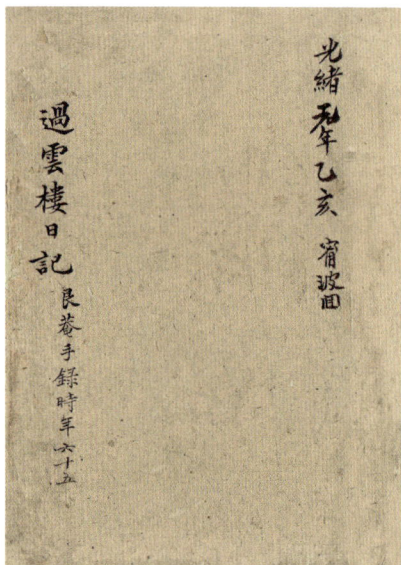

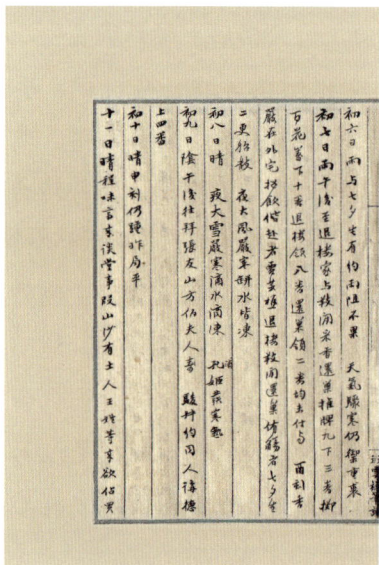

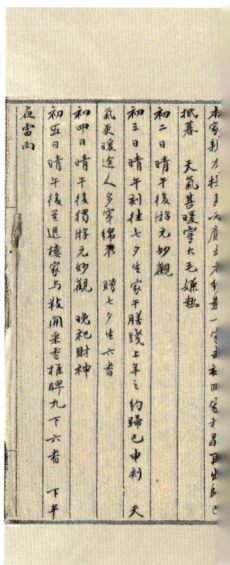

过云楼日记　苏州市档案馆藏

内容。日记记录了屡次趋吉避凶、闯荡官场的宦游生涯，再现了同治、光绪年间官场现形和苏州上流社会人文。即使在归隐之后，顾文彬仍关心时政，与当地官僚保持着密切来往。光绪六年四月一篇日记记载："二十二日，为余七十寿诞，来祝者文武各官，文自中丞（注：中丞是明清时期封疆大吏巡抚的称谓）以下司道府县及织造，武自参游（注：清代武官名，参将为正三品，游击从三品）以下俱亲到登堂，亲友咸集。中午用盆面十五席，大菜共十一席。"凡此类记载，至今仍有着很高的史料价值。

在清代官僚中，顾文彬是一位富有生活情趣的人，既是一位收藏家，也是一位词家。朋僚往来，诗酒唱和，居家生活，鉴赏字画，游戏玩乐，寻访名胜，怡情自乐。这些都在日记中有着生动的记载，其间还夹杂不少诗词。光绪五年十一月初五日记："荣儿三岁，见酒辄喜饮，戏与一诗：偶见当筵酒一樽，便擎双手欲来持，饮中仙合前身是，又似阿翁年少时。"又，"独步园中得句云：柳新舒叶嫩，梅老著花疏"。今人细细读来，满是生活情趣。

作为过云楼第一代主人，有关收藏字画、古籍善本、文房古玩活动，更是日记的主要内容之一。日记中大量记载了鉴赏、收购书画古玩的细节，

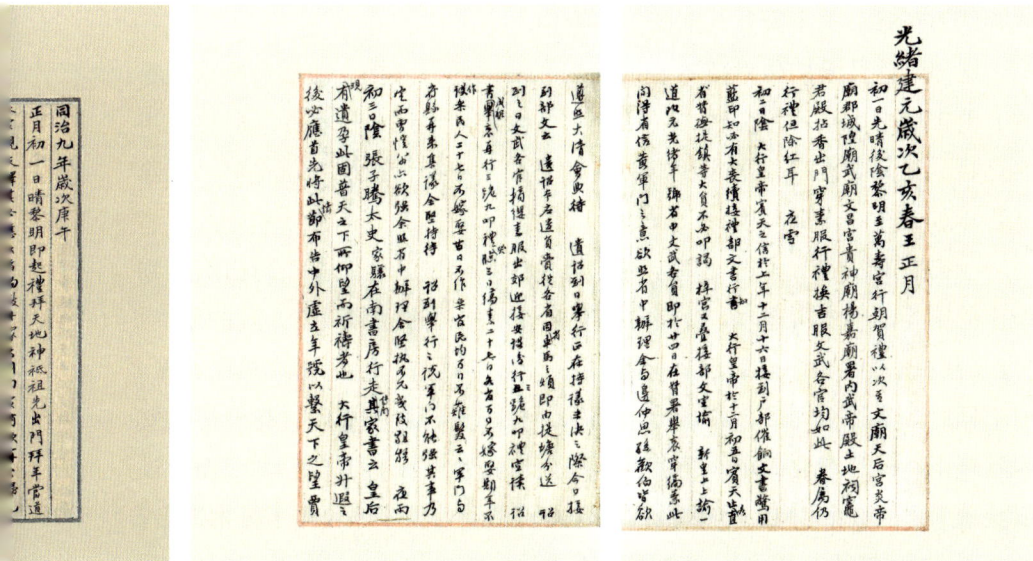

对于考察过云楼收藏，是第一手的史料。特别要说的是，顾氏建造包括过云楼、怡园在内的顾宅大院时，顾文彬还在宁绍台道台任上，儿子顾承在家负责督造。顾文彬除以书信与儿子交流建造构想外，日记中对建园过程有详尽描述。日记也是一份造园史上的珍贵资料。

读《过云楼日记》，仿佛是在听日记主人娓娓道来，为我们讲述一个不一样的人生故事，一个精彩的过云楼前世故事。

再画"天龙八部图"

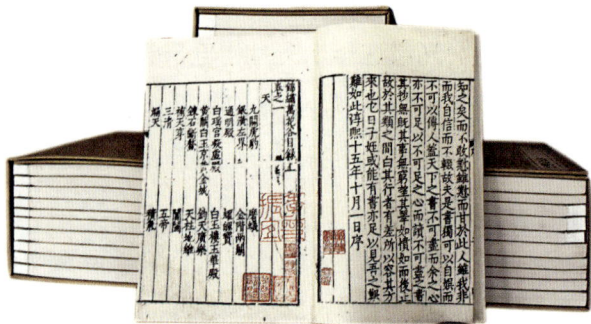

影印本《锦绣万花谷》

2015 年 6 月。

清代学者阮元为宋版《锦绣万花谷》留下了"书成锦绣万花谷，画出天龙八部图"的诗句。

这部卷帙浩繁的传世孤本、世界现存最大部头（指一部丛书的篇幅卷帙）的宋版书，堪称过云楼"镇楼之宝"，经历"过云楼事件"后更是声名远播，让无数人记住了它极富诗意的书名。一部《锦绣万花谷》，更照见百年过云楼的一页风貌。

《锦绣万花谷》再造出版，是凤凰集团按"过云楼藏书"再出版计划推出的第一部善本再造本，以满足社会大众对文化传播和藏书开发的期待。"过云楼藏书"回归江南后，在编辑出版《过云楼藏书书目图录》（凤凰典藏）一书同时，集团公司专门组织专业团队对藏书进行原版影印。在严格的安保环境下，经过专业人员 3 个多月精细操作，完成了 179 部、1292 册"过云楼藏书"的数字加工，为这批古籍善本再造和数据库建设作了技术准备。

影印本《锦绣万花谷》，由集团旗下古籍出版机构凤凰出版社组织出版，采用善本再造的形式，原版原样，传统工艺，宣纸全彩线装，全套四函 40 册。为了使这套影印本纸、墨最大程度接近善本原版，出版社编辑和承印厂专业人员不下 5 次反复比照。翻阅这部善本再造影印本，版式简洁大方，墨香纸润，字体秀雅古劲，从中可以领略到流传 800 多年的故纸遗香和宋代人崇尚的简约之美，更可透过那一纸墨香，让我们感受中华文脉的历史脉动，从一部宋代的百科全书中探寻先人的知识领域。

《锦绣万花谷》，为我们留下了一帧悠长的历史背影！

《过云楼旧影录》面世

2015 年 8 月。

一部名为《过云楼旧影录》的新书正式面世。

《过云楼旧影录》收录了过云楼第四代主人顾公硕先生遗存的一批摄影作品。这次首次结集出版，为人们留下了一份 20 世纪二三十年代的珍贵影像资料。

顾公硕是顾鹤逸之子，是苏州当地早期的摄影爱好者。年轻时的顾公硕爱好旅游和摄影，他与过云楼学馆学友 10 人组织了以怡情养性健身为宗旨的浪华旅行团。一群年轻人一边寻访人文遗迹，陶醉于山水之乐，一边开展当年许多人还无条件涉足的摄影

《过云楼旧影录》

活动。顾公硕之子顾笃璜先生回忆："浪华旅行团是由我家所办，前后活动有 10 多年。现在许多真实记录上世纪城乡社会景象的摄影作品，如《人民解放军进军苏州途中》《藏书农民运石上山》等都是父亲的代表作。"当时的高档照相机多产自德国、日本，为此，顾公硕还专门学习德文和日文。顾公硕和团友的摄影作品，相继刊登在民国时期上海《飞鹰》杂志上。

直到新中国成立后，顾公硕因忙于社会活动再无暇顾及。

顾笃璜先生独家提供《过云楼旧影录》图片，包括人物摄影、工艺美术摄影、砖雕门楼、书画作品、自然风景等，种类丰富，具有重要的资料意义。编者王道是一位青年作家，为辑录顾公硕遗存摄影作品，更走访顾公硕诸多生前好友、名书法家、名画家、名刺绣家，到北京、上海等地走访过云楼顾氏后人，寻找照片背后的线索和故事，搜集相关资料，撰文对影像作品一一解读。这部书展现了一个收藏世家的集体留影，一位斯文士子为历史所遗存的精美影像，让人们得以从影像中了解过云楼及过云楼顾氏一族。

"过云楼事件"发生至《过云楼旧影录》出版的 3 年间，已有《过云楼藏书书目图录》（凤凰典藏）、《符号江苏·过云楼》（中文版）、《符号江苏·过云楼》（英文版）、《锦绣过云楼》（剧本，英文版）、《过云楼日记》等 5 部有关过云楼的书籍出版，更有存世最大部头宋版书《锦绣万花谷》影印再造发行。从"过云楼事件"到一本本关于过云楼的书籍问世，让海内外更多人知道了过云楼，也让过云楼主人践行的文化传承精神得以发扬光大。

宦游鸿雪——一部另类"官场笔记"

2016 年 11 月。

　　《宦游鸿雪》是顾文彬外出求官和做官期间写给儿子顾承的书信集，始自清同治九年（1870）二月至光绪元年（1875）四月，由顾文彬根据书信底稿，亲自誊写，装订成册，记载了顾文彬赴京谋职、任职浙江宁绍台道台五年多时间里寄回苏州的家信，多为写给儿子顾承的，也有个别写给孙辈的。这部保存至今 140 多年的家书集，内容丰富生动，涉及当时官场、社会、个人情趣以及家庭生活等方方面面，是考察晚清时期社会的第一手资料。

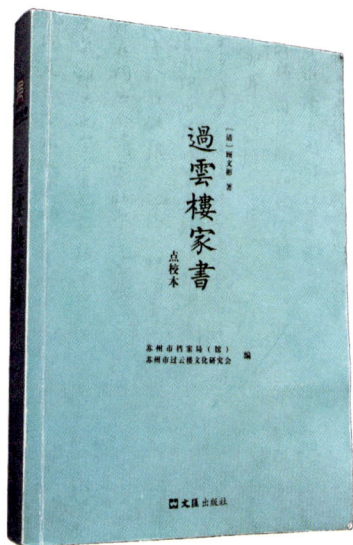

《过云楼家书》（点校本）

　　翻阅顾文彬日记和家书，发现他写日记用词极简，而其家书则内容相当详细，长达千字以上的不在少数，是一部另类的"官场笔记"。家书内容之一，涉及其宦海生涯。详细记述了顾文彬自同治九年至光绪元年期间，从北上京城求职到任职浙江宁绍台道台期间，有关官绅交往、政务办理、海关防务、关税收缴等一系列官场活动。同治九年三月初五，顾文彬赴京城途经上海，给儿子顾承写了家书："……我于初二开船，是日至昆山馆。初三日至黄渡宿。初四日至上海，在船宿。初五日起岸，寓在夷场荣锦里椿记客栈。……余俟搭定轮船，行有准期，再行信告。"这是上京城求官

顾文彬《宦游鸿雪》　苏州市档案馆藏

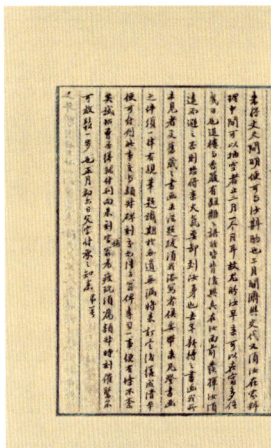

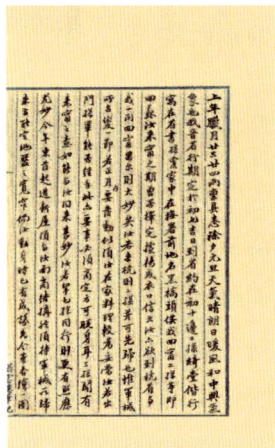

途中发出的"第一号"家书，也是《宦游鸿雪》这部另类"官场日记"的开篇。在顾文彬家书中，有许多记载他与左宗棠、李鸿章等晚清重臣交往、与英美等国驻宁波领事交涉的事实，甚至连在某地围剿土匪等事都有详细叙述。家书内容之二，涉及他的书画文玩收藏。顾文彬与儿子顾承常在鸿雁传书中谈及书画收藏的鉴赏、买卖等话题，记述自己在浙江境内访寻藏品的活动。对儿子在苏州从事的收藏活动，他在家书中悉心指导。同治十一年，他从儿子来信中得知顾承寻访到褚摹兰亭及唐人写经，他在家书中叮嘱："褚摹兰亭及唐人写经，皆人间至宝，幸而遇之，万不可失，失之交臂即悔之终身。……汝料及我遇此尤物，即千金拼得出，真知我心也。""第一秘诀，总以不放出去为要着，切嘱，切嘱！我家既得永师书，兹若再得河南书，则大江以南推为收藏家第一，亦可当之而无愧矣。"家书内容之三，涉及过云楼、怡园建造。营造一座属于自己的"小天一阁"，是顾文彬多年的魂牵梦萦。他在家书中从藏书楼、怡园选址、楼房布局、内部设计到窗格花样、怡园假山构造、古木寻觅等，都与儿子反复沟通，完整记载了过云楼建楼的过程。家书内容之四，为家庭生活。从儿孙教育、财产购置到婚丧嫁娶、财务往来等方面都有提及，是晚清时期宦官人家的生活写照。

　　顾氏后人悉心保藏《宦游鸿雪》近一个半世纪，直到 2013 年 3 月，顾文彬玄孙顾笃璜将其捐赠给了苏州市档案馆。苏州市档案馆对这批史料作了精心整理，历时两年，取名《过云楼家书》（点校本）正式出版。通读《宦游鸿雪》，过云楼主人对中国传统文化的热爱跃然纸上，顾文彬这一历史人物的形象也更为丰满生动。

烟云四合过云楼

展览现场一景

2016 年 12 月 11 日，星期日。

应邀出席苏州博物馆举行的"烟云四合——清代苏州顾氏的收藏"开幕式。下午的开幕式上，主办方与凤凰集团互赠"过云楼"匾额、宋版书影印本《锦绣万花谷》。过云楼顾氏后人、85 岁高龄的顾笃琰先生，携子孙专程从北京赶来，并在开幕式上致词。

江南地区收藏历史文化深厚，而古城苏州收藏盛行"终为历代重心"，更引领了明清两代风骚。苏州博物馆为发掘清代收藏历史与文化、表彰苏州收藏家的传承精神与捐赠义举，精心策划在 2016 年至 2019 年的 3 年间，举办"苏州清代藏家"系列学术展。苏州博物馆陈馆长以为，从过云楼第一代主人顾文彬对"坡公语有会心感悟开始，冥冥之中，就已注定过云楼将成为近两百年中国收藏史上最响亮的名字，不仅仅在苏州、在江南"。于是，清代过云楼顾氏的收藏特展，成了"苏州清代藏家"系列学术展的开启。然而，到了 20 世纪中叶，过云楼遗珍已分藏顾氏后人四房，后或捐赠、或价让，虽大多已化私为公，归藏国有文博单位，但毕竟暌离南北，分藏四方。

东汉班固《两都赋》云："红尘四合，烟云相连。"策划人为展览取了一个颇有禅意的展名——烟云四合。让分藏于南北东西的过云楼遗珍，在数十年后再次汇聚姑苏城，红尘烟云，于兹四合，今人过眼，实乃幸事。这次展出的藏品，分别来自故宫博物院、中国国家图书馆、上海博物馆、南京博物院、南京图书馆、江苏凤凰出版传媒集团、苏州博物馆、苏州图书馆、苏州市档案馆、常熟博物馆等 10 家文博机构。过云楼顾氏一门所藏宋元明清历代书法、绘画、古籍、碑帖、文房用品以及他们的手迹等 84 件精品难得聚首，为人们拼凑出一个完整的过云楼，不仅限于过云楼的收藏概貌，更有以顾氏为代表的前辈收藏家的生活与精神。

选展古籍碑帖中，有名震海内外的宋刻本《锦绣万花谷》，还有北宋福州东禅等觉寺刻《崇宁万寿大藏经本》、宋刻元明递修本《南齐书》59 卷、明刻荣观堂印本《四声猿》4 卷、清稿本《真迹题跋录》不分卷等。现身展览的海内仅见的"因"字不损本《曹全碑》，现收藏于上海博物馆。《曹全碑》全名为《汉合阳令曹全碑》，刻于东汉时期，是公认的汉代隶书极致的代表作，明朝万历初年于陕西出土。《曹全碑》出土后没多久，就在搬动过程中损毁了右下角的"因"字，后又因狂风吹倒树木被砸断为两段，因此现存碑拓均为受损后的拓片，而过云楼曾经藏有的这一《曹全碑》拓片是明代《曹全碑》出土后的初次拓片，又称"因"字不损本。这次展览让人们能有机会一睹其真容。

更让人惊喜不已的是，昨日布展时，笔者忽见展柜中展开的一页书页上，题名刻有"古杭新刊关目的本李太白贬夜郎"字样，正文中"点绛唇"大字分明是曲律名，页面右下方藏书印"士礼居藏"赫然入目。真是喜出望外，难道是那部被日本人岛田翰从过云楼骗走的秘籍奇书？是曾让无数学人扼腕叹息的《古今杂剧》么？急忙请教在场的国家图书馆工作人员，方得知这部古籍正是元刻本《古今杂剧三十种》。这部收录中国古代戏曲的珍本秘籍，曾为清代著名藏书家黄丕烈士礼居旧藏，后入藏过云楼。此书流失日本后，几经辗转，由中国学者罗振玉购得带回国内，现藏中国国家图书馆。今生得以过眼这部天下奇书，岂不快哉幸哉？！罗振玉何许人也？他又是如何得此瑰宝？不少读者朋友可能并不熟悉这位历史人物。晚清时期，罗振玉可是声名显赫的大学问家。罗振玉（1866—1940），字式如、叔蕴、叔言，号雪堂，晚号贞松老人、松翁，江苏淮安人。中国近代农学家、教育家、考古学家、金石学家、敦煌学家、目录学家、校勘学家、古文字学家，中国现代农学的开拓者，中国近代考古学、甲骨学的奠基人。

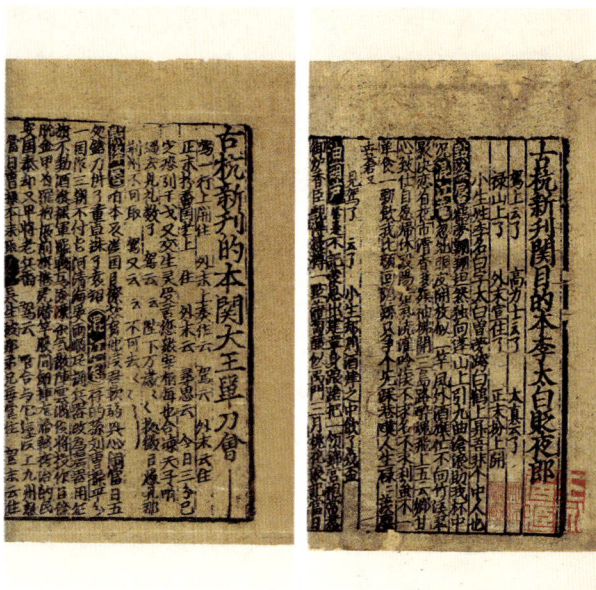

元刻本《古今杂剧三十种》

一生著作达189种，校刊书籍642种。说到甲骨文，不少人自然会联想到郭沫若，因为他著有《甲骨文字研究》二卷，被称为"甲骨文发展史上的一座丰碑"。这样的历史记忆有失偏颇，其实，"丰碑"最该归属另两位历史人物，一曰王懿荣，二曰罗振玉。罗振玉一生最大的贡献，莫过于考证确定了甲骨文的出土地——殷墟遗址。史学界公认的事实是，最先发现"龙骨"上刻画的印痕是甲骨文并为殷商时代文字的，是光绪年间南书房行走、国子监祭酒、金石学家王懿荣。后罗振玉经过考证，1915年又亲赴安阳实地考察，收集甲骨，不仅查实了"龙骨"出土地是河南安阳小屯村，而且确定甲骨出土地小屯即殷墟遗址，也就是殷朝国都。在甲骨学研究方面，著有《五十日梦痕录》《殷虚书契前编》《殷虚书契菁华》《铁云藏龟之余》《殷虚书契后编》《殷虚书契续编》等。王懿荣的重大发现，把中国文字的起源一下子向前推进了上千年，而罗振玉的科学考证，则被列为20世纪中国"100项重大考古发现"之首。郭沫若曾写道："在中国文化史上实际做了一番整理功夫的要算以清代遗臣自任的罗振玉……"虽是正面评价，却有抑罗之嫌。只是这位清代遗臣在政治上十分保守，始终效忠清室。辛亥革命爆发后，罗振玉携眷逃亡日本，九一八事变后又追随溥仪，受世人所批判。时势造英雄，故而江山代有才人出。时势也造悲剧，致使一些人在逼仄的狭道上跌宕坎坷。罗振玉属于中国知识分子中的一位悲剧性人物，这或许是这位文化巨匠不被后人所记忆的原因。然而，这样一位对中国文化史作出重要贡献的历史人物，是不该被忘却的，那座属于他的"丰碑"

在哪里？哪怕是小小的。至于罗振玉是如何收藏《古今杂剧》的，已无从考证。作为中国古文物学术权威和收藏家的罗振玉，与日本文化界有着密切交往。有机缘让他遇见这部人间至宝，并携归中华大地，或是这位老者对生于斯长于斯的土地所表达的一种历史愧疚吧？

罗振玉旧照

话说远了，还是回眸展览现场。

在选展绘画中，有故宫博物院收藏宋代杨无咎《四梅图》长卷，元代钱选《山居图》卷、王蒙《竹石图》、赵天裕柯九思等《七君子图》卷，明代沈周《杏花图》、文徵明《湘君湘夫人图》《周臣俞节妇刺目图》、唐寅《五公拜相图》卷、唐寅仇英《刺目图》卷、董其昌《岚容川色图》，清代龚贤《山水图册》、恽寿平《富春大岭图》等，且大多著录于顾文彬《过云楼书画记》、顾鹤逸《过云楼续书画记》。

宋代杨无咎《四梅图》，借展于故宫博物院。人们从其堪称传奇的递藏史中，就可略窥它的珍稀程度。在过云楼收藏以前，它曾经元代的柯九思、吴镇，明代的沈周、文徵明、文彭、项元汴，清代的宋荦、笪重光、梁山舟、陆谨庭、程心柏、潘遵祁等人鉴藏，单单布满画卷的各个年代的收藏印，就令人叹为观止。杨无咎（1097—1171），南宋词人，字补之，号逃禅老人，又号清夷长者，诗、书、画兼长，墨梅艺术在画史上影响尤其深远，在当时已经声名远播，有"得补之一幅梅，价不下百千匹"之说。《四梅图》是杨无咎最著名的传世花卉作品。画卷分四段描绘梅花从含苞到初绽、到怒放，直至最后凋零的全过程，纯用水墨，可分可合，每段自成一幅。从自跋中可知，这幅《四梅图》为杨无咎69岁时应友人范端伯之请而画："要余画梅四枝，一未开，一欲开，一盛开，一将残，均各赋词一首。"画中梅花"未开"，在疏枝斜干上突出描绘了花苞的聚五攒三，以少胜多；画中梅花"欲开"，在枝干上布了些整朵梅花，花瓣清晰可数而不露其花蕊，以求含蕴；画中梅花"盛开"，则极写其雨浴脂浓，烟笼玉暖之致；画中梅花"将残"，则堕溷飘零，偃蹇自嗟。即使留在枝上的残梅，也是蕊托外露，已无一瓣可寻！四段梅花图，将梅花的盛衰过程表现得淋漓尽致。

（宋）杨无咎　四梅图卷，纸本，水墨，纵 37 厘米，横 358.8 厘米，故宫博物院藏

杨无咎　四梅图卷　之一（局部）

杨无咎　四梅图卷　之三（局部）

杨无咎　四梅图卷　之二（局部）

杨无咎　四梅图卷　之四（局部）

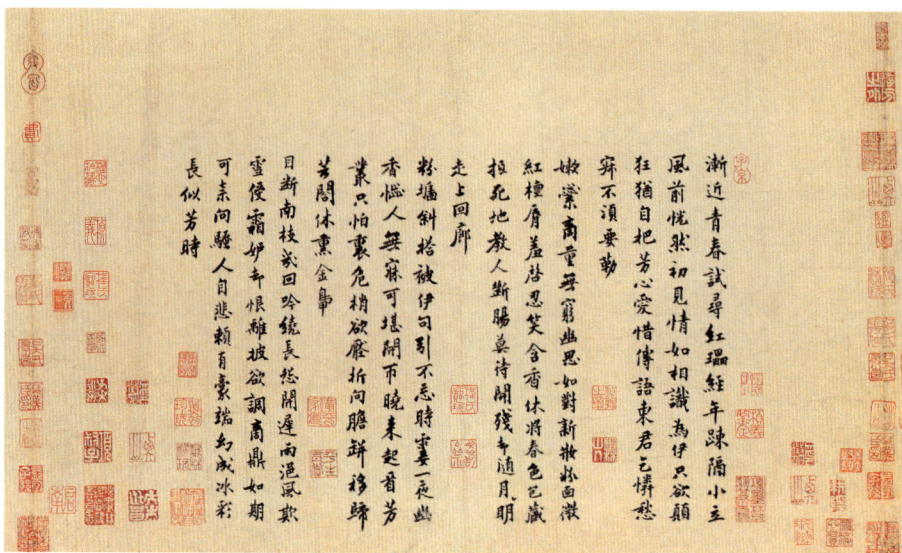

杨无咎　四梅图卷　之五（局部）

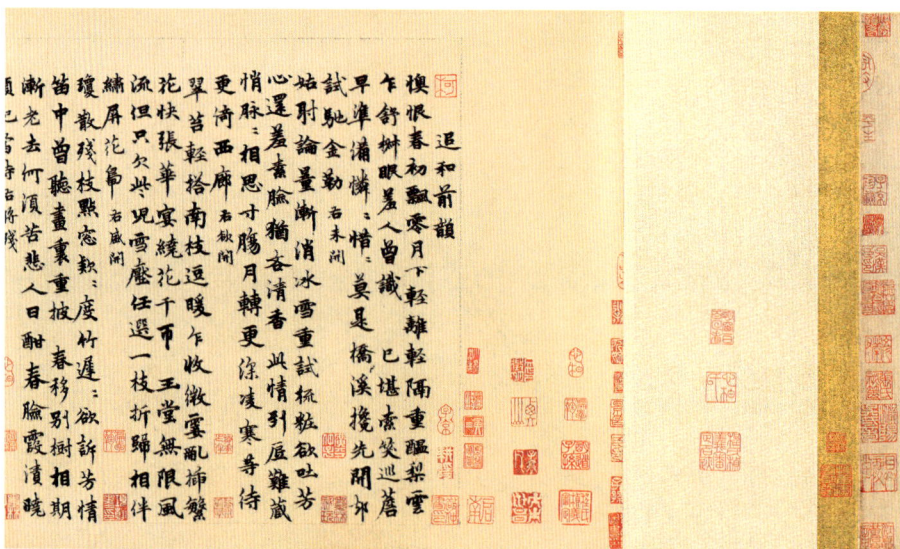

杨无咎　四梅图卷　之七（局部）

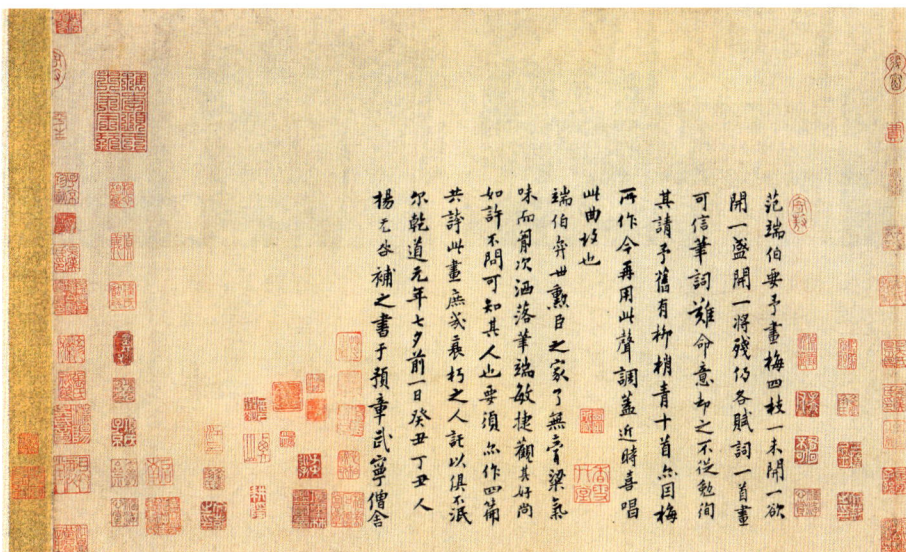

杨无咎　四梅图卷　之六（局部）

杨无咎　四梅图卷　之八（局部）

展览现场照。左图为苏州博物馆向凤凰集团赠送"过云楼"匾额。右图为顾氏后人顾笃璜与笔者合影

据传，当时有人将杨无咎的作品携入宫中，宋徽宗讥之为"村梅"，认为"不合上意"。杨无咎倒是索性以"奉敕村梅"自题。据说，顾文彬当年是以一袭貂裘交换，将其收藏进过云楼的。

选展书法中，有董其昌旧藏、王羲之后人《智永真草千文》，范仲淹手札，祝允明《楷书诗外传卷》《九愍诗卷》《正德兴宁县志稿》，以及唐寅《行书龙头诗》、文徵明《小楷落花诗》、董其昌《楷书先世告身》等。选展的过云楼主人旧藏文房陈设中，有西周青铜器"齐侯匜"、春秋晚期"于璋钟"等，其中"齐侯匜"铭文多达 22 字，可知当是齐侯为其夫人虢国君主的女儿良女所铸。展品中有一件橄榄核舟船小摆件，放大镜下观之，惊叹清晰可见清乾隆年间苏州核雕艺人杜士元款，船中 6 人更是似如米粒，栩栩如生。整个雕刻件工细入微，技艺精巧绝伦，堪称核雕绝世佳作。透过这些文房珍玩之物，足见楼主顾氏收藏之精致。特别值得一提的是展厅陈列的过云楼、怡园史料，顾氏四代著述、画作、手稿。从顾文彬日记、家书，可见过云楼、怡园的建造过程；《过云楼书画记》《楚游寓目编》，详载着主人搜集书画古物的情形；观赏《吴郡真率会图》《悟到琴心图》，眼前仿佛重现当年怡园雅集的场景……

过云楼珍藏的短暂汇集，只持续 4 个月，又一次烟云过眼！却是后人对于过云楼主人那份文化坚守表达的崇敬。

晚宴席间，来到顾笃璜先生及顾家人面前，以茶代酒表达敬意。

中篇结语

中国的书籍出版历史悠久，萌生于西汉，兴盛于唐代，上下千年间，一代又一代出版人为书而生，使中国古代灿烂的文化得以传承，为人类文明作出巨大贡献。

凤凰衔书，书蕴凤凰。以传承文化为使命的凤凰人以一件"凤凰衔书"玉雕，表达自觉践行文化使命、为文化大发展大繁荣贡献力量的决心，恪守让"过云楼藏书"的社会、文化和历史价值发扬光大的承诺，倾力全方位开发"过云楼藏书"。更有一批文化界人士关注过云楼，参与到过云楼藏书文化研究之中，有关过云楼的研究成果不时涌现。"过云楼"不断演绎着新的文化传奇：一次次"过云楼藏书"的震憾展示，让社会公众感受到中华古籍的神奇魅力；一部部有关过云楼的书稿付梓发行，让过云楼顾氏的形象变得生动立体；一场场《锦绣过云楼》的倾情演出，让无数观众潸然泪下、心弦颤动；还有百年过云楼修缮一新，重现书香四溢的景致；更有国宝古籍《锦绣万花谷》的影印出版，"让中华文脉绵延下一个五千年"。在短短 5 年时间里，"过云楼"开发，虽还称不上蔚为大观，却也已是穰穰满家。

霞晖渊映——过云楼门额上 4 个隶书大字，仿佛在诉说：过云楼不再烟云过眼。

附录1：新闻媒体报道"过云楼藏书"回归江南一览（部分）

人民日报（海外版）：《过云楼藏书首度合璧》（2013 年 12 月 2 日）

新华网：《吕薇做客国际电台聊〈锦绣过云楼〉》（2014 年 7 月 28 日）

中央电视台：《非常 6+1 "非常星发布"特别节目——吕薇专场，发布吕薇主演大型原创音乐剧〈锦绣过云楼〉》（2014 年 12 月 31 日 CCTV13 综艺频道）

中央电视台：《〈锦绣过云楼〉纪念抗战胜利 70 周年》（2015 年 4 月 23 日 CCTV13 新闻频道）

央视网：《音乐剧过云楼幕后短评：好戏是这样炼成的》（2014 年 6 月 4 日）

光明日报：《过云楼藏书在南京隆重展出，历尽劫波古籍在合璧亮相人争睹》（2013 年 12 月 3 日）

中国新闻网：《〈锦绣过云楼〉将登舞台演绎天价藏书背后传奇》（2014 年 5 月 5 日）

中国新闻网：《音乐剧〈锦绣过云楼〉被誉中国版"战争与和平"》（2014 年 9 月 12 日）

中国新闻网：《苏州过云楼陈列馆开馆呈现江南著名藏书楼历史》（2015 年 5 月 18 日）

新华网：《〈锦绣过云楼〉在南京演绎文化爱国》（2014 年 10 月 3 日）

凤凰周刊：《文脉不断的理由——评音乐剧〈锦绣过云楼〉》（2014 年第 34 期）

凤凰网：《过云楼从哪里来的？》（2015 年 6 月 9 日）

中国新闻出版报：《凤凰传媒立体化挖掘过云楼藏书故事》（2014 年 8 月 8 日）

中国艺术报：《〈锦绣过云楼〉充满江南雅集韵味的音乐剧》（2014

年 7 月 14 日）

文汇报：《江南著名过云楼收藏比落槌的天文数字更抓人》（2016 年 12 月 28）

新华日报：《专家考证锦绣万花谷：或为卢襄子孙所作》（2012 年 8 月 17 日）

新华日报：《过云楼藏书珍贵程度无法用金钱衡量》（2013 年 12 月 3 日）

扬子晚报：《过云楼藏书亮相海峡两岸书会台媒体蹲点守候》（2012 年 9 月 13 日）

扬子晚报：《过云楼藏书获 5 亿保险创艺术品单笔保单纪录》（2012 年 12 月 12 日）

扬子晚报：《吕薇担音乐剧"锦绣过云楼"女主演民国女文青》（2014 年 5 月 6 日）

扬子晚报：《上半场很好看，下半场很震撼　看了"过云楼"，不信你不哭》（2014 年 6 月 4 日）

扬子晚报：《〈锦绣过云楼〉首演五场完美收官　观众点赞：美哭了》（2014 年 6 月 22 日）

扬子晚报：《〈锦绣过云楼〉惊艳"开楼"　尽显江南之美观众赞"业界良心"》（2014 年 6 月 28 日）

扬子晚报：《江苏书展：首发新书展现"过云楼秘藏"风貌》（2014 年 7 月 4 日）

扬子晚报：《百年过云楼修缮一新对外开放意外发现密室》（2015 年 5 月 20 日）

华闻周刊（英国）：《八百年话过云楼　爱丁堡上的"战争与和平"》（2014 年 9 月）

香港大公报：《〈锦绣过云楼〉七月赴英国演出》（2014 年 5 月 5 日）

香港大公报：《〈锦绣过云楼〉上演》（2015 年 1 月 12 日）

北京青年报：《天价"过云楼"唯美上舞台》（2014 年 11 月 15 日）

北京晚报：《私家收藏秘史：过云楼主人的"淘宝"传奇》（2015 年 8 月 27 日）

东方收藏杂志：《过云楼藏书题跋考释》（2016 年 08 期）

姑苏晚报：《一代宗匠顾公硕》（2014 年 9 月 9 日）

今日头条：《苏州过云楼，但愿不是"过眼烟云"》（2015 年 5 月 21 日）

广州日报：《古籍善本身价暴涨过云楼藏书曾拍 2 亿天价》（2013 年 3 月 25 日）

深圳商报：《音乐剧〈锦绣过云楼〉演绎一段情》（2014 年 12 月 30 日）

网易艺术：《2012 年度十大艺术事件》（2012 年 12 月 30 日）

文物鉴定与鉴赏杂志：《关于过云楼藏书拍卖之影响》（2012 年 10 月）

现代快报：《"过云楼藏书"保单创 5 亿天价超出成交价两倍》（2012 年 12 月 13 日）

新浪博客：《过云楼人间至宝收藏故事》（2014 年 6 月 15 日）

新世纪图书馆杂志：《傅增湘与顾鹤逸交往事略举隅》（2013 年第 5 期）

烟台大学学报：《浅谈国家对珍贵文物的优先购买权》（2016 年 9 月 20 日）

艺术财经杂志：《"过云楼藏书"两进拍卖场的经历》（2015 年 8 月 3 日）

芷兰斋：《顾氏过云楼西津草堂：书画名世，古籍秘藏》（2016 年 8 月 15 日）

中国档案报：《过云楼第四代主人顾公硕》（2013 年 1 月 4 日）

中国档案报：《风雅吴郡真率会》（2015 年 10 月 16 日）

中国江苏网：《央视来苏取景拍摄纪录片〈过云楼〉》（2013 年 9 月 4 日）

中国台湾网：《陈海燕畅谈国宝"过云楼秘藏"回家》（2012 年 9 月 12 日）

出版人杂志：《〈锦绣过云楼〉唱响书香苏州》（2014 年 7 月第 7 期）

书城杂志：《王道："落花"无言，承续有仪》（2015 年第 12 期）

和讯头条：《2012 艺术品收藏市场的噱头与博弈》（2013 年 1 月 4 日）

环球人物杂志：《顾笃璜，留住昆曲的原汁原味》（2012 年第 31 期）

苏州杂志：《我所知道的过云楼和顾麟士》（2015 年第一期）

环球人物杂志：《〈锦绣万花谷〉里的谜题》（2016 年第 20 期）

雅昌艺术网：《除了过云楼，藏书楼背后的传奇故事你知道多少》（2016 年 12 月 15 日）

附录2：《锦绣过云楼》剧评

奇缘书为媒，锦绣过云楼——原创音乐剧《锦绣过云楼》观后感

作者　景作文（中央歌剧院著名评论家、演奏家）

《歌唱世界》杂志 2014 年第 8 期

"大美姑苏城，奇缘书为媒，锦绣过云楼，后世传英名。"

一段凄美的故事，一段悲欢的历史，百年藏书楼中的跌宕起伏，记述了中华文人以血泪和生命保卫祖国文化古籍的英雄壮举。这是一个感人的情节，一个传奇的经历，一个带有鼓舞性和感染力的题材。由凤凰出版传媒集团、江苏演艺集团以及国内著名音乐剧专家合作，共同创作推出的大型原创音乐剧《锦绣过云楼》，就是以这段故事和经历为素材编写的。

2014 年 6 月 26 日，《锦绣过云楼》在美丽的苏州古城举行了首演，当晚，苏州大剧院内高朋满座，且大部分都是年轻人，他们对于通俗易懂的音乐剧形式十分喜爱，对这个文化色彩较浓的作品，亦有着理解上的很好回应与反馈，应该说，《锦绣过云楼》作为一部音乐剧，是能够给当代青年人带来欣赏、娱乐、教育等多重目的的。

《锦绣过云楼》的情节是浪漫而曲折的。收藏大家顾麟士，矢志寻访祖上寻觅未得的稀世古籍《锦绣万花谷》。枫桥码头，他与落难女虞枕书偶遇。共同的爱好使他们相恋、相爱，步入了婚姻的殿堂。虞枕书为顾麟士献上了秘藏的《锦绣万花谷》，顾麟士大喜望外。然而，血雨腥风，国难当头，当日寇的强盗魔爪伸向过云楼时，粉墙黛瓦下的家族兴衰系于一

旦。顾麟士、虞枕书与古籍一起经历了严峻考验，跌宕与磨难之后，他们终于保住了这稀世珍宝，但其间令人洒泪的悲欢离合，亦给人们带来了久久的思考与回味……

这是一部优秀而感人的作品，是音乐剧形式在近年来产生阶段性飞跃的典范。它的戏剧情节、音乐魅力、舞台效果，都在一种相对成熟的框架下，给人们带来了新的艺术感受。特别是在新形式、新内容的创作尝试上，《锦绣过云楼》达到了令人眼前一亮的效果。

这部音乐剧的创办班子是很强的，编剧叶建成是凤凰出版传媒集团的副总经理，黄孝阳是江苏文艺出版社副编审。作曲是上海音乐学院教授、著名作曲家金复载，导演是中国音乐学院表演教研室主任陈蔚，其余如舞美设计刘科栋、灯光设计邢辛、音响设计田辰生等，亦是中国歌剧、音乐剧界中的精英人物。

音乐剧的主唱演员也很出色，饰演男主角顾麟士的是总政歌剧团的汤子星，饰演女主角虞枕书的是海政歌剧团的吕薇，饰演岛田翰的是中国歌剧舞剧院的高鹏。以下还有江苏省演艺集团的姜孝萌、申楠、方鹂鹂、徐毅侠等青年演员参演。乐团为江苏省演艺集团交响乐团，指挥张少。

人们都清楚，无论是歌剧还是音乐剧，编剧的剧本创作都是关键。在历史的经验中，一部音乐戏剧的成功不见得都归功于编剧，而一部音乐戏剧的失败则必是编剧的首责。《锦绣过云楼》的编剧是两位熟悉戏剧和文学创作的人士，他们以强烈的文化使命感对待创作，以保护珍稀古籍，传承中华文脉为思想核心，奋笔写出了这部带有博大情怀的音乐剧剧本。

说实话，《锦绣过云楼》的情节有些偏重，它应该是一个很好的歌剧题材，但既然用音乐剧来表现，就必须以音乐剧的特色和文本标准来创作。剧作者叶建成、黄孝阳为此动了很多脑筋，在故事的串联和戏剧的发展中，尽量以"书为媒"的爱情情节为线索，以诗书词语、曲茶绣玉的浪漫情调为衬托，将如诗如画的大美江南和书香四溢的过云楼形象"和盘托出"。而在形式与色彩的展现上，亦以清雅温婉的南国之韵，为姑苏吴地的风雅民俗披上了自然的"面纱"。

《锦绣过云楼》的剧本有着浓郁的文化气息，其中书香色彩与江南文气的结合，给人们带来了清新的儒雅之风，亦给作曲家带来了音乐上的"飘逸"灵感。而剧中人物关系的发展、情节进行的展示、戏剧冲突的迭起，则给作曲家提供了相对清晰的逻辑脉络，为其音乐创作提供了恰当的氛围。这也是这部音乐剧在音乐上获得成功的原始基础。

《锦绣过云楼》的歌词写得十分优美，其中浸透着隽永的江南韵律，呈现着纯朴的诗情画意。我最喜爱"大美姑苏城"的词句："千年姑苏城，人间天上最是繁华，虎丘剑池，恰似名士风流映朝霞。"这词句荡人情怀、耐人寻味，似有文人骚客的浪漫意境。此外，"书为媒""中华文脉"等唱段的歌词，亦有着异曲同工之妙。

看过《锦绣过云楼》的观众和专家，无不对这部音乐剧的音乐印象深刻。金复载是著名的作曲家，近年来专注于音乐剧的研究，先后写下了《日出》《马路天使》《最后的瞬间》《鲜花烈火》等优秀音乐剧。《锦绣过云楼》是金先生近期的佳作，音乐上的优点和特色十分突出，下面我一一简评。

一、形式定位准确，旋律美而动听。《锦绣过云楼》的音乐是真正的音乐剧音乐，它秉承的是好听、易懂、民族乐风强的原则，通过传统与现代，时尚与民俗的结合，将戏剧情节、艺术表现、舞台色彩等因素有机地连接起来，最终形成了整体的、具有严密结构和鲜明特色的音乐剧。

这部音乐剧中有着太多动听的旋律，从这些旋律中，人们听到了江南民歌、苏州评弹以及地方昆曲的素材，而这些素材在金复载的手下，变成了活生生的、具有江南声韵雅集的各个唱段。此外，日本音乐中的民族调式（特殊五声音阶Ⅵ Ⅶ Ⅰ Ⅲ Ⅳ）运用得亦很巧妙，其间旋律和节奏的变化很是生动，这是作曲家突出的创作才能的充分体现。

二、结构把握严谨，取长歌剧优点。作为一部音乐剧，《锦绣过云楼》有着完整的戏剧结构，从序幕到尾声，故事情节层叠环扣，尽在情理之中。金复载的音乐创作，严谨地把握住了这种戏剧结构。他将音乐结构与戏剧结构相结合，呈现出了自然的音乐高潮和戏剧动力，而这种自然和流畅，对于音乐幅度和音乐张力的控制起到了很好的调节作用。

对于金复载这样的著名作曲家来说，写音乐剧一定不会"从简而终"，那种歌曲"罗列"加舞蹈"走台"式的音乐剧，不是这位富有功力的作曲家所追求的。《锦绣过云楼》无论从哪方面来看，都是一部经过深思熟虑的创作，而既然是创作，就要有创意性的构思和方法。《锦绣过云楼》给人的印象是一部有深度、有内涵的音乐剧，受剧情的影响，它必须带有一定的复杂性和深刻性。为此，作曲家在剧中借用了很多歌剧的表现手法，取得了显著的效果。

人们看《锦绣过云楼》，都感觉它的唱段显得丰富而有"分量"，那是因为作曲家在很多地方吸收了歌剧咏叹调及重唱的优点，这些咏叹调和重唱式的唱段，最大的特点是加强了角色心理情感的表现，继而大大提升了声乐在剧中的推动力，而大场面混声合唱的运用，则完全是歌剧化的表现与处理，它对渲染剧情高潮，带动戏剧发展，起到了明显的升华作用。

三、节奏变化丰富，配器效果奇妙。一般来讲，在一部音乐作品中，节奏是音乐的动力，配器是音乐的色彩。而对于音乐剧这样的形式来说，这两项因素既是剧情活力的体现，又是音乐"气场"的凝聚点。金复载在《锦绣过云楼》中，灵活运用了江南民歌乃至苏州评弹式的抒情节奏以及动感强烈的民间舞蹈节奏，并使二者穿插于剧中，达到了鲜明的对比效果。特别是第二幕中日本武士的串场戏，作曲家在日本民族五声音阶旋律的基础上，配以了轻佻的舞曲节奏，使角色的音乐性格显得愈加轻狂、嚣张和无聊。

《锦绣过云楼》的配器富有新意，其中电声吉他的运用很奇特，此外笛子、二胡、管子等民族乐器的使用，都起到了一定的特殊效果。

《锦绣过云楼》的音乐富有"滋润感"，几首主题曲也有着易记易唱的特点，我个人对此十分欣赏。

中国音乐学院音乐表演教研室主任陈蔚，是国内目前活跃的歌剧音乐剧导演。她执导的戏我看过很多，仅写过评论的就有《舍楞将军》《唐山的龙年》《木雕的传说》《再别康桥》《大汉苏武》《红河谷》等。此次的《锦绣过云楼》，是我近期看她执导的第二个戏（紧接去年的《大汉苏武》），感觉上"似曾相识"却又别具一格。陈蔚导戏有几个特点，一是善于启发演员的情感表达，尤其是担任"对手戏"的演员。她能够通过一系列调配手段，最大限度地调动双方情感的控制与宣泄。二是合理利用舞台上"点"与"面"的对比，充分达到突出主题、帮衬主题的作用。还有，她能将舞台上的动感与静态场面相结合，继而达到最佳的视觉冲击和反衬效果。正因为如此，她的舞台调度显得充实而丰满，剧中的歌唱演员、舞蹈演员、哑剧演员，都能够在自己恰当的位置上发挥作用。《锦绣过云楼》继续了她以往执导的优点，同时在焦点的突出和场面的优化上又有了新的提高。特别是剧中的一些大型场面，有着比以往更加富有"气势"的整体调度。

《锦绣过云楼》的舞美设计、灯光设计、服装设计都不错，很有江南秀雅的"清澈"感，而火烧过云楼的舞台效果，又具备了一种大气的"恐怖"感，这里面，多媒体技术的作用呈现得很清晰。在此，我要向舞美设计刘科栋、灯光设计邢辛、多媒体设计胡天骥等一批年轻艺术家表示赞赏。

作为年轻一代的歌唱演员，汤子星、吕薇、高鹏等人此次担纲重任，饰演了音乐剧中的主要角色。对于他们的演唱和表演，我从内心里感到敬佩，这些过去经常在晚会上演唱的歌手（高鹏除外），如今涉足于音乐剧，对他们来说即是一个新的尝试，又是一个新的锻炼。说实话，几位演员（包括B组的演员）在唱演上均有不同的优点，应该给他们打75分以上。然而要用更高的标准衡量，他们的声音质量（包括音准）、音乐表现、举止做派、表演气质，都还有着很多缺憾和较大的提升余地。为此，努力学习、加强实践，提高实力，是我对这些年轻演员们的希望和要求。

《锦绣过云楼》是一部好戏，但在创作上的确存在着一些问题和不足，首演第二天的研讨会上，不少专家都提出了各自的看法。我本人在很多方面与大家同感。

《锦绣过云楼》尽管还有许多不够成熟之处，但它的确是近年来我国音乐剧创作中的优秀作品。它的首演，是中国音乐剧事业中的一件大事，同时也是全国音乐剧界同仁们的自豪成果。我个人对从事音乐剧研究、探讨和创作的艺术家表示敬佩，对这项在新世纪中最为流行的剧种表示关注。有朝一日，带有浓郁中国特色和风格的音乐剧，能够入围欧美各国一流音乐剧保留剧目之内，那将成为我们全体音乐剧艺术工作者的真正骄傲。（本文有删节）

凤凰和鸣 古书奇缘——听音乐剧《锦绣过云楼》首演

作者 陈志音（著名评论家，原音乐周报副总编辑）

《歌剧》杂志 2014 年第 10 期

　　中国出版业最富实力、最具影响的凤凰集团，始于"书"亦成于"书"，"书"为其立身之本。因一部古书及一座藏书楼，"凤凰"首度和音乐剧结缘。2012 年 6 月，"凤凰"以 2.1 亿元成功竞拍宋版传世古籍善本《锦绣万花谷》，引发社会关注；2014 年 6 月，"凤凰"投资出品成功首演大型原创音乐剧《锦绣过云楼》，引发热议好评。

　　《锦绣过云楼》，从古书名和藏书地各取一词，联缀组合浑然天成。江南百年藏书楼第三代楼主顾麟士和虞枕书伉俪为原型的男女主人公，将一段以书为媒的旷世情缘，演化为一部序曲、尾声和三幕八场结构的音乐剧。全剧所具有的人文内涵、地域色彩、民族精神，因其特定内容不言而喻，尽在其中。

　　音乐是音乐剧的灵魂。金复载堪称我国音乐剧创作的开拓者之一，更是同代作曲家里音乐剧创作成果斐然的典范。他为《锦绣过云楼》谱写了大量富于江南地域鲜明风格的音乐，吴地民谣、苏州评弹等素材，在音乐剧特有的语言格式中，闪耀着"根"文化的光彩。混声合唱与女声独唱《大美姑苏城》，一首优美婉约而清新动人的赞歌；男女声对唱与重唱《书为媒》，一首欢悦流丽而意趣盎然的情歌；男声独唱与重唱、合唱《中华文脉》，一首雄健庄严的颂歌。在婚房中，男女主人公的对唱、重唱《锦绣万花谷》，既是"书为媒、一世缘"的生花妙笔，更是全剧重要戏眼的点睛之笔。

　　同样因人物、剧情需要，在反派角色岛田翰尚未出场时，作曲家即引入带有日本音乐特征的主题，起到"未见其人，先闻其声"的效果，预示"危险"已逼近了过云楼。接下来，面对顾家的珍奇藏书，岛田心怀鬼胎图谋不轨，女主人公心存戒备疑虑重重，这段对唱、重唱，有点现代京剧

《沙家浜》里"智斗"一场戏的味道。全复载采用复调手法,在多声织体中,将不同性格的音乐动机和形象主题,穿插叠置、平行呼应。表现淞沪大战、日寇攻城、火烧过云楼等场景与情绪音乐,即铜管乐、打击乐伴随特效音响,形成强悍激烈富于戏剧性与动态感的声势。全剧音乐,可谓"情"与"义"的赞美诗,"水"与"火"的交响曲。真心希望作曲家再为顾麟士谱写一两段咏叹调或谣唱曲,关于过云楼,关于顾氏家族,别用道白而用歌唱,可能会更加深入人心感人肺腑。

两位编剧叶建成、黄晓阳为"凤凰"本家人,既熟悉吴地历史文化特征,又深谙苏州过云楼藏书价值,更有一份特殊的人文情怀。他们为男女主人公撰写的剧词优雅、诗意。改编者钱晓天、陈蔚为"凤凰"缘来客,既为中戏同窗编导高手,又曾搭档合作艺术同道,更有一种职业的自觉作为。他们让原作文本和舞台呈现一步一步接近音乐剧化的范式。《锦绣过云楼》,讲一个因书结缘、以命护楼的故事。上半场,清雅柔婉、诗意书香、温情浪漫;下半场,混沌肃然、腥风血雨、激情澎湃。原版原唱昆曲《牡丹亭》经典唱段插入音乐剧,龚隐雷出演的这段戏中戏精彩曼妙,引人入胜,深受欢迎。

国家话剧院一级舞美设计刘科栋和一级灯光设计邢辛,将舞台景观营造得亦真亦幻、如诗如画。他们的艺术理念与美学趣味互感契合、心有灵犀。既是苏州城,怎能不见枫桥古刹粉墙黛瓦;既是过云楼,岂可绕过楼台亭阁竹影奇石。枫桥边的清澈,书斋里的温馨,新房里的红火,日本堂会的阴森沉郁,火光冲天、大雨倾盆……舞台场景虚实相间、疏密有致。关键是"凝固的音乐"在"流动的建筑"中不断旋转,360度顺时针旋转,540度逆时针旋转,大小转台好似星辰般自转套着公转。江南民居在旋转,苏州园林在旋转,顾家亭台在旋转……有些转,很炫;有些转,很悬。演员站得那么高,又转得那么圆,演唱会不会受到影响呢?

国内读总谱、懂音乐的导演凤毛麟角,陈蔚正是有此擅长优势兼备。通常戏剧导演会上手舞台调度让演员走位到位,她却一定要在音乐里跟演员说戏,而且不是一般的说戏,她对音乐的要求和标准还特别专业严苛。有些作曲家和导演为了戏好看,宁肯用表演专业出身的演员。陈蔚却绝不妥协,不以听觉审美的某些残缺为代价。《锦绣过云楼》从主角到配角,清一色声乐专业学习背景。总政歌剧团一级演员汤子星饰演男一号、过云楼第三代楼主顾麟士，海政歌剧团一级演员吕薇饰演女一号、顾麟士之妻虞枕书，中国歌剧舞剧院青年男中音歌唱家高鹏饰演岛田翰，江苏省演艺集团歌剧团副团长、上海音乐学院声歌系毕业生申楠饰演盐田幸；姜孝萌、方鹏鹏等 B 组演员也均为江苏省演艺集团歌舞剧院青年歌唱家。

这些 80 前后的年轻歌手，一身 30 年代文人做派，陈蔚究竟施了什么魔法让其脱胎换骨变回老派故人？如果说，吕薇自带江南女子温婉雅秀，那个从海南到北京的青年歌手汤子星，他又是如何修炼得出顾麟士的儒雅斯文书卷气呢？重点是，《锦绣过云楼》台词念白的比例和分量似乎超过很多音乐剧。一幕二场，虞枕书首次登门拜访，顾麟士喜出望外，才子佳人初会过云楼，你问我答尽在说白。其实，大多数声乐演员怕说不怕唱，本来听唱好好的，一说就露馅了。这部戏的演员，说得也还中听，清晰准确抑扬顿挫，语调语感轻重缓急，听上去，舒服。经陈蔚调教，原唱民声、流行、美声的三个主要角色，在舞台上，谈情说爱、唇枪舌剑，竟然也未觉得有何不搭调、不靠谱，相反感觉很顺畅很和谐，毫无别扭生硬之嫌。通过首轮公演，他们还有很大提升空间。但在演唱上，《锦绣过云楼》已经是笔者近年现场听过的音乐剧中相对过硬、还算过关的一部戏了。

文脉不断的理由——评音乐剧《锦绣过云楼》

作者　　徐伟
《凤凰周刊》（2014 年第 34 期总第 527 期）

都说人类历史上有四大古文明，却唯中华文明历五千年而不辍。这一则说明，文明薪火之传承延宕并非必然，有太多自然与人为的因素，都可以让一种文明瞬息毁灭，化为灰烬或长眠于地下；另则说明中华文明得以长存之艰辛不易，从焚书坑儒、朝代更迭到军阀混战、外敌入侵与政治运动，千年文脉一次次走到历史的风陵渡口，却被有胆有识之士力挽狂澜。

最近，由江苏凤凰出版传媒集团出品的音乐剧《锦绣过云楼》在苏州、南京、北京等地上演，它讲述的就是这样一场波澜壮阔、悲欢离合的文明保卫战，该剧以苏州过云楼的第三代楼主顾麟士为原型，透过顾氏家族以书传家、以身护书的故事，演绎了过云楼的沧桑巨变。

两年前，凤凰出版传媒集团以2.16亿元的天价拍得过云楼1/4的藏书，创下古籍拍卖的新纪录，成为轰动一时的文化事件，也让过云楼这座清末民初的著名藏书楼重新进入公众视野。

过云楼是苏州怡园主人、著名书画家顾文彬收藏文物书画和古董的地方，享有"江南第一家"之美誉，历经三代集腋成裘，到其孙顾麟士手中达到鼎盛，收藏了大量宋元版的珍本、善本、孤本古籍，其中大型类书《锦绣万花谷》是海内外最大部头的宋版书，可谓无价之宝，因此，在当时就有"江南收藏甲天下，过云楼收藏甲江南"的说法。当过云楼传至第四代，即顾麟士的两个儿子顾公雄、顾公硕手中时，遭遇了日军侵华。日本人所到之处，如蝗虫过境，将值钱的文物古董或抢或毁，如上海商务印书馆的40余万册典籍付之一炬，中华文脉再次面临中断的危险。当战火逼近姑苏城，顾氏一家为保家中藏书，在烽火中将最重要的部分书籍、文物转移至上海租界，其余则掩埋于地下，而青铜古董则投掷于井中。战事稍缓，顾家人回到苏州，发现未来得及带走的文物与投于井中的古董皆被抢走或毁坏，而埋于地下的典籍也发霉受损，但总算保下了家中所藏最珍贵部分。

音乐剧以这段真实历史为原型进行改编，以顾麟士及其夫人虞枕书为核心人物，讲述他们以书结缘，因书相爱，为保书而分离重又聚合的故事。剧中，顾妻虞枕书带儿子公硕，在日军占领苏州前将书运走，而顾麟士则留在家中死守过云楼，在抗战结束后，夫妻方得重新团聚。而真实的历史，顾麟士早在抗战爆发前的1930年便离世，为保书而逃难的是其子顾公雄、顾公硕两家人，编剧为叙述方便，将原本发生在子辈身上事，安排在了顾麟士身上，将顾麟士的寿命"延长"了十几年。但从演出效果来看，这样的安排并未有穿帮之感，整个故事情节依然紧凑完整。只是现实的情况比戏剧更为复杂，抗战中部分文物被毁，在剧中付之阙如。而在此后的"文革"中，已然是苏州市博物馆副馆长的顾公硕，竟然无力保全曾躲过战火的藏书，藏书被红卫兵"造反派"抢劫一空，他本人不堪凌辱，留下"士可杀不可辱"的遗言，蹈河自尽，这些荒诞史比戏剧更为吊诡，却未能在舞台上呈现，亦颇为遗憾。

《锦绣过云楼》的主策划和编剧叶建成，是凤凰出版传媒集团副总经理兼凤凰艺术有限公司、上海凤凰音乐剧演艺有限公司董事长，他对过云楼的历史渊源和顾氏家族的来龙去脉都做过深入研究，到南京、苏州等博物馆实地踏查过云楼所藏，并采访了顾氏后人。身为音乐剧公司的董事长，他的古文素养极高，曾用文言文写过气势磅礴的《凤凰赋》，而此部音乐剧的唱词与对白，语言亦是古色古香，文雅而有质感，语言的回归，让观众能更好地进入情境。

《锦绣过云楼》是一部历史正剧，"国破山河在，城春草木深"，文人士子毁家纾难、救亡图存，力保中华文脉不断，却未板起面孔训诫，使剧情过于严肃沉重，而是将儿女情长与家仇国恨相结合，将美与丑、善与恶、战争与和平糅合在一起诉说，以一座藏书楼的兴衰再现了那段烽火历史。

《锦绣过云楼》：当国宝古籍与音乐剧联姻

作者　李博

《中国艺术报》　2014年11月19日

当国宝古籍与音乐剧联姻，会绽放出怎样的艺术之花？11月11日、12日，在北京天桥剧场上演的大型原创音乐剧《锦绣过云楼》解答了这一疑问。苏州水乡、才子佳人、诗词书画……各种浪漫元素都汇聚于这部音乐剧之中。然而故事发生的时间——上世纪30年代末似乎预示着，在抗日战争的历史大背景下，这段以书传家、以身护书的故事注定将是凄美感人的。

由陈蔚执导，叶建成、黄孝阳编剧，金复载作曲，吕薇、汤子星主演的《锦绣过云楼》，创作灵感源于宋版典籍《锦绣万花谷》。2012年，由《锦绣万花谷》领衔的"过云楼藏书"被江苏凤凰传媒集团以2.162亿元的高价成功竞得，创造了中国古籍善本拍卖价格的最高纪录。随后，凤凰集团与南京图书馆联手使余下的1/4藏书回归江苏。在天价藏书"回家"之后，凤凰传媒集团便围绕着"过云楼"题材展开了深度开发，除了影印出版、创作小说、拍摄影视作品之外，又将过云楼的"藏书传奇"搬上了音乐剧舞台。

在《锦绣过云楼》中，汤子星饰演的过云楼收藏家顾麟士与吕薇饰演的才女虞枕书因国宝古籍《锦绣万花谷》而造就了一段旷世奇缘。珍贵的《锦绣万花谷》本是家道中落的富家小姐虞枕书的嫁妆，她与顾麟士因这部古籍而结为伉俪。为了使古籍躲过日本文化间谍的追索，她不得不与心爱的夫君诀别，将年幼的孩子寄宿于客栈，护送藏书到达安全地点，并忍辱负重地将其守护下去。

著名歌唱家吕薇出生在杭州萧山，父母都是浙江越剧团的演员，这次饰演江南才女虞枕书，从气质到风采都十分契合。《锦绣过云楼》在音乐创作上融合了许多江南素材，无论是昆曲、评弹还是越剧、江南小调都有涉及。对于吕薇而言，这些音乐样式都是从小听到大、唱到大的，非常熟悉。而音乐剧演唱形式的自由活泼、朗朗上口，也最大程度地释放了吕薇的情感与声线。正因如此，她才会认为演出《锦绣过云楼》就像是近距离地与观众交流，如同娓娓道来一般自然。

《锦绣过云楼》于今年6月在苏州首演，8月在英国爱丁堡国际艺术节亮相，被誉为"艺术节期间最耀眼的中国元素""中国版的《战争与和平》"。导演陈蔚认为，这部音乐剧可以用"雅致、精致、别致"3个词来形容，全剧不仅展现了中国文化的气派，而且具有浓郁的时尚元素。"现在我们有能力打造本土原创的音乐剧，但如果想做好，首先得有自己的故事、自己的音乐、自己的文化、自己的审美。我们希望《锦绣过云楼》通过音乐剧的形式，来展现江南之美、文化之美、文人之美。"陈蔚表示。而在编剧叶建成看来，《锦绣过云楼》的故事不单是传奇，也不只是凄美的爱情，更展现了中华文化五千年的传承："观众可以看到一个记忆中的大美江南，真切感受到中国人在国难当头的家国情怀。"叶建成说。

观音乐剧《锦绣过云楼》

作者　陈洁

《剧影月报》2015年第4期

　　"大美姑苏城，人间天上最是仙葩……千年姑苏城啊！"伴随着交响乐和唱曲，纱幕缓缓上升，一幅烟雨朦胧姑苏城的场景展现了出来。演员们手持油纸伞柔美的舞动把观众带入了古老、幽静而蕴含着诗书文化的姑苏古城。

　　这是一部由凤凰传媒集团出品、江苏省演艺集团联合创演的原创音乐剧——《锦绣过云楼》。全剧以本土的故事、音乐、审美和深邃的文化底蕴展现出苏州之美、文化之美。该剧围绕一本书二厢情展开一段旷世姻缘，通过顾氏家族以书传家和以身护书的感人故事，讲述了苏州过云楼的沧桑巨变，表达了中国人在国难当头爱国、护国情怀。

　　一本书指的是《锦绣万花谷》，这是一本有着"一页宋书，一两黄金"的南宋大型类书，现存40册，80卷，分为前、后集，曾收藏于苏州的藏书楼"过云楼"。该书是2012年被江苏凤凰传媒集团以2.162亿元成功竞得，其重要价值在于它保存了大量佚传古籍中的内容，并融入作者独到见解。这部宋代的百科全书包含天文地理、植物、动物、书画等具体门类，品相完整，印制精美，是难得一见的珍品。流传800年，至今保存完好，其文献与辑佚价值之高罕有与之比肩者。

　　两厢情指的是剧中的二位主人公顾麟士和夫人虞枕书因书结缘、以书为媒的一段流转于声光与梦影中的爱情传奇。

　　过云楼位于苏州，是清代怡园主人顾文彬收藏文物书画、古董的地方，是江南最著名的私家藏书楼，经过顾氏家族6代人150年的传承，过云楼藏书集宋元古椠、精写旧抄、明清佳刻、碑帖印谱800余种，享有"江南收藏甲天下，过云楼收藏甲江南"的美誉。

　　她从光影深处走来，撑起油纸伞，最是那一抬头的温柔隽永；他在古城宅院等待，携一把折扇，流转眼眸之间的矢志不渝。

　　舞台持续的转动仿佛是时光的回转，也恰是时空的转换。

　　第一幕导演采用了以一幅画作为引子，叙述了二位主人公相识的过程，为后面的故事情节展现做了铺垫。这一幕舞台的灯光以柔和简单的色调为主，再现出当年苏州城的古城景象。序曲响起，灯光柔和，古城的布景显现，夹杂着淅淅沥沥的小雨，虞枕书出现在舞台上，从着装一看便知是一位大家闺秀的妙龄女子，优雅中略带俏皮的气质。一把折扇和一袭风度翩翩的长袍显示着麟士出身显赫的家族地位，一幅多年前自己所做之画塑造出他的才子形象。船夫的出现让两位主人公上演了英雄救美的小片段，从而为下面的情节延续埋下了一个伏笔。顾麟士是一位喜书作画之人，《锦绣万花谷》是他一直寻找并想收藏为顾氏家族的镇楼之宝之作。在虞枕书到访之际无意间提及此书，两位主人公便因书而结缘。从序曲开始，舞台大圆盘顺时针转动就是一个很巧妙的手法，意在表现岁月更迭，此手法既不生硬也不呆板老套，反倒使舞台增加了美感。舞台上演员们的着装也是朴素应景的，这样才更能突出二位主人公在当时那个年代的身份及地位。

　　秋日里细雨霏霏，你问我姓谁名谁……一段轻松愉悦的旋律和唱词以及舞台上四对双人舞，随着舞台大圆盘的转动和灯光的变换，在不同的空间和调度中展现出二位主人公相知、相爱的过程。围巾、折扇、油纸伞从多侧面多角度有效地塑造了男女主人公的人物形象和气质。这一段导演以现代小清新的创作手法来叙述顾麟士和虞枕书的整个相爱过程。老马和吴妈的戏似乎显得很幽默，一段"书为媒"的小片段活跃了整场气氛，拍屁股、拧耳朵成为本场的笑点。洞房花烛夜，虞枕书随嫁妆将秘藏的《锦绣万花谷》带入了过云楼。顾麟士抱得美人归又得镇楼之宝真是双喜临门。

　　千幅丹青、万卷墨香，在书香四溢的过云楼里，文人雅士们夸口齐谈"江南收藏甲天下，过云楼收藏甲江南"。为了生动地呈现江南的文人情怀，昆曲唱段《皂罗袍》也融入其中，吟诗作画，聊及江南，谈及国家。

　　上半场看下来，从音乐、表演、台词、细节以及最重要的人文情怀方面都使观众坠入了大美江南以及男女主角邂逅、相爱、成亲的剧情里，有满满的幸福感。舞台上的轻松写意甚至配角"吴妈"和"老马"的戏份也有颇多笑点。观众陶醉在柔美的旋律里，沉迷于长衫旗袍的优雅姿态中。如果说上半场是姑苏之美、文人之美、文化之美的惊艳，那么下半场的"国破山河在"就是悲凉的情感激发，有一种大难来临之前的危机感。至此，剧情走进了跌宕起伏的命运里，也走进了荡气回肠的中华文化中。整段内容表现合情合理，情节延续顺理成章，起到了承上启下的作用。

第三幕以两个日本人对于中国文化的不同观点引出群情激昂的"国破山河在"。身心受到鼓舞和震撼之时，也是泪点如泉涌的关键时刻。在中国文化和性命面前，岛田无奈地选择了牺牲《古今杂剧》。《古今杂剧》是一本研究元明杂剧及其作者的重要元明杂剧总集，此书的珍贵资料价值，为世人所重。它的损毁对于过云楼，对于历史来说都是一个不小的损失。这一场两位日本人的表演可谓是深入人心，每一个打斗的动作都经过了细细的推敲。岛田先生的扮演者高鹏老师的表演尤其是可圈可点，从排练到演出，对每一个眼神形态的把控，每一个细节的处理都是那么的精益求精。当我第一次看到他的表演时，以为他就是一个日本人，总导演陈蔚曾说过：岛田的表演在整剧就是一个亮点。这一场以盐田信最后的大笑为节点，声音的穿透力之强，让在场观众毛骨悚然。战火纷飞中，男女主角为了保护中华文脉，不得不洒泪而别的场面激起了观众的第一个泪点，交织着举家祭祖的悲壮和宁与过云楼共存亡的气节……没有刻意煽情的桥段，却让全场观众止不住地泪流满面。没有绚丽的灯光，没有复杂的道具，就是这仅有台词和演员们的表演，让台上台下的感情线系在了一起。"上下五千年，方块字铸就了中华文化"，男女主角为保护文物的凄苦，众人感受得到。

在饱经八年的颠沛流离之后，男女主角回到了那个战火纷飞后却依然美丽的苏州，回到了他们魂牵梦萦着的苏州，两鬓斑白、步履蹒跚的他们在枫桥码头再次重聚。"大美姑苏城，人间天上最是仙葩……"这时全剧开头的唱段又再次重现，年轻时相爱的记忆一点一点在他们眼前浮现。一家三口最终团聚并紧紧地抱头痛哭。唱响"江山依旧如画"的场面着实震撼着所有观众的心。全剧到了这时，台上台下早已泪流满面。即使没有经历过那个时代的年轻人，也完全能体会到男女主角为保护中华文化而经历的凄苦，进而敬佩他们把书看得比生命还重要的高尚情操。这就是《锦绣过云楼》，有小桥流水，也有战争硝烟；有中国文化的气质大美，也有文人风骨的坚韧气节；有感人肺腑的眼泪，更有坚韧不拔的态度。

含情去演绎，用心去感受，我有幸参与了此剧的排练和演出，也曾无数次被悲恸历史，被主人公的曲折故事，被自己的表演感动到不能自已。整部剧在我看来是有正面的教育意义的，让我们勿忘历史带给我们的伤痛和损失。所有看过这部剧的观众都对它赞扬有加。在我看来整部剧的成功是多方面的：有导演独具匠心的编排，有演员饱含激情的表演和舞美道具的完美配合，更重要的是剧本的编创，乐曲的编曲和作词。从刚开始的优美旋律逐渐过渡到群情激昂的唱词，每一节、每一场、每一幕都有亮点可寻。

舞台只是一个事件再现的地点，当那凄美动人的故事转换成另一个空间去表演时，我们的心久久不能平静，观众亦久久不愿离去，一部精品力作的巨献就此完美落幕。我想说的是幕布挡住的是舞台上完美和真实的呈现，挡不住的是《锦绣过云楼》永远难忘的历史和我们的那颗中国心。祝《锦绣过云楼》剧组演出圆满成功！为古籍《锦绣万花谷》得以保存而倍感珍惜和骄傲。

如何评析音乐剧《锦绣过云楼》

作者　曹欣

《音乐欣赏》2015 年 3 月 15 日

大型华语原创音乐剧《锦绣过云楼》于今年 3 月 20、21 日在上海文化广场上演。今天就为大家分享如何欣赏音乐剧《锦绣过云楼》。

该剧取材于苏州过云楼顾氏一门，以顾氏几代人为原型进行艺术创作而成。过云楼第三代楼主顾麟士与才女虞枕书在码头因《锦绣万花谷》而结缘，夫妻二人在乱世中舍身护书，演绎出一段于沧桑巨变中成长起来的爱情史诗。该剧曾于 2014 年 8 月亮相于英国爱丁堡国际艺术节，被誉为"中国版《战争与和平》"，艺术节期间"最耀眼的中国元素"。

该剧汇集了中国各地实力最强的戏剧制作班底：著名歌剧、音乐剧导演陈蔚执导该剧；知名作曲家、上海音乐学院金复载教授担任作曲；而女主角虞枕书则由中国民歌新天后吕薇挑梁出演。

《锦绣过云楼》定位——中国原创

《锦绣过云楼》的定位是一部受众面广泛的主流原创音乐剧作品，通俗来说就是"既要叫好，又要叫座"。这部戏的艺术性要征服业界，而商业性也要获得票房。为了实现这个目的，我们非常明确地知道，在创作过程中，我们要什么，不要什么。我们不要民族歌舞剧，不要戏曲，也不能是歌剧。我们要的是一部真正意义上的音乐剧。而这部音乐剧又要是能够符合"中国原创"这一特质。

《锦绣过云楼》气质——中国文化

基于这样的思考，就出现了这部戏的第二个关键词"气质"。对于《锦绣过云楼》这个题材，它自带气质——中华文化的气质。我曾经这样说过："我不敢说我爱民国，但是我爱民国的知识分子。"这是一个发生在民国时期江南的故事，我们剧中的主角是那个时代真正意义上的知识分子。虽然剧中才子佳人，虽然剧中有国仇家恨，但是我们必须在梳理这些剧情的时候，牢牢把握住民国江南知识分子这一气质。

对于这一气质的解读，我可以提出这样几个词："大美"，这种大美不仅仅是简单意义上的江南水乡，小桥流水，不仅仅是简单意义上的长衫旗袍，文采风流，而是一种中国文化的美。然后就是"雅致"，这种雅致不是简单意义上的轻声慢语，古琴昆曲。不是外在形象或形式上的雅，而是一种有内涵、有内容的雅致，这种雅致应该直指当时文人的风骨和风流。最后就是"弥新"，虽然我们在讲述的是一个过去的故事，塑造的是那个时代的人，但是这部戏应该对现在仍然有现实的意义。对于文化的传承，区区的几十年只不过是弹指一瞬。我们的编剧叶建成先生在剧中抒发过要"让中华文脉绵延下一个五千年"的情怀。而"弥新"二字恰恰就是在我们具体创作过程中同样情怀的展现。这部戏就应该像一坛陈年的老酒，打开之后，一定能够闻到极具生命力的醇香。

《锦绣过云楼》的呈现形式

它要符合音乐剧的气质，再结合前面所说的中华文化的气质，我们提炼出了这样的十六个字："中国气派""时尚精神""东方气质""国际面貌"。在艺术手段使用中，我们一致要求，在雅致的基础上，在处理方法上和舞台审美上要达到别致，进而在反复提炼、反复萃取中达到极致。这样我们这部戏无论走到世界任何一个剧场，即便是音乐剧非常发达的英国，也能够做到不仅让国外的观众所接受，并且为之折服。

关于这部戏二度创作的操作层面，是从以下三个角度来的：

首先，是对"元素"的提炼。

我们不要简单的民俗展示，不要简单的江南美景的渲染，我们要对中国传统文化元素、江南的元素进行高度提炼。经过反复提炼后，在舞台上对这些元素进行放大。在创作中，我们吸收当代艺术中解构的方式，运用单元化、模块化的方式对舞台空间进行创作。这样的选择，给整个舞台二度创作带来了无限的可能性，让我们从传统的舞台呈现方式上解脱出来，可大、可小、可方、可圆。让抽象和具象达到统一，让现实主义的剧情和舞台手段的灵活相得益彰。

第二个角度是"空间"。

这个空间的概念有两个方面，一方面是舞台空间的建立和使用，这是具体操作层面上的问题。另一个空间的概念就是这次二度创作，要给每一个部门的艺术家在紧密配合的前提下，留有较大的创作空间。众所周知，音乐剧是一门最为综合的舞台艺术形式门类，而这一次《锦绣过云楼》的主创团队，几乎已经云集了在国内最为顶尖的成熟艺术家，他们在各自的领域的成就无须赘言。我们拥有了这么强大的主创团队及强有力的合作者，一定要将他们的在各自领域的才华，在这部戏的整体呈现中都要有所体现，而且要添花、出彩。这也就是为什么这样一次创作过程会如此紧张，会有这么多次讨论和沟通，就是我们每一位艺术家都秉持着这样一个想法，就是要在自己的部门范围内将才华发挥到极致，同时也要为其他的艺术家的创作留有空间，并且在最后的呈现过程中能够高效整合、高度统一。

第三个角度是"手段"。

这次的二度创作，在舞台上使用的艺术手段一定要大胆。我们做的是中国原创的音乐剧，所以我们不能拘泥于曾经有过的创作案例，无论是国内还是国外，无论是否经典。在创作中一定要在国际化的当代艺术高度视角上进行思考。

音乐剧过云楼幕后短评：好戏是这样炼成的

作者　鞠健夫（著名评论家，《扬子晚报》文艺部主编）

《扬子晚报》2014 年 6 月 4 日

　　遇到著名演员吕薇，闲聊中，得知他们最近在南京排练大型原创音乐剧《锦绣过云楼》时，受到导演陈蔚的"特殊训练"。每个角色演员在排练 30 天后，必须上交"角色体验分析心得"，主演不少于 3000 字，一般角色不少于 600 字；因为戏中有数位书画大家，要求几位主演每天必须练习写毛笔字，体味角色生活。听了觉得诧异，现在排戏还这么认真？都这样，每年几千部集的电视剧还怎么出来？当然，因为烂片太多，所以很多片子根本出不来。

　　记得很多年前的北京人艺有这传统，每个演员上一角色，都要写角色分析，我就曾看过演员杨立新和冯远征的"手稿"，厚厚一叠，浸透了多少心血！相比拍些烂片的剧组演员们，拍一页撕一页，自己台词也要助理在边上提醒，而演员本人除了靠提词上场吃吃老本外，也就是捧着个手机玩玩微信微博。曾经让我惊讶的是看刘晓庆排戏，她不单对自己的台词倒背如流，竟然还能背出其他演员的台词。什么叫职业演员？这就是。而那些不认真排戏的演员，只能称"择业演员"，钱多就选择上。

　　在不看如果只看结果的时代，陈蔚导演的严格要求结果如何呢？据看了部分联排的人反映，戏十分好看，演员个个投入而出彩，每次联排都有旁观者感动得泪眼矇眬。

　　江苏凤凰集团和江苏演艺集团及北京的艺术家，在联手推出江苏首部音乐剧的过程中，为人们招回了久远的敬业精神，相信这种精神比台上的戏更令人思索和具有深远的意义。

下篇

显赫前世

过云楼一景

引言

　　时空穿越一个半世纪，回到150年前，来到"东方水城"苏州阊门内，走进书香四溢的过云楼。

　　过云楼收藏聚散，映照出过云楼顾氏几代人的命运沉浮。如今，经历百年风雨，过云楼收藏虽仍分散各处，但多已公藏。在历史的记忆中，当年过云楼胜景仿佛依稀可见。然而，我们在聚焦过云楼藏品流传和那些名扬四海的藏品的同时，更当顺着一个收藏世家的生活轨迹，通过一个个收藏典故，关注过云楼主人的悲喜人生，感受他们的喜怒哀乐、悲欢离合，以及对命运的抗争。站在过云楼的历史原点和过云楼主人命运的视角，方能理解过云楼顾氏一门创造的那段文化传奇，读懂过云楼历经磨难又显赫辉煌的前世。正如作家王道在《"落花"无言，承续有仪》一文中所说，"因为整理《过云楼旧影录》一书，我发现，那些藏身于过眼云烟之幕后的主人命运，同样值得我们作一些必要的了解和认知，相比较那些扬名在外的藏品，他们是隐秘的，是被屏蔽的。"

　　位于苏州铁瓶巷的过云楼，现今仍基本保留着旧貌。过云楼的主人苏州顾氏家族是江南名门望族。这座建于清代同治年间的顾氏私家藏书楼，曾以藏有大量宋元以来名人书画而声名远播。在过云楼百年收藏岁月里，第一代楼主顾文彬，及其子顾承、其孙顾麟士，几代人披沙沥金，集腋成裘，收藏不辍，清芬世守，成就了一个家族的收藏盛世，收获了"江南收藏甲天下，过云楼收藏甲江南"的美誉。从过云楼第一代主人顾文彬18岁收藏唐画《佛像图》、宋画《上林图》算起，至今已有188年。其间，发生了许多鲜为人知的悲喜故事，有官宦人家的逸闻趣事，有觅获至宝的收藏典故，有曲会雅集的怡园风景，有抗争命运的悲壮传奇，更有烟云过眼的捐献义举。过云楼的前世故事，一直延续到第一代楼主顾文彬一脉第四、第五代……延续到2009年顾氏后人捐献元代名画《七君子图》。

　　讲述百年过云楼前世，不仅感念于过云楼顾氏对中华文化遗存的保藏守护之功，更是为了记忆顾氏一门对中华文化历史传承所作的贡献。

"徽顾"进仕第一人

清嘉庆十六年（1811）。

"过云楼"显赫前世，先得从 1811 年出生于苏州的顾文彬说起。

苏州顾氏家族，其祖先可追溯到越王勾践。从越王勾践的第十三世孙驺摇被封为东瓯王，又往下传到十四世孙安朱，被封

（清代）顾文彬泥塑像

为顾余侯，再传位于子孙，其间已是数百年沧桑。过云楼楼主顾文彬一脉，是南北朝顾野王（519—581）之后裔，顾野王是中国历史上著名的文学家、史学家，工诗文，善丹青。老祖宗顾雍是三国时期的东吴丞相，居相位 19 年。历史上苏州有"张文、朱武、陆忠、顾厚"一说，评价吴地四姓门风，其中"顾厚"就是指顾雍开创的宽容厚重之门风。

大约在元末明初，顾文彬的祖上从安徽迁移到苏州经商，重新回到了祖先故地太湖平原，时称"徽顾"，后来渐渐发展为江南的望族。到了顾文彬一代，则入朝为官，走上了士大夫之路。顾文彬深爱中国传统文化，诗书传家成了他倡导的门风，并且以文而留史。顾文彬的几代子孙一直秉承这一家风，自晚清到现当代后人中不乏以严谨治学而留名的，而他们又多与过云楼联系在一起。

顾文彬（1811—1889），字蔚如，号子山，晚号艮盦，一为艮庵。元

和（今江苏苏州）人。清道光二十一年（1841）进士，授刑部主事，成为苏州顾氏"徽商"一脉走上仕途的第一人。咸丰四年（1854），升为福建司郎中。清咸丰六年（1856），补湖北汉阳知府，又升为武昌盐法道。清同治九年（1870），授浙江宁绍台道台。

"道台"是清代官名。根据清代的官阶制度，道员（道台）是介于省（巡抚、总督）与府（知府）之间的地方官员。乾隆十八年（1753）后，道台一职定为正四品，准密折封奏，权势日益加重。这位与晚清重臣曾国藩同龄的朝廷命官，在其《过云楼日记》中记录了不少从政经历，其他史料已不多见。让后人记住他的则是其才学和由他开启的过云楼收藏。

顾文彬自幼喜爱书画，娴于诗词，尤以词名。其词多抒写离愁别绪，意境清幽，风格细密。他工于书法，书法溯源欧、褚，后厌倦官场，称疾辞官归里。著有《眉绿楼词》8卷、《过云楼书画记》10卷、《过云楼帖》等。

顾文彬有三子，长子顾廷薰、次子顾廷熙、三子顾廷烈（顾承）都喜欢书画，全家热衷于收藏。但在清咸丰十年（1860）一年之中，顾文彬父亲顾大澜以及长子廷薰、次子廷熙相继病故。10年之后，60岁的顾文彬复出，补授浙江宁绍台道员缺，道署在宁波府，管辖宁波府、绍兴府、台州府，同时兼任浙海关监督。顾文彬从清光绪元年（1875）告病辞官归乡，家居15年，与儿子顾承一起专心经营过云楼，成为过云楼的第一代主人。清光绪十五年（1889），顾文彬辞世。

18 岁收藏《佛像图》

清道光八年（1828）。

据顾氏家传文字记载，苏州"徽顾"一脉收藏从顾文彬父辈就已经开始。他的父亲顾大澜幼时从学，后受父命弃儒从商，先后在苏州经营油行、布号。顾大澜经商之余，喜好读书，博闻强记，无书不览，年至古稀犹秉烛观书，收藏古籍书画也是他一大爱好，"获名贤一纸，恒数日欢"。只可惜，顾大澜收藏的书籍、字画，均毁于太平军兵火，未能成为过云楼珍藏。在父亲的耳濡目染之下，顾文彬早年就与收藏结缘。

顾文彬在其所著《过云楼书画记》卷五画类一，讲述了他开启过云楼顾氏百年收藏的开端：18 岁收藏唐画《佛像图》。

书中写道："吴道元水墨维摩像轴。焦墨秃笔，于白麻笺写佛像一躯，笔势圆转，劲如屈铁，宣和谱中物也。锦表绫裹，纸贉玉轴，尚是当年遗制，有道君瘦金书'唐吴道子画佛'，下署'天下一人'押可证。首题丹丘生七古一章，有'默然无语肩偏袒，揸撑病骨如枯龟'云云，知又为元奎章阁珍秘矣。道光戊子，有戚魏某携此及院画《上林图》售余，是为收藏之始。"意思是说，唐代的吴道子以焦墨秃笔，在白麻笺上画了一个佛像。这幅《佛像图》"笔势圆转，劲如屈铁"，是南宋宣和画谱中评定过的名作。画上还有宋徽宗赵佶的题词与花押，画轴上柯九思（奎章阁鉴画博士）所题之诗又证明其为元代内廷奎章阁的珍藏。道光戊子（1828），他从一亲戚手中买下了《佛像图》《上林图》，是为他涉足收藏的开始。这一年，顾文彬年仅 18 岁。书中续而写道："时先子与慈溪秦君友善，秦君酷好书画，先子因命出示，见有欲得之色，慨然赠之。余虽不忍割爱，未敢违也。比同治壬戌，侨居海上，复于楼月潭家见之，以议真未谐而罢。及甲戌秋，有人持《上林图》求售，遂不惜重金购归，而此帧不可复得矣。追忆及之，不禁惘然。"一段200多字的文字，一个生动的收藏典故跃然纸上，而那幅《佛像图》却与顾氏再也无缘得见，成了过眼烟云，因应了"过云楼"三个字。

顾文彬一生长期宦游在外。其时，太平天国之乱，"东南半壁无一片净土"。常言道"乱世藏黄金"，而顾文彬却反其道而行之。时局动荡波及江南收藏圈，私家珍藏或在避祸迁徙途中散失，或被迫换手易物。顾文彬倾其白银，广收古籍书画，家藏与日俱增。清咸丰十年（1860），父亲顾大澜病逝，顾文彬于湖北汉阳知府、武昌盐法道任上丁忧回到苏州，直到同治九年（1870）起任浙江宁绍台道台。在浙东为官期间，顾文彬在拜访了他心驰神往的天一阁、抱经楼、四面楼等闻名天下的藏书楼，也看过无数收藏家珍藏的聚散无常之后，萌生了修建一座属于自己家族的藏书楼的念想。这是后话，暂且不表。

"淘宝"琉璃厂

清同治九年（1870）。

二月，"二十五日，晴。午后，谒见中丞，告以起复事，中丞许为出奏。""三月初二日，雨。黎明，张姬与朱姬登舟，伴余入都也。……申刻，至昆山宿。"

时年三月初。花甲之年的顾文彬，在家丁忧10年后，应朝廷吏部之召，登舟远行，赴京城投供，以求谋官复出。所谓投供，是清朝的一项选官制度，候选官员将得选缺前，按吏部规定日期报到，亲笔书写履历单，呈交吏部文选司，以待铨选。

三月"二十四日，辰刻，至紫竹林，午刻，抵天津"。"二十八日，晴。已刻，研生备车来接。至研生公寓，即余昔日旧寓"，经过近一个月的舟车颠簸，顾文彬到达京城，居住在女婿的西河沿公馆。顾文彬在日记中记载抵达京城时的情形："所住之西边楼下两间，即昔年研生入赘新房，相隔二十年迭为宾主，亦是奇缘……到京各处下人赏犒所费不少，合之轮船搭费九十两所带银项已耗其半……"

来到京城，自然要忙于投供谋官的事。他在给三子顾承信中写道："到京已半月……吏部要五月朔投供，此月闲住，应拜之客两日拜完，官中堂军机大臣沈经笙、章京许星叔、江客舫俱见过，皆殷勤相待……"那时，候选官员选缺，往往伴随漫长的等待。从顾文彬三月至闰十月日记看到，五月"十五日。是日考试，差文题'旧令尹之政至悉矣'；经题'惟时亮天工'；诗题'水石会平分，得分字'"。从五月至十月，每月的初一，顾文彬还要到吏部报到，五月"初一日，晴。赴吏部投供，巳刻往，午正始点名"。六月、七月"初一日，晴。巳刻，赴吏部投供"。八月"初一日，晴。辰刻，赴部投供"。九月"初一日，赴部投供，归途送吴稼如行"。十月"初一日，赴吏部投供，谒官中堂，未见，谒见单地山、曾中堂、许星叔。余前日曾以信止法国行教条议，嘱星叔转商枢堂。……吾计不用，付之浩叹而已"。"闰十月，初一日。得张慕知照云，闰月不投供，故未去。"直到当月"二十日，接到朱茗笙信，知本日奉上谕，浙江宁绍台道员缺，著顾文彬补授，钦此"。"二十二日，晴。丑初进内谢恩。"从日记中可见，顾文彬除了奔波于谋求复起外，其他大多空闲时间，就在琉璃厂中闲逛"淘宝"中打发。

琉璃厂位于北京和平门外，因元朝在这里开设官窑烧制琉璃瓦而得名。作为"京都雅游之所"则起源于清代。当时各地来京参加科举考试的举人大多集中住在这一带，因而涌现出不少出售书籍、笔墨纸砚的店铺。后来全国各地的会馆也都建在附近，遂使琉璃厂发展成京城最大书市，古玩书画生意也随之发展起来。琉璃厂岁月，伴随顾文彬度过了孤独等待起复的日子。"我闲暇无事往琉璃厂闲逛，可与谈者旧识惟博古斋李老三、松筠庵心泉和尚，新交有松竹斋之张仰山，此人颇明于金石，向与沈韵初交好……"家书中这样写道。这一闲逛不要紧，逛了整整九个月之久，直到同年闰十月。五月"二十八日，晴。与论古斋议定宋拓《定武兰亭》卷、王石谷《十万图》册，价银八十两。近日快心之事，除军机进单外，此事为最。然进单一节尚属分内之事，此则得之意外者"。这一闲逛更不同寻常，逛出了一座收藏丰硕的过云楼。这一段时间里，顾文彬在琉璃厂买进了如文徵明《秋林闲眺图》、唐伯虎《墨石菖蒲盆立轴》、沈周《长江万里图卷》、王石谷题王鉴《碧云山海图》、金冬心人物画册、董思翁山水小册、明贤诗札等四十余家名家字画，成为日后过云楼的重要藏品。

"淘宝"琉璃厂的日子，顾文彬享受着不断收获的喜悦。在其日记、书信中，记录下他跑遍琉璃厂博古斋、松竹斋、论古斋、德宝斋、润鉴斋等十几家古玩店铺，交往藏家的情形，或观赏，或购买，或请他们代售，讨价还价、鉴别真伪、欣赏过程等细节都被一一记录下来。王时敏、王石谷、傅青主、文徵明、唐伯虎、仇英、沈周等名家作品，成了他收藏的主要目标。五月二十八日记写道："与论古斋议定《宋拓定武兰卷》、王石谷《十万图册》，价银八十两。近日快心之事，除军机进单外，此事为最……平心而论，即石谷册已值此数，《兰亭卷》只算平空拾得，论此卷价值，即三百金不为贵也。"不断收获珍稀之物，让"狂喜""快心"等字眼频频出现在他的日记和书信中。当以四十金购得神品《宋拓定武兰亭》卷（现藏北京故宫博物院）时，在京的翁同龢还特地赶来观宝，顾文彬致信三子："有北宋人观款，其为北宋拓无疑，旧为笪江上藏，后以二百金归于高江村，其价值注明卷末，及今又逾二百年，反以贱值得之，岂非奇缘？"

顾文彬求购《智永真草千字文》，演绎出一段颇具传奇色彩的收藏典故。宣武门外达智桥胡同有座松筠庵，原是清代名臣杨椒山故居，住持僧心泉和尚。康有为发动公车上书，就是从这里出发赴都察院的。在京城候选期间，顾文彬与松筠庵心泉和尚交往颇多。心泉和尚雅好收藏、精于鉴赏，两人经常相互观赏书画作品，鉴别真赝。"同治庚午，候简入都，暇辄过松筠庵与僧心泉谈，谓曰'欲见墨林瑰宝乎？'则永师千文也。狂喜。"永师千文即王羲之七代孙智永所书《真草千字文》，其人名并米芾。顾文彬在随后的日记和《过云楼书画记》中，都详尽记载下了观赏、收藏《真草千字文》的曲折过程。当他第一次观赏到心泉和尚所藏至宝时，惊叹为"奇宝"，后谈好以150金价格并拿回寓所，但终因"客囊窘涩，舍之而出，中心耿耿，未尝一日忘"。"窃叹历来见此卷者，岂无好而有力者，顾皆

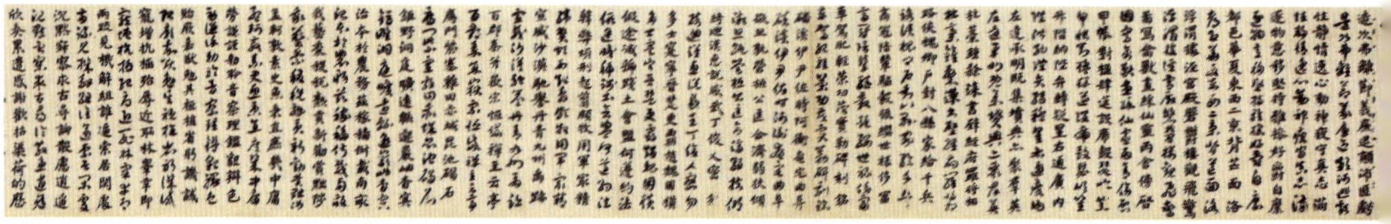

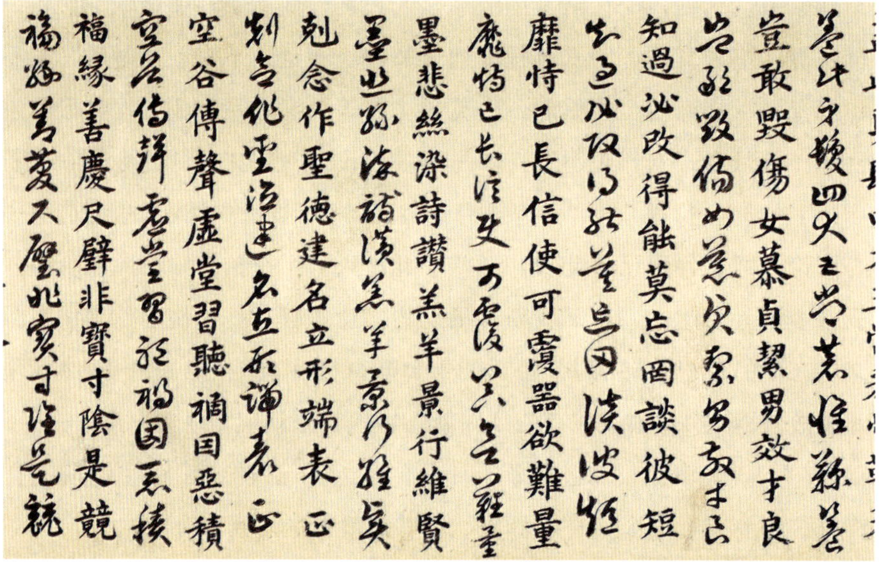
豈敢毀傷女慕貞絜男效才良
知過必改得能莫忘罔談彼短
靡恃己長信使可覆器欲難量
墨悲絲染詩讚羔羊景行維賢
剋念作聖德建名立形端表正
空谷傳聲虛堂習聽禍因惡積
福緣善慶尺璧非寶寸陰是競

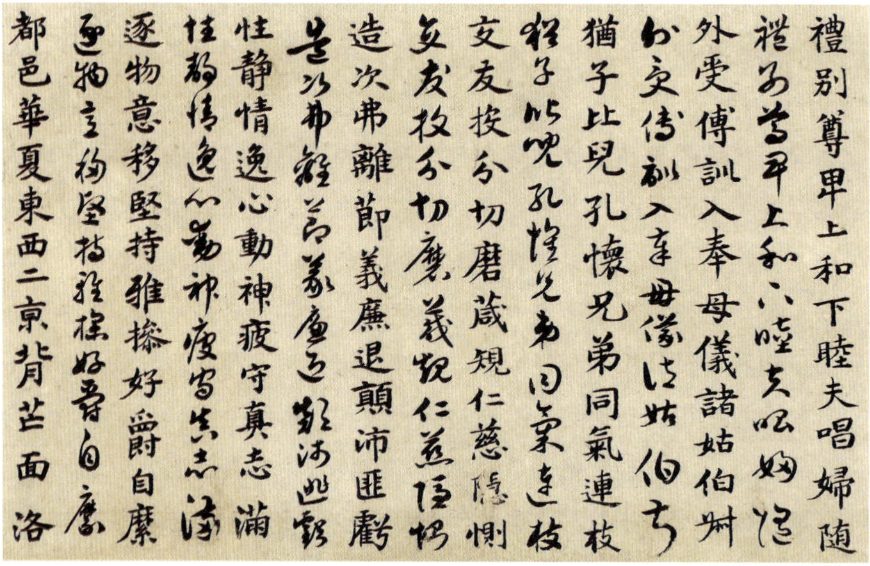
禮別尊卑上和下睦夫唱婦隨
外受傅訓入奉母儀諸姑伯叔
猶子比兒孔懷兄弟同氣連枝
交友投分切磨箴規仁慈隱惻
造次弗離節義廉退顛沛匪虧
性靜情逸心動神疲守真志滿
逐物意移堅持雅操好爵自縻
都邑華夏東西二京背邙面洛

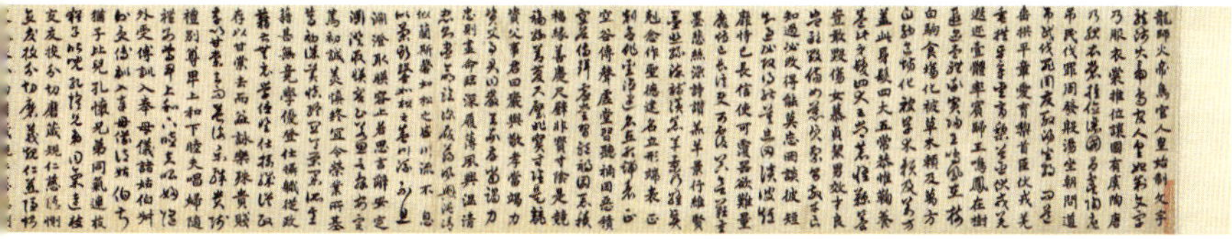

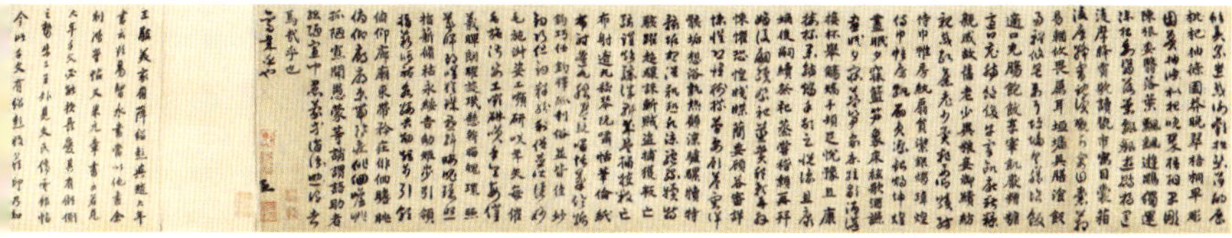

释智永真草千字文卷
苏州博物馆藏

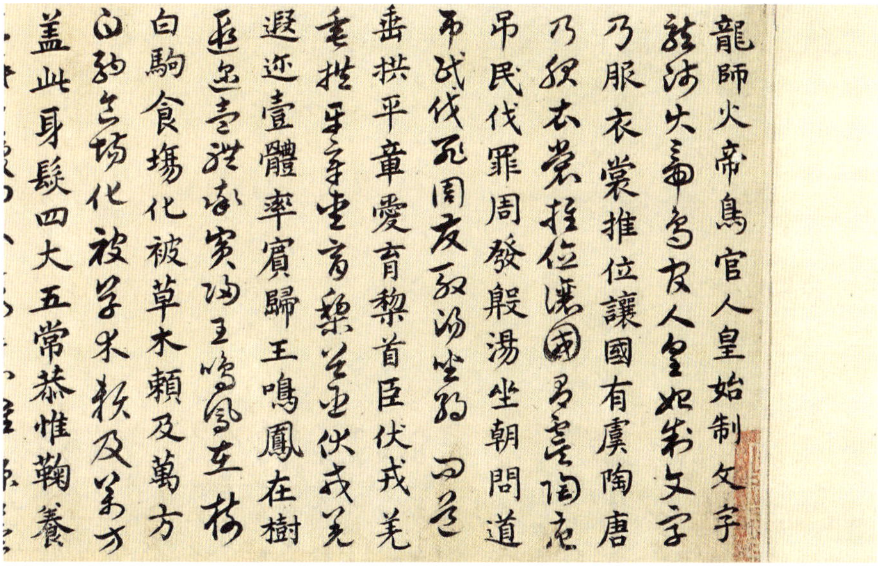

龍師火帝鳥官人皇始制文字
乃服衣裳推位讓國有虞陶唐
弔民伐罪周發殷湯坐朝問道
垂拱平章愛育黎首臣伏戎羌
遐邇壹體率賓歸王鳴鳳在樹
白駒食場化被草木賴及萬方
蓋此身髮四大五常恭惟鞠養

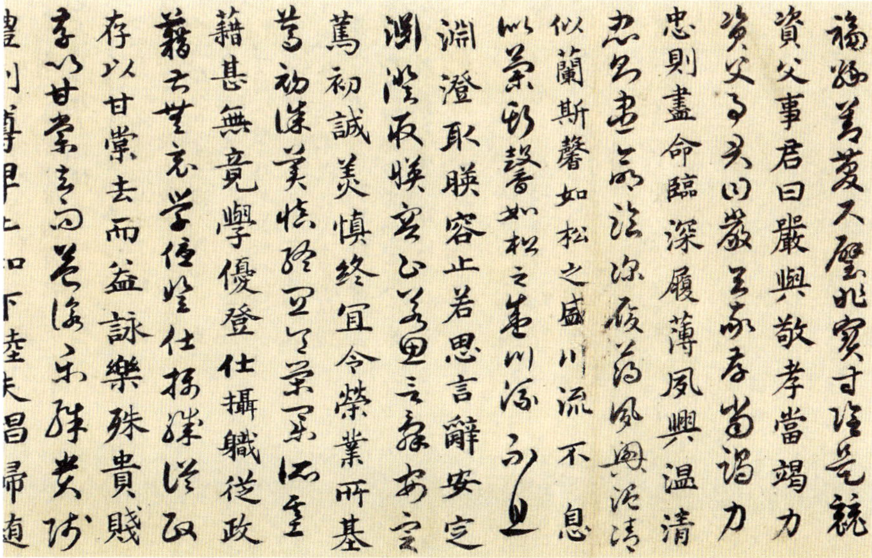

福緣善慶尺璧非寶寸陰是競
資父事君曰嚴與敬孝當竭力
忠則盡命臨深履薄夙興溫凊
似蘭斯馨如松之盛川流不息
淵澄取映容止若思言辭安定
篤初誠美慎終宜令榮業所基
籍甚無竟學優登仕攝職從政
存以甘棠去而益詠樂殊貴賤

凤凰衔书：『过云楼藏书』回归江南记

智永真草千字文卷（局部）

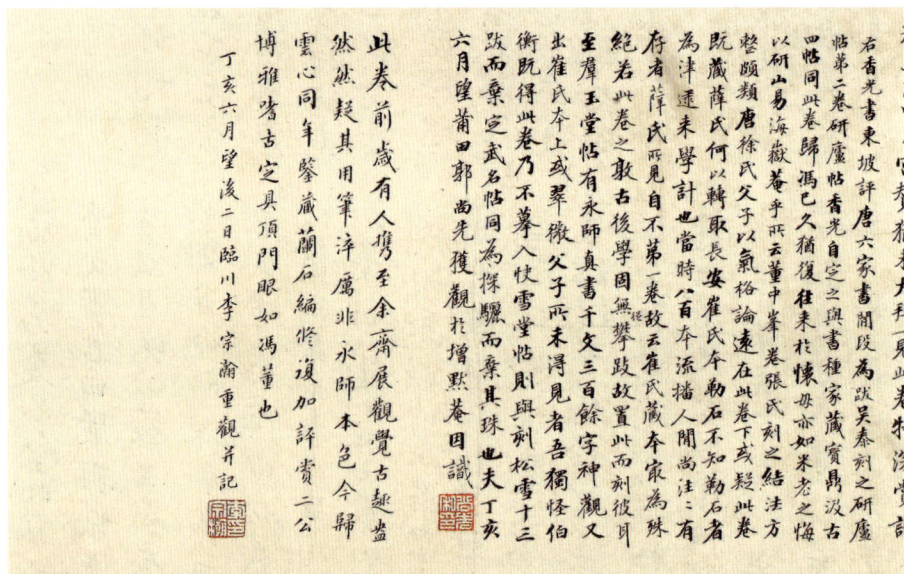

智永真草千字文卷（局部）

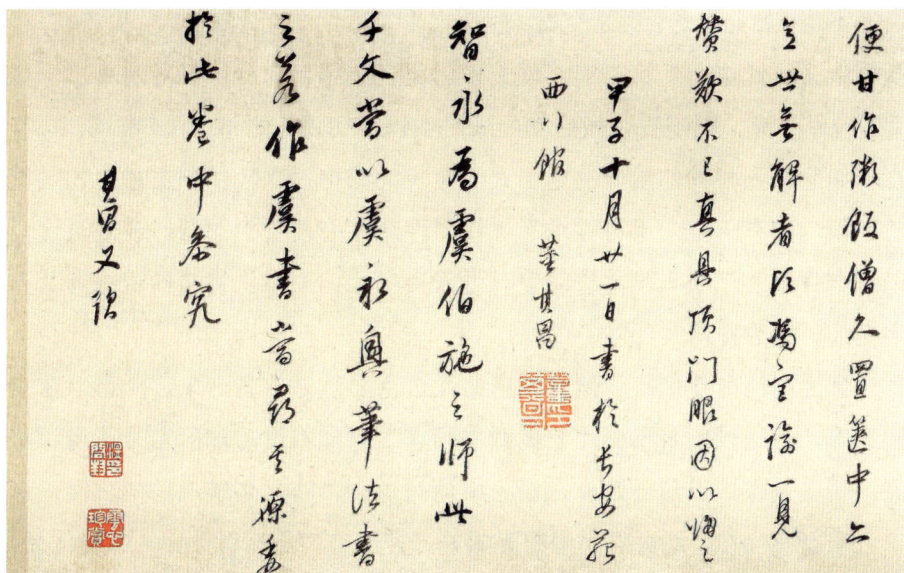

智永真草千字文卷（局部）

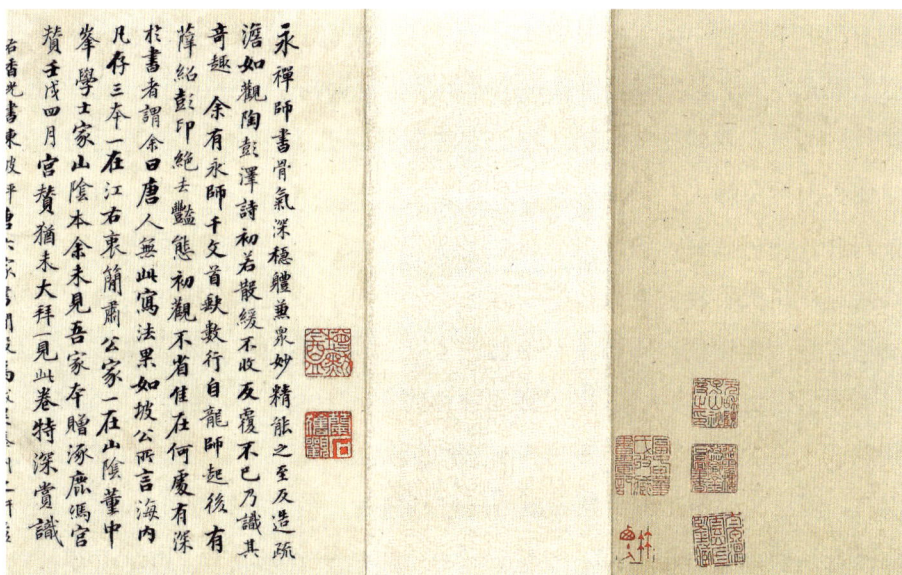

智永真草千字文卷（局部）

弃而弗收，迟之又久，而卒归于余，固由翰墨因缘亦有前定，究由真鉴虽逢，因循不决，如此奇珍，失之交臂。假使余出京后，此卷竟属他人，悔将何及，既自幸又自愧也。"第二年，顾文彬已就任宁绍台道台，仍对《真草千字文》魂牵梦萦，嘱咐在京城的女婿朱研生以当初议定之价，再向心泉求购，终于如愿。人与物的缘分决定了人间至宝的归宿，因应了顾文彬"物之得与不得，洵有一定，不可强求""翰墨因缘亦有前定"的话。或是对这段记忆刻骨镂心，晚年顾文彬编著《过云楼书画记》时，将《释智永真草千字文卷》列为开篇。

虽说是闲逛琉璃厂，但顾文彬此次进京显然是有备而来，一边"在京候选"，一边以所带书画"兼做贩书画客"。他常逛琉璃厂名号，遍访藏家，买卖兼作，以藏养藏。在日记中他写道："昨日到琉璃厂博古斋，旧识之李老三尚在，此公看字画眼光颇好，搜罗亦广，略看数件，颇有佳品，内有石谷临山樵长卷，索价要二十金，方方壶小立轴索价四十金，据此可见京中字画之贵，我所带之物将来或可希冀得价也。"在与三儿子顾承通信中也说道："所带书画已令李老三评价，与汝所拟之价不无出入，而总数不相上下，京中所重亦是四王恽吴与沈文唐仇，我所带之物甚合销路。至于眼光，虽李老三已算巨擘，然不如我与汝远甚，见石谷两册深信为真，其易欺可见，我即托其代销。据云京官爱书画者却有数人，然皆无力量，即使买去难免拖欠，须遇外官方好。刻下恰有外官两三人在京，箱中物拣去八件，如可成交，约可得三百金。据此看来，此种生意尚可做得。我在京候选，川费不轻，兼做贩书画客，不无小补。我意欲在家中所藏内再拣一箱寄京，但仍须以明四家、本朝六大家为主。秦谊亭见遇一次据云，近日书画价大贵，问其大谱，四王恽立轴价约在三十金左右，卷册五十金左右，佳者或至百金，上年沈韵初售去麓台两长卷得价三百金，至吴渔山则绝无仅有，因思我家四王恽吴佳者断不肯售，次者止绢本石谷尚可售。"可见，他在赴京前已将待售家藏字画准备妥当，而且到京后出手"所带之物甚合销路"，于是，要求儿子将家中所藏明四家、本朝六大家书画，再拣一箱寄到北京来。在琉璃厂，顾文彬把书画生意做得那叫风生水起，游刃有余。此时的顾文彬已年届六十，浸润书画艺术大半生，其书画鉴赏已非一般人可比，在收藏界已具有相当的话语权。当与儿子顾承谈及琉璃厂鉴赏大家博古斋李老三，也已自信满满，"至于眼光，虽李老三已算巨擘，然不如我与汝远甚"。

顾文彬当年十一月离京，"十八日，阴，大风。午初开车。余自三月杪到京，迄今已及九月。"京城投供谋官，却创造了一段中国收藏史上的风雅传奇。

顾文彬与胡雪岩的故事：语焉不详的背后

清同治九年（1870）。

阅读顾文彬日记，许多次看到同一个名字——胡雪岩。这可是晚清大名鼎鼎的红顶商人，顾文彬与他又有着怎样的交往？然而，日记中凡提到胡雪岩时，顾文彬却总是惜墨如金，三缄其口。如同治十年七月，"二十七日，胡雪岩来晤"。同治十一年，"六月十六日，胡雪岩信来"。唯一涉及交往内容的仅有一处："三月二十二日，胡雪岩来，托以抚署办贡事，并随时排解谣言。"如此语焉不详的背后隐藏着怎样的故事，"随时排解谣言"又是为哪般？再细读顾文彬的《宦游鸿雪》（顾文彬家书），却发现记载与胡雪岩交往的史实比比皆是，内容还相当翔实，足可拼凑出一段晚清高官与红顶商人之间的交往故事，而且他们的交往用过从甚密形容也不为过。

胡光墉（1823—1885），字雪岩，安徽绩溪人，传为唐昭宗帝之子胡昌翼的后裔，少年时随家移居杭州。这位富可敌国的晚清著名商人，蒙恩廷赏，受二品顶戴，赏穿黄马褂，是晚清唯一戴红顶子的商人。他建立起的商业王国包括了钱庄、当铺、中药店、丝绸等多个行业。时人评说"为官须看曾国藩，为商必读胡雪岩"。胡雪岩发迹于与晚清名臣左宗棠的交往。咸丰十一年（1861），太平军进军杭州时，胡雪岩从上海运军火、粮米接济清军而为左宗棠赏识。后又帮助左宗棠组织常捷军、创办福州船政局。左宗棠西征平叛时，胡雪岩主持上海采运局局务，代借外款，采供军饷，

胡雪岩旧照

订购军火。胡雪岩凭借其卓越的商业才能，初在杭州府设立银号，为左宗棠的湘军办理后勤。利用过手的官银在上海开设阜康钱庄，后又将钱庄开到了全国主要城市，还在苏、浙、湘、鄂等地开设当铺 20 多处。在杭州创立胡庆余堂中药店，店名传承至今。

话说顾、胡两人的交往，则是开始于阜康银号为顾文彬提供无息巨款。同治九年（1870）闰十月二十日，顾文彬补授浙江宁绍台道台，道署在宁波府，同时兼任浙海关监督。两天后的闰十月廿五日，顾文彬在给儿子顾承的家书中写道："廿二日丑刻入内谢恩，未曾召见。近来，道府以下之官罕有召见者，既省数十金之费，又免奏对错误之虑，甚属便宜。此缺有无实际，不知细底，而虚名颇著，众目眈眈，将来别敬断不能省，前所约三四竿之数断乎不敷，幸而向来历任关钞解京交库，均由阜康银号经手，得缺之后，阜康管事曹恬波既托人来说，需用银钱不拘多少，情愿应付，不要利钱，到任后陆续归还。苟非美缺，安得有此便宜之事？前信所云预备三竿之说，可作为罢论矣。济成折出一节，今昔情形不同，德馨如肯再展，自可无庸改议，否则汝径向阜康管事熟商，谅必乐从。"这封书信清晰地描述了一个事实，即顾文彬刚得到新任命，人还没有离开京城，胡雪岩旗下的阜康银号就主动找上门来，表达愿意提供资金支持之意，而且是不拘金额多少，不用支付利息，到任后陆续归还就行。此时的顾文彬正为履任新职要打点权贵手头拮据发愁，他算了算"三四竿之数断乎不敷"，一竿就是 1000 元，三四竿可不是个小数目，只好让儿子顾承早作筹备。十一月十二日顾文彬在家书中写道："别敬一项，与研生斟酌，不丰不啬，约须三竿。此外，买物及川资又须此数，幸而阜康一力担承，取之如寄，可谓顺手。"从信中可知，阜康银号提供的无息款项有六竿之多，而且如同拿取自家寄存东西一样方便，对顾文彬来说可谓是雪中送炭，解了燃眉之急。而胡雪岩的阜康银号则是放了一条长线，以求日后得到照应，他们知道宁绍台道台兼浙省海关监督，与银号业务关系甚大，因为以往浙省海关的关钞就是经由阜康银号办理的，自然乐意提供无息巨款，第一时间巴结上海关监督顾大人了。

顾文彬与胡雪岩交往的常态是官商结合。同治十年二月，顾文彬到宁波履任，从此与胡雪岩及其商业王国建立了密切联系。道台的官位并不高，按清制为正四品，但顾文彬是布政使衔，从二品，又兼任浙海关监督，管辖宁波府、绍兴府、台州府，实际上是代表清政府在通商口岸宁波行使主权的海关负责人。此时已是中国近代史上与外国签订第一个丧权辱国条约《南京条约》后28年，宁波已成为重要的贸易通商口岸。正因如此，顾文彬二月廿二到署接印，第二、第三天就与英国、美国驻宁波领事会晤，交涉交纳货税、钞饷等费。晚清时期，有两项制度促使主管海关的官员，通过官商结合形成利益共同体。一项是海关税钞只需上交本金，存入银号的息银归官员所有。当时关税的征收权，虽为外籍税务司所夺，但税款的保管权却掌握在海关监督手中，海关税钞由海关监督监收，并缴入海关指定的银号。顾文彬上任后毫不犹豫地依例而循，将这笔大生意给了阜康银

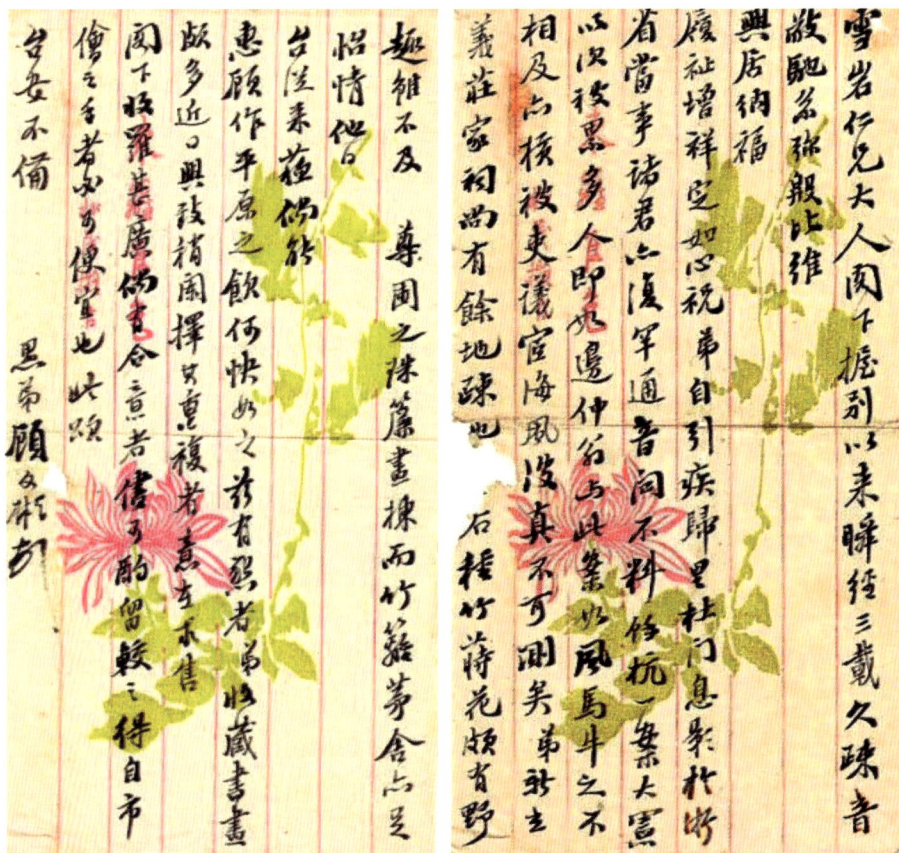

顾文彬致胡雪岩信札　苏州市档案馆藏

号。将大笔公款存入银号，银号则给付优厚利息，官员揣入私囊，拿高额利息就成了官僚的财富来源，也是官场潜规则。同年十月初九，顾文彬在给儿子顾承的家书中写道，阜康"银号会解关饷一节，既有镇江关章程，或能照办，亦未可知，此事只得缓商。今年京饷应解三十五万，刻又措解十五万，已无余剩，尽征尽解，存数较少，干系较轻。现将往来与利息账结算，截至九月十五，只得息银四千余两。此项息银在未改章之先，落得取用，不必告知退老也"。另一项制度则是海关采取包税制度，只要满足所包的关税定额，其余税款作为外水，由海关监督与书吏对半分成。这样，顾文彬成了胡雪岩的大客户，胡雪岩也成了顾文彬的大金主，利益相关，交往频繁。但虽然外快不菲，顾文彬却不免担忧。同治十年（1871）九月三十日家书坦言："库款存在银号，我本不以为然，今退楼议论相合汝意，俟来年改章，然谈何容易，因此间与上海情形不同，上海尚有现银，此间纯用汇票，若要俱归，现银入库，万做不到。目前雪岩光景谅不至骤变，况此事非一朝一夕可办，且从长计议可也。""雪岩何等精明，何以若罔闻知？晤见雪岩，当恺切言之。我既有巨款存彼，谅不嫌交浅言深也。" 对社会上针对胡雪岩的纷纷扰扰的传闻，浙海关的库款存于阜康银号，顾文彬惟恐生变，他又在另一封家书中写道："雪岩以左宫保为靠山，以甘省粮台为退步，左公一日不退，雪岩一日不倒，故目前尚可无妨，断非朝不保暮，危若朝露之比。" 因此，他决意将库款仍存于阜康银号。但顾文彬仍不免忐忑不安，同治十二年（1873）十一月十五，他写信给儿子顾承："胡雪岩家计深浅不可测度，然以巨款（指官项）存之，乃日夜不安之事，而又无法改动。我之不愿久恋此缺，盖为此也。折上所存，必须苏中有安顿处，方可来拔取，听汝之信可也。"不仅巨额官项存放在阜康银号，顾文彬私人的大量银两也存放在阜康银号，一旦崩盘，后果不堪设想，危机四伏，他因此萌生弃官而去的念头。

顾文彬与胡雪岩私人交往更是频繁。大致为几类交往：一为顾文彬通过胡雪岩的阜康银号办理私人款项、书画邮寄。顾文彬上任后，从宁波府寄回苏州家中的银两，多通过阜康银号。在顾文彬家书中，通过阜康银号汇款，同治十年（1871）六月廿八，他告诉顾承，通过阜康银号汇出2000元，同年七月十二日，顾文彬嘱咐钱谷师爷钮卓卿再通过阜康银号汇出 2200 两白银。同年九月廿二日，他通过阜康银号汇出 3000 元。家书中涉及汇款的文字频频出现。顾文彬是收藏大家，他在浙江购买到的书画文玩要寄回苏州，儿子顾承要经常将过云楼珍藏转呈父亲鉴赏补题，也都通过阜康银号办理。如同治十年（1871）四月廿七，顾文彬在家书中吩咐儿子顾承："我近日临帖无间，捉笔似有把握，趁此纯熟之候，宜将卷册之未题者寄来补题，惟卷册后乌丝必要汝界就，以多界几行为妙。应补卷册就记忆所及，约略开一清单，照单陆续寄来，约十余件作一次，托阜康谅必稳妥，然须封固，且嘱其勿着潮、勿开看为要。"二为顾文彬为家事与胡雪岩发生联系。同治十一年（1872），顾文彬因办理天津赈务，被李鸿章保奏特赏从一品封典，九月十七日，他写信给顾承："向来所领诰轴缎地极不堪，我欲自织，汝可向机房询问，如有能织者，可定织四轴，从一品轴应否用纯金云龙纹，必须考订确切，方免舛误。"顾文彬嫌官方制作的诰轴即书写皇帝诰命的卷轴质地不佳，准备自织，而清代在江宁、苏州、杭州三府设有织造局。顾承回禀父亲："部中诰轴、各祠祭帛，均归杭州织局，一向定例，别省织局不能抢做。"十月十四日，顾文彬回复儿子："诰轴已托阜康代织。"光绪元年（1875）正月十一日，顾文彬在家书中谈到大孙顾麟祥欲出钱捐官事："大孙捐事，俟杏荪到苏询明，如果伊经管，可切实托之，否则恐落空，且有误雪岩之保举耳。"捐纳，俗称卖官鬻爵，晚清时，捐纳盛行，与科举、荫封、保举同为仕官的四大途径。从信中内容可知，保举人正是胡雪岩。三为顾文彬、胡雪岩兴趣相投，都痴嗜收藏书画珍宝。两人为交流收藏心得、鉴赏藏品而常有交流，在顾文彬回归故里三年后致胡雪岩的一封信中还提道："雪岩仁兄大人阁下：弟新立义庄、家祠，尚有余地疏也。叠石、种竹、莳花颇有野趣，虽不及尊园之珠帘画栋，而竹篱茅舍亦足怡情，他日台从来苏，倘能惠顾，作平原之饮，何快如之？兹有恳者，弟收藏书画颇多，近日兴致稍阑，择其重复者，意在求售。阁下收罗甚广，倘有合意者，尽可酌留，较之得自市侩之手者，必可便宜也。"

顾文彬与胡雪岩交往甚密，还可举事实一二。同治十三年（1874），顾文彬扩建苏州铁瓶巷宅第，二月十一日写信给儿子："窗格式样，汝曾向胡雪岩处画就，意欲照样。胡园窗格花样，虽朴雅，却并不密缝，以致处处漏风，当以此为前车之鉴。"顾文彬如此熟悉胡雪岩的豪宅，可见两人交往之频繁。同年三月初，顾文彬向上司提出了告病返乡的请求，但当月发生日军登陆台湾南部恒春事件，战争一触即发。宁波为海疆门户，顾文彬又身兼宁绍台海防兵备道，形势使然，许久未获批准。顾文彬在"十月朔灯下"给儿子家书："病禀虽递，恐中丞未必批准，然昨得一信，胡雪岩从上海寄来，云赏给日本银五十万作为抚恤琉球被难之人，和议已成。此信若确，数日之内必见明文。中丞之驳必以台事为词，若台事已了，即顶递一禀，谅亦不能再驳，年内尚可望归期也，此事总在月内定见耳。……刻又得戈砚畇传达佛领事之言云，东使与总理衙门议论不洽，负气出都，恭邸派员至天津将东史追回，议给恤费五十万，先给十万，俟台湾东兵撤尽，再给四十万，与胡雪岩之信大略相同，和局之成当靠得住。"人脉广泛、消息灵通的胡雪岩得知议和成功后，马上写信告诉顾文彬，也可见两人私交非同一般。

顾文彬与胡雪岩的故事，不失为晚清那段风雨飘摇历史的见证，颇为耐人寻味。

营造过云楼

清同治十二年（1873）。

这里说营造过云楼，其实说的是营造顾氏私宅大院，而过云楼只是整个建筑群中的一栋独立建筑。只是人们提起"过云楼"，往往以此作为苏州顾宅大院的代名词。这座占地约 30 亩的顾宅大院，从 1873 年开始建造到 1882 年落成，前后用了 9 年时间，经历了同治、光绪两位皇帝。如今游历苏州园林，怡园是一去处，而这座园林恰是顾氏家族的后花园。顾宅大院时获"江南第一家"的美誉，乃实至名归。

在苏州这个历史积淀丰厚的城市，历代名人第宅、私宅园林数不胜数。姑苏城建城 2500 多年间，名载于史的宅园就达 1000 多处。顾氏私宅园林

顾宅大院之怡园一景

可算是其中之一。

关于顾氏私宅大院建造的经过，顾文彬曾留下这样的文字：

> 庚申之乱（按：指太平天国运动），铁瓶巷房屋无恙，尚书里止隔一街，房屋烬毁，余在任时，开拓住宅东首两落，其一改造"过云楼"，上下两层。前一进平屋三间，即"艮庵"也。南院中购得戴氏废园湖石甚多，择其佳者五峰，环列如屏。余石尚多，嘱承儿购得尚书巷废地，垒石为山，坎地为池，初念不过一丘一壑而已，继而渐拓渐变，又购得杨家、曹家数园之石以实之，比余归田，功已及半，于是尽得巷中废池，先构义庄祠堂数十楹，余地尽归于园，园归于庄产，余与承儿互相斟酌，添造亭台，广搜树石，名为怡园。

1873 年，顾文彬履任浙江宁绍台道台已三年，开始萌生退隐之心。继承了祖辈爱书藏书文化基因的顾文彬，修建一座私家藏书楼也就成了他的一个梦想。他对儿子顾承说，如今顾家收藏已可当江南第一家，平生还有一个心愿："我素有起造小天一阁之愿，常耿耿于心……造一楼一底，纯用砖石，不露片木。"同治十年二月初八日记："适吴引之来，与之同游四面楼，与我欲意造之过云楼同，可谓先得我心。"同治十年五月的日记中两题过云楼"山岫本无心，旧隐琴书，应妒过云明灭。　弄泉试照影，再盟鸥鹭，知他甚日再来"。又题过云楼"得丧乘除，机心早觉。丹青图画，老眼羞明。飞去了无踪，万事云烟忽过。　渔樵故里，闲处偏多。仗履当时，梦中行偏。觉来还自笑，一亭风露先加"。他嘱咐在老家苏州的儿子顾承，花耗白银 20 万两，买下了尚书里巷南古春申君庙旧址近十亩地，用以建造顾家宅院，又收购了巷北吴宽故宅及吴氏家祠旧址 20 余亩地，用来建造花园（即怡园）、义庄和顾氏祠堂。当年六月开始筹备建设藏书楼和书房，收购城里旧房厅柱、楼板等拆房旧料。十月初，藏书楼和书房两栋建筑破土动工，至来年二三月份基本完工。接着，又在过云楼的东、西侧各扩建两落庭院，于是便形成了东落、正落、西落的苏州民居典型格局。直到 1882 年，顾宅大院整体建筑才全面告竣。

顾宅大院整体布局为典型的大型苏州民居宅院，坐北朝南，五落五进，南面正门是铁瓶巷（现干将路），巷对面建有照壁。照壁后为马厩和夫役居住小屋。东面为护龙街（现人民路），西面紧邻仁道镕宅地，北面为尚书里。整块区域为合院式与厅井式相融合的围合结构。

东起第三落第一进为花厅，为顾家主人书斋，取名"艮庵"。艮庵面宽三间，进深11架屋。艮庵南面有庭院，立湖石峰五座，峥嵘峭削，题名"五岳起方寸"，意咏方寸之地包罗五岳景致。另配以白皮松、石榴、黄杨、丛竹等。东南隅粉墙嵌湖石"崖壁"，衬托"五岳"，造成幽深境界。

过云楼建于顾宅大院的东南侧，东起第三落第二进。藏书楼的设计，借鉴了杭州四面楼、宁波天一阁、鄞县卢氏抱经楼等藏书名楼的格局，对房屋构造有利于藏品保护和防火防盗作了精心规划。藏书楼开建时，顾文彬仍在浙江为官，其间曾多次召三子前来交代建筑事宜，就连房子的地基要用铁杵捣遍、下水道预留以及建房黄道吉日的细节都不放过。藏书楼楼面阔三间12米，进深9.5米，高9.2米，两层，硬山重檐式。楼前左右建两廊与东西廊贯通，廊壁开扁式六角形砖细框，内嵌乱冰片纹木漏窗。楼内的红木屏风隔断雕刻精细，古雅的门窗用黄柏制成，东西山墙均饰以精致砖细墙裙。楼后有乾隆八年款砖雕门楼及堂楼两进。整幢建筑高敞古朴、自成一区，尽显江南大宅中藏书楼的宏雅和气度，成为顾文彬祖孙几代专贮书画、古籍及金石之所。

顾文彬将藏书楼命名为过云楼，是取苏东坡所言"书画于人，不过烟云过眼而已"之意。在顾文彬看来，楼内珍藏再不舍也不能永存，只好拢烟聚云，以求善存。《过云楼书画记》自叙中，顾文彬写道："书画之于人，子瞻氏目为烟云过眼者也。余既韪其论，以名藏秘之楼。"足见主人是以一种平常而淡泊的心态，来对待家族收藏的。藏书楼匾额"过云楼"3个隶书大字，由顾文彬好友冯桂芬题写。

走进过云楼，不难发现在过云楼的每一根柱子上，都有一幅幅木刻作品，均是劝学故事。可见，顾文彬营造过云楼，不仅仅为收藏家族藏品，主要目的是为顾氏家族的子弟们营造一个良好的文化环境和学习之所。通过楼柱上木刻作品讲述的劝学故事，反映出顾文彬对子女的期盼和希冀。这在顾文彬的诗中也可略窥端倪：凭空结构此园林，世俗尘无一点侵。别为胸中丘壑趣，萧疏如画淡如琴。《过云楼书画记》自叙中也说："今此过云楼之藏，前有以娱吾亲，后有以益吾世世子孙之学。"过云楼建成后，顾文彬还特意为顾氏收藏制定了"庋藏法则"：

　　书画乃昔贤精神所寄，凡有十四忌庋藏家亟应知之：霾天一，秽地二，灯下三，酒边四，映摹五，强借六，拙工印七，凡手题八，徇名遗实九，重画轻书十，改装因失旧观十一，耽异误珍赝品十二，习惯钻营之市侩十三，妄摘瑕病之恶宾十四。

　　这十四忌收藏法则，顾文彬是要告诫族人要珍爱藏品，以学为用，而且这个"学"字并非仅是潜移默化的影响而已。顾文彬写信给儿子顾承这样交代："为四孙讲论书画，不可因循，每月六期，每期十件，先论其人，次论其书法画理，再论其价值，四孙各立一册，将所讲十件详记于册，自书分执，行之一年，皆成内行矣。此乃要事，切须依我行之。"这14条家规，刻在过云楼门楣之上，以警示顾氏子孙后代。

怡园壁画《石壁过云图》

　　宅院东起第四落为正落。前两进为门厅和轿厅。第三进为正厅，结构部分用楠木建造，是主人会集宾客和婚丧庆典之处，逢年过节则用作演戏的戏厅。厅西侧备弄顶部建有密室，是为女眷观剧特设的隐蔽看楼，这在苏州是独一的。第四进为内厅，为宗族议事、聚会之用。第五进为堂楼，即正房，为宗族主要成员居所。

除上述厅堂外，其余建筑均因地制宜划分院落，布厅设楼，回廊曲槛，庭院深深，皆为顾氏家眷的居所。每进庭院的大门处建有墙门间，主要供下人居住，同时也隔开了门户与外界的视线，是江南建筑含蓄特色的体现。

怡园位于宅园北侧。登上过云楼，透过木窗北望，便是顾氏家族的私家花园——怡园。顾文彬把这座园林起名"怡园"，是取自《论语》中"兄弟怡怡"之句。主人公的心意在于"兄弟合心、其利断金"，希望自己的子嗣能够永远和睦。

怡园具有典型的江南园林的特质，占地虽不大，但博取苏州园林之长，小巧雅致，花木扶疏，巧置山水，自成一格。它分东、西两部分，园西旧为祠堂，园南可通顾家住宅。因建园较晚，吸收了诸园所长，如复廊、鸳鸯厅、假山、石舫等。园内筑有岚漪亭、清青园、凉洞亭、绿滋斋、适我堂、清止阁、醉石轩等，庄重典雅，匠心独具。清音阁尤为园林结构之佳者。清音阁高檐翼展，回廊曲榭，辅石导水，环阁而流。丹窗青瓦，阁脊上的小动物造型逼真，惟妙惟肖。几根方石柱围护在阁的四周，给人以古朴厚重之感。南临方池名曰"鸢飞鱼跃"，锦鳞嬉戏其间。水自石龙口中泻于池中，莲盆承之，喷珠溅雪，若在清音阁下层雪洞中仰观飞瀑直下，似置身小水帘洞之中，令人好不惬意。

怡园的廊壁上，有书法家王羲之、怀素、米芾等书法刻石 95 块。其中的《兰亭集序》翻刻出自"玉枕"《兰亭》。相传王羲之《兰亭集序》墨迹已在唐贞观二十三年（649）为唐太宗李世民殉葬。宋时贾似道得到与真迹无二的用纸蒙在墨迹上的摹本，由工匠花一年半时间精心镌刻在玉枕上，保存了王羲之真迹。此刻石就是据宋拓本钩摹复刻，也是顾氏家族对中国书法艺术的一种另类收藏吧。园北侧有一小门楼，玲珑别致，颇具特色。门前有对石狮，精雕细琢，栩栩如生。进入门楼，便入园。

怡园与沧浪亭、拙政园相比，建成较晚，面积也小，却以小巧见长。怡园的水池效法网师园，假山学习环秀山庄，洞壑参考狮子林，旱船取法拙政园，可谓博采众长，将苏州园林精致小巧的特质发挥到了极致。其结构之精巧，非胸中有丘壑者，莫能出此，被时人评为"最足勾留"的一处。置身其中，宛入仙境，令人心旷神怡。与过云楼一墙之隔的怡园，当年的

顾宅大院俯瞰图。左为宅园，右为后花园——怡园

声望与过云楼一样显赫，是江南文人雅士眼中的一方静土，远近风雅之士来此吟诗挥毫，持螯赏月，一时又成为一种时尚，名动当世。

收藏于南京博物院的《顾沄怡园图》，把怡园之美通过绘画作了生动表现。光绪三年（1877）春怡园落成，顾文彬请顾沄将园中胜景分绘成图，并征同人题咏。先画了十六帧，光绪十年又补了四景，景色分别为：武陵宗祠、牡丹厅、遁窟、梅花馆、南雪、岭云别墅、竹院、慈云洞、拜石轩、留客、金粟亭、小沧浪、石听琴室、岁寒草庐、藕香榭、松籁阁、面壁、绛霞洞、石舫、坡仙琴馆。册首由名士俞樾题名，册后有顾文彬精楷书分咏宗祠与怡园各景词十六阕及潘曾玮和作。画法以浅绛为主，风格秀淡，其意境正如作者所云："展观者不待亲叩园扉，已足想见主人高风雅尚矣。"

落成后的顾宅大院，其规模之宏大，超出了主人的想象。其实，顾文彬关于造园的最早构思"初念不过一丘一壑而已，继而渐拓渐变"，逐步扩大，才建成了这样一座规模宏大的私宅园林。在建造怡园时，在进门处，他曾特意布置了一排竹篱、一间茅屋、一丛翠竹，还饲养了一对孔雀，以纪念造园的初衷。

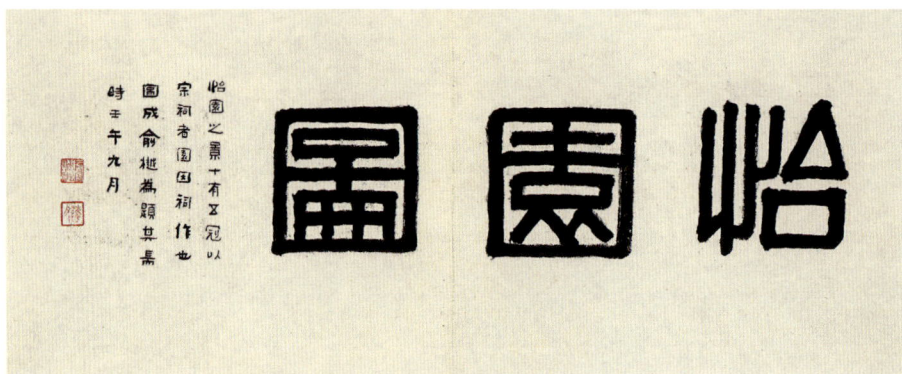

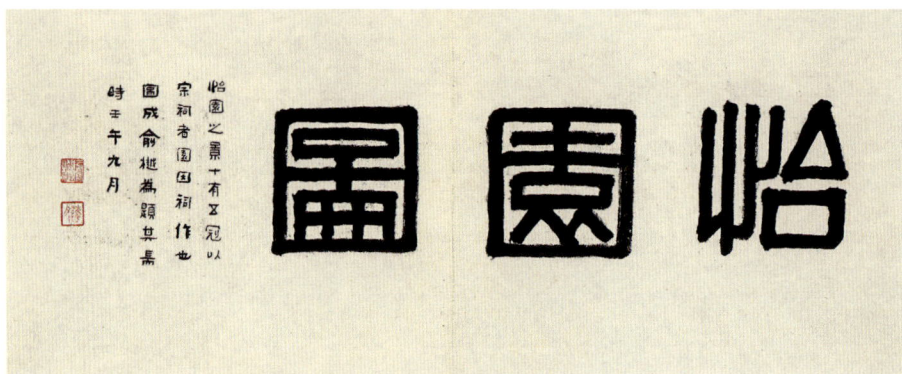

（清）顾沄　怡园图，册，纸本，水墨，40 帧，各纵 33.3 厘米，横 42.4 厘米，南京博物院藏

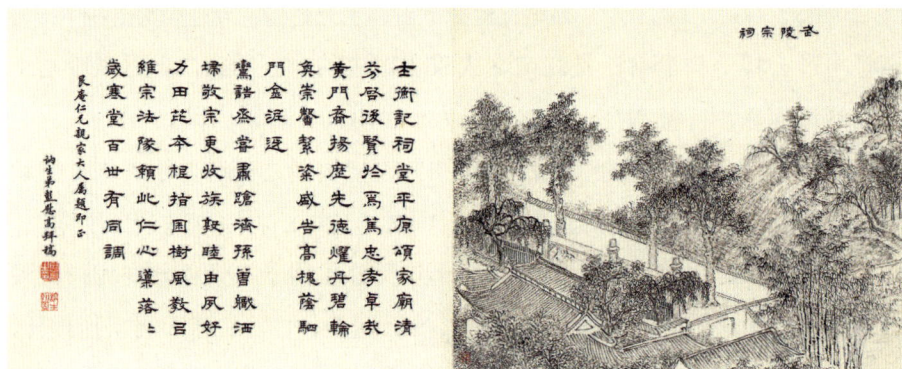

顾沄　怡园图之武陵宗祠图　彭慰高题

顾沄　怡园图之坡仙琴馆图　任道镕题

顾沄　怡园图之绛霞洞图　顾沄自题　俞樾题

顾沄　怡园图之岭云别墅图　顾沄自题　朱以增题

顾沄　怡园图之石舫图　吴昌硕题

顾文彬与李鸿章的故事：两通书札的秘闻

清同治十三年（1874）。

李鸿章旧照

过云楼主人顾文彬与晚清名臣李鸿章的交往，颇具传奇色彩。

说传奇色彩，是因为两个人一生交往的故事，都浓缩在两通书札上，而这两通书札又决定了两个人的命运与归宿。

同治元年（1862），顾文彬发起草拟的一通书札，促成了李鸿章的一番伟业。

光绪元年（1875），李鸿章的一通书札，促成了顾文彬的收藏鸿志。

《过云楼日记》同治十三年四月的一则日记，说到了顾文彬的那通书札，揭秘了一个鲜为人知的重要史实：

二十二日。冯林一与余四十年旧交，今于十二日病故，余寄挽一联云："文社共驰驱，邀我同居，赁庑曾经三度约；交情深患难，附君不朽，乞师嘱草万言书。"

接着，顾文彬又对挽联作了详解：

余与林一三次同居（为邻），第一次在申衙前孙宅，第二次在铁瓶巷，第三次在京师西河沿，上联指此；同治元年，余与林一同避兵上海，余首创乞师于曾文正之议，嘱林一代草信稿，下联指此。

从这则记载悼念故友的日记中，可读到"乞师嘱草万言书""余首创乞师于曾文正之议"等内容，讲的是13年前顾文彬给朝廷上万言书，乞师淮军入江苏地界抗敌的事。

咸丰十年（1860），太平军击溃清军江南大营，长驱直下常州、苏州，威逼上海。也正是这一年，顾文彬因父亲逝世，回乡丁忧。可是，家乡苏州已经沦陷，只好在上海避难。正当上海岌岌可危之时，顾文彬率先倡议并联络一批同在上海避兵的官绅，向曾国藩乞师，建议奏请朝廷派兵进入江苏地界，驰援上海。而此时的李鸿章仅率领着一支刚编练成军的淮勇队伍。

李鸿章，清道光二十七年（1847）以二甲第13名进士，以翰林院庶吉士供职京师。三年期满，改授翰林院编修，次年又累充武英殿纂修、国史馆协修。到了咸丰三年（1853）正月太平军攻入安徽地界，安徽团练大臣吕贤基奏调编修李鸿章襄办军务，办理团练。是年十月，吕贤基战死，李鸿章遂于咸丰八年冬投入曾国藩幕府。咸丰十一年冬，李鸿章在曾国藩保荐下赴淮南募集当地刘铭传、潘鼎新、张树声、周盛波、吴长庆等地主团练武装编练淮勇。同治元年（1862）正月，李鸿章练成淮军。由李鸿章率领开到安庆，与湘军程学启、郭松林部合并，约7 000人，号称淮军。

曾国藩此时正以钦差大臣身份，在安徽安庆督办江南军务。李鸿章本是曾国藩的得意门生，其父李文安与曾国藩是同年进士。当年李鸿章抵京会试，父亲就带着他执子侄礼拜见曾国藩，并自此在曾国藩指导下学习经学。接到乞师万言书，曾国藩自然乐意将这个建功立业的机会给李鸿章。三月，李鸿章便率淮军由安庆乘英国轮船开赴上海。顾文彬与吴云等筹措经费20万两，租用船只到安庆迎接李鸿章的部队。淮军抵上海后，置大营于近郊新桥，在奉贤、松江、青浦一带抗拒太平军，并采取"剿抚兼施"策略向苏南地区进攻。十二月，李鸿章招降常熟、昭文、太仓一带太平军守将，会同"常胜军"攻陷太仓、昆山等地。同治二年十月攻陷苏州、无锡。次年二月夺取浙江嘉兴，四月攻陷江苏常州、丹阳。六月清军攻陷天京后，李鸿章率淮军配合湘军攻取浙江湖州，继赴安徽、江西、福建等地镇压太平军余部。同治五年至同治七年，李鸿章率淮军在山东、河南、湖北、江苏和直隶地区镇压了东、西捻军。7000人的淮军一路所向披靡，逐渐扩充至六七万人。同治十一年李鸿章任直隶总督后，在天津设立水师学堂、北洋武备学堂，培养淮系将领，使淮军成为中国第一支新式装备的武装力量，淮系政治势力在晚清政治生活中占据了重要地位。一通书札，不仅保住了上海，收复了江南大片土地，更促成了李鸿章一生的功名，他从此跻身晚清重臣，登上了中国历史的大舞台。

李鸿章是曾国藩众多幕僚中影响最为重大、权势最为显赫的。以一介书生而成为晚清重臣，拜相封侯，权倾朝野，主持清廷内政外交达数十年之久，与曾国藩、张之洞、左宗棠并称为"中兴四大名臣"，固然是时势造英雄，而顾文彬的乞师之举，却是为他提供了一个历史性的契机，成就了李鸿章的一番伟业。

功成名就的李鸿章，自然对首创乞师之议的顾文彬心存感恩。同治元年（1862）十月，李鸿章实授江苏巡抚，广收人才，参与乞师之举的冯桂芬、潘曾玮、潘馥、钱鼎铭、潘心田都成了受倚重的幕僚，而惟独顾文彬屡经李鸿章派差却婉拒了。他自言："非高尚也，诚以先考不逮禄养，中更离乱，骨肉凋残，名心益淡，故不求闻达。"李鸿章由衷赞叹他退隐的高风亮节："公真可谓肥遁矣。"就连上海中外会防局每月百两白银的薪水，他也"独辞而不受"。清军克复苏州后，在上海租界避难的顾文彬，于同治三年（1864）八月回到苏州铁瓶巷赋闲。李鸿章委司顾文彬为苏州著名的正谊书院董事，委办育婴堂。

顾文彬与李鸿章的交往故事，因顾文彬的复出得到延续。

同治九年（1870），顾文彬出任宁绍台道台，又与李中堂大人有了直接交往。让人意外的是，在顾文彬日记中许多次提及的却是李中堂捐赈事。同治十年，"十一月二十一日。陈鱼门来见，询知杨氏续捐七万之款已筹齐……屠啸笠亦来晤，俱谈李中堂捐赈事。因捐赈事请本地官绅，具柬于二十三日午后茗茶候叙"。"二十三日。未刻，请官绅会议捐赈事，设三席款之。二鼓散，散时陈鱼门交出杨家捐项期票七万两并呈稿……""十二月十九日。有捐户五家寄书捐，计九千二百元。""二十二日。鄞、慈、镇六家捐户缴到捐洋五千元。"同治十一年，"二月初一日。发李中堂复禀，并缴排单"。同治年间的清王朝，经过了两次鸦片战争的失败，以及太平天国的打击，满目疮痍，百业待兴。洋务运动兴起，作为代表人物之一的李鸿章，将筹措银两、兴办实业作为头等大事，组织地方捐赈也就成了常态。顾文彬为官的浙江宁波、绍兴为富饶之地，也就成了朝廷组织重点捐赈的地方。李中堂有令，作为安徽同乡的顾文彬自当全力以赴，亲力亲为。他或召集官绅捐赈会议，或约请官绅茗茶叙谈，或设宴款待鸿商富贾，忙得不亦乐乎。然而，多次组织捐赈，实再难于持久，顾文彬在日记中叹言，"余因此间无闲款可筹，愿自解襄助……"为了完成捐款任务，顾文彬无奈只好开始自掏腰包。顾文彬更因部属赈捐不力而瞋目切齿，大动肝火。同治十一年三月初五日记写道："余因陈鱼门帮办赈捐，今年开局以来，忽而阑珊，大非去年之比，近日许解，屡约屡爽。委员往寻，避匿不见。余乃于府县各官前大加责备，使之闻之。是日鱼门即凑现洋七千六百余元，与余所捐三千串，合洋二千三百余元，凑成万元之数，即日可起解矣。"顾文彬为赈捐事搞得焦头烂额，苦不堪言，而李鸿章还在褒奖鼓励中催促着。同治十一年四月十二写道："接李中堂批，云'该道乐施好义，捐钱三千串，计有库平钱一千六百数十两，给予从一品封典，有盈无绌，仰候核明例章，即请奏奖'云云。"

再说另一通书札的一段秘闻。赈捐差事，严重影响到顾文彬的为官心情。顾文彬在其日记中披露了自己的内心，光绪元年（1875）正月初三的日记中写道："余自履任以来，精神尚好，腰脚亦健，惟兴致则日减一日，平昔博弈饮酒，无所不好，今一概置之，独书画癖如故。暇则手一编，或作书，或翻阅书画，否则萧然枯坐如在家僧。人生如白驹过隙，今年已六十有五，桑榆晚景，知有几何？徒以索寞销磨之，岂不可惜？今秋当决计乞病归家，或可冀少增兴致耳。"而此时李鸿章给顾文彬的一通书札，则促使顾文彬作出新的人生抉择。同治十年（1871）十一月十二日，顾文彬在给儿子顾承的信中写道:"昨接李中堂札子并信,为劝捐事,信中甚灌米汤,札则据直省司道上详,指明宁道顾某办事如何切实,又言宁波为商贾辐辏之区,且多好善乐施之人云云,此必眉老所放之火也。" 李中堂乃指直隶总督李鸿章,为劝捐之事,他亲书札子并信函致顾文彬,可见事之重大。可以想象,当顾文彬打开信札,看到"信中甚灌米汤",是一种怎样的心情,难道说李中堂是在传达"我向你要饭来了"的意思?再想想赈捐这差事再办下去,实无颜面对本地官绅商富。他在给儿子的信中接着写道:"岂接李中堂照会而置之不办耶?……然即使中丞饬令照办,已甚棘手。此间富户以杨、胡为最,杨则新捐巨款,胡则已捐棉衣一万五千件,舍此而别求,大户恐亦寥寥。"时年已65岁的顾文彬萌生了倦鸟知还、挂冠求去的念头。三月初八"自起告病禀稿",写了辞职报告,二十七日得知"告病开缺折,中丞于是日发",顾文彬喜形于色,口占一律:

感荷君恩疾许移,欢然喜气上双眉。

始知襄宦辞官日,宛如顽童放学时。

如箭归心虽少数,饱帆风力尚嫌迟。

榴红蒲绿端阳节,好酌团乐酒满卮。

顾文彬以"宛如顽童放学时"形容自己辞官归隐的心情。宦海沉浮,归隐田园,他要回到魂牵梦萦的"小天一阁"——已落成的过云楼,去实现他几十年追求的收藏鸿志。光绪元年四月廿八,"末刻,登轮船,文武各官俱在北门送行"。"五月初二,薄暮至娄门口,乘车至家,已上灯矣。"短短五天,顾文彬就从宁波回到了苏州,正如其诗中所云:"如箭归心虽少数,饱帆风力尚嫌迟。"

说一个虽是题外但与顾文彬辞官有关的故事。顾文彬急流勇退,告病返乡,却意外避祸就福,躲避了一场官场风波——晚清四大奇案之首"杨乃武与小白菜"案。20世纪50、90年代,先后拍摄过两部同名古装悬疑剧《杨乃武与小白菜》,今人通过银幕而熟知了这个故事:清同治十二年(1873),浙江余杭发生一起葛小大命案。乡试中举的余杭士子杨乃武与葛毕氏(人称"小白菜")被怀疑通奸杀夫,在刑因后认罪,身陷死牢,含冤莫雪。此案震惊朝野,惊动朝廷,在历时多年数度更审后终冤案昭雪,然而杨乃武与小白菜两人受尽酷刑折磨的悲惨遭遇，仍令人不胜唏嘘。直到光绪三年（1877）二月十六，清廷下谕，浙省及杭州、宁波府一百多名官员被惩治，浙江巡抚杨昌浚、宁波知府边葆诚（字仲思）等被革职。余杭案发生时，顾文彬正官署宁波，而命案平反时他已早早远离官场。顾文彬一定庆幸自己当初作出的托疾辞官的抉择，在归隐桑梓三年后写给胡雪岩的信中仍感慨道："弟自引疾归里，杜门息影，于浙省当事诸君亦复罕通音问，不料余杭一案，大宪以次被累多人，即如边仲翁，与此案如风马牛之不相及，亦横被吏议，宦海风波真不可测矣。"

吴郡真率会

光绪五年 (1879)。

顾文彬在同治五年 (1879) 至光绪十年 (1884) 的日记中, 大量记载了吴郡真率会的活动情形。

光绪五年 "二月初六日。巳刻。赴退楼真率会", "二十六日, 巳刻。赴仲复真率会之如", 三月 "初六日, 余招集真率会于怡园", "十二日潘敕闲招集真率会于听枫山馆", 九月 "初九日。在怡园举真率会"……光绪九年 "初二日, 真率会中人公祭愉庭"。又, 光绪十年四月日记 "十二日, 举七老真率会, 移校樽于潘西圃之三松堂, 与会者蒋心香、彭纯舫、吴引之、吴语樵、潘敕闲, 期而未至任筱园……首唱七律两章, 余与诸公各有和章, 并乞顾若波《西圃看花图》, 请会中人各书和诗于后"。

"真率会" 3 个字, 可谓大有来头。据史料记载, 北宋熙宁四年 (1071), 司马光罢官退居洛阳, 从此不论政事, 以书局自随, 继续编撰《资治通鉴》, 时间长达 15 年。隐居洛阳期间, 司马光常与故交挚友相聚, 并且为活动订立了规章, 载明聚会活动以真诚坦率为相处之道, 以私家园林为活动场所, 以书画鉴赏、诗文唱酬、品茗饮酒为主要内容, 甚至规定活动餐膳 "酒不过五行, 食不过五味"。这一相聚活动, 号称 "真率会"。从北宋年间到晚清时期, 其间经历了数百年之久, 朝代更迭更是无数, 然而, 司马光首倡的缙绅名士风雅却一直延续了下来。

清光绪年间, 古城姑苏有一个以归隐官绅为主的文人群体, 他们都是学富五车之辈, 擅长书画, 精于鉴赏, 爱好收藏, 情趣相契, 又多为封疆大吏, 或名门之后, 时常相聚一起, 或品茗喝酒, 或吟诗作对、鉴赏字画,自娱自乐，文气盎然。800年前，司马光曾任苏州判官，受这位先辈"父母官"影响，顾文彬等倡导成立了真率会，后号称为"吴郡真率会"。吴郡为东汉时期的郡名，治所吴县（今苏州姑苏区），故以吴郡命名之。在当时，吴郡真率会俨然成了引领苏州时尚的文化沙龙。

"吴郡真率会"又称"七老真率会"，是因为活动初期参加成员为吴云、沈秉成、李鸿裔、勒方锜、顾文彬、潘曾玮、彭慰高等7人。吴云，听枫园主人，曾任苏州知府，早年致力于学习书画，名噪一时，精通书法，以颜真卿为宗，又工山水及枯木竹石，同时精于金石考据之学，著有《古官私印考》《华山碑考》等；沈秉成，耦园主人，官至广西、安徽巡抚、两江总督等要职，有政声，工诗文书法，精鉴赏，收藏金石鼎彝、法书名画美富一时，是一位风雅读书人；李鸿裔，网师园主人，官至江苏按察使加布政使衔兵部主事，精书法，临抚魏、晋碑铭，无不神形毕肖，工诗古文，藏所收之书4万余卷；勒方锜，寓居吴云听枫园，翰林学士，中丞，历任江苏按察史，广西布政史，江苏、福建和贵州巡抚，官至河东河道总督，工诗能文，对词造诣极深，享名于时，精于书画，书法作品缣素流传，光气奕奕，字体秀丽清俊，传为珍品；潘曾玮，生性散淡，一直闲居在苏州，自幼聪颖，肆力于诗古文辞，经世之学，撰有《正学编》《自镜斋文钞》《咏花词》等10多种；彭慰高，道光癸卯举人，官至浙江候补道，有《仙心阁诗钞》等著作。这七位姑苏名流耆旧，因机缘让他们与吴门结下深厚渊源，彼此关系颇为密切，或曾同在苏州为官，或有姻亲关系。顾文彬与潘曾玮、彭慰高3人是苏州当地人，顾文彬与吴云、彭慰高2人有姻亲关系，其中吴云之孙娶了顾文彬的长孙女。吴云、李鸿裔在苏州当过官，退隐后栖居姑苏。7人中仅勒方锜一人当时还在官位上。吴郡真率会创立后，城南李鸿裔的网师园，城中顾文彬的怡园、吴云的听枫园，城东沈秉成的耦园，也就成了轮流做东、频繁雅集的场所。顾文彬为此还专门策划创作了一幅画作，名曰《吴郡真率会图》。

笔者有幸在苏州博物馆2017年举办的"烟云四合——清代苏州顾氏的收藏"特展上，看到了这幅尘封已久的画作《吴郡真率会图》怡园藏卷，"胡芑孙绘影，任舜琴补图"的字样跃入眼帘，再现了130年前的一段姑苏雅事。这幅作于清光绪六年（1880）的画作，由胡芑孙写照，任薰（即任阜长）补景。画中胡床一具，7 位老者，3 个童子，描绘了当时文人雅集场景。顾文彬在画卷题跋中作了详细注解，正是真率会七老的集体画像。画中一共有 10 个人，除了三童子，7 个人即是真率会七老，从左起依次为顾文彬、彭慰高、沈秉成、吴云、潘曾玮、勒方锜、李鸿裔。卷前由吴云题引首，卷后有顾文彬、彭慰高、吴云、李鸿裔、沈秉成、潘遵祁等六家题记。这幅画卷，生动复原了真率会七老热衷林泉生活的风雅图景，那份悠闲与风雅，着实让后人羡慕不已。

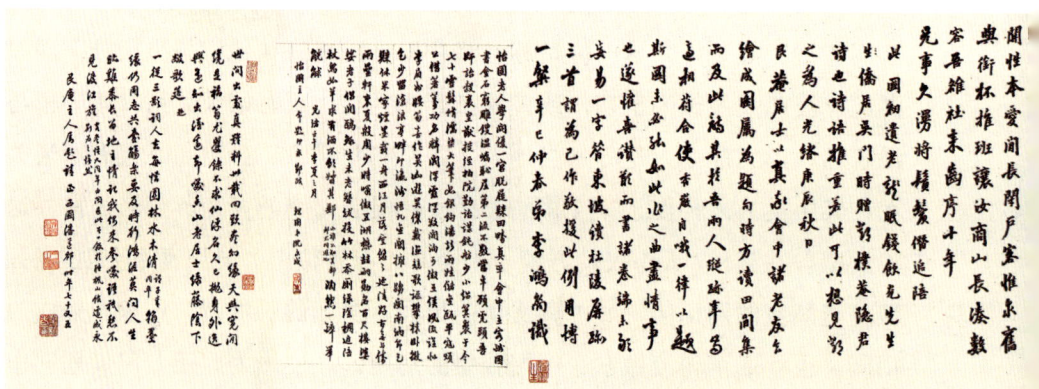

（清）胡芑孙、任薰　吴郡真率会图，卷，纸本，设色，纵 42.5 厘米，横 1003.5 厘米，苏州市档案馆藏

　　说起《吴郡真率会图》，还有一段趣闻故事。

　　光绪五年（1879）九月初九，真率会成员怡园雅集。顾文彬特请画家胡芑孙为他们集体画像，每人各持一幅作永久纪念。画作绘成之后，顾文彬发现画中同道们的姿势摆得太正，"皆画正面，不能顾盼生情，致令补景者难于措手"。于是，他与另一位著名画家任阜长商量，在画卷中补画"三僮于坐隅，一摘阮，一抚琴，一吹笛"。两个多月后，顾文彬拿着画作分送给诸位好友。先到了网师园，告知李鸿裔可以请任阜长补图。接着再到听枫园吴云处，谁知吴云看后，稍有不满，嫌自己脸上的"瘤太大，玉泉（即

怡園藏卷　壬午夏六月　吴雲真

吴郡真率會圖

画中10人，三童子之外，凡老者7人，即真率会七老。从左起依次为顾文彬、彭慰高、沈秉成、吴云、潘曾玮、勒方锜、李鸿裔潘曾玮）面色太红"，有损"帅哥"形象，提出要让画家重新美化一下。

第二年秋天，顾文彬为画作题跋，对画卷中的人物相貌、神情及其所坐位置逐一描述："其浓眉秀目，面皙髭白，以手掩胸而坐于右者中江李鸿裔香严也；面圆髭微白，其容蔼然，以手按膝而中坐者奉新勒方锜悟九也；面颊若被酒，白须飘然，袖手抱膝而坐于左者吴县潘曾玮养闲也；方面浓髭、笑容可掬，屈膝而坐于方椅者归安沈秉成仲复也；凭椅背而立，面清癯、须疏白，有海鹤风姿者归安吴云愉庭也；面长鼻直，美须髯望之伟然，凭几而坐者长洲彭慰高讷生也；方面微髭，坐于几侧，以手作按曲状者元和顾文彬艮庵也。"他在一番点评之后，又描述真率会的主旨："坐无杂宾，肴止五簋，位以齿序，酒随量饮，礼数不拘弗，流放诞庄谐并作弗，涉讥弹酒阑之后，继以品茗，各出法书名画，互相欣赏。"同年，李鸿裔应顾文彬之请为真率会图抄录了钱饮光的诗，第二年又题咏。而"吴郡真率会图怡园藏卷"几个字则由吴云题写，时间为光绪八年（1882）六月。这一年为此卷题咏的还有彭慰高、沈秉成、潘遵祁。彭慰高以一手漂亮的隶书题写长诗："真率斋中载酒过，闲云天际意如何，往来人侣沙鸥孰，更比城南雅集多……我本沧浪旧钓童，而今衰白已成翁。数椽老屋堪延客，吩咐园丁种早菘。"沈秉成也以长诗题跋，巧妙地将六人的名字嵌进诗句，写出他们的经历、性格及兴趣，如"钝舫少小绍其裘"指彭慰高，"延陵好古无与俦"指吴云，"养闲洵可傲五侯"指潘曾玮。吴云则题诗感叹"各抱平生志未酬"。

然而，历经百年风雨，真率会七老各自收藏的《吴郡真率会图》，除怡园藏卷外，其余均已不知所踪。

《过云楼书画记》

清光绪八年（1882）。

讲述过云楼收藏，不能不提及一本成书于光绪八年（1882）的著作——《过云楼书画记》。作者正是过云楼第一代主人顾文彬。

时年已72岁的顾文彬，精选过云楼所藏书画，编纂成一本目录，即《过云楼书画记》（10卷）。书中著录了他一生搜集、赏析、研究历代法书名画的经历和收获，前四卷为书类，后六卷为画类。凡书画合璧者皆入画类。收录自藏书画246件，收止于清初四王吴恽（即王时敏、王鉴、王翚、王原祁、吴历、恽寿平六位清初画家的合称），内颇多传世名迹。凡绢本、石刻、宋克（缂）丝、单条、

《过云楼书画记·续记》
（江苏古籍出版社1999年出版）

扇面及闺阁之作，皆未收入。书中列凡例16条之多，如凡例一"米元章论书云'绢八百年而神去。'顾世传唐宋名迹，缣素居多，求其确然可证者，百难一二遇，故敝箧所收，但录纸本"，凡例二"自来著录家相传名迹而实系伪托者，如苏文忠《乞居常州奏状》，米元章《崇国公墓志》之类。既审雁本，概不入录"。可见其例甚严。顾文彬对著录的每一件书画

都自撰题语，略记行款、布局、题记及印章，间加评论，并详考流传始末，征引史实，辨识真伪。对不常见之作者，又附以名氏爵里等考证，可见其所下的心力。今人看来，《过云楼书画记》仍不失为一本编撰体例严谨的书画著录。

顾文彬《过云楼书画记》自叙中开宗明义："书画之于人，子瞻氏目为如烟云过眼者也。余既韪其论，以名藏秘之楼，则罗而藏焉、记而存焉，適然之遇己耳，殆无容心。"以此说明过云楼的出处、含义和编纂书目的初衷。

这部书画目录中，著录书法类作品计188件。有释智永《真草千字文》卷、米题褚摹《兰亭》卷、米题唐摹《兰亭》卷、唐写郁单越经卷、唐写《续华严经疏》卷、唐写《三弥底部论》卷、范文正手札卷、苏文忠《祭黄几道文》卷、苏文忠《与谢氏师札》、朱晦翁《上时宰二手札》、魏文靖《文向帖》卷、张温夫《金刚般若波罗蜜经》册、张温夫楷书《华严经》册、赵文敏小楷《黄庭经》卷、赵松雪《酒德颂》卷、赵文敏草书《千文》卷、赵松雪《秋兴赋》卷、赵仲穆行书《洛神赋》册、《元贤手迹集册》、杨铁崖《海棠城诗》卷、雪菴和尚书《昌黎山石诗》卷、俞紫芝临《定武禊帖并诗》卷、杨彦明《五体千文》册、元人《静学斋诗》册、《李忠文诗》卷、《五大僧字卷》、宋仲温书陶诗卷、《靖难三忠遗墨》卷、吴文定《自书种竹诗》卷、祝枝山楷书《拟诗外传》卷、祝枝山行楷书《正德兴宁县志》册、文待诏《曹君墓志铭》卷、文待诏《落花诗》卷、钱叔宝手写《唐朝名画录》、董文敏临《黄庭经》小楷、董文敏临《乐毅论》册、董香光临《东坡叔党父子帖》册、范文忠行书卷、倪文贞《十七帖》卷、《东林五君子书札》册等。

书中著录绘画珍品62件，有如吴道元《水墨维摩像》轴、释巨然《海野图》卷、李龙眠《醉休图》卷、米元晖《潇湘奇观》卷、夏禹玉《烟江叠嶂图》卷、刘暗门《蓬莱仙居图》卷、杨补之《四清图》卷、南宋画院本《上林图》卷、赵子固《凌波图》卷、赵文敏《墨竹》轴、王叔明《怡亲堂图》卷、黄鹤山樵《稚川移居图》轴、黄鹤山樵《竹石游灵岩诗》轴、倪云林《赠袁寓斋》卷、倪幻霞《赠顾仲瑛春柯筠石图》轴、张叔厚《九

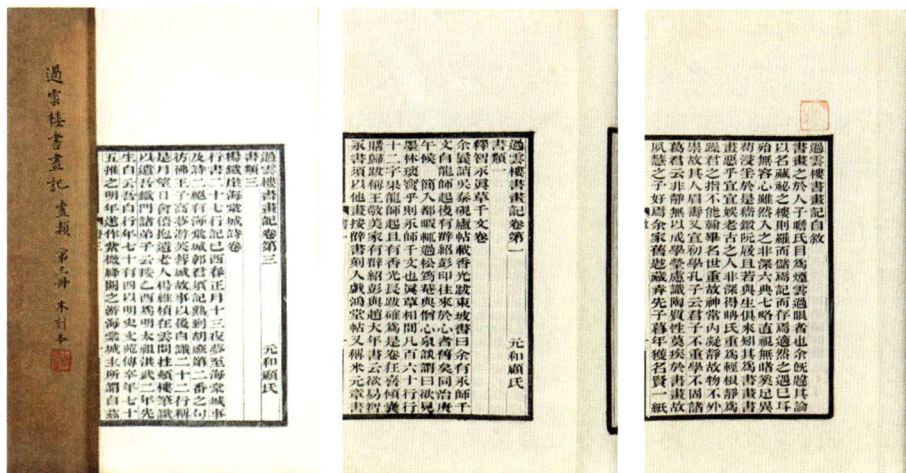

清刻本《过云楼书画记》

歌图》卷、王若《水墨写梅花水仙》卷、元人《闲止斋图》卷、元贤《竹林七友》卷、陶云湖《丛篁水鸟》卷、文康公《岁寒三友图》卷、郭清狂《八叶》册、史痴翁《三绝》册等。其中沈石田（周）的作品如：《缥渺峰图》卷、《东原图》卷、《虎丘图》卷等共 14 幅；唐六如（寅）的作品《贞寿堂图》卷、《畏风木图》卷等 9 幅；文徵明的作品《天台图》卷、《松阴高士图》轴、《仿赵魏公湘君湘夫人图》等 16 幅；另有仇十洲（英）、张梦晋（灵）、项子京（元汴）、董其昌、八大山人、恽南田（格）、傅青主（山）、吴渔山（历）、王麓台（原祁）、王圆照（鉴）、王石谷（晕）等人的作品，均少则几幅，多则十几幅，群贤荟萃，连绵千年，皆为罕见之名迹，

　　《过云楼书画记》先有家刻木版本，约在 20 世纪 60 年代台湾有影印线装本出版。20 世纪 80 年代初,江苏古籍出版社出版《过云楼书画记》及《过云楼续书画记》合刊本，20 世纪 90 年代再版。

　　当年的过云楼以藏画丰富而闻名天下，是一座名副其实的藏画楼，从《过云楼书画记》一书中可见一斑。顾文彬及其三子顾承既是书画鉴赏家，又是书画大家，以他们对艺术的热爱和追求，收藏字画也就自然成了一种喜好。顾承在《过云楼初笔·再笔》手稿中共收录由宋至清初书画计有 199 幅，而后著录于《过云楼书画记》中仅有 35 幅。从遴选概率推断，所经手书画应在千幅之多。从过云楼收藏的元代书画，足可见过云楼藏画之宏富。元代书画被称作"价值连城的精神家园"。元代画家们以"言志"

为创作宗旨，用新的载体（生宣）及书法性技巧作画，创造出一种全新的书法性山水画写意风格。元代绘画作品珍若拱璧，人们向来寤寐求之。据《过云楼书画记》记载，过云楼在册各类书画中，元代书画有 62 件之多，其中不乏赵孟𫖯、钱选、黄公望等人的作品。一画难求的元代书画，为什么过云楼能收藏如此丰富？

其一，过云楼主人是书画鉴赏大家。过云楼第一代主人顾文彬 18 岁初涉收藏："道光戊子，有戚魏某携此及院画《上林图》售余，是为收藏之始……"其父顾春江称："先子于真伪工拙，审之又审……"顾文彬开拓出顾氏鉴藏的成熟面貌。过云楼第二代主人顾承是过云楼收藏创建中的重要人物。同治光绪年间，顾承在江南收藏圈的名声已堪比吴云、陈寿卿两大藏家。过云楼第三代主人顾麟士，更集当时绘画、鉴定第一人于一身，从收藏到临习再反作用于鉴藏，互动之中，其绘画的水准及鉴藏眼光、选件宽度都确立起独到的标准。张大千称"西津老人当代鉴画第一"。

其二，过云楼主人的收藏态度及理念。顾文彬曾云："必要至精之品，一无毛病，爱不忍释者，方可收得，其余一概不收"，可见对入藏审定的精严。收藏米题褚摹《兰亭卷》时，顾文彬写道："若褚卷是万不可失之物，虽千金以外，亦必得之，断无议价不谐之虑。"同治元年（1862）顾文彬侨居上海欲"谋购"唐画《子虚上林图》和吴道元《水墨维摩像轴》，但因索价过高而放弃。后在浙江又遇《上林图》，虽"时已四十余年而价亦数倍于前"，仍"不惜重货购归"。现收藏于北京故宫的元代王蒙《稚川移居图》，上海博物馆的元代张渥《九歌图卷》、倪瓒《竹石乔柯图》，苏州博物馆的元代吴镇、柯九思等合作《七君子图》，都堪称镇馆之宝。对喜爱的书画精品，顾麟士总是不惜笔墨，用大段文字描述及考证。一幅著录于《过云楼续书画记》的樵隐《猛虎图》，有明代张辰升题识，顾麟士写下了这样一段文字："墨笔画猛虎，斑毛戟张，旋身独立，四足支撑，双睛闪烁，张牙掉尾，虓阚逼人。设非笔锋劲利，哪得如许威猛精神？旁补一松，绝似梅花和尚《苍松图》笔意。其树枝及苔草，往往长尺余，正如快马斫阵，火气磅礴，神品也……"顾麟士一代正是过云楼收藏的鼎盛时期，此时"综计过云楼所藏书画，约有二三千件"之多，而被他收入《过云楼续书画记》的仅 113 件，可见顾麟士对于自己心目中有分量的精品，观摩考证是那样的精严。

从《过云楼书画记》引出过云楼顾氏收藏，不能不说到那个年代江南地区的收藏之风。"江南收藏甲天下，过云楼收藏甲江南"，这句在清末民初流传的话，说的是过云楼收藏，更讲到了江南地区收藏的盛况。说到收藏，其实可用一句话概括：收藏是财富与文化传统的自然产物。一个地区经济发达，往往盛行收藏之风，一个家族财富充裕，往往易生收藏之雅，清末民初时期的江南地区便是如此。人们通常讲的江南，泛指长江以南，现今江苏、浙江、上海一带地域。地处长江流域的这一地区，历来经济比较发达，"鱼米之乡，丝绸之府"便是它的写照。到了晚清时期，受北方战乱的影响，国家的经济中心更是从南北两个方向同时向江南地区转移和集中，标志性的事件便是上海开埠。1843 年上海开埠，中外贸易中心也逐渐从广州移到上海，直接影响到整个江南地区的社会、经济和文化。不仅国家的税赋相当部分来源于江南，而且一批江南望族在这样富饶的经济土壤上，积累了更多财富，为他们从事文化活动提供了财富支持。

江南收藏之风的盛行，还可从江南地区内在文化传统去探悉缘由。江南地区有一个源远流长的传统——名士传统。江南名士风度滥觞于魏晋风度的余韵。西晋末年，中原兵燹，五胡乱华，大批门阀士族举家南迁，南渡的北方文人把盛行一时的魏晋风度也带到了江南地区，在江南温润的土壤中扎根发芽、蓬勃发展，衍生出长傲于世、率真求实的江南名士风度。代表性的便是颠狂自放的吴中名士群体，代表人物为唐寅、沈周、祝枝山、文徵明等人。江南的许多名士精通经史子集、诗词歌赋、琴棋书画，而品茗书画、终老故园成了他们的生活追求，书画和古籍等文物收藏又往往成为他们的不二选择。江南望族兴建豪门大宅时，建一座藏书楼用于珍藏书画及古籍、金石的不在少数。可见，时誉"江南收藏甲天下"是历史的真实写照。

江南地区盛行收藏的大背景下，历史悠久的古城苏州，不仅继承了收藏传统，更引领了时代风骚。苏州市位于长江三角洲中部、江苏省南部，东临上海，南接浙江，西傍无锡，北依长江。苏州建城于公元前 514 年，吴王阖闾命宰相伍子胥建阖闾城，为吴国都城，迄今已有2500多年历史。隋开皇九年（589）始称苏州，沿用至今。据考，苏州为中国第一古城。苏州古城坐落在水网之中，街道依河而建，水陆并行；建筑临水而造，前巷后河，与水相依，形成了"小桥流水人家"的独特风貌。

谚曰：上有天堂，下有苏杭。说的是历史上我国江南地区财富之富裕，然而还有另一种富裕就是文化底蕴深厚。两种"富裕"造就了江南地区悠久的藏书传统，宋元以来便是如此，古城苏州私人藏书更是蔚然成风。当时，虽寒俭之家，亦往往有数十百册，至于富裕之家，更是连栋充栋、琳琅满目。从南朝的陆澄、宋朝的叶梦得，到清乾嘉年间名震藏书史的"藏书四友"黄丕烈、顾之逵、周锡瓒和袁廷梼，以及现代史学大家顾颉刚、目录学家顾廷龙等。1995年出版的《苏州市志》"图书"卷记载，家中有万卷以上图书的明代以前的藏书家有陆龟蒙、徐修矩、朱长文、章甫、贺铸、叶梦得、卫湜、俞琰、陆友、袁易、沈景春、张雯、虞堪等10多家，其中叶梦得家藏书超过10万卷，与宋宣献同称两大藏书家，家中建藏书楼绀书阁。吴晗《江浙藏书家考略》收录了490位藏书家，在该书序中称"以苏省之藏书家而论，则常熟、金陵、维扬、吴县四地终为历代重心"，苏州常熟、吴县占了其中两家。众多的藏书家默默守持着自己的癖好，博藏群书，精心呵护，使中国浩如烟海的文化典籍在他们的嬗递中得以保存。

历史上的私人藏书楼，数江浙两省最为集中，特别是江苏苏州的吴县和常熟、浙江宁波的藏书家和藏书楼最为突出。苏州吴县有案可查的藏书楼有沈周的有竹居、吴宽的丛书堂、徐澄的望洋书堂、顾德育的安雅堂、沈与文的野竹斋、钱谷的悬磬室、吴岫的尘外轩、俞弁的紫芝堂、刘凤的清举楼、顾岑的云阳草堂、彭年的寒绿堂、范必英的万卷楼、惠周惕的红豆书屋、何焯的赍砚斋、顾嗣立的秀野草堂、蒋重光的赐书楼、陈墫的西畇草堂、周锡瓒的水月亭、顾之逵的小读书堆、黄丕烈的百宋一廛、袁廷梼的五砚楼、葛香士的澄波皓月楼、张绍仁的绿筠庐、汪士钟的艺芸书舍、顾沅的艺海楼、蒋凤藻的书钞阁、潘祖荫的滂喜斋、叶昌炽的明哲经纶楼、王仁俊的籀鄦簃、吴梅的奢摩他室、张炳翔的仪许庐、邓邦述的群碧楼、曹元忠的笺经室、潘承厚的宝山楼、潘承弼的著砚楼、王謇的瀣粟楼、顾鹤逸的过云楼等几十家。

苏州常熟藏书楼有虞子贤的城南佳趣、陈察的虞山精舍、孙楼的博雅堂、赵琦美的脉望馆、毛晋的汲古阁、钱谦益的绛云楼、钱曾的也是园、庞泓的步云楼、席鉴的扫叶山房、吴蔚光的拥书楼、陈揆的稽瑞楼、张金吾的爱日精庐、瞿绍基的恬裕斋、黄廷鉴的红豆山房、钱培名的小万卷楼、瞿镛的铁琴铜剑楼等80多家。苏州历史上这么多的藏书楼，现在大多已烟消云散，黄丕烈的百宋一廛、顾沅（湘舟）的艺海楼、邓邦述的群碧楼、顾鹤逸的过云楼、吴梅的奢摩他室、王謇的澥粟楼都仅存遗址，不复为藏书之用。

列举上百家的苏州私人藏书楼，会让人眼花缭乱，却真实反映了苏州藏书之风盛行的历史面貌。过云楼及它的主人们，正是在这样一片深厚的文化沃土上，创造了属于他们的百年文化传奇。

悬车之年失爱子

清光绪八年（1882）。

这一年，过云楼发生悲情一幕。

顾文彬时年72岁，"七十而从心所欲"，对于一个鉴赏收藏家来说，正是从心之年，况且身边还有一位才华横溢的三儿子顾承相助。但不幸的是，年仅49岁的顾承因体弱多病突然撒手人寰，先顾文彬而去，过云楼上演了一幕"白发人送黑发人"的人间悲剧。

顾文彬《过云楼日记》光绪八年七月记载，"二十五日巳刻，承儿因

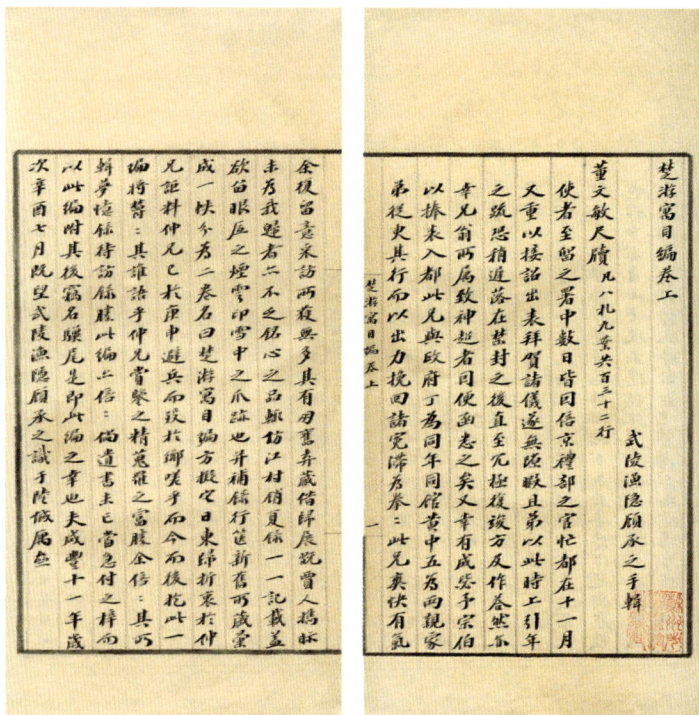

顾承辑《楚游寓目编二卷附一卷》苏州图书馆藏

事至书巷。是日天气稍热，归已午刻，忽觉不适，偃息在榻。……上灯后骤觉汗处粘冷，气息不属……语不及他，溘然而逝。余痛心如割，手足无措……二十七日小殓，其棺材即用余前年预备之寿材，故尚舒齐。二十九日大殓，余凭棺大恸而已。"顾文彬已过悬车之年痛失爱子，悲痛万分，写下了《哭三子承之诗四十首》。笔者曾阅读现收藏于上海博物馆的顾文彬手书日记，发现其爱子顾承逝世后的日子里，日记的字迹突然由工整变得相当潦草，可见经历了丧子之痛的老人内心，承受着多么大的痛苦。顾文彬寄予厚望的三子顾承，未能延续他的收藏事业，也影响到了过云楼的收藏大业。顾文彬光绪九年十二月日记："自承儿殁后，余古玩之兴索然已尽……（书画）终年出入，如此而已。"

顾承（1833—1882），顾文彬第三子，过云楼第二代主人。他精于书画，多才多艺。"于世事无所好，而唯独好书"，通音律、善绘画、精鉴赏、好玺印，曾集拓新旧印章，刊印《画余庵印存》《画余庵古泉谱》《百纳琴言》。著有琴曲《坡仙琴馆随笔》《画余盦印谱》《钱谱》等集。儿时就向名师学习书法，"爱画由来负凤根"，一时崭露头角。当时名家翁小海、范引泉、沈竹宾、程序伯诸君皆以画名，与晚辈顾承常有来往，"诸先生皆爱之，引为小友"。顾承的画作，被吴云、何绍基诸大家推崇备至。涉足建筑、造园、古琴、古钱币，均有所研究。因此，在设计怡园时了然于胸，园中亭台楼阁、小桥流水等布局，多出自他之手，营造效果不时带来惊喜，"怡园之石几与狮子林、寒碧庄（注：留园）争胜"。

顾承常陪伴辅助父亲左右，父子情深。清咸丰五年（1855），顾文彬以知府发往湖北任职。其间，顾承常来相伴左右，成为顾文彬爱好收藏和打理琐事的好助手。当顾文彬丁忧携儿子顾承欲回苏州时，太平军已经占领苏州，"苏城失守，无家可归，父子唏嘘相对，日坐愁城"。父子俩又回到湖北避难，没多久，"忽得家书，惊悉全家避居无锡县属之朱埂。廷薰、廷熙暨亡室相继病故，父子相持大恸，几不欲生"。父子俩风餐露宿，一路回到上海避难，直到同治三年（1864）八月，全家迁回苏州铁瓶巷旧宅。家中百废待兴，里里外外，一切从头开始，全仗着顾承来回奔走料理。尤其是父亲就任宁绍台道台后，忙于政事管理海关。顾文彬在浙江，顾承

顾承辑《过云楼藏帖八集》　俞樾题签

在家里也是很忙，管理书画、收集古泉、祭扫祖坟、筹建宅院。

　　顾承主持了过云楼、怡园营造。顾承受父之命督造过云楼、怡园。其间，其父还在浙江为官，父子俩频繁书信往来，交换建筑构想。修建怡园时，园中一石一亭均先由画师拟出稿本，待他与父亲顾文彬商榷后方定。在他与父亲的通信中，对藏书楼分几进几开间、用什么材料、采取什么式样、如何置放藏品、如何设置密室，都有详细描述。顾承广邀画家任阜长、顾芸、王云、范印泉、程庭鹭等人参与筹划设计。顾承本人是精通画理之人，他把对中国古代造园艺术的理解和追求，对中国山水文人画的认知，从纸面上跃升到了三维立体，再现了园林艺术。"愚公手采玉芙蓉，移作屏山翠几重。五岳陡然方寸起，不容星宿更罗胸。""凭空结构此园林，世俗尘无一点侵。别写胸中丘壑趣，萧疏如画淡如琴。"从怡园的总体设计中，人们可以感受到中国传统文化的另一种外延。在建造怡园时，"园中筑坡仙琴馆，藏公手制玉涧流泉琴，并图公像"，家中藏苏东坡古琴，成为顾承至爱。"筑屋藏琴宝大苏，峨冠博带像新摹。一僮手捧焦桐侍，窠臼全翻笠展图。""久将轻薄笑相如，别有琴心悟静虚。展到缥缃和泪读，各家诗画各家书。"顾承绘《悟到琴心》图册征诗，并著《坡仙琴馆随笔五编》《画余盦印谱》《钱谱》等。

　　顾承对于家族贡献莫过于充盈收藏。顾文彬曾对儿子顾承说到顾氏收藏"我与汝皆开创"。顾承长于书画，精于收藏和鉴赏，可谓书画鉴赏奇才，

下篇　显赫前世

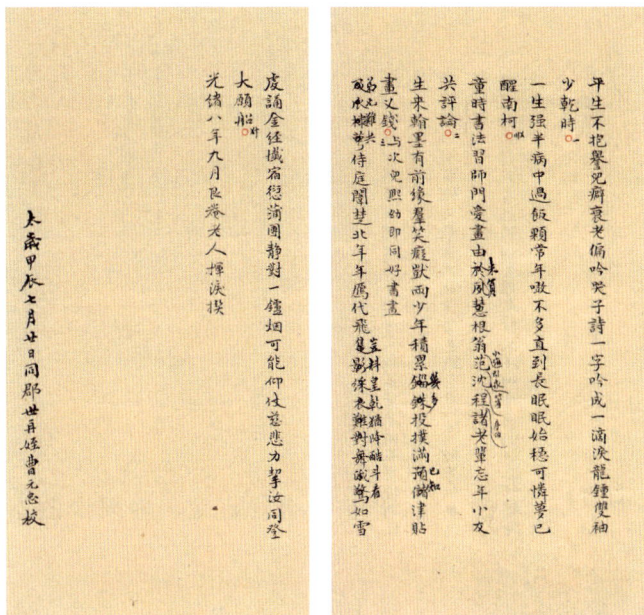

（清）顾文彬撰
哭子承诗一百首一卷
苏州图书馆藏

各种古董到他手中，立即能分辨出真假，百无一失。同时，顾承对于古董收藏的嗜好、涉及的品类也超越前人。"自唐宋元明迄于国朝，诸名迹力所能致者，靡不搜罗"，在江南收藏圈内的声望，可与当时的收藏大家吴云等相媲美。他所过目的名书名画作品逾千幅之多。其父对他的鉴别水平评价甚高，说顾承"性爱古董，别有神悟，物之真伪，一见即决，百不失一"。顾承继承父亲的衣钵，对于收藏比其父手笔更大。在父亲浙江为官期间，父子俩来往书信大多为交流字画收藏。在父亲"可放胆购之可也"的鼓励下，有时遇见颜真卿、怀素等人的书法作品，即使花费数千元也毫不在乎。他还制订了一个很高的收藏门槛，"除非唐、宋、元真迹，尚可勉收，此外一概不收"。顾承对过云楼收藏事业一大贡献，当属协助父亲精心校勘所著《过云楼书画记》。由于楼内所珍藏多为父子俩商量购买集藏，因此，大量的书画校勘有赖于顾承。顾承还择家藏名迹，聘请名家精摹刻石，成书《过云楼藏帖》八卷，成为习书人的参考。"图书藏弄过云楼，笔记编成付校雠。他日梓成见何及，空余卷尾姓名留。""士衡铁笔妙通神，名迹双钩欲多真。一代过云楼集帖，隋珠和璧数家珍。"顾承留下了这样的记载。

过云楼散而又聚

光绪十五年（1889）。

顾文彬旧照

悲欢离合终有定，世间聚散本无常。

三国魏文帝曹丕云："盖文章经国之大业，不朽之盛事。年寿有时而尽，荣乐止乎其身。二者必至之常期，未若文章之无穷。"一个家族的财富包括收藏的积聚与拆散，也往往以其主人的生命长度为周期，不断地重复着那聚散离合的一幕幕。过云楼也没有逃脱这样的宿命。

如同中国历代的传统大家族一样，上了年纪的顾文彬也选择了对大家庭析产，即分家。顾文彬有3个儿子：顾廷薰、顾廷熙、顾廷烈（顾承）。那么，家产就得分成三份，过云楼所藏书画也得分成3份，分别由3个家庭收藏。顾氏3个儿子继承家风，都擅绘画，又以三儿子顾承最为出众，只可惜顾承7年前已早逝，属于顾承的那份家产就由其儿子顾鹤逸来继承。相关资料没有记载这一次分家的确切年月，只提到顾承一份家产分给了顾文彬25岁的孙子顾鹤逸，由此大约可以推断，分家之事当发生在光绪十五年（1889）。这一年，顾文彬已78岁高龄，同年离开人世。

这是过云楼顾氏家族集藏以来的第一次分散，似乎再次印证了历代家族收藏"人亡书散"的结局。

然而，过云楼收藏分散不久，却又戏剧般地聚合到了一起。这是怎么一回事？

过云楼落成前后，顾文彬已将收藏事务全部交由三儿子顾承打理，顾承病逝以后，又交由孙子顾鹤逸打理。顾鹤逸不甘心过云楼收藏就此拆散，想出了出钱从大伯、二伯家购回藏品的法子。那时，顾鹤逸毕竟还年轻，又涉及家族之间金钱上的往来，直接与大伯、二伯家商谈价格恐有不便，于是，他就通过古董商捐客居中进行协调。好在顾鹤逸的大伯、二伯家也都是善绘画、懂收藏之人，对侄儿延续过云楼辉煌的用心深为理解。这样，顾鹤逸就把分家给两位伯伯家的过云楼书画，分次陆续购回，重新归藏于过云楼。

顾鹤逸回购析产藏品的举动，可谓是非常之举，而对于过云楼而言，则意义非同寻常。一则过云楼收藏避免了拆分流散的危局。试想，如果过云楼收藏析产以后分散收藏，作为整体的过云楼收藏，就无法再传承几十年。二则顾鹤逸协助祖父打理过云楼事务多年，素有弘扬过云楼收藏的收藏志向。试想，如果过云楼收藏析产以后分散收藏，顾鹤逸仅凭继承收藏的属于父亲顾承的那 1/3 藏品，过云楼收藏也就没有了以往的丰厚，他的志向恐再难以实现。三则过云楼收藏散而又聚后，顾鹤逸才创下了过云楼收藏的又一个鼎盛时期，促成了怡园画社的诞生。试想，如果过云楼藏品分散收藏，过云楼也可能就没有了"甲江南"的美名，没有了怡园画社的出现和存在。要知道，当年一批文人雅士怡园雅集，一方面是看重怡园这个理想的雅聚之所，更是冲着过云楼藏画来的，可以说过云楼收藏的大量名家书画，吸引了他们前来观画、临画。

怡园画社

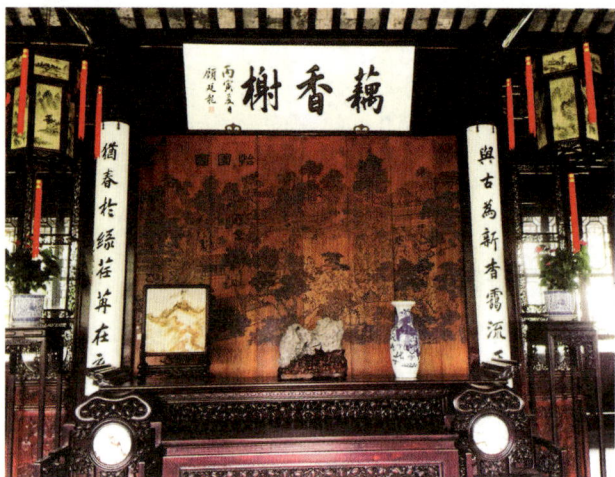

清光绪二十一年（1895）。

怡园，一座顾氏家族的私家花园。

让怡园这座顾氏私家园林真正扬名天下的，则是因为"怡园画社"四个字。但凡从事绘画等艺术行业的人士都知道，它对中国美术发展产生过重要影响，载入了中国近代绘画史。怡园水木清华，"遂为有清一代艺苑传人之殿"。

创造这一文化传奇的是过云楼第三代主人顾鹤逸。

顾承之子顾麟士，字鹤逸、谔一，自署西津渔父、筠邻，是顾文彬孙辈中最优秀的一位。他也曾参加过乡试，见到一位老年的应试者跪求考官更换一张被染污了的试卷，受到大声训斥和侮辱，他从此绝意功名，终身不仕，致力于书画艺术，享誉画坛。生前有《顾鹤逸山水册》《顾鹤逸中年山水精品》《顾鹤逸仿宋元山水册》《顾西津仿古山水册》等书画作品集出版，另著有《鹤庐画识》《鹤庐画趣》《鹤庐画学》未刊印。

顾鹤逸不但以绘事名重一时，被称为"当代虎头"（"虎头"系指东晋著名画家顾恺之，其绘制的《洛神赋图》卷，被列为中国十大传世名画之一），是苏州书画界的领袖人物，尤精鉴赏，张大千赞其为"当代鉴赏第一人"。

光绪二十一年（1895），顾鹤逸首倡成立"怡园画社"，因社址设于"怡园"而名。怡园画社订有专门的章程规约，是一个名副其实的民间画社组织，这在中国美术史上也属首创。

主要成员有吴大澂、顾鹤逸、陆恢、金心兰、倪田、顾沄、胡三桥、郑文焯、翁绶祺、吴毅祥等12人，社中核心成员号称"怡园七子"。后来又有王胜之、费念慈、任预等加入画社，吴大澂担任第一任社长。"怡园画社"以"研习六法、切磋艺事"为集社目的，作画场所选在怡园牡丹厅，每次聚集都会合作创作一幅画作，以作为此次活动的见证。开始时是苏州城，后渐扩展到外省城市的一流画家，常汇集于怡园，盛况空前。

顾鹤逸延续了家族传承的文化理念，在怡园首开画社，怡园画社成为晚清苏州地区第一个具有现代意义的书画家社团组织，成为这一期间诸多艺文社团的翘楚。他对怡园画社的发起和活动起到了关键作用。一是顾鹤逸将自家花园作为画社活动场所，使画社有了雅集之所。"怡园"的优越地理位置和清幽的环境，成了文人们相聚的极好社交平台。二是顾鹤逸本身是一位艺术造诣颇深的书画家。他虽从不收学生，但热心指点培养年轻人，他们没有学生之名却有学生之实，其中就有世人所称"三吴一冯"之

怡园画社成员怡园合影旧照

怡园一景

一的吴子深，一代鉴定大家王季迁，苏州美专创办人、杰出的画家、教育家颜文樑等。顾鹤逸的个人素养促成与吴中士绅阶层的普遍联系，而江南名流们的频繁造访使得"怡园"在诗文赞颂声之中成为地方士绅群体雅聚集会的中心之一。吴门精英群体在战乱后所积蓄的文化能量，最终在"怡园"这样的文化平台得到一种释放。通过文艺活动的交往，产生出私人交际和社会联盟。三则是过云楼的藏画。当时过云楼收藏的字画已有相当数量，苏州及周边地区的画家们，若是能有机会到过云楼观摩藏画，那是梦寐以求之事。怡园画社成立以后，顾鹤逸每隔一段时间都会把过云楼里最上乘的书画藏品拿出来与大家交流分享。这个时候的顾鹤逸，全然没有一点职业藏家的防范和谨慎，有的只是一个艺术大家的风度、胸襟和出自过云楼文化浸润的儒雅大方。

"怡园画社"对清末民初江南文化产生过深远的辐射和影响。"过云楼"第一代主人顾文彬建造的怡园在苏州私家园林中诞生较晚，以小巧胜，融诸家名园之长，而顾承"善于经营，各家之秀石奇峰，悉为所得"，顾文彬本人也对怡园颇为自豪："几与狮子林、寒碧庄争胜。"新落成的怡园不仅为鉴藏及文化活动提供了固定的场所，更成为顾氏家族社交往来的重要舞台。"怡园画社"作为广泛的社交平台，怡园优越的地理位置和清幽

怡园画社成员，上图自左依次为吴大澂、顾鹤逸、陆恢、金心兰
下图依次为吴谷祥、黄宾虹、张大千、吴昌硕

的环境，为作画创造出客观优势，社员之间的交往不断扩大，使"怡园画社"吸引到以整个江南地区为背景的交流互动，而顾鹤逸以地主之谊在与文化名家的交往中，也拓展出自身的社会网络和文化声望。"士夫裙屐恒萃于怡园。"吴昌硕好友浙江人蒲作英曾到访怡园；武进人黄山寿慕名前来，与金心兰研讨画梅技法；而从萧山来吴寓居的任渭长是怡园中常客。张大千民国时期寓居苏州时，常为怡园坐上宾，与顾鹤逸谈艺甚笃，曾对顾鹤逸赞誉道："西津老人当代鉴画第一。"黄宾虹也曾往来过云楼请益顾鹤逸。时人评说吴中精英群集怡园盛况时称："光绪中叶，怡园为胜流所集。"

　　不仅是画家，江南的文人学者们也参与到怡园画社的文化活动之中。学人费念慈，素不擅长绘事，但在"怡园画社"得到熏养后，致信给顾麟士："鄙人欲习画，将以公为师，以廉夫、心兰为友。日来画得，当呈政求教也。"而学者冒广生曾撰文描写顾鹤逸："收藏之富，甲于一时，而其人复敦气节，多才艺，善结纳贤豪长者。"从中可见冒广生与其关系密切，更可知顾鹤逸鉴藏交往的广泛。

　　"一处园林的名声并不从它'自身的景致'中来，而是从它所具有的文学、艺术财富中来，特别是这些财富的制造者的声望。"怡园的造园艺术让后人称赞，而以怡园画社为代表的怡园雅集，更在文化史上享有盛誉，名盛一时。所谓雅集，按当下流行说法就是艺术沙龙。中国历代文人就有雅集传统，先后诞生了东晋兰亭、北宋西园和元朝玉山三大雅集，其中的玉山雅集便发生在苏州城东、阳澄湖畔的巴城镇，因地近昆山，遂名玉山雅集，乃诗词之会，一时成天下文枢。玉山雅集烟消云散，却有无数苏州文人继之而起，顾文彬及其后代便是其中声名卓著者。

顾文彬、顾承与顾鹤逸祖孙三代精心组织的鉴藏活动、诗集文会以及"怡园画集"与琴乐曲会等家族文艺活动所形成的文化的主导权，与"'绅权'、'族权'巧妙契合之时……原先关于艺术流通的网络，也转而成为了文化权利释放的渠道"。顾氏家族以过云楼收藏作为核心，通过"怡园画社"文化交流活动的影响力，形成了清末民初江南文化再度兴盛的象征和标志。

说几件发生在怡园和"怡园画社"的逸事趣闻。

顾鹤逸的"半个头学生"。参与到怡园画社活动的人中，不仅有当年的文化名人、艺术大家，还有许多青年人。顾鹤逸一生从不收学生，对青年们师从学画的请求也不答应，但怡园主人对他们却是关爱有加，时时悉心指点。常到过云楼、怡园活动的青年中就有后来成为书画、鉴藏大家的吴子深、王季迁和颜文樑。吴子深是造访最频繁的一位，而王季迁也是常客。顾鹤逸要求他们学艺取法乎上，时时指导临摹古代名家名作，而不准他们临摹自己的作品。他还常常把自己的作品挂在墙上，与儿孙和前来学画者一起评论，寻找缺点，以便修改，甚至重画。他一丝不苟的严谨深深影响了这些后辈。吴子深、王季迁等人，虽有顾鹤逸学生之实，却无顾鹤逸学生之名，被戏称为顾鹤逸的"半个头学生"。

享受"西席"礼遇的驻园画家。怡园建成之初，顾文彬就开始物色一位画家驻园。顾文彬允诺驻园的画家享受西席待遇，可随时临摹过云楼藏古画，平时陪同来访贵宾参观怡园，而顾文彬更希望通过此举帮助画坛新人。古人席次尚右，右为宾师之位，居西而面东，后尊称受业之师或幕友为"西席"。以"西席"之礼遇对待画坛新人，足见作为收藏大家和书画家的顾文彬对年轻人的器重和关爱。当时，有友人向他推荐虚谷，但顾文彬考虑虚谷是僧人，住在家园内似有不妥，于是决定聘请胡三桥。年轻的胡三桥在画坛初露头角，到怡园几年后画艺又有飞跃，从他画作中的"清逸"之气可以看出，他已经习得吴门画派的精粹，遗憾的是，胡三桥于光绪九年（1883）病逝，年仅 33 岁。

过云楼落成前一年（1872），画家顾若波在顾家临画，而后入驻怡园。顾文彬在宁绍台道台任上给儿子顾承写信道："若波之画，亦要成家，倘能在我家临摹数年，意可直接'四王'，未知有此缘分否？"此后两年间他的画艺、学识大进，顾文彬在同治十三年（1874）五月的记述中说："若波、芝翁均下榻过云楼谈艺，颇不寂寞矣。"顾若波在顾家临画，不但有临画进修的机会，还享有一份西席的薪金。后来，顾若波应邀担任官府幕友而离开怡园，顾文彬欣然支持，赠与路费。顾若波重回苏州定居，每逢怡园雅集必来参与。

怡园画社 1895 年创立，后来因为吴大澂、顾若波、任立凡、吴毅祥、金心兰等先后去世，上海开埠，吴昌硕等几位怡园画社成员移居上海发展，怡园画社活动逐渐停顿，直到 1930 年顾鹤逸逝世而落下帷幕。1931 年，顾鹤逸侄子顾彦平，为纪念先人，发起重组了怡园画社，时称"小怡园画社"。顾彦平当年任苏州美专国画科主任兼山水教授，顾氏后人顾公雄、顾公硕、顾季文、顾荣木等参与其中，还有徐沄秋、朱梅邨、丁惕予、贝聿昭、吴诗初等 20 多人。这些人都是当时苏吴画坛的后起之秀，他们"于怡园内，月必数集，读诗论文，挥洒字画、组织展览，盛极一时"。

一个民间艺术社团组织，存在时间长达 36 年之久，堪称是一个文化传奇。怡园和怡园画社对中国文化特别是对中国美术的贡献，当被中国文化史所铭记，而首当载入史册的当是顾鹤逸这个人名。

痛失《古今杂剧》

清光绪三十一年（1905）。

《古今杂剧》是一部怎样的奇书？它是收录中国古代戏曲最多的一部珍本秘籍，刊于元代。著名文学史家郑振铎称此书是一座"最弘伟的戏曲宝库"。

抗战时期，郑振铎先生在上海意外购得一部失传已久的明代古籍《古今杂剧》，是明万历年间江苏常熟赵用贤、赵琦美父子的藏书楼脉望馆抄校本，全书存杂剧 242 种，种数比《元曲选》多出一倍半，这个宝库为中国文学史增添了许多名著，也为中国历史、社会史、经济史、文化史增加了大批资料。《脉望馆抄校本古今杂剧》在赵琦美后传给了藏书大家钱谦益。1650 年，钱氏藏书楼绛云楼失火，《古今杂剧》因存放在它处而得以幸存。钱谦益之后，又经钱曾、季振宜、何焯、黄丕烈、汪士钟、赵宗建、丁祖荫等人递藏，在苏常一带辗转相传，最后不知所踪，直到 1938 年为郑振铎所发现。此书的意外发现，其重要程度被认为是"在近五十年来，恐怕是仅次于敦煌石窟与西陲汉简出世的发现"。然而，郑振铎也为此书缺佚内容近 1/3 而抱憾无穷。

过云楼与《古今杂剧》的一段藏书故事，却已尘封已久。

乱世成就藏书家，也考验藏书家。过云楼顾氏小心翼翼谨守藏书，却也难逃前人覆辙。过云楼收藏有元刻本《古今杂剧》，顾鹤逸视之为传家珍宝，而结局却是在他手上丢失了。

当年，顾鹤逸的画艺和过云楼收藏名扬东瀛，日本文化人士与顾氏有不少交往，其中有一个日本人叫岛田翰。此人年纪轻轻却已非等闲之辈，是一名识见深广、学问渊博的汉学家，经史子集四部博览群书，25 岁时就用汉文著成《古文旧书考》四卷。1905 年末，27 岁的岛田翰到中国江南游历，经日本驻苏州领事白须直介绍，先后访问了苏州顾氏过云楼、湖州陆氏皕宋楼、杭州丁氏八千卷楼等著名的藏书楼。北京语言大学钱婉约教授曾撰文考证，岛田翰每到一处，对藏家不愿出售的好书，每每以来年再来中国时归还为约，借走藏书家的珍本古籍，而结果往往是有去无还。第二年，日本领事几次打电报给岛田，催还所借中国人藏书。岛田曾有一信回复说，已将所借之书从日本邮寄归还。可事实上藏家都没有收到还书，包括从苏州过云楼顾鹤逸处借走的多部古籍善本。

可是，中国藏家不知情的是，这位对中国文化颇有研究又深知古籍善本价值的日本人，却是一个早有以书牟利、偷盗藏书前科的家伙。在游历中国之前，就因偷盗日本最古老的大学足利学校藏中华古籍珍本《论语》，而被日本法院起诉。这样的失德之人，以借书之名行骗书之实，让多名中国藏家蒙受损失。上当的还有著名版本学家俞樾。岛田翰游历苏州时曾拜会 85 岁的俞樾。俞樾对岛田翰十分赏识，此次相见，各抒敬慕奖掖之情，论学亦颇欢畅，俞老欣然为岛田《古文旧书考》题词，将曾国藩赠予自己的"真读书人"誉称题赠于他。殊料想，回到日本后他将得自前辈学者的书稿盖上"岛田氏图书记"之后，便转售给了古旧书店，后来才被日本国会图书馆从书店购回。而过云楼损失最为惨重，失去了古籍珍本《古今杂剧》，还引起了学界人士的误解。著名出版家、教育家张元济就曾在给缪荃孙的信中述及："岛田翰来，至顾鹤逸家购去士礼居藏元刻本《古今杂剧》、明本杂剧《十段锦》、残宋本《圣宋文选》，闻出资者皆不少，令人为之悚惧耳。"岛田翰来过云楼访书时，顾鹤逸对他精通版本之学颇为赞赏，当他提出要借《古今杂剧》等珍本古籍时，未及多想，慷慨答应。不成想这些书一去不复返，还被人误解为卖了大价钱。顾鹤逸曾托日本友人多次催讨，被告之岛田翰因盗卖日本国宝案，已畏罪自尽。这个盗卖国宝案即是发生在 1915 年的日本"金泽文库事件"。金泽文库是称名寺国宝库的一部分，收藏多为中国宋元刊本、明初刊本和手稿本，以及日本"和刊本""和写本"，其中不少汉籍是中国已经亡佚了的，被日本政府确定为"国宝"与"重要文化财"。岛田翰伙同称名寺住持盗卖《宋版文选集注》《宋版大藏经》等一百余件文物典籍，终东窗事发。

痛失家藏至宝《古今杂剧》，上当受骗还招致社会上的误解与议论，让顾鹤逸心痛不已，始终不能释怀。早在全国抗日战争爆发前，日本书画界友人就曾邀请顾鹤逸在日本举办画展，被顾鹤逸拒绝。后来顾鹤逸重病，日本文化友人曾请他到日本去做西医治疗，顾鹤逸还是没有答应。这一方面是他的士大夫情结，另一方面是他不肯原谅那个日本"朋友"——岛田翰。

不得不提到的是，1907 年发生的"皕宋楼藏书事件"，始作俑者正是这个岛田翰。

发生在过云楼的这个收藏故事，笔者稍加艺术虚构写入了舞台剧《锦绣过云楼》。剧目在各地演出过程中，观众对"过云楼痛失宝书"一场戏反映很强烈。深圳演出现场，一群青年人高喊"打倒日本帝国主义"，还曾发生演出谢幕时，有观众高声喊叫，不让给饰演岛田翰的演员献花的事。这个真实的故事，让更多中国人特别是年轻人知道，在中华民族饱受欺凌的时代，有一种侵略叫文化侵略，有一种掠夺叫文化掠夺。国之文脉得以恒久相传，更要世世代代的国人去传承与守护。

傅增湘走进过云楼

民国元年（1912）。

过云楼以藏画而闻名，而其藏书规模却长期不为人知。

其实，从顾文彬开始，就开始搜集旧籍秘本，其所藏的黄公望《画理册》、祝枝山《正德兴宁县志》手稿册，连《四库全书》里都没有收录，堪称绝世秘籍。顾文彬在为子孙规定的收藏法则"十四忌"中，"重画轻书"便是其中一忌，顾鹤逸更是格外重视古籍，经年搜访，有了收藏宏富的过云楼藏书。过云楼不仅成为书画收藏上千幅的藏画楼，同时也成了集藏大量宋元旧刻、精写旧抄本、明清精刻本、碑帖印谱的大型藏书楼。但其藏书面目究竟如何，直到傅增湘走进过云楼。不过，那已是过云楼落成39年后的事了。

苏州为文人聚居之地，顾鹤逸又是远近闻名的社会名流，而过云楼的藏书之名却并未流传，仅局限于胡玉缙、章钰、傅增湘、缪荃孙等小范围友朋中间，足见顾氏收藏用心良苦、善自韬晦，对家藏古籍善本珍秘有加，秘不示人。一个偶然的机会，却让过云楼藏书大白天下。

事情缘起于学者傅增湘造访过云楼。傅增湘（1872—1950）曾入内阁任教育总长，任故宫博物院图书馆馆长，是著名的目录学、版本学家。傅氏一生藏宋金刻本150种，4600余卷；元刻本善本数十种，3700余卷；明清精刻本、抄本、校本更多，总数达20万卷以上，是晚清以来继陆心源皕宋楼、丁丙八千卷楼、杨氏海源阁、瞿氏铁琴铜剑楼之后的又一大家。他无论是在藏书、校书方面，还是在目录学、版本学方面，堪称一代宗主。据载，1912年初，傅增湘旅居苏州。一日，傅增湘造访过云楼，向顾麟士提出借阅过云楼藏书。顾、傅两人本是多年好友，顾麟士碍于情面不得不答应，但提出了苛刻的条件，即只能翻阅不能带纸砚抄写。于是，傅增湘登楼阅书，每日观

傅增湘旧照

书数种，晚上回去后凭记忆写下书目，编纂成《顾鹤逸藏书目》，发表在《国立北平图书馆馆刊》第五卷第六号上。从此，过云楼藏书胜景终于大白于天下，名扬于四海。

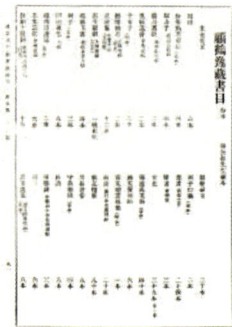

过云楼藏书之精，可从傅增湘的《顾鹤逸书目》上窥见一斑。书目分"宋元旧椠""精写旧抄本""明版书籍""国朝精印本"4部，凡宋元本及部分名人批校本，都注明曾经何人收藏及批校题跋情况，共著录宋元本50种、精抄本165种、明刻本149种、清刻本175种，计539种，5000余册。傅增湘对版本目录学独具慧眼，识见特高，记录在这个《藏书目》中的多是他以为珍稀、精善之本，普通线装书并未收录在内，即便是已列入其中的也自言"目录下漏注尚多"。书目中著录的宋刻本《字苑类编》《胡曾咏史诗》《乖崖张公语录》《列子口义》等四书，在《中国古籍善本书目》中均未有著录。而这批整体拍卖的"过云楼藏书"中，黄丕烈、顾锡麒朱笔批校明抄本《谈苑》、元皇庆二年刻本胡思绍校《周易启蒙翼传三篇外传一篇》、明初黑口本《香溪范贤良文集》等均未在《顾鹤逸藏书目》内，或为楼主后来所得，或当时未将其认定为精善之本。《汉隶字源》（明末汲古阁刻公文纸印本3册），采用的是嘉靖年间的公文纸，俗称"册子纸"，纸本身就格外珍贵，古书用特殊纸张的更是异常少。由此可见过云楼藏书之精。顾氏藏书在数量上也颇为可观，有专家推知，当年的顾氏藏书总量当在万卷以上。

专家介绍，目前仅知清华大学图书馆、山东省图书馆藏有傅增湘《顾鹤逸书目》。山东省图书馆藏感峰楼钞本《顾鹤逸书目》，应是从傅增湘藏本抄出。此书目在过去是了解过云楼藏书的唯一途径。

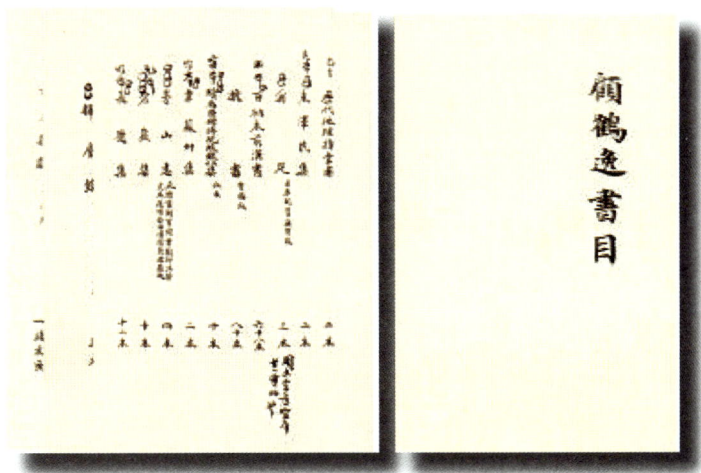

傅增湘著《顾鹤逸书目》

傅增湘还在其所撰《藏园群书题记续集·卷二》中记载了一段发生在他与顾鹤逸之间的藏书掌故：傅氏客居苏州时，书贾杨馥堂曾携一巨篚来访，内中有洪武刻本《苏州府志》。此书为常熟汲古阁毛氏及吴门石韫玉旧藏，且为娄水宋宾王校补，是吴中最早的志书，流传甚罕。傅氏以四十金易得。数日后访过云楼主人，顾鹤逸询及新获之书，对此书一见倾心，说："此吾郡故物，访求频年不可得，且为石琢堂殿撰修府志时所用，在理宜以归我。"请以相让，而傅氏未肯易许，只答应一旦有其他版本，一定为他代购，顾鹤逸只好一笑作罢。傅氏回到北京后，偶于琉璃厂翰文斋见到此书，急书信告诉顾鹤逸，以百金为之代购。后傅氏又到苏州，将此书郑重面交顾鹤逸。爱书成癖的顾鹤逸欣喜若狂。

从傅增湘《顾鹤逸藏书目》说开去，进入过云楼藏书秘室，一览过云楼藏书盛况。

其实，在苏州历史上，有许多家藏富有但未以藏书著称的世家闻人。他们的藏书事迹，被湮没于其他声名之下而不为世人所知。过云楼顾家也是如此。

过云楼收藏有一条特别的家规，就是古籍善本"秘不示人"。上百年间，到过过云楼的文人雅士可谓不计其数。顾文彬祖孙几代以文人的雅量，让客人随时可以鉴赏到收藏的名人字画。当年过云楼享有"江南收藏甲天下，过云楼收藏甲江南""半壁江山过云楼"的称誉，是因过云楼收藏有大量宋元以来名人字画而扬名天下。然而，顾氏所收藏的古籍善本则从不示人，因而不为外界所知。

藏书界有"晚清四大藏书楼"之说，指的是常熟铁琴铜剑楼、湖州皕宋楼、聊城海源阁、钱塘八千卷楼。其实，当年过云楼藏书达万卷以上，如此藏书宏富若公布于众，其声名当不在"晚清四大藏书楼"之下。现收藏于凤凰出版传媒集团、南京图书馆的就有 720 部、4999 册，其中宋元刻本就达 18 部之多。过云楼藏书因深藏秘扃，民国时期几次大规模古籍整理出版，都绝少涉及，致使现在学术界才渐渐注意到它的价值。有古籍界人士设想，当年顾麟士若将所藏佳钞名椠炫耀世人，上海商务印书馆近在咫尺，张元济主持涵芬楼收书时，必不只是移录过云楼藏书的极少副本。

考察顾氏藏书要追溯到顾文彬一代。顾文彬雅好书画收藏，于乡邦文献亦有藏，在他的《过云楼书画记》中就记录了收藏明代祝枝山的《正德兴宁县志》稿本以及东林五君子的书札手迹等。他念及这些"断种秘本""铭心绝品"，在《钦定四库全书提要》中俱未收入，于是仿阮元的《研经室外集·四库未收书》目录体例悉为考核，依样著录行款、源流，极为详备。他希望这些家藏旧钞能"益吾世世子孙之学"，并供"后世志经籍者采择焉"。

顾文彬之孙顾麟士"好版本之学"，凭借殷实，"宋元旧椠，及老辈遗著，悉悬金求之"。清末民初因社会动荡，战乱纷纭，许多江南故家藏书流散出来，使顾麟士得以大量购书。过云楼所藏古籍不少在入顾家前曾属于历史上赫赫有名的藏书家，其中就有莫友芝、刘履芬的旧藏。莫友芝是晚清金石学家、版本目录学家，出任曾国藩的幕僚时，曾帮助曾国藩收集因兵乱流落失散的文宗阁、文汇阁藏书。莫友芝晚年寓居苏州，后疾逝于去扬州访书途中。莫友芝的影山草堂藏书传予其子，因生活窘迫很快被卖给他人。顾麟士得近水楼台之便，大量购进莫氏遗藏，且均为罕见珍秘的宋元以来佳椠名抄。刘履芬是光绪年间一位不得志的底层知识分子，最大的官做到过苏州书局提调、代理嘉定知县。由于家贫，刘履芬的藏书规模很小，不过 800 余册，但 1990 年初出版的《中国古籍善本书目》中却著录了 110

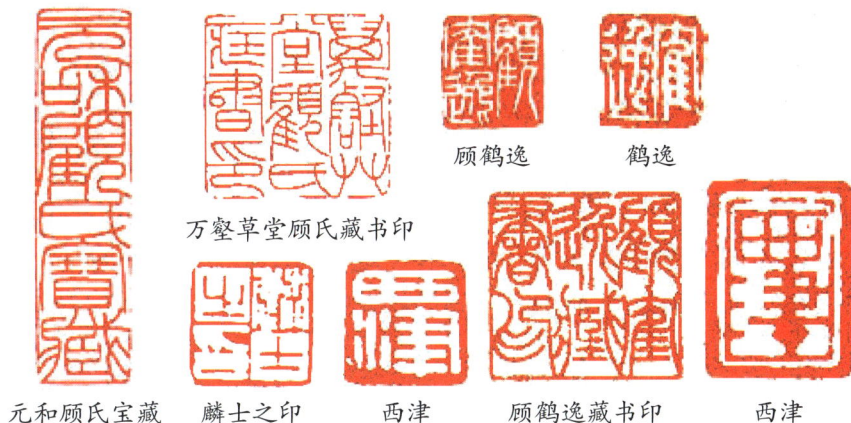

顾鹤逸　　　　鹤逸

万壑草堂顾氏藏书印

元和顾氏宝藏　　麟士之印　　　西津　　　顾鹤逸藏书印　　　西津

余种刘履芬的旧藏。刘履芬爱书如命，能抄书、能校书，"遇善本必倾囊购之，其不能得者，手自抄录，日课书十纸"。53 岁时，刘履芬为民请命不过，自戕身亡。顾鹤逸收藏了刘履芬《鸥梦词》稿本。过云楼藏书也因此得以缥缃盈架、傲视一方。过云楼藏书多钤有"顾麟士""顾鹤逸""顾六""麟士""麟士之印""麟士之章""鹤""鹤逸""鹤庐""鹤庐主人""西津老鹤""西津渔父""古稀老人""元和顾麟士之章"等印。对顾麟士的藏书活动，在过去的著作中也有记载，如 1908 年 3 月，缪荃孙友人徐翰清拜访艺风老人，带来了顾鹤逸交送的文集 1 部、《对雨堂丛刻》1 部；1909年 5 月缪荃孙又托人带给顾鹤逸"小丛书一部"；1919 年 12 月，张元济为影印《四部丛刊》，曾向顾麟士借抄宋刻递修本《龙川略志》6 卷和《别志》4 卷；顾鹤逸还曾屡书嘱章钰为之代抄衢本《读书志》和《倚杖吟》。

顾麟士不仅藏书，还时有亲自手校，现藏天津图书馆的清顾千里稿本《邗水杂诗》上有其手跋，并钤"西津"印。

有幸浏览过云楼藏书的人会看到，顾氏藏书多满纸批注，历代藏家、版本目录学家浓圈密点，精批细校，毛晋、何焯、朱彝尊、王士禛、吴焯、鲍廷博、翁方纲、吴翌凤、黄丕烈、孙星衍、陈鳣、顾广圻、周星诒、莫友芝……难以胜数。这些批校、题跋，既是藏书家们枕经宿史、精心校雠的心血结晶，又体现了古代文化遗产辗转流传之不易，特别是过云楼藏书上的"黄批""顾跋"，愈发令人感慨过云楼藏古籍的珍贵。

批校本是古籍版本中颇具特色的一种。一种普通古籍一经名家批校、题跋或题记，顿时身价倍增。清代学者崇尚考证之学，故校刊名家甚多，著名的有何焯、卢文绍、戴震、钱大昕、周永年、李文藻、孙星衍、王念孙、王引之等。其中，声名最为显赫的当属清代著名校勘学家、藏书家顾广圻和黄丕烈。他们二人的批校题跋本号称"顾批黄跋"。"顾批黄跋"本不仅有很高的学术价值，而且也有很高的经济价值，自清中期以来就是如此。按现代确定的善本古籍定级标准，凡有"顾批黄跋"之书，即可列入一级古籍善本。

在过云楼藏书中，不乏黄氏士礼居的旧藏本，其中的汲古阁本《易传》还有黄氏的通篇校字，尤为珍贵。《谈苑六卷》一书，在《中国古籍善本书目》中著录仅存两部明抄本，未见刻本。顾锡麒在书中题识："此本向藏黄荛圃（即黄丕烈）家，曾加校勘，惜未精审，黄氏书散后辗转入余家，即以《艺海珠尘》本对校补其脱略，犹未足为尽善尽美也。"书内有两种是用朱笔所校，一为黄丕烈校（朱笔）、一为顾锡麒校（绛红），还有用墨笔校的，也是黄丕烈的批校笔迹。黄丕烈旧藏、清抄本《契丹国志》（27卷，6册），书内校改甚精，用墨笔补脱漏，朱笔校字。《丁度等奉敕修订集韵十卷》，由顾广圻主持补版重印。由于原雕板已经损坏，凡补版者书下均有"甲戌重刊"字样，"凡历三校，以绿笔为定"。在今天的人们看来，古人对出书校勘是多么的严谨。

在过云楼藏书中，有着不少有趣的藏书故事。如"宋代的百科全书"——《锦绣万花谷》，世界最早纸币发明者的语录集——《乖崖张公语录》，一部堪称"孤本之孤本"的"宋代词典"——《字苑类编》，玄奘法师翻译的大藏经——《圆觉藏》，历经名家递藏的珍稀精品——《皇朝名臣续碑传琬琰集八卷》，曹雪芹祖父所藏故物——《龙川略志》《别志》，恢复朱子易学原貌的读本——《周易本义启蒙翼传》，沿用至今的针灸学专著——《针灸资生经》，黄丕烈校批的罕见之物——《易解十卷附录后语一卷》，《四库全书》收录的汲古阁刻本——《中吴纪闻》，与"天水"同珍的黄丕烈笔校抄本——《谈苑六卷》，黄丕烈旧藏之物——《契丹国志》，清代诗词大家刘履芬的著作原稿——《鸥梦词》，稀有传世的《四库全书》底本——《雪矶丛稿》，失而复得的大学士著作——《石洲诗话》，清代大学者的读书笔记——《卢抱经先生手稿》等。这些故事，将在本篇附录"'有故事'的过云楼藏书"中讲述。

吴昌硕走出过云楼

民国元年（1912）。

中国近代绘画史上，吴昌硕的大名可谓如雷贯耳，谁人不知？吴昌硕，一代海派书画巨擘，其门生齐白石、朱屺瞻、潘天寿等十三高足也誉满画坛。但鲜为人知的是，当他于 1912 年定居上海前，有过一段在苏州，在过云楼、怡园学画的重要经历。然而，在吴昌硕年谱等史料中，却几乎读不到他与过云楼及过云楼主人之间交往的文字。或因是如徐悲鸿所言"外行人入画坛"，傅抱石所谓"吴昌硕风靡天下，中国画荒谬绝伦"，而让这位后来成为海上画派代表人物的大家对此三缄其口？个中原委，已无从考证。

吴昌硕旧照

在上海博物馆，现收藏有海上画派创始人任伯年的《菊花图》。吴昌硕在《菊花图》上题识自白道："鹤逸六兄精绘事，一水一石不轻为人作。予画乱头粗服，无过问者。六兄然予用笔似雪个（注：指八大山人），己亥华朝（注：光绪二十五年，即 1899 年）出八大《白鹿》一帧见惠。受而不报，非礼也，爰以是为赠。"1899 年那一年，吴昌硕已 55 岁，比顾鹤逸大 22 岁。顾鹤逸虽然年轻，却已是公认的画坛精英。吴昌硕因机缘得以进过云楼临画，后又参加怡园画社，但仍自惭他的画"乱头粗服，无过问者"，一度用功临摹恽南田的没骨工笔花卉。顾鹤逸却以为他的笔路与八大山人近似，启发他以书法入画，另辟蹊径，改走八大山人的笔路。

为此，顾鹤逸还特意赠送他一幅八大山人的《白鹿图》。这段题识文字，讲的正是吴昌硕跟过云楼主人顾鹤逸学画的一件逸事。以一幅一代宗师的画作相赠，足见过云楼主人向吴昌硕传授画艺的良苦用心。

吴昌硕题写《怡园会琴记》

吴昌硕因何机缘走进了过云楼？过云楼顾氏后人顾笃璜在接受媒体采访时说道："那时候吴昌硕在苏州当巡捕，晚上要带队查夜的。他查夜的时候用个小竹板，趿拉趿拉地响，就是在警告小偷：我来了。也好对小偷们网开一面。巡夜时经过现在的凤凰街，路过吴大澂家。当时像这种大户人家，一般会请巡捕到家里坐坐，喝喝茶。后来传到吴大澂那里，说这个'趿拉'先生会写字还会刻章呢。于是就接见他，发现他不仅会写字，写得还不错，就吸收他为幕僚。这样一来，一个类似于保安队长的人物一下子进入苏州文人圈里去了。""吴昌硕后来到过云楼临画，看到怡园画社成员画得工整，也想学恽南田。我就看过他临摹过恽南田的一张月季花。我祖父（注：指顾鹤逸）虽然比吴昌硕小22岁，但吴昌硕却很听从他的意见。我祖父建议吴昌硕以书法入画，走八大山人的路子，不要走工细的路。吴昌硕想学画山水，还写了很多信来向我父亲（注：指顾公硕）讨教，可惜这些信在'文革'时丢失了。"据顾鹤逸后人说，当年吴昌硕在过云楼临画，把不少废弃的恽派花卉的习作丢入字纸篓内，顾鹤逸挑选了一些作为资料保存。也有吴昌硕自己满意而落了款的恽派花卉，成了过云楼的藏品，只可惜除了一张落了款的册页尚存，其余全毁于日军侵华战争劫难之中。

吴昌硕的名字与过云楼联系在一起，还是因为怡园画社。首批聚集在这个画会组织中的吴大澂、吴俊卿、顾鹤逸、王同愈、顾沄、费念慈、翁绶琪、陆恢、倪田、吴谷祥、杨岘、沙山春、郑文焯、蒲华、黄山寿、任预等都是一流的画家。作为后来者的吴昌硕，在大家云集的环境里成长，

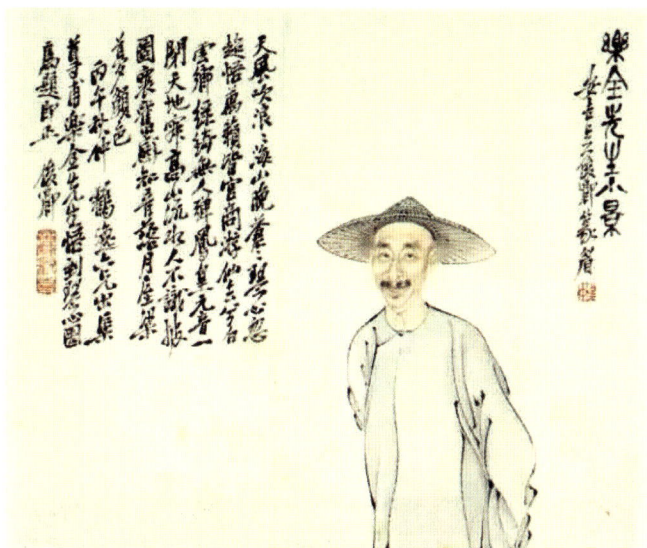

吴昌硕应顾鹤逸之约题画

走出了一条独特的绘画之路，继而成为一名后起之秀。吴昌硕虽始以书法篆刻为人所重，而他的绘画是走进了过云楼，参加了怡园画集以后才渐入佳境，走向成熟的。吴昌硕接受了"六兄"顾鹤逸的意见，以此作为自己进入绘画佳境的转折点，终于走出了自己的路，成为影响一代画风的大家。吴昌硕曾自称 50 岁学画，这并非自谦，而是与他在过云楼、怡园的经历相吻合的。他还先后为顾鹤逸篆刻印章数十方，如"顾麟士画记""鹤庐主人""西津仙馆"等，同时又作《鹤庐印存序》一篇。他还满怀激情地手书"怡园会琴记"。

跟吴昌硕同样从过云楼、怡园画社走出来的，还有顾沄等艺术大家。顾沄是另一位重要的海上画派画家。他早年受顾文彬的邀请，在怡园临习古画 3 年，使他的画艺大为进步，逐渐成为一代山水画大家。

说吴昌硕是从过云楼走出去的画坛大家，当不算是虚言。

月明夜静当无事，来听玉涧流泉琴

民国八年（1919）。

说了怡园画社，还得提到怡园的另一个文化沙龙——怡园琴会。

怡园建成后，江南名士常来此雅集，名盛一时。在那一次次的雅集里，1919 年的怡园琴会，却是别有一番情趣。相比于怡园画社，

怡园琴会琴人合影旧照

怡园琴会上悠扬的琴音，更是纯粹得如朗朗清风、山涧流水，雅人雅集，传为盛事。

琴与怡园的结缘，盖因顾氏几代人皆善抚琴。明清时期文人置园，读书，有书房；操琴，有琴室；赏月，有亭子；观鱼，有小轩，以此闭门修养身心，寄以高洁情怀。顾文彬因喜琴学而筑琴馆，顾承琴学造诣深厚，因喜习琴而藏古琴，而为怡园琴会尽地主之谊的怡园主人顾鹤逸亦精琴学。

怡园琴馆名为"坡仙琴馆"，这里有一个收藏典故。清同治年间，有一天，有客持一把古琴来过云楼求售，顾承试琴，"声清越"，审其款识，乃宋元祐四年（1089）东坡居士监制，为苏东坡的"玉涧流泉琴"。顾文

彬闻之大喜，遂将琴馆命名为"坡仙琴馆"，并在馆内奉苏东坡像。过云楼收藏东坡"玉涧流泉琴"的消息不胫而走，吴中知音皆诧为奇遇，海内琴士或登门拜访，或驰函订交，"怡园"遂成为江南琴会胜地。顾承约请曲园老人、一代通儒俞樾题记，俞樾欣然命笔《坡仙琴馆记》：

顾君乐泉，得东坡居士琴而宝藏之，因名所居曰坡仙琴馆，求记于余。余读坡集，有十二琴铭其名如玉磬、天球、九州璜、古娲簧之类，古雅可喜。今此琴有玉涧流泉四字，殆即其名乎？琴作于元祐四年。是年九月二十一日听杭僧唯贤弹琴。贤求诗。仓卒无以应，乃书欧阳文忠诗赠之。其明年游小灵隐，听林道人论琴棋，极通妙理。又明年三月船过吴江，梦长老促殊抱一琴十三弦。坡问琴何以十三弦？殊不答，但诵诗云：度数形名岂偶然，破琴今有十三弦。此生若遇邢和璞，方信秦筝是响泉。考坡公元祐四年出知杭州，六年内台。数年中，想此琴无一日不与公俱也。乐泉生长于苏，今将从尊系良龛观詧至甬上。此琴也，东坡昔者携之，自浙右而至苏。乐泉今者抱之自苏而至浙。殆非偶然乎？东坡又书王进叔琴云：琴以蛇蚹纹为古。进叔所畜琴，蛇蚹纹已稍出，后日当益增。但吾辈及见其斑斑，为则亦可谓难若者也。今此琴为坡公所自制，必不及见其斑斑。吾疑乐泉即东坡后身，又来人间观此琴蛇蚹纹也。同治十年正月俞樾记。

俞樾有感于当年苏东坡在浙江杭州、湖州为官，多次携琴来过苏州，如今乐泉（顾承）又要携"玉涧流泉琴"前往浙江宁波见父亲，便想象乐泉是东坡化身，来到人间查看琴上的蛇蚹纹。真可谓神来之笔。俞樾手书《坡仙琴馆记》现藏吴江过云楼艺术馆。

再说怡园琴会的缘起。苏州这座古城以及怡园，对于琴会雅会有着独特的优势。据史料记载，中国古琴在唐朝时代就有吴派、蜀派之分，吴派古琴的发祥地正是苏州。后来，吴派古琴又衍生出众多流派，常熟城的虞山派为琴坛大派，苏州城实为天下琴坛重地。1919年8月，杭州人叶璋伯任职苏州盐公堂，结识了怡园主人顾鹤逸。叶璋伯是著名琴士，两人对古琴都情有独钟，相见恨晚，切磋琴艺之际，便商议在怡园举行大型琴会。叶璋伯在得到怡园主人支持后，联络琴家吴浸阳、吴兰荪等人，并向上海，江苏扬州、苏州，浙江杭州、嵊县，四川灌县、湖南长沙、河南彰德等全

国多地 50 位琴友发出了约请："夏正八月二十四日上午九时，集合同调讨论琴学，敬请光诲。叶希明谨约假座苏州城内护龙街尚书里顾家别墅，一名怡园。"又详列了琴会八项内容："次第，一畅叙情话；二轮流抚琴；三单独鼓瑟；四试擘箜篌；五研究学术；六入座飞觞；七乘兴双弹；八鸿雪留痕。"怡园琴会在怡园坡仙琴馆举行，来自全国 11 个城市的 30 多位名家参加。琴馆厅堂内悬挂着唐代古琴的立轴，两旁陈列着宋、元、明、清的各种古琴，显得古朴典雅。琴会如期举行，这是近现代第一次全国性古琴盛会。《坡仙琴馆听琴记》记载了当时琴会的盛况，称是日坡仙琴馆内"少长咸集，座为之满……一室之间，据案者，凭几者，倚柱者，抱膝者，凡三十余人"，而"朝琴而居，中坐操琴者，为蜀中七九老翁李子昭"。李子昭者，著名川派琴家，享有"宫廷第一琴师"美誉，时年客居苏州。会后，李子昭作《怡园琴会图》长卷，怡园主人顾鹤逸为此图题诗纪念："雅道直追桓君山，使材广鬼朱乐圃；众人解品唐时弦，差喜蜀僧能语古。山馆更藏坡仙琴，相对亦足涤烦襟。月明夜尽当无事，来听玉涧流泉琴。"吴昌硕作《怡园会琴记》长题以志其盛，一时传为佳话。1935 年，第二次怡园琴会举行，这次琴会则孕育了第一个全国性古琴社团"今虞琴社"，次年 3 月今虞琴社成立于苏州。自此，"怡园琴会"便成为各地琴友相聚的固定活动，八方会聚，琴声优雅，琴风流长，一时在全国古琴界传为佳话。

怡园坡仙琴馆、石听琴室内景

只可惜，那幅足于见证怡园琴会盛况的《怡园琴会图》，却早已不知所踪。

怡园琴会从 1919 年首创，作为一项全国性的琴会活动，一直持续了11 年之久，怡园主人作出的巨大付出当不难想象。由于战争和社会动荡，顾鹤逸 1930 年病逝后，怡园琴会便渐渐销声哑音。

高山映流水，笙歌归院落。怡园琴会，当是中国文化史上谱写的别样篇章，也是过云楼顾氏为中国传统文化传承作出的另一贡献。

2003 年 11 月，"中国古琴"作为世界上现存最古老的弹拨乐器之一和中国古代文化在音乐方面的主要代表之一，被联合国教科文组织列入第二批"人类口述和非物质遗产代表作"。2014 年 9 月，全国古琴名家齐聚苏州，一次名为"玉涧流泉"的雅集，和第一次怡园琴会一样，在怡园藕香榭举行，一曲琴箫合奏《鸥鹭忘机》，让绝响多年的古琴声再次在怡园回响，以此纪念怡园琴会 95 周年。

参与琴事的人们，不知有否记忆起顾文彬、顾承和顾鹤逸的名字？

过云楼第二次析产

民国十四年（1925）。

孟子《离娄章句下》云："君子之泽，五世而斩。"自古以来，创业艰难，而守业更难。在中国收藏史上，能成为收藏世家，传之三代以上的藏家寥若晨星。多少雄视一代的大收藏家，收藏之富都曾辉煌一时，但多数家族在第一代人离世之后，皆不能世代相守，以致散失损毁，有负先人的苦诣，藏品很快地散诸市肆。

过云楼收藏到了顾鹤逸一辈，已传之三代，时间跨越百年，已是一个传奇。顾鹤逸在《过云楼续书画记》自序中，自豪地讲述顾氏家族百年收藏的历程和盛况："予家自曾王父以来，大父及仲父、先子咸惟书画是好，累叶收藏，耽乐不怠。溯道光戊子（1825）迄今丁卯（1927），百年于兹。唐宋元明真迹入吾过云楼者，如千里马之集于燕市。"

1925 年，顾鹤逸步入了花甲之年。除了长子 10 岁夭折外，顾公可、顾公雄、顾公柔、顾公硕 4 个儿子都已长大成人。这一年，顾鹤逸仿效祖父顾文彬的做法，决定在自己在世时将过云楼藏品分拆，四个儿子每人一份。此时的顾鹤逸还不免有一份忧心，担心几个儿子将他一生视为性命的藏品弃若敝屣。他做出了一个常人少有的举动：在分家簿上用笔一一标注出每件藏品的价值。其实，老人多虑了，他的 4 个儿子在家学渊源的影响下成长，自小耳濡目染书画艺术，已是多才多学之人。次子顾公可毕业于东吴大学，年轻时即雅好昆曲，是著名昆曲表演艺术家俞粟庐的入室弟子，被曲界誉为"顾三出"。三子顾公雄、四子顾公柔都是知名画家，善工山水，在苏州美术专门学校任国画教师的顾公柔，还是苏州美术会的发起人之一，顾鹤逸为会长，他则主持出版《美术半月刊》。五子顾公硕，能书善画，尤擅鉴赏古字画，也钟情戏剧、金石、摄影等领域，当年在沪苏文化圈内已是有名的谦谦君子，在父亲晚年时已成为实际上的过云楼第四代主人。兄弟4人自然能懂得父亲的那一番良苦用心，自当珍惜父亲及祖辈留下的这份家业。顾鹤逸将家中藏品按品种相对集中处置，铜器主要分给了次子顾公可，书画主要分给了三子顾公雄、四子顾公柔，书籍主要分给了五子顾公硕。顾氏家族在苏州有4个宅园，分家后，顾公可住在乐桥老宅，顾公雄、顾公硕迁居朱家园，顾公柔住醋库巷西津别墅，顾鹤逸独守过云楼。

过云楼完成第二次析产，楼内收藏分藏四处。过云楼已不再是那座曾经缥湘盈楼、傲视四方的过云楼，再一次重复了藏品聚散无常的宿命。只是这一次，它远没有第一次析产时那么幸运，再也没有等到又一位顾氏子孙将它们重新聚合，再现散而又聚的那一幕。第二次析产的第五年，顾鹤逸驾鹤西去，离开了他一生相守的过云楼，离开了他亲手搭建的人文精神殿堂。

难以想象的是，在厮守空楼的那5年里，顾鹤逸是怎样的心情。但若顾鹤逸地下有灵当感到欣慰，他的子孙没有辜负先人的苦诣。顾氏子孙数代之中文人辈出，1981年台湾"商务印书馆"出版的《民国书画汇传》收录的书画家中，过云楼顾氏入录顾公雄、顾公硕、顾彦平、顾鹤逸4人，描述顾鹤逸子女"皆擅书"，风雅盛事，莫过于此，而且谨守过云楼收藏，在此后的半个多世纪中，完整保存了家传收藏，并以他们自己独特的方式，创造了过云楼别样的辉煌，续写了一段过云楼新传奇。

"当代鉴赏第一人"

民国十六年（1927）。

西津老人，过云楼主人顾鹤逸是也。

赞誉顾鹤逸为"西津老人鉴赏第一人"的，是张大千。

过云楼在顾鹤逸苦心经营下，达到了一个收藏的全盛时期。父亲顾承逝世后，过云楼顾家的收藏事业，经历了短暂的停滞和低落。在祖父顾文彬的悉心指导下，顾鹤逸又将它重新发扬光大。他接管过云楼后，扩大了收藏范围，除广集金石书画名迹外，古籍善本、名人手札也成为收藏对象，收藏品位日高、数量日丰，将过云楼收藏充盈至书画以千计之巨的藏画楼，而且也成为集藏大量宋元旧刻、精写旧抄本、明版书籍、清精刻本及碑帖印谱的大型藏书楼。顾鹤逸在《过云楼续书画记》中写道："综计过云楼所藏书画，约有二三千件。""唐宋元明真迹入吾过云楼者，如千里马之集于燕市。"

顾鹤逸于收藏方面的成功，自然与家族财力支撑有关，但他又是如何成为"当代鉴赏第一人"的？顾鹤逸一生沉浸在艺术生涯中，他的书画理论，抑或书画鉴赏水平，无不为同辈折服。

作为书画大家，顾鹤逸书画理论造诣精深，有较多的画论、书论著述，存有《鹤庐画赘》2卷、《鹤庐题画录》2卷、《鹤庐画趣》以及未完稿的《因因庵石墨记》等。《鹤庐画赘》由顾鹤逸三子顾公雄于1896年开始记录编撰，到1929年顾鹤逸去世前一年结稿，凝聚了顾鹤逸对历代绘画的见解，业界评价高明异常，不仅对后世学画者，对书画鉴定都有深刻影响。《鹤庐题画录》系由次孙顾笃琳整理出顾鹤逸题写前人或清代同辈画家，及顾鹤逸本人作品画跋、题画诗文等，编撰而成。现两书存有 1941 年蓝印刻本。大画家的艺术素养和眼光，为顾鹤逸成为"鉴赏第一人"奠定了基础。

顾鹤逸沿袭其祖顾文彬，在《过云楼书画记》问世 45 年后，又续写《过云楼书画记》，书名为《过云楼续书画记》（6 卷），刊印于 1927 年。这两本画目虽同为顾氏收藏从实物转为文本的记录，却反映出顾鹤逸在书画鉴定上达到了一个理论的高度。读过《过云楼书画记》《过云楼续书画记》后，不难发现，顾文彬著《过云楼书画记》，主要用文献考订与画学结合的方式，而顾鹤逸著《过云楼续书画记》，则更关注画理笔法等风格因素的鉴定阐释。顾鹤逸所论明吴门诸家的画风特色，如对于仇英的鉴别有一段从笔势角度提出"偃笔"的精辟观点，足见其临习揣摩之深："十洲之画，真伪至易别白。因其盘礴时，运力于笔颖用之耳。凡写人物衣褶及山水树石，楼台界画，曾不偶使偃笔，而清劲圆健，无体无方，虽细若游丝，仍坚可屈铁，其缜密者如此：即浑具大意者，亦能不出此志，知得秘于宋贤者独深也。"以顾鹤逸对前贤作品的精辟独到见解，可见他精于鉴赏且有别于常人的一面。

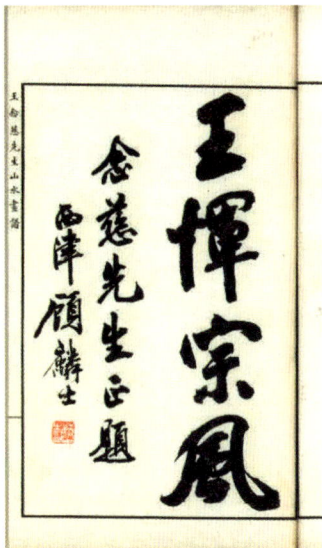

作为收藏家，顾鹤逸正赶上了在收藏上大展身手的年代。20 世纪初叶的二三十年间，由于辛亥革命带来的剧烈社会变革，余震也波及收藏界。诸多豪门贵族失意落拓，或台柱倾覆，整个家族连同所有藏品败落星散，如野云鹤影，杳无踪迹。收藏品加速聚散和流转，给收藏家们创造了一段收藏黄金岁月。顾鹤逸和其他民国时期的收藏家们便占尽天时地利。据史料记载，这个时期在多个收藏品门类中，涌现出一批收藏"大王"，书画收藏方面以上海、苏州两地为重镇，有上海虚斋主人庞莱臣，苏州过云楼主人顾鹤逸，梅景书屋主人吴湖帆，还有广东人谭敬等。顾鹤逸深耕收藏圈数十年，有一批鉴赏书画之交，与收藏大家李嘉福、庞莱臣、周星诒等交往甚密。长期的收藏实践，也让顾鹤逸对于书画达到了精于鉴赏的程度。

"怡园主人今文唐"

民国十八年（1929）。

这一年四月，中国文化史上发生了一件前所未有的盛事：第一届全国美术展览会在上海举行。

展览会的首倡者是时任上海美术专科学校校长的刘海粟。1923年2月，他在上海《时事新报》刊文倡议举办全国性的美术展览会。然而，对于这一石破天惊般的倡议，响应者却寥寥，只因当时的中国国力衰弱，又是一件新鲜事，无论是政府和美术界，一时都难以做出那样的文化大动作。直到蔡元培1927年出任民国政府大学院院

《美展特刊》 南京图书馆藏

长，主持议决由政府举行"第一届全国美术展览会"。从倡议、议决、筹备到展览会举办，整整经历了6年，全国美术界才在上海共襄不朽之盛事。

这件文化盛事与过云楼又有什么样的联系？

南京图书馆收藏的民国全国美术展览会多种文献，佐证了顾鹤逸位居美术界至高无上的地位。过云楼、怡园主人能够这样的成就纯属偶然？非也。

顾鹤逸（1865—1930），本名麟士，字鹤逸，号西津，别号谔一、筠邻、西津渔夫、西津散人、一峰亭长。室名鹤庐、海野堂、甄印阁等。顾承之子，

美展特刊目录（局部）

顾鹤逸参展作品《无量寿佛》

在顾文彬孙辈行六，过云楼第三代主人。少年顾鹤逸应童子试时，见一老童生跪请更换被污试卷遭人呵斥，因此鄙视科举黑暗，一生未仕。父亲顾承早亡，事祖父、母亲至孝，以长辈在不远游为原则，终生不曾离开家乡。在祖父顾文彬教诲下，终年浸淫于书画诗词之间，乐在其中，自娱自遣，往来皆书画文友。顾鹤逸后来还在过云楼东侧专辟一座竹园养仙鹤，名之鹤园，过着闲云野鹤般的生活，绘事和收藏构成了他整个人生的生命轨迹。

顾鹤逸所作山水多逸气，自成高格。初学"四王"，后宗元明诸大家，具有吴门画派以健笔写柔情，淡雅、秀丽、明快、清新的绘画特色，有云林清秘遗风。其设色清丽雅逸，点苔沉着老健，晚年喜用枯笔皴擦，可与麓台、石谷相颉颃，声望极高。出版画册有《顾鹤逸山水册》（西泠印社）、《顾鹤逸仿宋元山水册》（天绘书局）、《顾西津仿古山水册上下》（天绘书局）、《顾鹤逸中年山水精品》（天绘书局）等。著作有《过云楼续书画记》《鹤庐画赘》《鹤庐印存》，以及未完成的《因因庵石墨记》等。

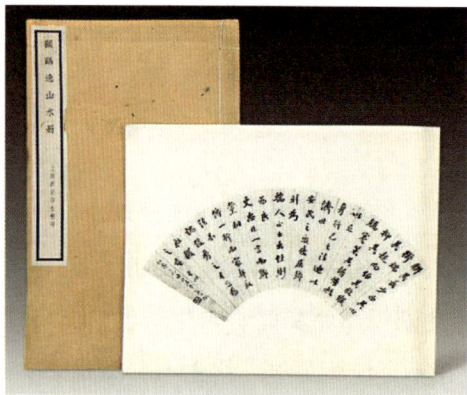

民国时期出版的《顾鹤逸山水册》

顾鹤逸在绘画方面的成就，生前就誉满海内外，时人赞其有云林清秘遗风。晚年因目疾而封笔，1930年5月因患中风疾病寿终于朱家园寓所，葬苏州西津桥，享年66岁。在当年的怡园雅集中，虽参与者均为画坛名流，顾鹤逸所作，常被同侪推为执牛耳者。故而得了个全国美术展览会第一，也就属于实至名归。清代著名学者、金石学家、书画家吴大澂曾为顾鹤逸作诗：

鹤逸翩如一鹤翔，

耽思六法神苍茫。

图书四壁皆琳琅，

怡园主人今文唐。

诗中"文唐"当指的文徵明、唐寅，诗者是以文徵明、唐寅比喻顾鹤逸。读者知道，中国绘画史上有个"明四大家"，即沈周、文徵明、唐寅、仇英4位明代画家。他们都在江苏苏州从事绘画活动，因苏州古为吴地，故又称为"吴门四家"。吴大澂以文徵明、唐寅比喻顾鹤逸，足见他在当时中国画坛的地位之高。当时的书画界，顾麟士备受推崇，有人称其为"当代虎头"（东晋画家顾恺之小字虎头），苏州名士郑逸梅在他逝世后曾挽之以诗云："当代丹青手，无心不遗，高风梅福隐，绝学虎头痴。文苑有千古，鸡林重一时，耕烟骖勒者，先后是我师。"据传，当年画家吴湖帆虽已在画坛小有名气，但当得到顾鹤逸的一番称赞后还是兴奋不已。

怡园主人顾鹤逸，何以有这等号召力成就怡园画社？今天的人们或许会这样提问。其实，在清末民初的全国画坛上，顾鹤逸拥有公认的画坛盟主地位。顾鹤逸以山水享誉画坛，开创出清末正统派绘画新变。

顾鹤逸的画学和鉴赏，还蜚声域外。在当年的日本，顾鹤逸是一位最受崇拜的中国画家。顾鹤逸去世后，日本友人向其后人讨得生前遗物带回日本，为他举行隆重的追悼会，以表达对他的推重和追思。`

读者又会问，一代画坛盟主为什么没有延续其声名？其原因或许有很多，比较一致的看法是，五四运动之后，以康有为为首的学者开始从根本上否定传统文人画，认为艺术应该为"社会现实"服务，画坛风气因而为之一变。那些作品能成为"斗争"武器的艺术家开始成为画坛主流，具有中国人文精神的传统文人画被彻底否定和批判。或许是时代潮流使得顾鹤逸逐渐淡出了人们的视线。至今，顾鹤逸的艺术价值仍被舆论忽视。拨开历史的迷雾，重新审视顾鹤逸的艺术成就，当恢复其在中国美术史上应有的历史地位。

据顾氏后人说，起初，顾鹤逸并不"卖画"，后来求画的人太多了，又不便推辞，便听取友人的劝告，于中年后订立润格，并且定了一个怡园画社诸家画酬的 10 倍至 40 倍的天价，比如，他的一页扇面画酬为一百银元，恰与明四家仇英的市场价相等，以为这样可使求画者却步，谁知适得其反。以前顾鹤逸不卖画，与他非亲非故者求画的要转托人情，这就是一种制约，现在反而没有了障碍，付款就可以得画，求画者数量大增，竟致预约 3 年后才能交件，顾鹤逸苦不堪言，所以年届六旬便"封笔"了。顾鹤逸又少与上层社会人士交往，不入"主流"，顾家至今收藏有康有为当年致顾鹤逸的信札，证实康有为多次到苏州时，曾 6 次欲拜访他，却被称病婉拒，无非是不想与政治人物走近。加之社会上流传其画作不多，顾氏后人又一向低调对待先祖及其艺术成就，这或许也是顾鹤逸未能如吴昌硕、张大千等有大名的原因。

烽火岁月里的守望

民国二十六年（1937）。

"八一三"淞沪抗战爆发后的第三天，战火就蔓延到了苏州城。8月16日，日本侵略者的飞机开始轰炸苏州，阊门外兵营和城内道前街、学士街一带被炸。日本侵略者兵分几路向苏州地区进攻。千年古城面临着一场大劫难。

这一天，过云楼顾氏家族就直接遭遇了战火。侵略者投下的第一批炸弹，就冲向了顾家在朱家园的一座老宅。宅园房屋一角被一颗炸弹击中，墙上的窗子全被炸飞，而屋里正藏着一批过云楼藏品。所幸房子没有起火，放在窗下的两只大画箱意外无恙。这时，上海商务印书馆的涵芬楼46万册中华古籍被日本人纵火焚烧，尽数化为灰烬，里面还有价值连城的《永乐大典》。涵芬楼被烧的消息传来，顾家老宅又被炸，让顾鹤逸的三子、过云楼第四代主人顾公雄心急如焚。为了避免重蹈商务印书馆涵芬楼的覆辙，顾公雄和家人紧急商讨对策，决定先带着部分珍藏避难乡里，再设法进入上海法租界。

顾家人先在朱家园老宅挖了一个十来平方米、一人多高的地窖，地窖从紧挨院子的后房地板下开挖，一直通到院子里。里面铺油毛毡防潮，其上再抹水泥。他们精心挑选出珍品书画古籍装箱随身带走，其他书画古籍密封在白铁皮箱，藏匿在地窖里，不便带走的青铜器、瓷器等沉入园中水井。顾公雄、顾公硕及家人带着书画古籍，逃离苏州城，到苏州乡下避难。顾公雄一家先避居蠡墅镇亲戚家，再迁到常熟；顾公硕一家坐船去了横泾镇，后又搬到光福镇司徒庙旁的徐家祠堂居住。不久，在顾公雄妹夫陆楚善、妹妹顾延的帮助下，借得上海天香味宝厂的一辆卡车，于是决定举家转往上海。

辗转上海的旅途，意外和风险不断。先是把装满书画古籍的画箱装上卡车后，发现再没有空余位置接载所有家人。车辆不够用，一时也想不出别的办法，顾公雄竟无暇顾及两个幼子的安危，硬是狠心把两个儿子留在了常熟汽车站一家小店的阁楼上，他押着载着书画箱的车子先走了。上海的亲戚见了面就问怎么孩子没来，顾公雄回答说孩子还在常熟汽车站，直到第二天才再次派车接到上海。从此顾家亲友常以此笑话他，只要书画，连儿子也不要了！再是，车辆在行驶途中突然遭到日本兵盘查。车子刚开到常熟城外兴福寺附近，被日本兵挡住了去路。幸好卡车司机是日本侨民，应对还算机敏，才得以通过检查，继续赶路。

抵达上海后，开始寄住在爱文义路（现北京西路）常熟著名藏书楼铁琴铜剑楼主人瞿启甲父子的寓所，后来又在瞿家的帮助下，租住到北京西路1312弄。所带藏品先寄存在瞿氏寓所，后转存到了法租界四行储蓄会保险库中，这批过云楼藏品才算躲过了这场灾祸。

可没有能转移的过云楼藏品，就没有那么幸运了。等局势稍稍平静后，顾家人

商务印书馆东方图书馆"涵芬楼"被毁前后旧照

回苏州探视，发现过云楼、朱家园、西津别墅等几处宅园都被日本兵践踏得满目疮痍。没有藏在地窖的字画，全被抢掠一空，字画卷轴丢了一地，而字画全被抠下拿走了，沉在井里的青铜器也不知去向。地窖虽没有被日本兵发现，但已进水成了水窖，白铁皮箱浸泡在水中，箱体生锈，箱中书画惨遭毁损。有一种说法，日本军队中有专门掠夺中国古籍等文化财富的队伍。顾鹤逸书画艺术在日本书画界尽人皆知，过云楼更是名声在外，自然就成为了日本人掠夺的对象。日本兵进入苏州后就冲着过云楼顾家而来。留在几处老宅园的过云楼藏品，虽说不上是过云楼的重要藏品，但价值并不低。过云楼还是遭受了不可估量的损失。

在那段烽火岁月里，过云楼顾氏后人度过了艰苦的7年。他们守着一大堆价值不菲的名家书画、古籍善本，却过着清苦的日子。要知道，即使是在战乱中的上海，他们哪怕打开一只藏画箱，出手一两件字画、几册古书，卖出个一二百金的价格，也够全家人过上一段好日子的。但顾家人没有这样做，没有出售哪怕一件藏品。更让他们不安的是，时间一久，顾家在上海的行踪被外人知晓，有人开始打过云楼藏品的主意，这里面就有日本人。顾家人谨守家藏，守口如瓶，始终没有让人有机可乘。顾氏后人舍家护宝的举动，让一大批中华古籍、名家书画得以保存下来，立下保藏之大功。

有一事要特别说明，在舞台剧《锦绣过云楼》中，笔者将顾公雄等顾氏后人在烽火年代舍身护书的这段真实经历，浓缩在舞台人物"顾麟士"身上，而此时顾公雄的父亲顾麟士（顾鹤逸）离开人世已7年。"顾麟士"这一剧中人物，是以顾氏几代人为生活原型的，相信顾氏后人及读者能够理解。

顾公雄义捐家藏

1951、1959 年。

顾公雄（1897—1951），
名则扬，字公雄，顾鹤逸三子，
过云楼创始人顾文彬第四代
孙。顾公雄一家定居上海后，
悉心守护过云楼家藏，不使
散失。

中央电视台新闻画面

1951 年，顾公雄临终前，
谆谆叮嘱其夫人沈同樾及 5 个子女，要把祖传书画文物捐献给国家。那时，
新中国成立不久，全国各地的图书馆、博物馆大多刚刚恢复，馆藏藏品稀缺。
上海市文管会在上海市政府和陈毅市长的积极支持下，积极筹建上海博物
馆。文管会将文物征集列为首要任务，下大力收集社会上流散的重要文物，
接受社会捐赠或转让。民间有识之士便纷纷解囊相助，大多采取捐赠方式
支持国家的博物馆事业。有意思的是，上海博物馆第一批从社会征集入藏
的重器，多来自两位苏州老人：一是苏州名门潘世恩、潘祖荫之后潘达于
老人捐献的青铜鼎（清军机大臣、工部尚书潘祖荫珍藏的大克鼎、大盂鼎，
有天下三宝有其二之说），二是沈同樾老人秉承丈夫顾公雄遗志捐赠的过
云楼书画。这一次捐赠，沈同樾与子女顾笃瑄、顾榴、顾佛、顾笃璋、顾
笃球等，将四代家藏书画 224 件捐赠给上海博物馆（筹），捐献包括巨然、
倪云林、赵孟頫、沈石田、文徵明等人的书画作品以及明正德、万历、崇
祯时期的古籍善本和罕见稿本 10 余部。

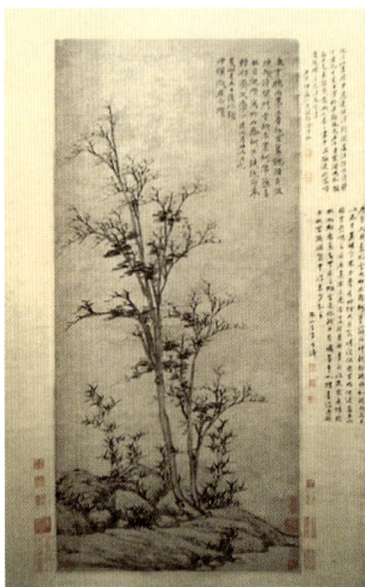

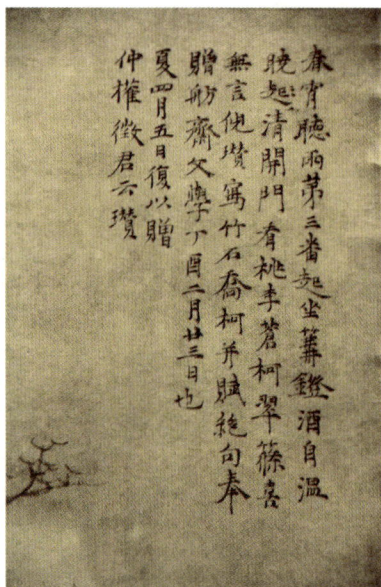

（元）倪瓒《竹石柯图》
上海博物馆藏

（元）张渥《九歌图卷》　上海博物馆藏

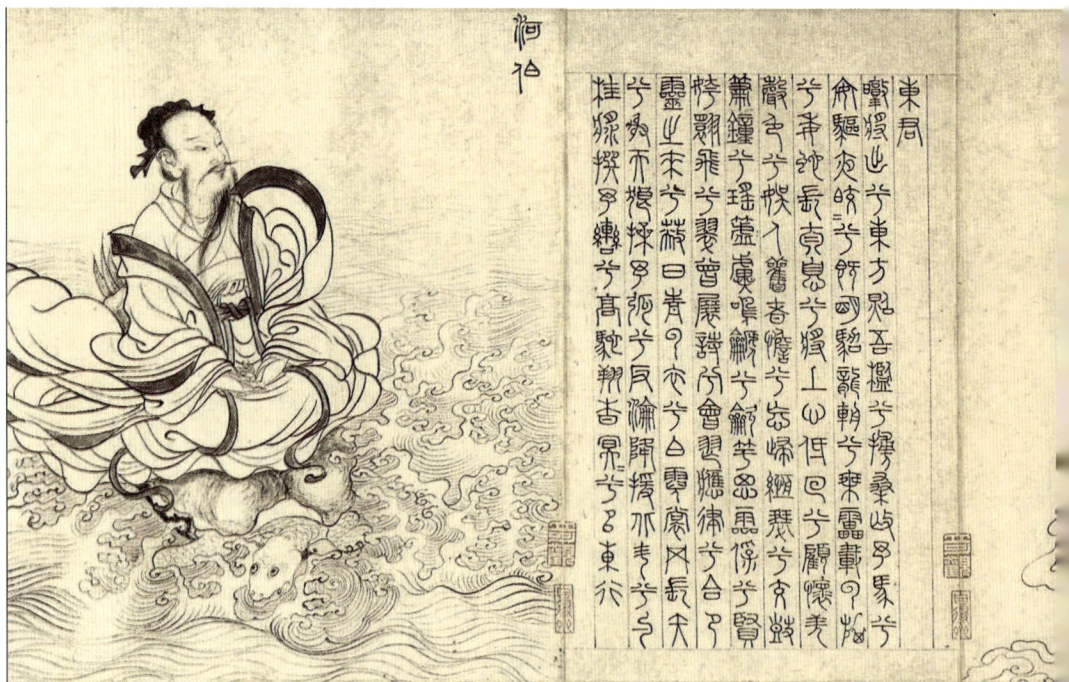

1959 年 3 月，沈同樾与子女第二次将家藏书画 169 件捐赠予上海博物馆，更丰富了上海博物馆的书画收藏。当年 3 月 30 日《人民日报》刊发新华社《沈同樾献出一百多件珍贵书画给上海博物馆》的消息：

新华社上海 29 日电　年逾六旬的收藏家沈同樾先生，继 1951 年和她的子女将家藏一百三十多年的二百二十四件宋元明清书画和文物捐献给国家以后，最近又将珍藏的一百六十九件名贵书画全部献给上海博物馆。

为表扬沈同樾先生这种爱国主义思想，在今天上海博物馆举办的"沈同樾先生等捐献所藏过云楼书画展览"的预展会上，上海市文化局发给沈同樾先生一万元奖金。

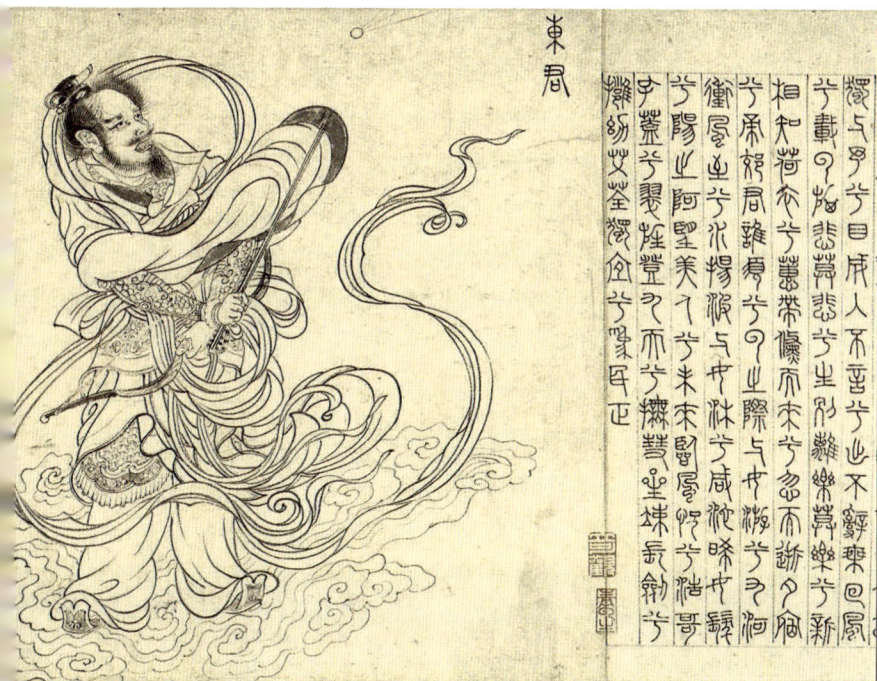

（元）张渥
《九歌图卷》（局部）

沈同樾先生这次捐献的一百余件著名书画中，有极为珍贵的宋朝魏了翁《文向帖》，张渥《九歌图》；明朝祝允明《怀知诗卷》，沈周《送行图》，文徵明《风雨重阳诗画》；清朝释道济花果册，吴烈墨笔山水轴等。

首次捐赠，沈同樾及其子女将国家给予的数千元奖金全部捐献出来，支持抗美援朝；再次捐赠，一万元奖金又全部捐献给街道，支持发展生产。

顾公雄夫人沈同樾及子女的两次捐赠，共计书画393件，明刻善本和罕见稿本10多部，极大地丰富了上海博物馆馆藏，打下了较为丰实的馆藏书画基础。有评论说，正是苏州顾家的书画与潘家的鼎，撑起了上海博物馆的"半壁江山"，顾家捐赠的书画，件数之多，质量之精，难有与之相匹敌。

1959年，上海博物馆举办了"沈同樾先生捐赠过云楼书画展"。1997年，再次举办"过云楼捐赠书画精品回顾展"并出版《顾公雄家属捐赠上海博物馆过云楼书画集萃》图录。2008年3月，上海博物馆再一次举办"顾公雄家属捐赠上海博物馆过云楼书画精品展"，从顾公雄家属捐赠的书画作品中精选出46件展品，编辑出版了《顾公雄家属捐赠上海博物馆过云楼书画集萃》，包括赵孟頫、沈周、文徵明、唐寅、徐渭、董其昌、朱耷、石涛、刘墉等元明清三代书画大家的名作，名家真迹、稀见之宝，价值无可估量。

作文纸上的捐赠书

1953 年 12 月。

在苏州博物馆举办的"烟云四合——清代苏州顾氏的收藏"展上，有一件展品既普普通通又颇为特殊。一页几十年前的普通作文纸，纸张已微微泛黄，纸页上的钢笔字迹却清晰可见。俯身细看，上面写道：

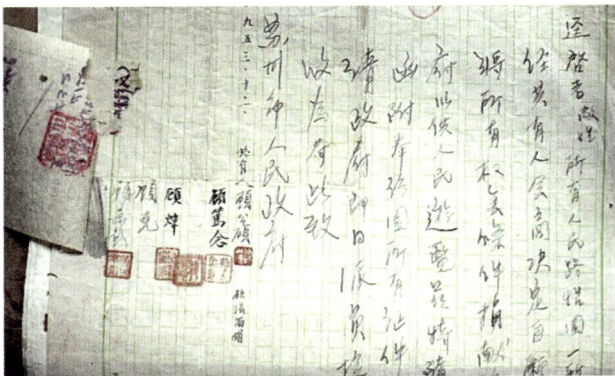

顾氏后人捐赠怡园书　苏州市档案馆藏

迳启者　敝姓所有人民路怡园一所，经共有人会商议决，自愿将所有权无条件捐献政府，以供人民游览。兹特随函附奉该园所有证件，请政府即日派员接收为荷。此致，苏州市人民政府。

这一由苏州市档案馆收藏的史料，是顾氏后人当年向苏州市人民政府的捐赠书，而这次捐赠的不是过云楼书画，而是一座曾经名扬四海的私家园林——怡园。

共同签署这份捐赠书的是顾氏后人。带头签字的顾公硕，是过云楼顾氏的第四代传人，当年他是苏州市政协委员、苏州市博物馆副馆长。在上面签字的顾氏后人还有：顾笃念、顾炜、顾克、顾景彭、顾张茵娟等 5 人。

落款时间为 1953 年 12 月。

　　怡园，这座别具一格的苏州园林，倾注了顾氏先辈无数的心血与情感，一草一木，一石一林，无不透出当年的构造者顾文彬、顾承父子的慧心巧思、颖悟绝伦。怡园，这座顾氏家族的私家花园，见证了顾氏族人对恬淡田园生活的企慕，更见证了一个江南望族的世路荣枯、过云楼的烟云过眼。怡园，这座江南名士曾经的精神家园，谈诗论经、琴声瑟瑟间，留下了一批又一批饱学士子的绰约风姿，见证了他们走出怡园，走向属于他们的那座人生高峰。

　　顾氏后人慨然捐献怡园，怡园从此不再是普通的私家园林，而是属于这个国家的财富。如今，人们无从知道顾氏后人是怎样动议捐献之事的，但可以想象他们那份对新中国的情感是多么的炽热。完成捐献后，苏州市政府拨款对怡园作了维修后，正式向社会大众开放游览。苏州的许多文化活动，选择在怡园举办，这里俨然成为苏州文化艺术的中心。苏州文化人对怡园和过云楼，有着一种特殊的情感。

　　怡园的故事在延续。20 世纪 80 年代，苏州文化界积极谋划恢复古琴雅集。1992 年，吴门琴派开派宗师吴兆基，著名琴家徐中伟、叶名佩、裴金宝等人，于怡园雅集，再续怡园琴会，成为全国规模最为盛大的古琴雅集活动，并一直延绵至今。

顾公硕重振苏绣

1954 年。

顾公硕（1904—1966），过云楼第四代主人，顾鹤逸幼子。自小耳濡目染书画艺术，能书善画，尤擅鉴赏古字画，也钟情戏剧、金石、摄影等领域。新中国成立后，曾任苏州市博物馆副馆长、苏州市工艺美术研究所所长。顾公硕为人硕谦宽厚，时人评价其为"谦谦君子"。但许多人并不知道，他曾对重振苏州刺绣、桃花坞木刻年画等苏州传统工艺美术作出过很大贡献。

苏州作为一座千年古城，文化底蕴深厚，传统文化遗产十分丰富，除

顾公硕旧照

了今人耳熟能详的昆曲，苏州刺绣、桃花坞木刻，还有作为中国"四大家织"之一的苏州缂丝画等。但经历了清末民初的社会动荡，百业萧条，苏州传统工艺业也趋于凋敝，不少濒临失传。新中国成立初期，顾公硕出任苏州市文联执委兼国画组组长。作为收藏世家的后人，顾公硕却没有再醉心于书画和收藏，而是以极大的热情参与到抢救和重振传统工艺美术的工作当中。他曾提出，国画面临的问题是画家的修养以及作品的文化含量问

题，而工艺美术则面临的是技艺失传后继无人的问题，必须大力抢救继承，否则将造成不可弥补的损失。于是，顾公硕辞去了国画组组长的职务，把精力投入到抢救传统工艺美术上。

1954 年，顾公硕负责筹建苏州市文联刺绣小组，并对苏州传统工艺美术行业的生存与发展作了全面调研。经过调研，他发现苏州有传统工艺美术 80 多个门类，但不少已濒临绝迹，苏绣、桃花坞木刻年画等传统工艺面临紧迫的传承问题，民间艺人迫于生计被迫改行，虎丘泥人张在卖大饼，天鹅绒织布艺工在卖盐鸭蛋，有的艺人则被外地挖去，如造烫样的艺人被同济大学请去，修补古玩的专家金氏兄弟到安徽就业，拓吉金的范姓艺人到上海博物馆工作，做石膏镜边的两位艺人先后到杭州发展，等等。顾公硕时任苏州市政协委员，他在一次政协会议上呼吁，重视传统工艺美术的传承，不让一些门类人亡艺绝，并提出了分别缓急、分明去路、提高质量、培养新人等四点建议。

刺绣小组初创阶段，一无绣娘，二无资金，三无生产场地。顾公硕将刺绣作坊设在了顾家朱家园老宅，投入生产。全家义务劳动，妻子张娴刺绣，儿子顾笃璜参与绘制纹样。顾公硕深知要重振苏绣等传统工艺，首要的是人才。那时刺绣艺人流散四方，后继更是乏人。他领衔的刺绣小组一开始就广罗人才，积极培养新人。顾公硕四处打听流散的刺绣艺人，或函询，或躬亲，或商调，或暂借，辗转周折，费心饶舌。清末民初，有一位被誉为"刺绣圣手"的苏绣艺人金静芬。1904 年，客居苏州的浙江举人余冰臣为贺慈禧太后七十寿，从家中古画中选中《八仙上寿图》《无量寿佛图》，准备绣寿屏进献。余冰臣擅书画，其妻沈云芝则是自幼学刺绣，在姑苏小有名气。夫妇两人一人勾勒上稿，一人带着绣娘们日夜赶工。绣品进贡后，慈禧见之，大悦，亲书"福""寿"两字赐给余冰臣、沈云芝夫妇。从此，沈云芝遂改名为沈寿，并留名于苏绣史。其实，其中的绣品《无量寿佛图》却是出于绣娘金静芬之手。顾公硕首先想到了这位苏州绣娘，便向市领导写信推荐。可那时，金静芬正投靠在上海的侄儿家，整日帮带小孩做家务，迫于无奈放弃了刺绣。受到召唤的金静芬返归苏州，晚年的命运也从此改

"小怡园画社"成员合影。左二为顾公硕

变。除了金静芬，刺绣小组还聘来了杨守玉、朱凤、任嘒娴、周巽先、顾文霞、李娥英等几位刺绣高手，并招收20多人接受培训。这个刺绣小组不久扩大为刺绣合作社，最后发展成苏州刺绣研究所。进入刺绣小组及后来的刺绣合作社的刺绣高手们，从此有了用武之地。朱凤的散套针开始推广，任嘒娴、周巽先则将乱针绣发挥到极致，她们带领绣娘们完成了一批又一批绣品。任嘒娴的《列宁在讲台上》《列宁在拉兹里夫村》受到好评。朱凤的第一幅散套绣《牡丹》由顾公硕推荐到故宫博物院展出。顾公硕儿子顾笃璜回忆说，父亲当时最得意的莫过于把名画家沈子丞请到苏州，一批画家的加入，如虎添翼，使苏绣逐渐从生活品变为观赏品，更具艺术价值，苏绣迎来了真正的春天。

　　第一批聚集到刺绣小组的绣娘们，则成为一代苏绣大家。金静芬，曾任苏州刺绣合作社主任、苏州刺绣研究所所长；顾文霞，先后担任苏州刺绣研究所副所长、所长兼总工艺师，苏绣艺术博物馆首任馆长，获得"中国工艺美术大师"称号；杨守玉，创造运针纵横交错的"乱针绣法"，传世绣品《罗斯福像》现藏美国国家美术馆；朱凤，成为一位刺绣艺术教育家、刺绣艺术理论家，著有《中国刺绣史》《中国刺绣技法研究》等理论著作达七部之多；周巽先，被国务院授予有突出贡献专家称号，享受国务院批准的政府特殊津贴，获得"中国工艺美术大师"称号；李娥英，曾任苏州刺绣研究所针法研究室主任，著有《苏绣技法》。此为后话。

拯救桃花坞木刻年画工艺，也是顾公硕呕心沥血的一件事。桃花坞，苏州古地名。唐宋时期，是地遍植桃树，北宋太师章粢曾在此营造"桃花坞别墅"。明代一代才子唐寅在此构筑"桃花庵"，作《桃花庵歌》，更让桃花坞名闻遐迩。明清时期此地已为苏州手工业作坊的集聚地，清同治年间《苏州府志》始作桃花坞地名。而源于宋代雕版印刷工艺的桃花坞木刻年画，也因产于桃花坞而得名。据史料记载，桃花坞木刻到明代发展成为民间艺术流派，清雍正、乾隆年间为鼎盛时期，每年出产桃花坞木版年画达百万张之多。然而，新中国成立初期，桃花坞木刻也和苏绣一样，濒临凋敝。

顾公硕对桃花坞木刻年画的衰落十分惋惜，他带人到桃花坞、苏州玄妙观三清殿一带实地进行调查，发现不少年画作坊还在，但年画艺人已多流失。顾公硕与市文联同仁一起，一边广泛联系年画艺人，一边从年画作坊中搜集抢救了一批旧椠。还组织了以"太平天国在苏州"为主题的年画创作，组织画家创稿、交年画作坊刻印。市文联在苏州小公园百货商场举办了"桃花坞木刻年画展"，并进行试销，让桃花坞年画这一传统民间艺术重见天日、发扬光大。1954 年春节，他还组织了一场苏州市民间美术工艺品暨国画展览会。展品包括苏绣、缂丝、宋锦、桃花坞木刻年画、木雕、石雕、折扇、泥人、灯彩、剪纸、绒花、银细工、仿古铜器等 87 个工艺美术种类，参观者摩肩接踵、络绎不绝，显示苏州民间工艺美术已激发出新的活力。

1960 年，顾公硕出任苏州博物馆副馆长。他策划组织了"苏州工艺美术陈列展""苏州灯彩展览""苏州扇子展览""古今工艺美术展览"等一系列具有苏州地方特色的展览，集中展示了苏州的工艺美术成果。1962年，顾公硕又兼任苏州市工艺美术研究所所长，成为苏州工艺美术的带头人，实是当之无愧。

如今，苏州刺绣、桃花坞木刻年画艺术，已列入世界非物质文化遗产名录，成为苏州、江苏乃至中国的一张文化名片。顾公硕为重振苏州工艺美术倾注了大量心血，可谓不遗余力。有人评说，顾公硕为新中国"苏绣之父"是否恰当当可另说，但苏州刺绣、桃花坞木刻年画特别是苏绣从衰落、重振走向今天的繁荣，顾公硕无疑是立下大功的。他对苏州传统工艺美术传承所作出的贡献，当留存在这座古老城市的记忆里。

王蒙《竹石图》入藏苏博

1960 年。

1958 年，顾公硕又参与到筹建苏州博物馆的工作当中。他一面继续为重振苏州工艺美术出力，一面为筹备博物馆四处奔走，还带头捐献元代王蒙《竹石图》等过云楼藏品入藏苏州博物馆。

筹建苏州博物馆的首倡者，是顾公硕昔日文坛老友、苏州文化名人范烟桥。20 世纪三四十年代，金嗓子周璇演唱的风靡一时的电影歌曲《花好月圆》《夜上海》等，那文美辞畅的歌词，就出自范烟桥之手。1927 年范烟桥出版过《中国小说史》等大量著述，1957 年现今凤凰集团旗下的江苏人民出版社就曾出版过他由《唐伯虎外传》改写的《唐伯虎故事》。1958 年，范烟桥担任苏州市文物管理委员会副主任，竭力游说政府建立博物馆并获得批准，于是，邀请顾公硕等老友参与筹备工作。家学渊源的顾公硕，自然懂得建立博物馆对于文化传承的意义，以极大的热情投入到博物馆筹备中来，一边参与整修文庙，一边收集、鉴定文物，抢救了一批重要的苏州地方文物。1960 年，地志博物馆迁到太平天国忠王府，更名为苏州博物馆，顾公硕出任副馆长。这也是苏州城的旧文人奉献给新社会的一份智慧和心血。

苏州博物馆成立伊始，急需充实文物藏品。作为收藏世家的后人，顾公硕深知藏品是博物馆的立足之本。顾公硕便与当时苏州的文化名人谢孝思等多方奔走，动员民间参与博物馆建设，广泛征集文物。他带头将过云楼珍藏的元代王蒙、明代沈周、文徵明、唐寅、祝允明、杜琼、钱榖、恽格、董其昌和清初四王等人的传世书画精品、祝枝山手稿本《正德兴宁县志》

及南通张謇所藏沈寿绣品等124件藏品，无偿捐献给了苏州博物馆。捐赠的藏品尽显珍贵，可谓价值连城，其中就有顾文彬惊叹为"神品"的元四家之一王蒙的《竹石图》。

顾文彬在其所著《过云楼书画记》中以生动的语句著录这件铭心绝品："墨竹数竿，不缀坡石，上楷书游灵岩四绝句，寓意录已著录。吾吴诸山，唯灵岩去城最近，买舟出胥江，不三十里，已至木渎肩荀山上，所谓馆娃宫、响屟廊、西施洞诸胜，皆得恣吾幽讨。往与里门诸子修梦窗呼酒琴台故事，倚醉喝月，凭高踏云，殊觉兴复不浅。惜无叔明笔仗寄情，写十万金错刀，酬我山灵耳。偶忆及此，乡梦随盈盈烟水，已落圆照塔前矣。"

王蒙是元末著名画家，字叔明，号黄鹤山樵。浙江湖州人，是南宋末至元初著名书法家、画家赵孟頫外孙，与黄公望、吴镇、倪瓒合称"元四家"。这幅王蒙《竹石图》，亦称《黄鹤山樵竹石游灵岩诗》，通高77.2厘米，宽27厘米，纸本墨笔。左上方数枝墨竹飒飒斜出，萧散淡泊。下方点缀大小拳石数块，披麻皴，点苔，复染淡墨，拳石浑厚湿润。而画幅中间大片空白处，楷书题七言绝句四首，其一："太湖秋霁画图开，天尽烟帆片片来。见说西施归去后，捧心还上越王台。"其二："西施绝代不可招，独倚危阑吹洞箫。七十二峰烟浪里，不知何处是夫椒。"其三："夫椒山与洞庭连，半没苍波半入烟。堪信鸱夷载西子，馆娃宫在五湖边。"其四："云拥空山万木秋，故宫何在水东流。高台不

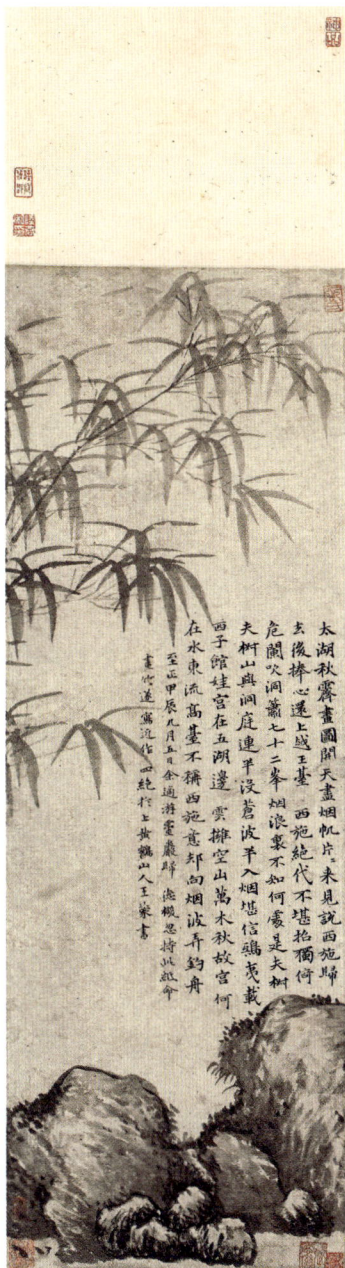

（元）王蒙 竹石图
苏州博物馆藏

称西施意，却向烟波弄钓舟。"诗后题署："至正甲辰九月五日，余适游灵岩归，德机忽持此纸命画竹，遂写近作四绝于上，黄鹤山人王蒙书。"至正甲辰即元至正二十四年、公元 1364 年。

《竹石图》入藏苏州博物馆时，已问世 596 年，它是经历了怎样的流传旅程入藏过云楼的？

苏州博物馆专家根据画作原题和历代收藏钤印，给出了答案。据画作原题可知，这件作品是王蒙应德机之邀所作。据画幅上的印章，德机姓张。张德机何人？元代收藏家，江苏金坛人，以行书闻名于世。此后此画长期湮没无闻，未见于公私著录，直到明代四僧之一渐江在画右下角留下"渐江僧"白文印。渐江生于明神宗万历三十八年（1610），卒于清康熙三年、明永历十八年（1664）。此画作于 1364 年，近 300 年间谁人藏弄过，便不得而知了。画面左侧的四方印记，廓清此画的后半段旅程。左上方"谨亭秘玩"朱文长方印和"陆恭私印"白文印，是乾隆年间举人、苏州吴县人陆恭的鉴藏印。左下方"霞壁黄瑞家藏"白文长方印，是晚清浙江临海收藏家黄瑞鉴藏印。左下方"顾子山密箧印"则是过云楼主人顾文彬的收藏印。

从上述描述中，可以看到这样的流传路径：1364 年，元代收藏家，江苏金坛人张德机拥有此画，到清康熙三年、明永历十八年（1664）前，明代四僧之一渐江留下"渐江僧"印迹，再到乾隆年间举人、苏州吴县人陆恭（1741—1818）收藏，然后入藏晚清收藏家、浙江临海人黄瑞（1741—1818）的秋籁阁藏书楼，最后归藏过云楼。至于何时入藏过云楼的，查阅顾文彬《过云楼书画记》，在画类二"黄鹤山樵竹石游灵岩诗轴"150 多字著录中，却对收藏过程只字未提。专家推测顾文彬得到此画的时间应该是其在浙江为官期间，即同治九年（1870）起复任宁绍台道台至光绪元年（1875）因病退隐这五年。笔者为此重读顾文彬《过云楼日记》，却未找到任何记载。而顾文彬对购买书画，或儿子顾承在苏州老家购买书画，都会在日记中记载，或在给儿子顾承的家书中提及，特别是重要书画家作品，更是对传承关系、画上题识、画幅尺寸、购买价格及收藏过程等作出描述。看来《竹石图》何时入藏过云楼的，只能给后人留下一个谜了。

顾公硕自沉苏州河

1966 年。

当从捐赠过云楼珍藏、
怡园，重振苏绣等一个个义
举中，我们认识了顾公硕，
但有关他生命定格的故事，
却只能用沉重的笔触写下。

顾公硕旧影

有关顾公硕生平的文字
片词只句。说他擅鉴赏古字
画，他并没有再续先辈事业，
成为一位史上留名的收藏
家，却让过云楼珍藏找到了
最佳归宿。说他能书善画，却没有给后人留
下书画著述和更多画作，成为一代书坛名家。
说他对重振苏州传统工艺美术的贡献，他却
既不拥有刺绣技艺，又不会雕刻桃花坞年画，
却曾是苏州传统工艺带头人。但从零碎史料
中，可以大致勾勒出顾公硕的形象：他是一
位性格温和之人，为人硕谦和宽厚，但"性
情孤高、不问时事"，崇尚中庸，一生淡泊
名利，与世无争，据说当年在沪苏文化圈内
是有名的"谦谦君子"。他是一位兴趣爱好颇

昆曲《狮吼记》
顾公硕（前）饰演陈季常

顾公硕画作

多之人，不但能书善画，还钟情戏剧、金石、摄影等领域。昆曲馆里披挂上阵，一出《狮吼记》，将眉山书生演得惟妙惟肖，唱念做打，行腔婉转，颇见功力。他用一台莱卡相机记录下姑苏浮云，留下许多珍贵历史镜头，2014年苏州举办过顾公硕摄影展，以纪念先生诞辰110周年。说他是官员，他却如此淡泊名利，担任各种公职10余年，每月只肯领取一般机关人员的生活津贴。当上级部门鉴于他所任职务、能力与贡献，将他的级别定为行政17级，以"利于调动他的积极性"，也被他婉言谢绝。其实，什么"家"什么官位头衔，与这位过云楼顾氏子孙无关，也不是这位谦谦君子一生的追求，他只是一个文化人，或者说一位读书人。现代学者谢国桢在《江浙访书记》中有一段与顾公硕有关的文字："1982年春，余重游苏州，于古书肆中，获有朱鹤龄注《李义山诗集》，本为习见之书，然每卷之首，均有顾公硕所画的玉溪生诗意图，朴素淡雅，景色幽远，足以醒心悦目，极为可珍。"可见顾公硕不仅藏书，而且善读书，兴之所至，也以图诠书。而这本流入书肆的诗集，无疑与他最后以悲剧落幕的人生有关了。

在那个动乱的年代，过云楼珍藏顷刻间被洗劫一空，顾公硕痛心疾首，难以面对眼前发生的一切。深夜，顾公硕独自离家"远行"，自沉于虎丘桥畔的苏州河。

那个地方，距离素有"吴中第一名胜"之称的虎丘山近在咫尺。吴王阖闾归葬于此。据《史记》记载，传说吴王葬后三日有"白虎蹲其上"，故名虎丘。虎丘，更是历代文人的才墨之薮：颜真卿之子颜頵所书"虎丘剑池"，浑厚遒劲；米芾挥毫"风壑云泉"，笔法潇洒；崖壁"剑池"篆文，传为王羲之书就；而顾公硕的先祖六朝顾野王也曾在这里留下身影。在那个寂静的夜晚，这位性情宽厚的"谦谦君子"无处倾诉，"远行"走向虎丘山，走近了他崇敬的先人们。他用纵身一跳，去表达失去世代珍藏的心中不甘，那柔弱身躯激起的苏州河水，正是他发出的最后一声呐喊。虎丘山，见证人间沧桑 2500 年，又一次见证了一位文人墨士的铮铮风骨。

"过云楼藏书"入藏南图

1992 年。

1991 年，顾氏 3 位在苏州生活的后人经过商量，决定将分藏的部分过云楼藏书有偿转让给国有图书馆，以免家传散佚。当时，过云楼藏书已被拆分为 4 份，分别由顾家四房后人继承。苏州的三房后人抄录了 3 份藏书目录，委托苏州古旧书店与南京图书馆联系。

这件事惊动了江苏省委省政府。南京图书馆收到书目后，当即委派副馆长、古籍部主任宫爱东，副馆长、著名版本学家潘天祯前往苏州与顾家接洽。在确认这批古籍的珍稀价值后，南京图书馆紧急向江苏省委省政府递呈报告。报告送到了曾任苏州市委书记、时为省委第二书记的柳林手上。柳林当即批示："一定要把过云楼藏书留在江苏。"直到 1992 年，经苏州古旧书店居中协调、多方沟通，江苏省政府财政拨款 40 万元，南京图书馆终于成功收购了 3/4 过云楼藏书。据说，20 世纪 80 年代，北京图书馆（现国家图书馆）就有意愿收购这批古籍，无奈当时馆方最多只能拿出 30 万元，最终与这批珍贵古籍擦肩而过。

南京图书馆所购的过云楼藏书 541 部 3707 册，内容涵盖经、史、子、集四大部类，版本类别完备精善，几乎囊括古代纸质书籍的所有类型，在时间上横跨宋元明清，地域上除中国历代版本外，还有少量日本刻本和朝鲜刻本。其中，7 部宋刻本、10 部元刻本以及多部明清刻本、稿抄本尤为珍贵。过云楼藏书入藏南京图书馆之后，潘天祯先生着手整理编目。遗憾的是，潘先生仅整理出其中 100 余种，就于 2003 年 1 月 6 日遽归道山。

另 1/4 过云楼藏书，就是 20 年后"过云楼事件"的主角。

南京图书馆收藏"过云楼藏书"

当时，这批藏书在北京顾氏后人手上，因联系困难，未能入藏南京图书馆。直到 2005 年出现在北京嘉德拍卖会上，被一神秘藏家以 2310 万元价格买走，社会上才开始关注这批过云楼藏书。据收藏界人士回忆，"嘉德的拓晓堂先生历经十多年的努力才说服顾氏后人把这批藏书抛出"，因为当事人不愿提及，其中的曲折已经无从得知了，但从成交结果看，这批藏书得到了应有保护，因为这批藏书并没有被分散拍卖，而是一锤定音被整体拍卖。这批藏书在拍卖前，并没有引起世人多大的注目，只是当时在业内引起了不小轰动。嘉德当年的拍卖图录上，将这批古籍的每套书作了估价，其中的宋版书《锦绣万花谷》估价 1100 万元。嘉德公司作了整体和分散拍卖两手准备，先从整体拍卖开拍，起拍价 2100 万元。拍卖当天，拍卖师报出整体拍卖起拍价 2100 万元，委托席上的嘉德工作人员应声举牌，最终加上佣金，以 2300 万元高价整体成交。而神秘的买家是谁，至今不为人所知。

最后的江南名士

2004 年 2 月。

新华社 2 月 17 日台北专电："海峡两岸戏剧界携手演出的昆曲大戏《长生殿》17 日晚在台北新舞台登场。此次演出为近年两岸戏迷的'昆曲热'再次添温。"

昆曲《长生殿》在宝岛台湾的演出大获成功。当年媒体报道，台北首演时，拥有千个座位的台北新舞台剧场座无虚席。清丽婉转、余音袅袅的昆剧乐声缭绕全场，场内场外屏息凝神。一曲《长生殿》唱罢，观众的热情喷涌而出，手捧鲜花跑到后台围追堵截，争着合影和索要签

顾笃璜照

名。当剧组离开台北，赴新竹、台南等地巡演，不少戏迷更是一路追随。

此后，《长生殿》又在苏州、北京、上海等多地相继演出，场场爆满，一票难求。这是苏州昆曲界百年以来折子最多、篇幅最长的一次本戏演出，成为当年中国戏剧界的一大盛事。

是年，正值清代剧作家洪昇逝世 300 周年。《长生殿》这出大戏的复活，既是对这位戏曲大家的隆重纪念，更把这一中国传统文化的仙葩重新送回了人间，让新世纪的人们得以重窥昆曲的丰韵丹姿。

一部昆曲大戏的演出与过云楼有啥关系？有，而且关系重大，因为这部戏的总导演，正是过云楼顾氏第五代传人顾笃璜。

洪昇笔下的《长生殿》与另一位剧作家汤显祖的《牡丹亭》，被公认为昆曲的"掌门剧"。洪昇原作有50折，顾笃璜出任总导演的《长生殿》，精选了其中的28折。全剧围绕唐明皇与杨贵妃的爱情故事，分为上、中、下3本，演出时长7个半小时。由江苏苏州昆剧院、昆剧博物馆、昆剧传习所合作演出。顾笃璜回忆，这出《长生殿》从筹备、排练到演出整整花了一年半时间。

那么，顾笃璜又是如何结缘昆曲，乃至担纲《长生殿》这部重头戏的总导演？还要从顾笃璜的人生经历说起。

顾笃璜，1928年出生于苏州。过云楼第一代主人顾文彬的曾孙，父亲顾公硕，母亲是出身无锡望族的张氏。早年求学于上海美术专科学校。1946年，国立社会教育学院从四川迁到苏州，顾笃璜报考了美术、戏剧专业，就读戏剧专业。1947年，加入中国共产党，在苏州从事秘密地下工作。新中国成立后不久的1955年，顾笃璜出任刚成立的苏州市文化局副局长。1957年，参与筹建苏州市戏曲研究室，任主持工作的副主任，兼管江苏省苏昆剧团艺术工作。1972年，顾笃璜恢复工作，出任江苏省苏昆剧团团长。1982年3月，经顾笃璜倡议，在苏州重建昆剧传习所，他主持其事。"我们的宗旨还是传承、保护昆剧文化遗产。"顾笃璜说。几十年来，顾笃璜以传承昆曲和创建苏剧为己任，从事昆剧学术理论研究，著有《昆曲史补论》《苏剧昆剧沉思录》，主持编选《韵学骊珠新编》《昆剧选浅注》《昆剧穿戴》等。

作为收藏世家的传人，顾笃璜继承了父亲顾公硕一族的过云楼藏品。然而，他此生只醉心于昆曲传承，家族世代收藏的传奇，对他而言只是世外的尘世喧嚣，而昆曲是他精神世界里的世外桃源。

顾笃璜开始把生命的重心转向昆曲艺术，起始于出任市文化局副局长。至于个人的动因，他自己归结为"我自以为美术上的成就比戏剧还高一点，但为了昆曲我把美术放弃了。搞美术的人很多，搞昆曲的人太少了"。但这仅仅是顾笃璜一种淡然的说法，他有一个梦想，要为拯救和传承濒临灭

顾笃璜先生在苏州昆剧传习所

绝的昆曲贡献他的生命。

何来拯救之说？真实的历史是，发端于苏州昆山一带的昆山腔，因腔而曲，因曲而剧，600 年间，200 年成形，200 年辉煌，200 年衰颓。昆曲糅合了唱念做打、舞蹈及武术等，集中国文学艺术之大成，被誉为"百戏之祖、百戏之师"。昆曲又以曲词典雅工丽、行腔婉转缠绵、表演细腻优雅著称，为中国文化之至醇至美，被称为"中国最雅化的剧种"。在中华文化史上，曾有过多次全民族的群体性痴迷，一曰唐诗，二曰书法，三曰昆曲，让无数国人长久痴迷与疯狂。而昆曲到了明朝万历年间，其影响从以苏州为中心，扩展到长江以南地区，明万历末年流入北京，成为明中期至清代中期影响最大的声腔剧种。然而，在经历了中国人 17、18 世纪 200 年的集体狂迷之后，开始走向衰落的后 200 年，到了民国末年已是奄奄一息。其中，最具写照意义的，是昆剧传习所"传"字辈人最后落泊潦倒、流落无依的命运，有人竟病死在上海街头的垃圾桶旁，有人上吊于苏州的小庙里。可鲜为人知的是，1921 年秋由社会贤人出巨资创办于苏州桃花坞的昆剧传习所，在昆剧史上曾留下重要一页。参与教学的都是清朝末年苏、沪地区享有盛名的"全福班"艺人。入学者达 60 人，创办人寄望昆剧能薪火相传，取名为"传"字辈。"传"字辈艺人的出现，对昆剧这一古老剧种的沿袭起到了重要作用。后来戏剧界人士评说，如果没有昆剧传习所，我们现在恐怕只能在戏本和工尺谱中见到昆剧了。但是，昆剧走向衰落的 200 年间的这次拯溺救焚的行动，并没有实质性扭转昆剧的颓势。到了新中国成立之初，苏州昆曲馆里，昆曲表演已陷入"台上人比台下人多"的窘境。

那是历史对昆曲现实的沉重叩问，而顾笃璜则直言"保卫昆曲，垂死挣扎"。

顾笃璜有一个梦：保护"原汁原味"、最纯正的昆曲遗产。为了这份坚守，他已经拼搏了整整 60 年，尽管走的每一步都是如此艰难。如今，他已进入鲐背之年，但仍矢志不移，继续前行。2017 年初春，笔者专程赴苏州拜访顾笃璜先生。约见地点在苏州胜景之一网师园附近的沈德潜故居，这座曾经的清代内阁学士兼礼部侍郎的宅园，现今是苏州昆剧传习所的活动场所。谈起几十年为昆曲所做的一切，老人的话语中透着自豪。他的昆曲之恋，传奇中带着悲壮。他说，如今昆曲"六个剧团九百壮士"，而他或许是最年长的一名壮士。当年他辞去文化局副局长职位，全身心投入到市戏曲研究室和苏昆剧团的艺术工作中时，发现连剧本都找不出几本。他就到民间去搜集，找到了就印出来。没有经费，就把先印的卖出一些，赚了钱再印，用了几年出了 60 多种。他尝试排演昆剧现代戏《活捉罗根元》（1960）、《焦裕禄》（1966）。为了培养昆曲新人，1981 年他倡导重建昆剧传习所，至今已有 300 多人来学习昆曲。1985 年，顾笃璜离休之后，为延续他的昆曲事业，甚至不惜变卖部分房产筹集经费。老人亲自执导昆曲大戏

《长生殿》的复排演出，这正是他多年心血的凝结。现今，他把他的昆曲事业的重心放在了抢救剧目和表演手法上。让他感到欣慰的是，昆曲在继承中得到发扬，从衰落的低谷中走出。2000 年，国家文化部、江苏省政府主办的首届中国昆剧艺术节在苏州举行，全面展示昆曲艺术传承发展成果，至今已举办六届。2006 年 5 月，中国昆曲被联合国教科文组织列入首批"人类口头和非物质

顾笃璜与昆曲爱好者交流

遗产代表作"。

顾笃璜，这位被人敬称为"江南最后一位名士"的老人，是一位中国传统文化的坚定守护者。梦想是他60年坚守的不懈动力，孤独是他一个甲子奋斗的真实写照。2002年，国家文化部授予顾笃璜"长期潜心昆曲艺术事业的文艺工作者"称号，这已是国家对这位为昆曲传承保护作出杰出贡献的老人的最高褒奖了。作家杨守松在《大美昆曲》一书中以"江南昆曲老名士"为题写到顾笃璜，说"顾笃璜是'继'字辈和'承'字辈共同的精神支柱"。"他还变卖了一部分房产，和苏州大学中文系一起办了个昆曲本科班。这还是昆曲列入联合国教科文组织非物质遗产名录之前。""天下昆曲人多矣，宁有痴如顾笃璜乎？"有文化学者认为，如果没有昆剧传习所，中国文化的一个经典符号很可能就灭绝了。那么，如果没有顾笃璜那样的昆曲守望者，昆曲又会是怎样的境地？

文化的传承，不应是少数人的战斗。当今天的人们为那些不知为何物的"流"而集体狂欢的时候，远离舍弃的却是属于自己民族的文化精华，而那正是我们找回文化自信的根所在。在苏州昆剧传习所门口，与顾笃璜老人道别。年近90岁的老人虽仍精神矍铄，但逝去的年华早已使他步履蹒跚，望着老人远去的背影，想了许多。

"七君子"重回姑苏

2006 年 6 月。

苏州博物馆新馆隆重开馆。

这座位于苏州历史保护街区的新建筑，由世界著名建筑大师贝聿铭担纲设计，其现代流派风格与古城历史遗迹浑然一体，成为别具一格的苏州园林，吸引了无数人的目光。

然而，鲜为人知的，是过云楼顾氏后人为苏州博物馆新馆落成奉献的一份厚重的赠予：价值连城的过云楼珍品《七君子图》。这一国宝级的传世古画入藏，与馆藏五代秘色瓷莲花碗、北宋真珠舍利宝幢并列为苏州博

苏州博物馆工作人员展示《七君子图》

物馆的三件镇馆之宝。

说到《七君子图》回归故里,入藏苏州博物馆,还有一段曲折的经历。

过云楼藏元画《七君子图》,原称《元赵天裕、柯九思、赵原、顾定之、张绅六家墨竹卷》,是历史上藏家把元代赵天裕、柯九思、赵原、顾定之、张绅等5位大画家的墨竹,逐一收裱在同一长卷中,其中,柯九思与顾定之各2件作品,一共7件,得名"竹林七友"。此古画历代递藏有序,清康熙年间为张见阳旧藏,缪曰藻在《寓意录》中著录《竹林七友》长卷;乾隆时为印须老人乔崇修所庋藏,因已经失去顾定之的一幅墨竹图,所以更名为《六逸图》;清道光年间,归别下斋主人蒋生沐所有,张叔未解元(清代金石家张廷济)为其书引首以《六君子图》称之。当过云楼主人顾鹤逸从藏家李苏邻处购得此画后,幸家藏书画中有元四家之一吴镇的墨竹图一件。吴镇墨竹图原为明代嘉兴天籁阁主项元汴收藏,后流入民间,经陆懂庭、吴廷等人鉴藏后与名画宋代杨无咎《四梅花图》(现故宫博物院藏)等一起被"过云楼"庋藏。因其年代、题材、尺寸与《元赵天裕、柯九思、赵原、顾定之、张绅六家墨竹卷》相符,顾鹤逸遂请人重新装裱配入其中,并由吴昌硕题跋《七君子图》散落记。从此,这幅长卷又从"六逸"变成了"七友",故有今名《七君子图》。这一稀世长卷,画芯全长约10米,宽36.5厘米,名人题跋钤印无数,称得上是传世之杰、人间至宝。自南宋以后,写竹画家渐多,当时大师级人物有如赵孟𫖯、柯九思、顾定之、吴镇等人。专家考证,这幅过云楼旧藏《七君子图》中,就收有柯九思、顾定之、吴镇3位大师的同题材作品,其中有两张作品是目前仅见的孤品。赵原的墨竹图也是目前唯一仅见的赵原墨竹作品。

顾文彬在其《过云楼书画记》卷七《元贤竹林七友卷》中写道:"此即缪文子《寓意录》所载《竹林七友也》。凡画竹五家,除赵天裕无考外,柯九思字敬仲,天台人,官奎章鉴书博士。张绅字士行,青州人,号云门山樵,洪武初仕终浙江布政使,见《圃田集》。赵原字善长,山东人。顾安字定之,乡贯无所考,尝仕泉州判官,见《图绘宝鉴》。因敬仲、定之各二帧,故以七友名。乾隆时为乔崇修所藏,失去定之一帧,遂易以《竹溪六逸》。道光间,张叔未为蒋生沐书,引首亦以《六君子图》称之。然视张见阳旧藏,已非完璧。适新得梅道人横幅,尺寸悉合,取以配入,仍名《竹林七友》云。"

过云楼第二次析产时,《七君子图》及《王石谷水竹幽居图卷》等为顾鹤逸四子顾公柔所得。1929 年顾公柔病逝后又由其子顾笃琨继承。1960 年苏州博物馆筹建时,顾公柔遗孀张惠娟提出愿将自己保存的过云楼旧藏捐赠给苏州博物馆,但因种种原因未能实现。"文化大革命"中,顾公硕家被"抄家",张惠娟再次联系苏州博物馆接收家藏文物。于是,苏州博物馆派人到张惠娟家中接收了包括《元赵天裕、柯九思、赵原、顾定之、张绅、吴镇六家墨竹卷》(《七君子图》)和《王石谷水竹幽居图卷》在内的 80 余件过云楼旧藏文物,由苏州博物馆暂时保管。1992 年,苏州博物馆考虑两幅书画非常珍贵,而文物的交接发生在特殊年代,只是代为保管性质,且顾公柔之子顾笃琨已于新中国成立前移居台湾,便向来馆考察工作的国家文物局领导作了汇报。根据国家文物局领导指示,苏州博物馆派专人护送两幅书画前往北京进行鉴定。国家文物局约请徐邦达、史树青等专家鉴定。专家认定,两幅书画弥足珍贵,当定为国家一级文物。国家文物局便批示将两件文物暂留北京,由中国历史博物馆(现国家博物馆)代为保管。

到了 2006 年,苏州博物馆新馆即将开馆,文物征集工作也紧锣密鼓地展开。苏州博物馆与过云楼有着深厚的渊源,顾公硕参与筹建苏州博物馆并出任副馆长,还捐献过一批珍贵书画作为馆藏。苏州博物馆领导和征集人员自然想到了要征集过云楼藏品,特别是存留在北京的那两件过云楼书画。于是,便与顾笃琨后人取得联系。经过多方努力和磋商,得到顾氏后人的热情支持,愿将《七君子图》和《王石谷水竹幽居图卷》捐赠苏州博物馆永久收藏。"七君子"在历经离散沧桑,滞留北京十多年后,终于重回姑苏。

这是过云楼顾氏多么厚重的一份赠予!要知道这

笔者观摩《七君子图》

件事发生的年代已是 21 世纪，中国社会已进入市场经济时代，人们也已习惯于用金钱衡量价值。那就用世俗的方法来作个类比，而参照物同样是过云楼的一件古画。2011 年 6 月，在北京保利"过云楼藏王蒙《稚川移居图》"专场拍卖会上，元代王蒙《稚川移居图》以 4.025 亿元成交，成为中国最贵的古画。《稚川移居图》画的是东晋葛洪移居罗浮山炼丹的故事，画上有与王蒙同时或稍后的七位大学者、大画家或大诗人如王冕老师韩性及"元四家"倪瓒、陶复初、陈则等人的题诗，明代为大收藏家项元汴珍藏。《稚川移居图》与《七君子图》均著录于顾文彬《过云楼书画记》卷六画类二，名曰《黄鹤山樵稚川移居图轴》《元贤竹林七友卷》。

鉴赏《七君子图》上的墨竹，联想到过云楼顾氏的家风品格。竹子所蕴含的不畏逆境、不惧艰辛、中通外直、宁折不屈的品格，不正是顾氏一门的禀赋、气节和精神的象征吗？过云楼顾氏一门对国家对民族是那样的慷慨，那份炽烈的家国情怀让人为之动容。诗言志，赋体物，笔者感动之余，即景抒情，试作《竹赋》：

丁酉始夏，余作《凤凰衔书——"过云楼藏书"回归江南记》一书结语，适有幸鉴赏元代赵天裕、柯九思等《七君子图》，此十米墨竹长卷，乃过云楼旧藏也。品之思之，感慨不已。挚友谆嘱曰：何不吟诗作赋乎？于是欣然命笔，遂成斯赋，以为是书煞笔焉。其辞曰：

夫竹者，禾草木也，低矮似草，高大参天。其枝秆也，挺拔秀丽，或方或圆；其色叶也，青紫有分，婆娑娟妍；其形性也，千奇百态，四季翠烟。《诗经》云："瞻彼淇奥，绿竹猗猗。"《水经注》曰："竹柏荫于层石，绣薄丛于泉侧。"于是乎，越千堑，穿万涧，临远陌，栖山阜，偎峭石，居庭院，随遇而安，遍野成景，根植于四海八荒矣。

先人奉之图腾，盘古羽化，浸润千年色更苍。简牍册典，殷商伊始①，萧史吹箫凤求凰②。先王寄理于竹帛③，云冈素竹谒始皇④。灿若繁星竹部字，经史子集耀煌煌。黄帝钦制十二律⑤，竹书纪年汗青簧⑥。滴滴成斑湘妃泪⑦，南海观音采薇章⑧。广陵个园半字竹⑨，翠林七贤竞佯狂⑩。东坡居士胸有竹⑪，阳明格竹披晚霜⑫。太白竹马弄青梅⑬，情愫万缕两茫茫。卧龙妙计孔明灯，东风借箭起苍黄⑭。绵实不绝，飞鸟以归暖巢，餐松啖柏，百姓而渡饥荒。苏东坡云："宁可食无肉，不可居无竹。"又云："食者竹笋，庇者竹瓦，载者竹筏，炊者竹薪，衣者竹皮，书者竹纸，履者竹鞋，真可谓不可一日无此君也。"君之于人，最是华彩，红尘一遇，千年万载，相依相随，情深似海。李约瑟谓竹文明之国度⑮，大道至简，斯言诚哉。

此君心性随和，轻而不佻，无梅花之幽香。清雅澹泊，中通外直，无桃李之粉霞。凌雪霜兮傲风骨，沐春雨兮荡轻盈；披月辉兮映窈窕，顶骄阳兮夏荫沁；栉疾风兮扬峻节，临碧池兮泛倩影；尖尖破土兮彰气节，直指云宵兮尚虚心；庭院庙堂兮致淡远，咬定青山兮显坚劲；百尺竿头兮不动人，十方世界兮倚绛云⑯。独坐幽篁兮凭风洗，漫展书卷兮酒几樽。箫管传弦歌，曲笛作凤鸣。疏密情趣浓，籁籁清风生。空山摩诘意⑰，衙斋板桥情⑱。有节凌云志，此生最相印。余谓之曰：四君子中有其一，岁寒三友播清名，诚为谦谦君子也！

---

① "惟殷先人，有册有典"，语出《尚书·多士》。简牍是中国古代书写文字的竹简与木牍的概称。中华文化史上，以简牍为书写用材的时间长达上千年，直到东汉末年。

② 汉·刘向《列仙传·萧史》记载，"萧史善吹箫，作凤鸣。秦穆公以女弄玉妻之，作凤楼，教弄玉吹箫，感凤来集，弄玉乘凤、萧史乘龙，夫妇同仙去。"

③ "先王寄理于竹帛，其道顺，故后世服"，语出《韩非子》。竹帛，指竹简和娟，借指典籍。

④ 晋·王嘉《拾遗记》记载："始皇起虚明台，穷四方之珍，得云冈素竹"。这是竹

子用于造园的最早记载。

⑤ 相传，十二律制为黄帝吹竹钦定。《周礼·春官·典同》："凡为乐器，以十有二律为之数度。"《资治通鉴·后周世宗显德六年》："昔黄帝吹九寸之管，得黄钟正声，半之为清声，倍之为缓声，三分损益之以生十二律。"

⑥ 《竹书纪年》，春秋战国时魏国、晋国史官撰写的一部编年史，叙述夏、商、西周和春秋、战国时代89位帝王、1847年的历史。又称《汲冢纪年》，因晋代汲郡盗墓者盗发战国魏襄王墓而出土。竹书，是指竹简。

⑦ 一个古代神话故事。晋·张华《博物志》卷八："尧之二女，舜之二妃，曰'湘夫人'，舜崩，二妃啼，以涕挥竹，竹尽斑。"

⑧ 传说，观音菩萨的道场在南海紫竹林。"白莲台上弥陀佛，紫竹林中观世音"，是人们耳熟能详的两句话。

⑨ 扬州个园，江南名园，以遍植青竹而名。清刘凤诰《个园记》："园内池馆清幽，水木明瑟，并种竹万竿，故曰个园"。

⑩ 唐·房玄龄等《晋书·嵇康传》记载：嵇康居山阳，"所与神交者惟陈留阮籍、河内山涛，豫其流者河内向秀、沛国刘伶、籍兄子咸、琅邪王戎，遂为竹林之游，世所谓'竹林七贤'也。"

⑪ 宋·苏轼《文与可画筼筜偃竹记》："今画者乃节节而为之，叶叶而累之，岂复有竹乎！故画竹必先得成竹于胸中……"。成语"胸有成竹"典出于此。

⑫ 格竹是指明代思想家王阳明年轻时，为了实践朱熹的"格物致知"学说，曾格了七日七夜的竹子，希望格出圣人之理的典故。

⑬ 唐·李白《长干行》："郎骑竹马来，绕床弄青梅，同居长干里，两小无嫌猜。"成语"青梅竹马"典出于此。

⑭ 相传，三国时诸葛亮率领的蜀汉军被司马懿的曹魏军围困在平阳。诸葛亮心生妙计，命将士用竹篾扎架糊上纸，做成大灯笼。入夜，无数底盘上燃烧着松脂的大灯笼飞高天空，蜀汉将士大呼"诸葛先生坐天灯走啦"，司马懿果真中计。后世就将这种灯笼称为"孔明灯"。"草船借箭"则是《三国演义》中的一个故事。两个故事皆与竹子有关。

⑮ "竹文明之国度"，语出英国学者李约瑟所著《中国的科学与文明》（即《中国科学技术史》）一书。

⑯ 宋·释道原《景德传灯录》卷十："师示一偈曰'百丈竿头不动人，虽然得入未为真。百尺竿头须进步，十方世界是全身。'"成语"百尺竿头，更进一步"典出于此。

⑰ 摩诘是梵语维摩诘的省称，意译为净名、无垢尘，意思是以洁净、没有染污而著称的人。亦指唐代诗人王维，字摩诘，号摩诘居士。其诗其画，在佛理和山水中寻求寄托，后人誉为诗佛。

⑱ 郑板桥，清代著名画家，"扬州八怪"之一。一生只画兰、竹、石，自称"四时不谢之兰，百节长青之竹，万古不败之石，千秋不变之人"。任山东潍县知县时，县域大灾，郑板桥开仓赈粮，救灾民于水火，曾作《潍县署中画竹呈年伯包大中丞括》墨竹图并题诗："衙斋卧听萧萧竹，疑是民间疾苦声。些小吾曹州县吏，一枝一叶总关情。"

竹
籣
題
如
此
今
不
敢
用
己
意

繼
先
生
之
後
故
全
用
竄
法

迤

蘇
仲
為

古
山
作

玉
匝
乙
巳
孟
夏

作
於
支
山
小
泾

百
定
之

枝
於
普
賢
寺
乙
丑
正
月

廿
甫
七
日

（元）赵天裕、柯九思等　七君子图，卷，纵36厘米，横1010厘米。此卷集元代赵天裕、柯九思、赵原、顾安、张绅、吴镇等六人所画墨竹而裱于一长卷，其中柯九思两帧。
苏州博物馆藏

下篇结语

一代名楼，百年风华。

追溯过云楼显赫前世，回首过云楼如烟往事，如同打开一幅浩繁的历史长卷，鲜活的人物与事件栩栩如生地呈现在我们的面前。

一个家族的命运，总是无法摆脱与国家民族命运的联系。过云楼顾氏一门，以他们对中国传统文化的敬畏守护，对家族命运的不屈抗争，演绎了一幕幕人间悲喜剧。过云楼与腥风血雨中的国家、粉墙黛瓦下的家族，一起经历了跌宕起伏、悲欢离合的命运。过云楼开楼迄今，百年辉煌，数代芬芳，那是荡气回肠的文化守望，那是满腔热血的家国情怀。苏州顾氏有"顾厚"誉称即宽容厚重之门风，传为顾氏祖先三国顾雍开创。过云楼顾氏几代人所表现出的浓浓的家国情怀，或是这种家风的文化延伸和逻辑起点。五千年中华文脉之所以绵延不绝、薪火相传，靠的是一代又一代华夏儿女守护传承。过云楼顾氏为延续中华优秀文化遗产做出的不可磨灭的贡献，当青史留名、千古流芳。

从文化史的视角看，过云楼的命运是令人欣慰的。收藏是一份孤高而脆弱的家业，过云楼的前世故事告诉我们，收藏的意义在于对文化的传承与保护。与历史上无数知名藏书楼"人亡书散"的命运大不同的是，如今过云楼收藏大多已化"私藏"为"公藏"，而更为重要的是，它为这个国家和民族留下了一笔宝贵的精神财富。国家文物鉴定委员会委员、中国社会科学院研究员、国家古籍保护专家委员会委员杨成凯先生说过这样一段话："过云楼在保护古代文献方面做出了显赫的贡献，应弘扬他们的事迹、表彰他们的功绩，劝导世人学习他们热爱文化传统的精神。"

历史的长河浩浩荡荡、奔腾不息。世间万物，随着时光的流逝而成为过眼云烟，生物学意义上的人，也似天空飘过的浮云，过眼而消逝，唯有属于这个民族的文化却会更加闪耀深远，永恒流传！

过云楼，过眼并非烟云，恰似一缕淡淡的云彩，飘浮在历史的窗前。仰望过云楼，凝视门楼处"过云楼"3个隶书大字，对顾氏一门的崇敬之情油然而生。

过云楼，一曲盛世欢歌虽已落下帷幕，而她的名字将永留人间。

致敬过云楼！

致敬顾氏一门！

附录1："有故事"的过云楼藏书

过云楼藏宋刻本故事

宋朝（960—1279）是中国历史上一个上承五代十国、下启元朝的时代，分北宋和南宋，历18帝320年，是中国古代历史上经济、文化教育与科学创新高度繁荣的黄金时期。其间，出现了理学。宋代雕版印刷事业相当发达，宋版书不仅刀法精细，字体遒劲，而且校订精审。因此，世称宋刻本为最善，但到清代已不可多得。清代藏书家都以收藏有宋版书籍为荣耀。清乾隆年间苏州著名藏书家黄丕烈，就将自家藏书处取名为"百宋一廛"，向世人夸耀自己藏有百部宋版书。那时就有"一页宋版一两金"之说。明代张应文在《清秘藏》中说："藏书者贵宋刻，大都肥瘦有则；佳者绝有欧柳笔法。纸质莹洁，墨色清纯，为可爱耳。"高濂在其《遵生八笺》中说："宋人之书，纸坚刻软，字画如写……用墨稀薄，开卷一种书香，自生异味。"又说："宋版书刻，以活衬竹纸为佳，而蚕茧纸、鹄白纸、藤纸固美，而所遗不广，若岾背宋书，则不佳矣。"清代孙从添在《藏书纪要》中说："南北宋刻本，纸质罗纹不同。字画刻手古劲而雅。墨色香淡，纸色苍润，展卷便有惊人之处。所谓墨香纸润，秀雅古劲，宋刻之妙尽矣。"

过云楼藏书中究竟有多少部宋版书，已不可考。现收藏于凤凰出版传媒集团、南京图书馆的宋版书有8部。

《锦绣万花谷》——"宋代的百科全书"

《锦绣万花谷》刊刻发行于南宋淳熙十五年（1188），宋刻、宋纸、宋印，皮纸佳墨，品相精良，内有少量朱笔校勘。

这是一部"宋代的百科全书"。属于大型类书，相当于现在的"百科全书"，不同之处在于，百科全书要对材料加以编辑，进行再加工，而类书则是把材料原文辑录在一处，不作改动。该书条目荟萃南宋以前经史百家、古人文集、医技稗官、荒录怪志，尤多采录唐宋佚诗，足资撷拾，其重

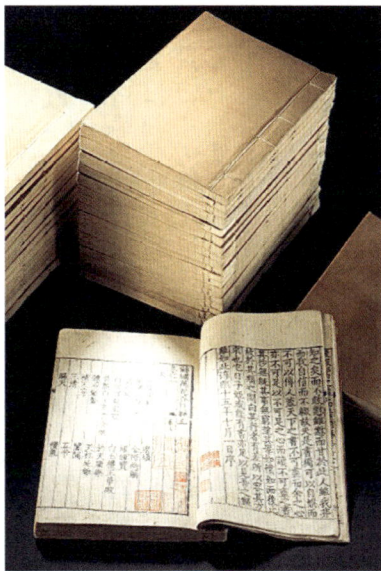

凤凰出版传媒集团藏

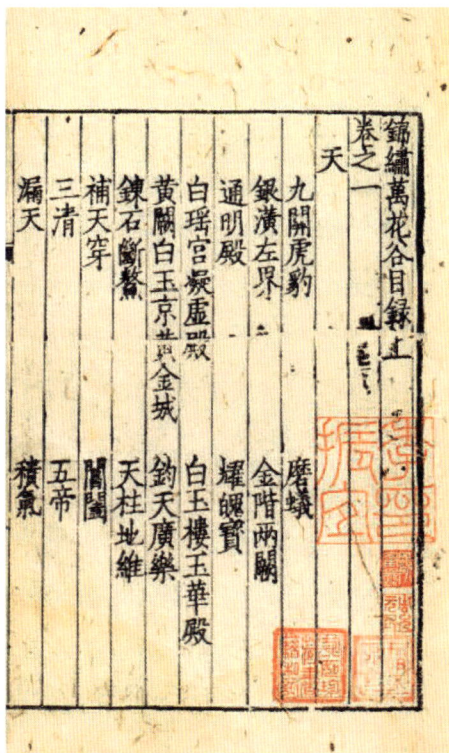

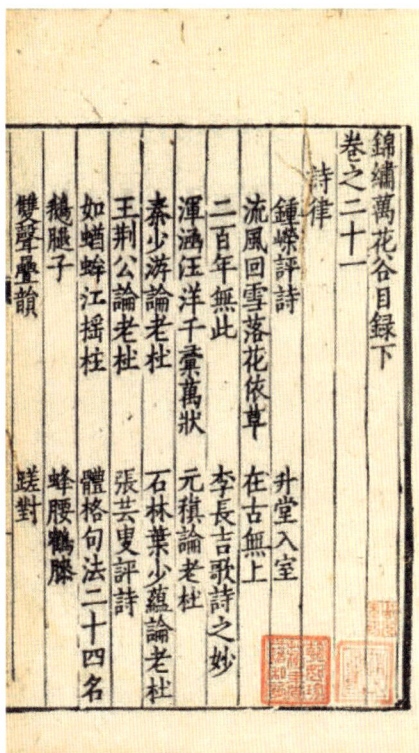

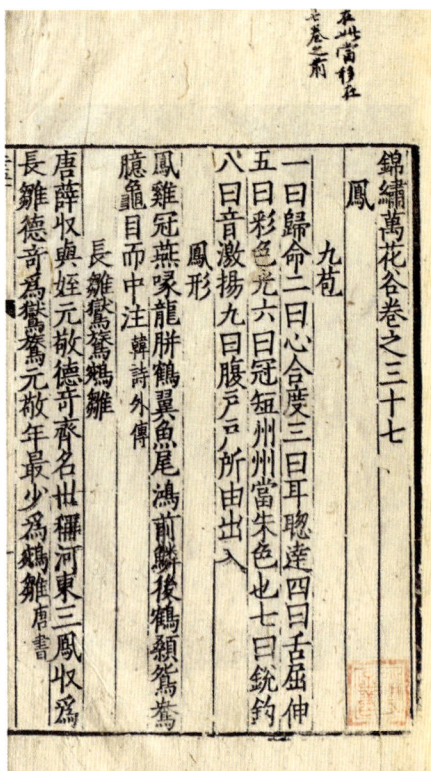

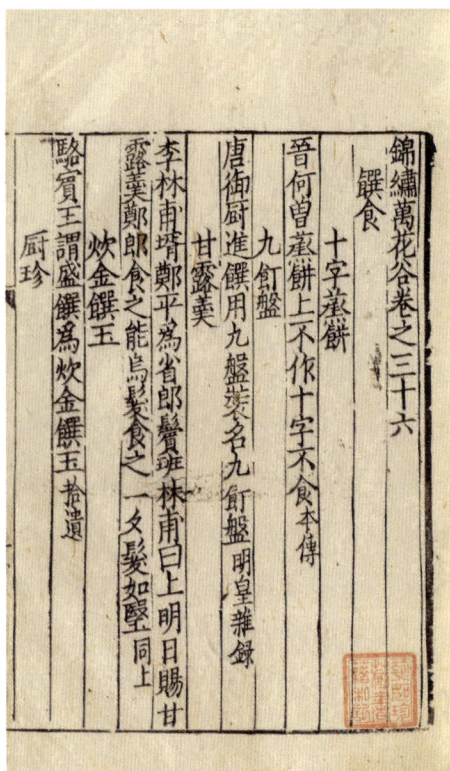

要价值在于它保存了大量佚传古籍中的内容。有专家发现，前集第 33 卷中记载的《梦溪笔谈》内容，和现在通行版本有 13 处不同，无形中校正了现有版本的讹误。"清明时节雨纷纷，路上行人欲断魂。借问酒家何处有，牧童遥指杏花村。"这首唐代诗人杜牧的诗几乎无人不知。其实最早被典籍记载在《锦绣万花谷》后集第 26 卷，诗名《杏花村》而非《清明》，作者不详，只注"出唐诗"，是后人把诗作者附会成杜牧。清代学者阮元有"书成锦绣万花谷，画出天龙八部图"的评价，实属罕见文化珍品，举世无双。这部"宋代的百科全书"，将现存百科全书的年代拉到宋代，其文献与辑佚价值之高罕有与之比肩者。《四库全书》《永乐大典》《本草纲目》《全唐诗》《佩文韵府》《古今图书集成》等书籍都引用过书中内容。

　　这是一部现存最大部头的宋版书。全书前集 40 卷、后集 40 卷，共计 40 册。目前已知的馆藏古籍善本中，还没有一部部头达 40 册的宋版书。如此完整的一部宋版《锦绣万花谷》，理应感念过云楼主人。正是由于他们的守护，才有了这部文化瑰宝再现于世。

　　这是一部宋刻本《锦绣万花谷》存世孤本。该书在宋代时的印刷数量不多，后屡经翻刻，形成了不同的版本系统，流传至今多为残本以及明、清的翻刻之本。在日本仅收藏有与此相类似的残本，日本静嘉堂文库收藏有宋刻本1册，为卷11至12。据《中国古籍善本书目》著录，国家图书馆藏前、后、别集共69卷，续集全。北大图书馆藏续集全本1部，续集残本1部，上海图书馆藏续集1卷。虽现存部数不少，但多为残本。

　　这是一部留下了编者之谜的古书。此书有序言，按常理编者会留下自己的姓名，然而编者偏偏玩起了"隐身"，仅说明写序时间为南宋淳熙十五年（1188），却不透露自己姓甚名谁。序言勾勒作者"文字自画像"："余为童时适当胡马蹂践之间……先人既老，又独应门出入乎衡阳胥伍之中。……居衡阳奔走之中。"然自己"有书之癖，每读一篇章，如小儿之于饴剂"。家境贫寒，"奔走于四方，为饥寒计"，到了晚年时生活更加困顿而借书自娱，"凡古人文集、佛老异书，至于百家传记、医技稗官、齐谐小说、荒录怪志"，最终编成《锦绣万花谷》。

　　序言中，一个孤苦伶仃但爱书如命、学问不大却抄书不止的书痴小老头儿形象呼之欲出，序言也就成为专家们判断编者身份的重要依据。编者在序言中留下了多个线索：其一是作者生活于北宋、南宋之交的时代；其二是作者生活于衡州地界（今湖南衡阳）；其三是类书只从各种书中摘抄辑录，然而作者却反常收录了卢襄整部作品《西征记》，似乎在暗示作者与卢襄非同一般的关系。清代编辑《四库全书》时编者就注意到了这一点。收录《锦绣万花谷》时，馆臣就指出此书附上衢州卢襄《西征记》一篇，于体例不合，也许撰写者的故乡也是衢州，因而附上其先辈之书？书中还收录了卢襄的5首诗，语多伤感哀怨。几条线索都指向同一个人——北宋兵部侍郎卢襄。考证卢襄的生平后发现，卢襄在宋徽宗大观元年（1107）中进士，靖康元年（1126）为兵部侍郎，同年金兵攻破京都汴梁，卢襄抗敌不力而落职，更受诟病的是，他于1127年参与拥立张邦昌当皇帝，最后被贬到衡州。据此，全国古籍保护工作专家委员会主任李致忠等专家考证，认为编者极有可能是卢襄的后人。如果编者真是卢襄子孙，为何不愿公布名字？其实，历史上被贬官员及其子孙因为羞耻而隐姓埋名是普遍现象，亡国之痛使被贬官员子孙不愿意张扬先人的过失与羞辱，也不愿意暴露自己的真实姓名，以免招来耻笑。如此说来，卢襄子孙背负着父祖的贬责，故而隐名出书，也就顺理成章了。

专家考证，《锦绣万花谷》在明代有三个刻本。明代《天一阁书目》《内阁藏书目录》，清代《四库全书总目》，藏书家瞿镛《铁琴铜剑楼藏书目录》，陆心源《皕宋楼藏书志》，清末民初版本学家、金石学家杨守敬《日本访书志》，都著录此书。

《乖崖张公语录》——世界最早纸币发明者的语录集

《乖崖张公语录》（2卷），宋刻宋印，传世孤本。书名中的"乖崖"，是文人桀骜不驯、清高的一种表现，"张公"指宋代治蜀名臣张咏。此书记录了张咏的言行。从元代起，就未见这本书的著录，直到出现在过云楼中。张咏在任官期间留下很多佳话，他曾呵斥库吏从库房私藏钱币，说"一日一钱，千日一千，绳锯木断，水滴石穿"。后来，"绳锯木断，水滴石穿"也作为成语流传下来。

相传，最早的纸币"交子"就是由张咏发

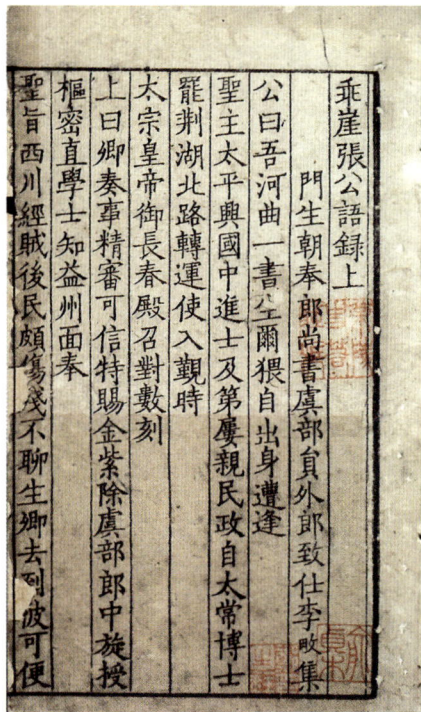

南京图书馆藏

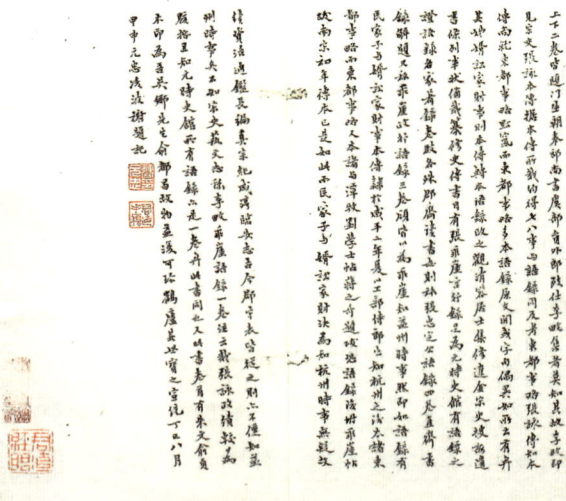

明的。"交子"是发行于宋仁宗天圣元年（1023）的货币，曾作为官方法定的货币流通，称作"官交子"，在四川境内流通近80年，是我国最早由政府正式发行的纸币，也被认为是世界上最早使用的纸币，比美国（1692）、法国（1716）等西方国家发行纸币要早六七百年。最初的"交子"实际上是一种存款凭证，存款人把现金交付给铺户，铺户把存款数额填写在用楮纸制作的纸券上，再交还存款人。这种临时填写存款金额的楮纸券便谓之交子。随着市场经济的发展，"交子"作为一种新的流通手段向市场发行，逐渐具备了信用货币的特性，成为真正意义上的纸币。随着交子影响的逐步扩大，对其进行规范管理的需求也日益突出。北宋景德年间（1004—1007），益州知州张咏对交子铺户进行整顿，剔除不法之徒，专由16户富商经营。至此交子的发行正式取得了官方的认可，专设了益州交子务，以本钱36万贯为准备金，首届发行"官交子"126万贯。从商业信用凭证到官方"法定代币"，交子在短短数十年间就发生了脱胎换骨的变化，具备了现代纸币的各种基本要素。

《字苑类编》——一部堪称"孤本之孤本"的"宋代词典"

这部古书相当于现代的"词典"。为存世孤本。古籍专家称此书堪为"孤本中的孤本"。孤本的意思是仅有一份在世间流传的版本，然而这部《字苑类编》，在看到过云楼藏书之前，没有学者知道它的存在。从目前专家研究情况来看，这部书应该是南宋时期福建刻印的，宋刻宋印，孤本流传，极为珍贵。它曾经被明代藏书家顾元庆、清代藏书家陈鳣收藏。有意思的是，该书与《锦绣万花谷》一样，也没有署编纂者的姓名，再给后人留下了编者之谜。

南京图书馆藏

《圆觉藏》——玄奘法师翻译的大藏经

《圆觉藏》（1卷）即浙江湖州思溪圆觉禅院大藏经。宋代刻印，唐朝玄奘法师翻译，由北宋密州致仕观察使王永从全家发愿捐助，比丘净梵、宗鉴、怀深等负责劝募雕造。约在北宋末年开雕，南宋绍兴二年（1132）基本刻完。全藏548函，千字文编次天字至合字，共1435部，5480卷。经版后在南宋淳祐以后移藏于资福禅寺。这部经卷经历颇为传奇，首叶上有长条墨印："圆觉藏司自纸板"，下有圆型朱印阳文："三圣寺"。三圣寺

南京图书馆藏

是日本的一座古寺，建寺之初，曾经有寺僧在宋代嘉定年间来中国求法，并将宋版佛经带回日本。这一卷从日本回流后被过云楼所收藏。

说来也是巧合，2013年，凤凰集团从日本购回宋刻本《资福藏》20册，虽不是过云楼藏书，已是人间至宝。

过云楼藏元刻本故事

元朝（1271—1368）是中国历史上由蒙古族建立的大一统帝国。元代的中国社会经济发展虽未恢复到宋代的水平，但仍有发展，其间出现了元曲和散曲等文化形式。元代的书籍出版由国家管理，始在燕京（今北京市）置编修所，又在平阳（今山西平阳）置经籍所，"元人刻书，必经中书省看过，下所司，仍许刻印。"总的来说，这一时期文化凋敝，印刷的书籍为数不多，存世稀少。按现行古籍善本评定标准，元刻本均可列为国家一级文物。

元刻本有别于宋刻本的显著特征，即所谓"黑口、赵体、无讳、多简"。"黑口"指每一片中的上下两端，有墨印的又宽又粗的黑条子。"赵体"

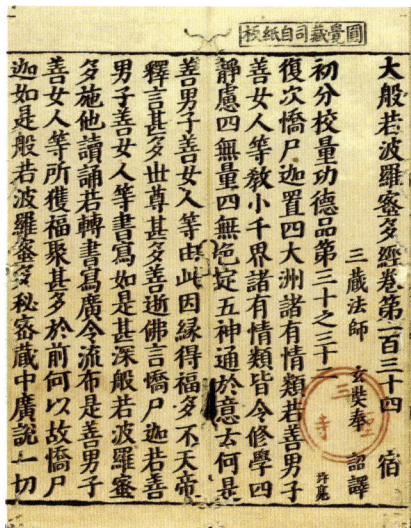

即赵孟頫的字体。赵孟頫是元代著名书画家，开创元代新画风，被称为"元人冠冕"。他也善篆、隶、真、行、草书，尤以楷、行书著称于世，在书籍刊印上也得到表现。赵体字柔软活泼、隽逸秀丽，结构和点画更流动、灵活。"无讳"即不重视避讳。避讳是指言语或行文时避免君父尊亲的名字，行文时常用同义或同音字代替，也可用原字而省笔画。"多简"指元朝刻书多用俗字、简体字，这主要见于书坊印刷的供民间阅读的书籍，如日用类书、法律文书、小说、剧本等，但一般经史子集都不用俗字或简体字。

过云楼藏书中的元刻本，现收藏于凤凰出版传媒集团和南京图书馆的就达 14 部之多。由此可推断当年过云楼收藏元刻本古籍数量可观。

《易学启蒙》——卷数存疑的朱熹著述

朱熹，南宋著名的理学家、思想家、哲学家、教育家、诗人，闽学派的代表人物，儒学集大成者，世尊称为朱子，一生著述等身。《易学启蒙》一书成于淳熙十三年（1186）。元至正元年（1341 年）日新堂刻。竹纸，建刊。此本初刻初印，品相上佳。关于《易学启蒙》的卷数，历代书目著录差异很大。该书首见于南宋陈振孙的《直斋书录解题》，陈氏著录该书为 1 卷；清末藏书家丁丙的《善本书室藏书志》著录亦

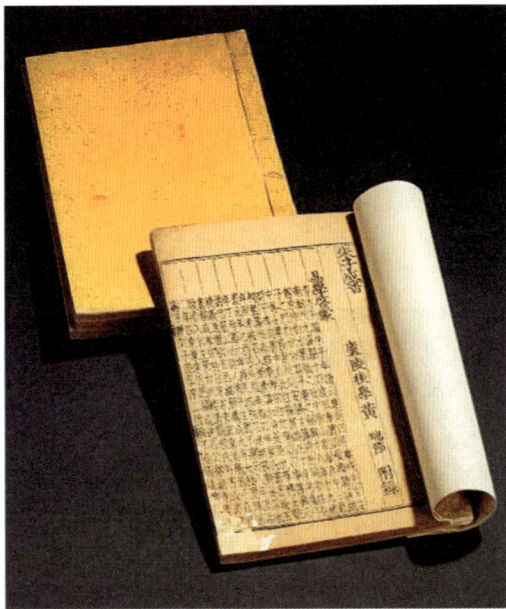

凤凰出版传媒集团藏

为 1 卷；清初藏书家钱曾《钱遵王述古堂藏书目录》著录为 2 卷；《宋史·艺文志》著录为 3 卷；《四库总目提要》著录亦为 3 卷；明代祁氏《澹生堂藏书目》著录为 4 卷，共 4 册，与过云楼藏本册数相同。

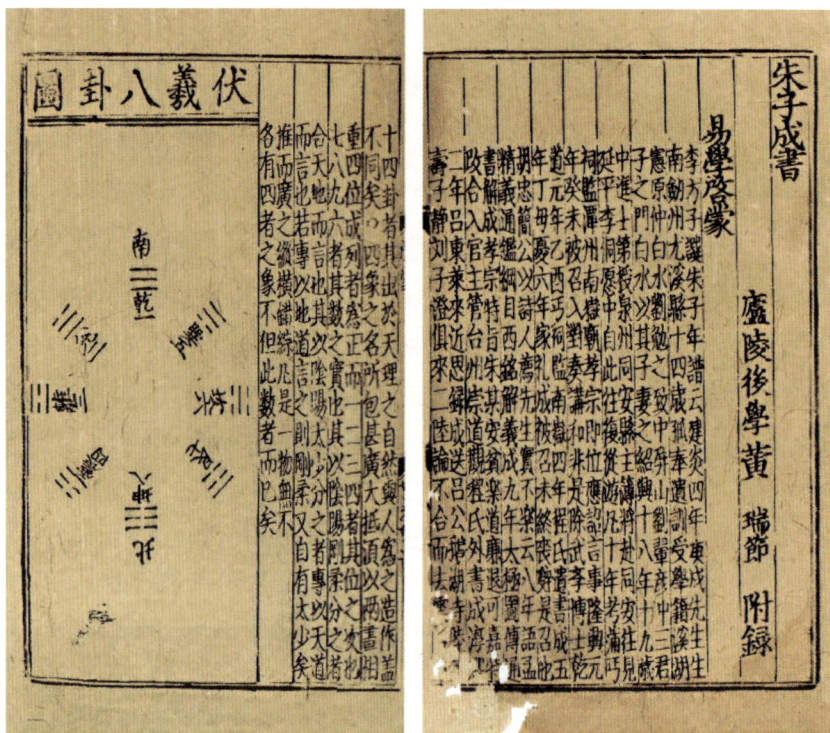

《周易本义启蒙翼传》——恢复朱子易学原貌的读本

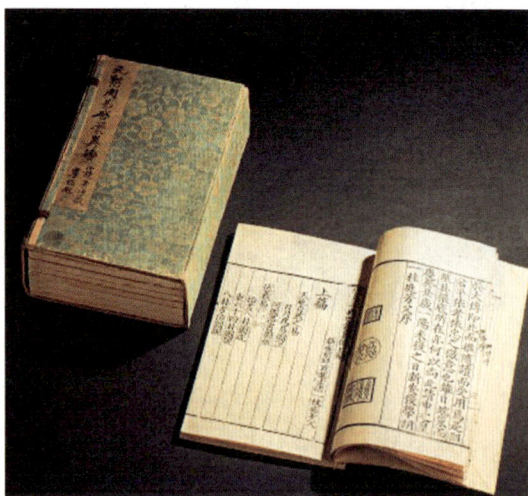

凤凰出版传媒集团藏

《周易本义启蒙翼传》（3篇，外传1篇），元胡一桂撰、胡思绍校，元刻本。李福题签称此本为顾之逵"小读书堆藏"旧物。此本前有皇庆癸巳胡一桂序，题"新安前乡贡进士胡一桂学"。全国公藏书目著录仅存1部，过云楼收藏的为仅存的第二部。过云楼藏本雕版精湛，为初刻初印，触手如新，纸质精良，字体宽厚

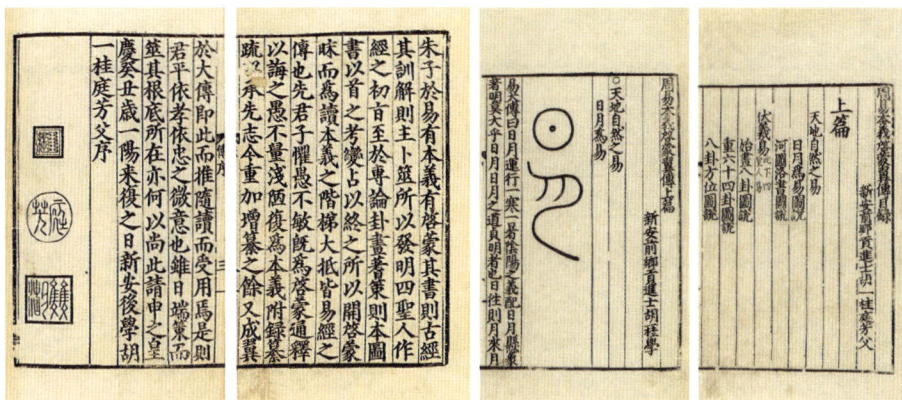

中不失俊秀。此书作为元刻本保存至今且品相精良实属难得。胡一桂，字庭芳，江西婺源人。《元史》卷一八九有传。胡氏生而颖悟，好读书，尤精于易学。宋元之际，朱子易学被学者篡改，多失其义。鉴于此，胡氏承其家学，依朱子原书，撰成《周易本义附录纂疏》《易学启蒙翼传》两书，着力恢复朱子易学之原貌。朱熹易学中的象数思想，胡氏皆能传之，且能对两汉易学加以概括，因此成为元代少有的对象数有研究者。胡氏还有《朱子诗传附录纂疏》《十七史纂》等传世。

《皇朝名臣续碑传琬琰集》——历经名家递藏的珍稀精品

本书共 8 卷，10 册，宋杜大珪编纂，元刻本，纸本。《国立北平图书

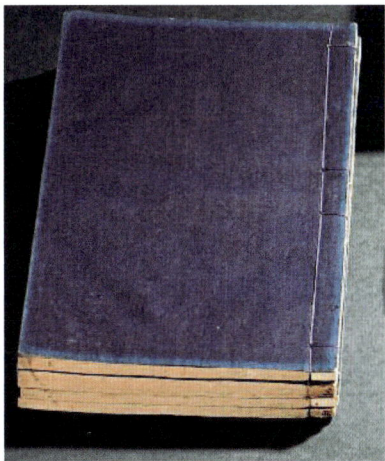

凤凰出版传媒集团藏

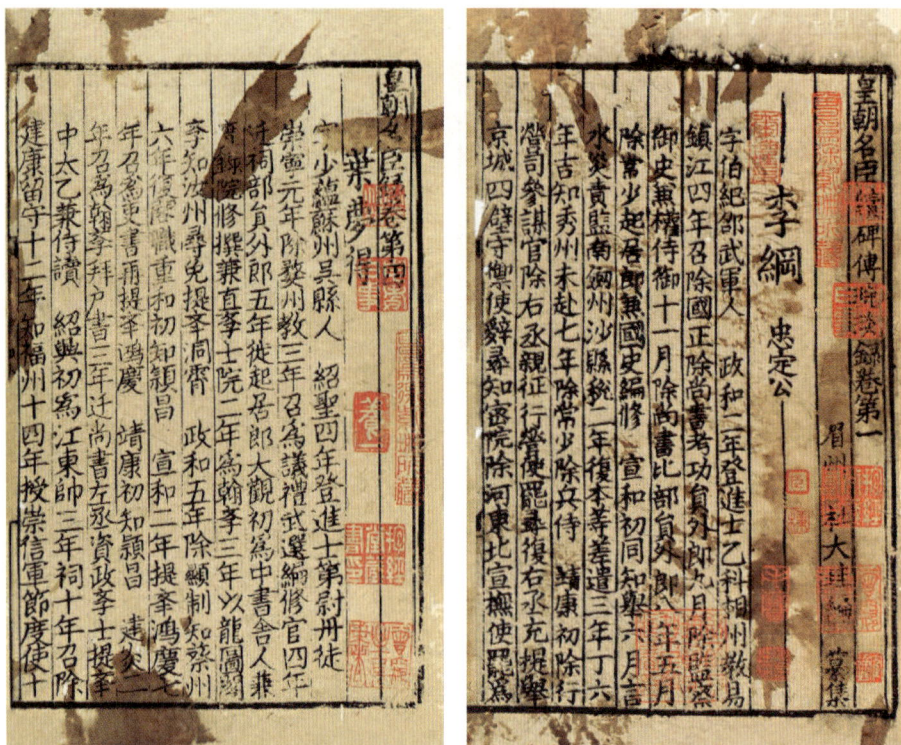

馆馆刊》第五卷第六号所载《顾鹤逸藏书目》称其"宋本、孤本"。此书
扉页有鲍正言题记称：嘉庆十年（1805）录于赵氏竹崦庵。书中鉴藏印：
养一、曾为徐紫珊所藏、歙西长塘鲍氏知不足斋藏书印、毛晋、毛晋之印、
抱经堂藏书印、曾窥未见书、上海徐渭仁收藏印、毛扆之印、鹤逸、臣棨。
此本历经明末毛晋、鲍廷博、徐渭仁等历代名家递藏，内含鲍廷博双跋、
鲍正言题记、徐渭仁跋。此书是珍贵善本，民间流传极少，乃毛晋藏书之
精品。十多年前，国家有关部门联合实施"中华再造善本"工程，选择了
图书馆典藏的重要善本进行集录，在私人藏书当中只选了两部，过云楼藏
《皇朝名臣续碑传琬琰集》就是其中之一。

《龙川略志》《别志》——曹雪芹祖父所藏故物

《龙川略志》（6 卷）、《龙川别志》（4 卷），"唐宋八大家"之
一苏辙所著。传世孤本。苏辙（1039—1112），宋代著名政治家、文学家，
与其父苏洵、兄苏轼号称"三苏"。元符元年（1098）苏辙谪居循州龙川

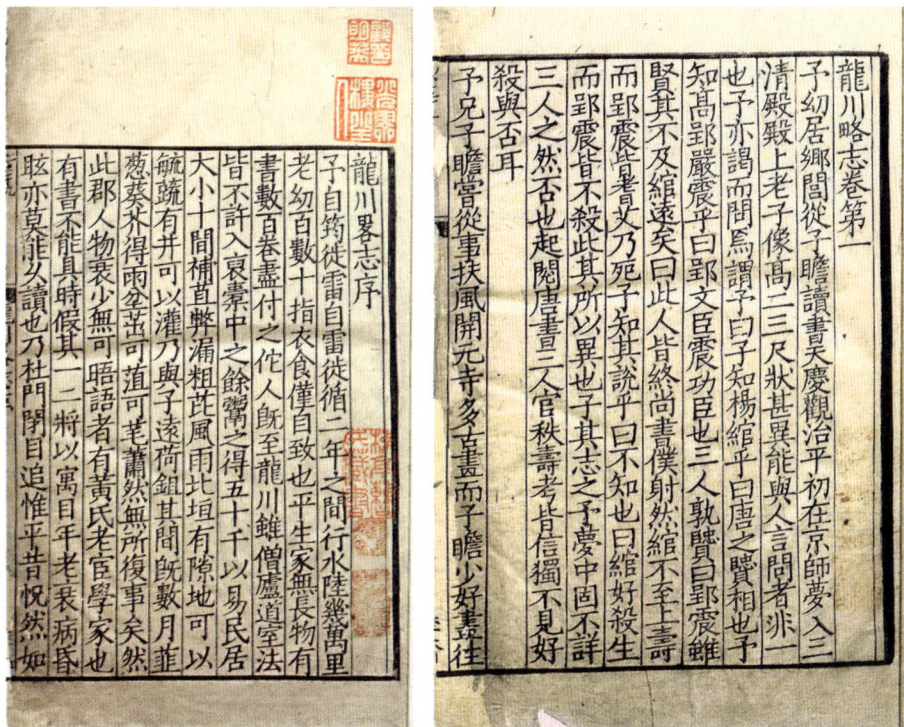

南京图书馆藏

（今属广东），杜门闭目，追忆与口述往昔所见所闻，由其子苏远笔录于纸，撰写出《龙川略志》和《别志》两部笔记体著作。《略志》记所历，主要追忆平生参与的各项政治活动；《别志》记所闻，主要记录所闻前贤及时贤的轶事。这些笔记反映了苏辙政治、经济、宗教等方面的主张，也提供了许多宝贵的历史资料，屡为南宋著名历史学家李焘《续资治通鉴长编》所引用，在今天也仍然具有较高的史料价值。《四库全书总目》称："朱子生平以程子之故，追修洛蜀之旧怨，极不满于二苏，而所作《名臣言行录》，引辙此志几及其半。则其说信而有征，亦可以见矣。"南宋理学家朱熹在著作中多次引用苏辙之说，可见此二书早在宋代已被看重。除史料价值外，龙川二志的文采也值得称道，如《汉语成语大全》称"胡思乱量"出处为朱熹《朱文公集》，实际上在苏辙的《别志》中就出现过此语；又如唐代魏征等撰《隋书》已使用"声色狗马"之语，而现在人们熟悉的成语"声色犬马"则从苏辙《别志》所出。

　　《龙川略志》和《别志》每册正文首页钤有"棟亭曹氏藏书"朱文印记，

佐证此书曾为《红楼梦》作者曹雪芹的祖父曹寅所藏。曹寅编撰家藏书目《栋亭书目》记载："龙川略志，宋眉山苏辙著，六卷，别志四卷，自序。一函四册。"曹家在雍正年间，因为政治和经济上的原因被抄家，栋亭藏书也散落到各处。书末有曹元忠跋称："鹤逸所藏《龙川略志》六卷、《龙川别志》四卷，吾家栋亭故物也。"进一步证实此书曾入藏曹家。

傅增湘在《藏园群书题记》"校影宋本龙川略志别志跋"中说："乡人李香严廉访旧藏宋刊本《龙川略志》《别志》，号为孤本秘笈，廉访身后，箧藏尽散，是书为吴门顾鹤逸所得。"

南京图书馆藏。

《针灸资生经》——沿用至今的针灸学专著

《针灸资生经》（7卷，6册），太监王公编，纸本，此书目后有"广勤书堂新刊"牌记，为元广勤书堂原刻，传世少见。前有嘉定徐正明序。傅增湘先生记云："壬子二月观"。书中第一卷总载诸穴，二卷至末分列针灸诸法，其铜人图式非独正背，兼具侧形，前后经纬相资，各有条理，明白易晓。本书对宋之前的针灸学进行了全面系统的总结，并且明确提出"男左女右手中指第二节内庭两横纹相去为一寸"的同身寸法，沿用至今，仍是公认的针灸取穴标准，可见其对后世针灸学影响之大。此书曾为上海藏书家郁泰峰旧藏，后为顾鹤逸收藏。

凤凰出版传媒集团藏

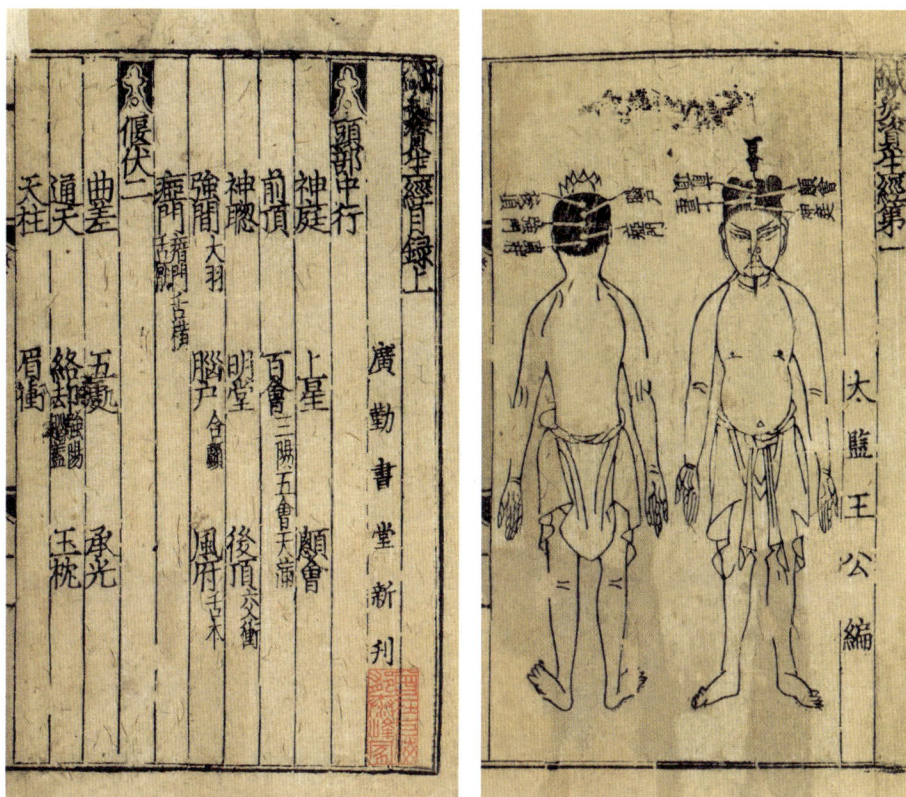

过云楼藏明刻本故事

明朝统一全国后，执行偃武修文的国策，成就了中国雕版印刷业的一个繁盛时期。这一时期，发明了饾版、拱花，套印本和插图本大量出现。印刷专用字体形成并广泛使用。除雕版外，活字印刷得到了应用，木活字本、铜活字本也成为明本的一个特色。线装取代了包背装，成为古籍的主要装订形式。流传下来的明刻本以中后期作品较多。明刻本依然分官刻、家刻、坊刻几种。明朝在南京和北京均设国子监，以南京国子监刻书多且好。官刻本中有内府本（包括经厂本）、国子监本以及其他中央机构和地方官刻的书帕本，还有介于官刻和家刻之间的藩府本。内府本即皇家刻本。后期大藏书家毛晋，其家刻书品种之多超过任何一家坊刻，甚至超过北京国子监，因毛晋的藏书处叫汲古阁，其刻本被后人称为汲古阁本。

《易传十卷易解附录一卷》——黄丕烈校批的罕见之物

凤凰出版传媒集团藏

李鼎祚撰，明万历三十一年（1604）胡震亨刻本，4册，纸本，黄丕烈通校通批注，几乎每页都有黄丕烈点校的文字，实为罕见之物。此书卷十后张绍仁题记云："借影宋本易传于黄荛翁所，荛翁以此校本属为重勘，拾遗补缺又得一百五十余字，记于下方云。"古籍专家从字迹审之，书口上及行间墨笔校注者为黄丕烈手迹，下方小字者为张绍仁手迹。黄丕烈士礼居藏有汲古阁旧藏明抄本易传十卷本，张绍仁借影宋本校此本。书中有张绍仁题跋。

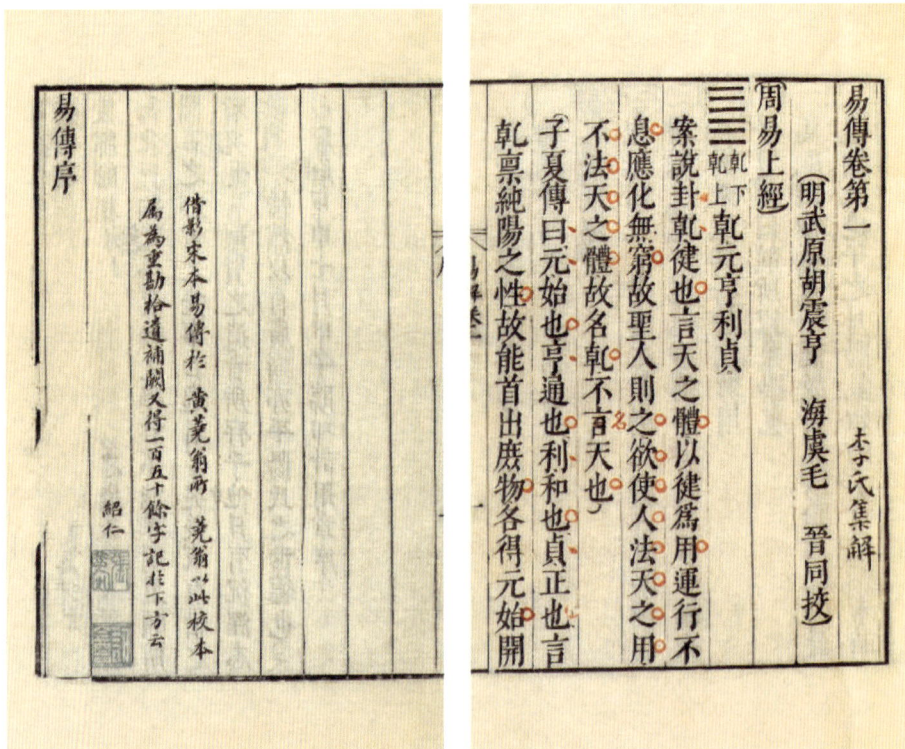

《中吴纪闻》——《四库全书》收录的汲古阁刻本

《中吴纪闻》（6卷），龚明之撰、毛晋订。明末汲古阁刻本。此书卷首第一页书口中缝有"汲古阁""毛氏正本"字样。首有淳熙九年（1182）龚明之原序，尾有毛晋跋。序后录有何焯跋，并校注。据《顾鹤逸藏书目》此本下省注曰："何义门批"。《中吴纪闻》版本较多，而《四库全书》本即"据毛晋本缮

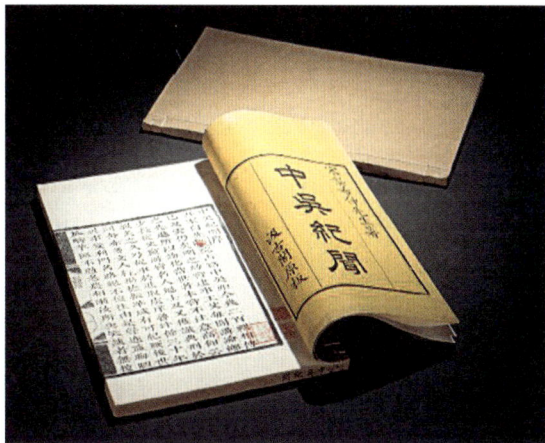

凤凰出版传媒集团藏

录"。松道人、思斋、梁溪秦玉斋藏书印。此书为秦鼎云旧藏。秦鼎云，乾隆四十二年（1777）拔贡生，为如皋教谕。常集课诸生，与邑人徐观政等为诗社。好古博览，藏书甚富，鼎彝书画，无不精审。著有《慎战慎守编》《见闻随笔录》。

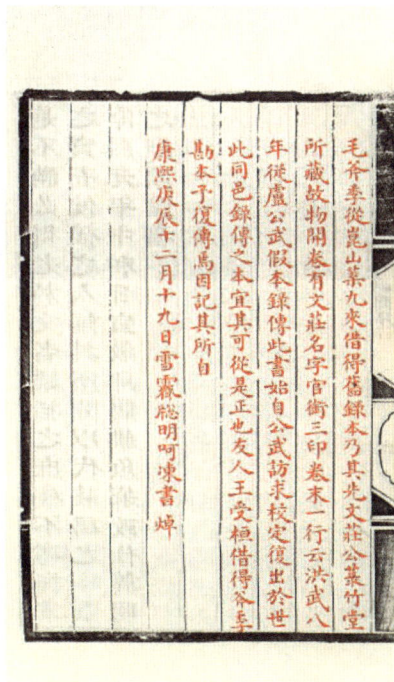

过云楼藏批校本故事

所谓批校本包括批本、校本和批校本 3 种。批本是文人、学者在刻本或抄本上加以批评圈点的本子。古人读书喜欢圈点、评论，有学问的人更在评点的同时笺注故实、解释词句。有墨笔、蓝笔、黄笔、绿笔等不同颜色以区别不同的批者，也有不用颜色来区别，但会在批语前加上"某人云"的字样。校本是文人、学者在刻本或抄本上用其他刻本或抄本来校出异文、改正文字、取长补短加以完善的本子。校勘一般都用朱笔，也有用墨笔或黄、蓝、绿笔的。同时有几种颜色的字则是为了在底本上区别不同的校本。用朱笔有时就直接改在原字上，有时注在原字的右侧，有时注在栏上，用墨笔或其他色笔一般都注在右侧或栏上。今天能见到的多为清人校本。批校本是指既圈点批注又校勘的本子。用笔同批本、校本，并不固定。现今流传下来的宋元本未有批校本，明代的批校本也很罕见。

《谈苑六卷》——与"天水"同珍的黄丕烈笔校抄本

《谈苑六卷》，孔平仲撰，明抄本，黄丕烈、顾锡麒校，2 册，纸本。顾锡麒题识云："此本向藏黄荛圃家，曾加校勘，惜未精审，黄氏书散后辗转入余家，即以《艺海珠尘》本对校补其脱略，犹未足为尽善尽美也。"此本内有二朱笔校，一

凤凰出版传媒集团藏

为黄丕烈校（朱笔）、一为顾锡麒校（绛红），另一墨笔校者，亦黄氏笔也。此书《中国古籍善本书目》著录仅存 2 部明抄本，未见刻本。

此书为毛晋、汪宪、黄丕烈、顾锡麒、吴云旧藏，流传有序，存世量极少。黄校、顾锡麒校，顾锡麒题识，更显名贵。黄丕烈每获一书，日夜雠校，研索订正，有校至三四次甚至五六次的。故所刻《士礼居丛书》虽寥寥十

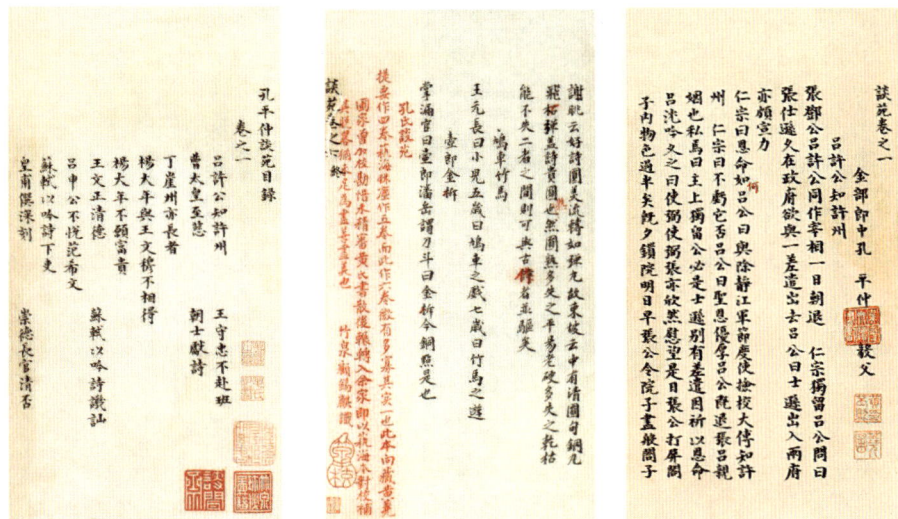

余种，率附札记，而得之者几与"天水"同珍。自著《汪本隶释刊误》1卷，辨证颇详。顾锡麒，喜藏书，搜罗甚富，其藏书室曰"小闻斋"。向居申江，道光辛丑（1841），遇英军之扰，仓皇迁徙，书多散佚，所存者则售于商务印书馆东方图书馆。其藏印曰"顾氏珍藏""竹泉珍秘图籍""小闻斋主人"。

《契丹国志》——黄丕烈旧藏之物

《契丹国志》（27卷，6册），叶隆礼撰，清中期抄本，纸本，首有淳熙七年（1180）叶隆礼上表，黄丕烈旧物，书内校改甚精，并墨笔补脱漏，朱笔校字。据考，黄丕烈极重此书，曾藏抄本有三，一为曹彬侯抄本，另一本据为元刻抄本，此二本不知所踪。此书上方有小字标明书中眼目者，为黄丕烈跋元刻残本时曾提及。鉴藏印有：士礼居、黄丕烈印、荛圃、平江黄氏图书。

凤凰出版传媒集团藏

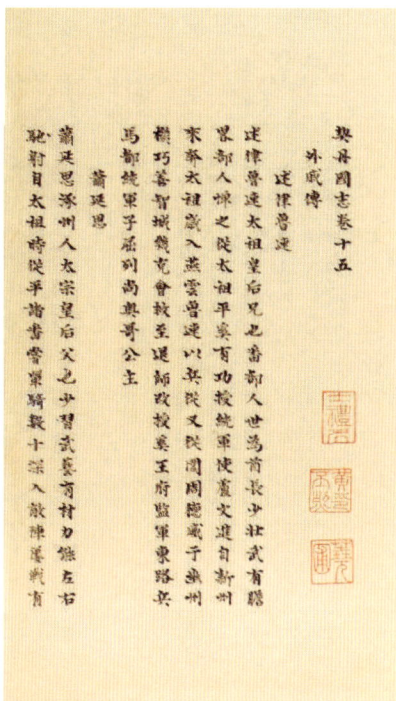

过云楼藏稿抄本故事

稿抄本即著者原稿，可分为三类：手稿本、清稿本、修改稿本。手稿本由著者手书，清稿本是由著者誊清的书稿，修改稿本是著者在别人帮助誊清的本子上以朱墨笔修改，或书于栏外、行间，或写于浮签上。稿本是诸本之祖，出于著者之手，无传抄、翻刻之误，最为可信。稿中勾画增删之处可见著者著述、治学的历程，反映著者的学术思想，弥足珍贵。

抄本是稿本或印本的传抄本。雕版印刷流行之后，抄本与刻本并行不废。有些卷帙宏大、不便刻印的图书，只能抄写流传；已有刻本的图书，因无法得到印本，爱好者往往抄写录副。若刻本遗失，则仰赖抄本保存原书内容，若抄本出于不同版本系统，则有重要的校勘价值。抄本传世数量较刊本为少，出于名家抄写、校订的精抄本则更是珍贵文物。过云楼藏书中有不少精美的稿抄本，其中有刘履芬稿抄本 8 部，他的稿本《鸥梦词》极其引人瞩目。

《鸥梦词》——清代诗词大家的著作原稿

《鸥梦词》为刘履芬的著作原稿。刘履芬（1827—1879），字彦清，号沤梦，祖籍浙江江山，随父客居江苏苏州。幼承家教，又从名儒王韬斋学文。清道光二十六年（1846），入国子监为太学生。咸丰七年（1857），捐户部主事。光绪五年（1879），代理嘉定知县。刘氏酷爱诗词，通晓音律，为文渊雅深厚。著有《鸥梦词》1卷、《古红梅阁集》（骈文2卷、古近体诗5卷）。性嗜书籍，遇善本不惜重价全力购求，又不能购者，则手自抄录，每日抄数十张，终日伏案抄写。所居有书屋名"古红梅阁"，书籍环列，箧满架溢，藏书富一时。与藏书家叶昌炽为忘年交，交谊颇深。卒时，其子年幼，书不能传，亦流散。后来叶昌炽、章钰、潘景郑、叶景葵等藏家均有其旧藏之本。藏书印有"江山刘履芬彦清氏收藏""莎厅课经""彦清珍秘"等。

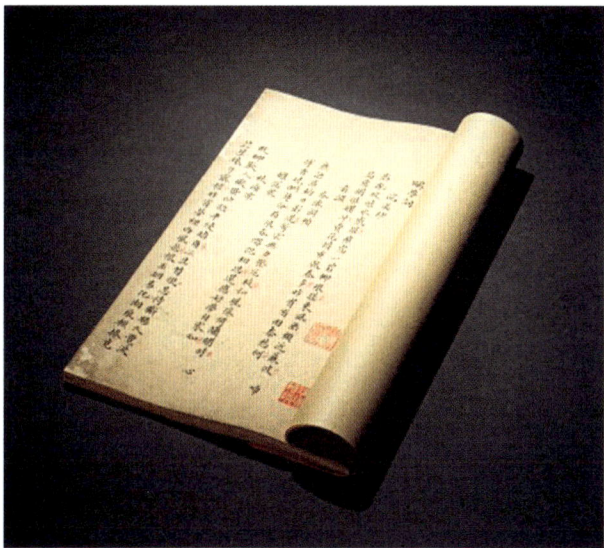

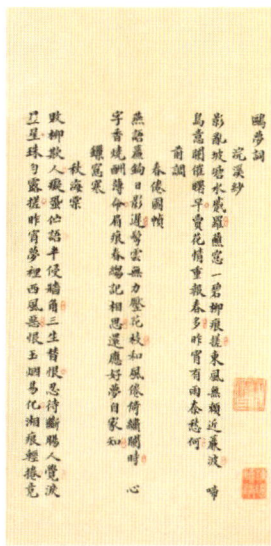

凤凰出版传媒集团藏

《雪矶丛稿》——稀有传世的《四库全书》底本

《雪矶丛稿》是宋代乐雷发所撰的诗集，5卷。乐雷发，号雪矶，南宋道州宁远县人，精通经史，长于诗赋。宝祐元年（1253），门生姚勉登

凤凰衔书：『过云楼藏书』回归江南记

南京图书馆藏

进士第一后，向理宗上疏，请求理宗重用乐雷发，并愿以第相让。理宗特旨召见乐雷发，亲自考问"学术、才智、选举、教养"八事，乐雷发"条对切直"，为理宗所"嘉纳"，赐以特科第一人。他志在抗金复宋，后因数议时政，不为所用，遂归隐故里。乐雷发还乡后，国势更衰，理宗深悔没有采纳他的忠言，赐建状元楼一所、公母铜锣一对、良田800亩作为褒奖。

这部《雪矶丛稿》珍贵之处在于曾作为《四库全书》的底本，书面上有一枚当年乾隆"翰林院"的藏书印，书上留下了大量当年翰林院学士修订的笔迹，包括对一些皇家讳忌、大逆不道的言语的删减修改，这些都可以佐证，其曾作为乾隆皇帝为修《四库全书》而征用的书籍，上缴到皇家书房翰林院。当年乾隆为修编《四库全书》，广向民间征书，说好修编完了就还给所有者，但实际上这些珍本书籍都留在了翰林院里。直到清末八国联军进了北京城，位于东交民巷的翰林院被焚，所藏书籍除少量未保存在院内的均付之一炬。

《四库全书》底本流传于世的仅有 200 余部，这部《雪矶丛稿》的传奇经历，更显其珍贵。

《石洲诗话》——失而复得的大学士著作

《石洲诗话》（5 卷），是清代著名文学家、书法家、金石学家翁方纲（1733—1818）雇人誊写稿本，然后亲自在稿本上修改而成。翁方纲，乾隆十七年（1752）进士，授编修，官至内阁大学士。精通金石、谱录、书画和词章之学，书法与同时的刘墉、梁同书、王文治齐名，论诗创"肌理说"。著有《粤东金石略》《苏米斋兰亭考》《复初斋诗文集》等。他在《石洲诗话》中评论了唐、宋、金、元的诗歌。有关这部书还有一段趣闻。偷书的"雅贼"自古有之，《石洲诗话》也曾被人从翁氏家中偷走。5 年后被翁氏友人叶继雯购得，翁氏拿到书稿发现书尾被人冒用自己的名义写了跋文，无奈将跋文圈去，并另外写了一跋说明原委。最后无奈地感叹："荒唐已极，可笑可笑。"

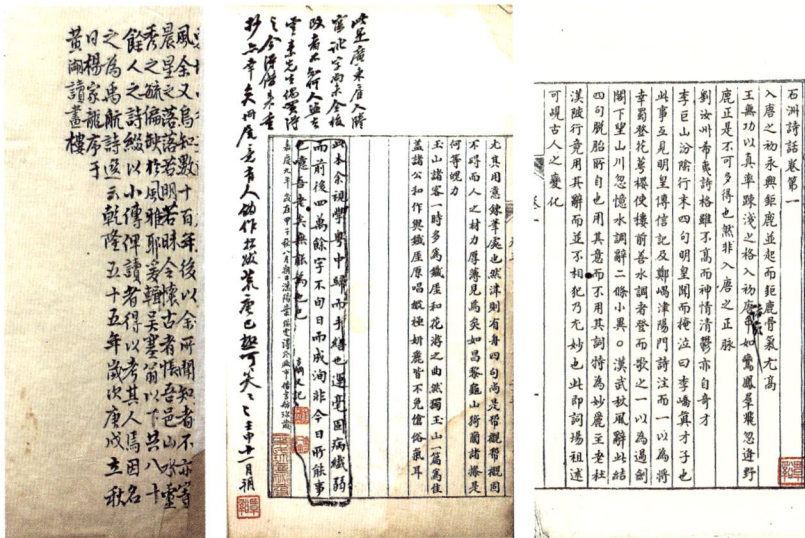

南京图书馆藏

《卢抱经先生手稿》——清代大学者的读书笔记

《卢抱经先生手稿》为清乾隆年间卢文弨稿本，2 册，纸本。此本为

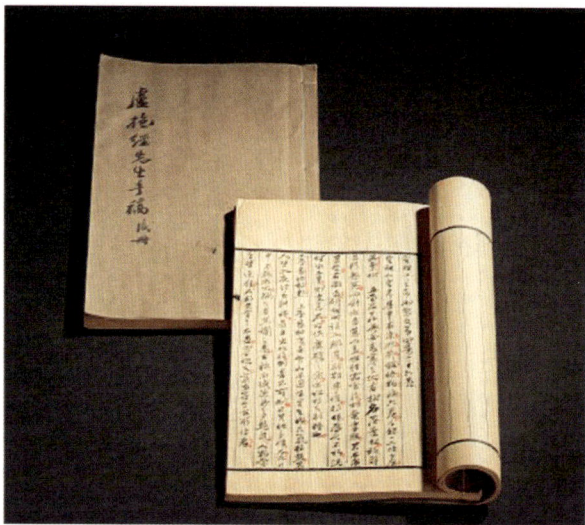

南京图书馆藏

卢文弨读书笔记稿本，内容天文地理、先朝掌故、本朝圣训，无不涉及。《国立北平图书馆馆刊》第五卷第六号所载《顾鹤逸藏书目》精写旧抄本，作"掌录"。卢文弨（1717—1796），字召弓，一作绍弓，号矶渔，又号檠斋，抱经，人称抱经先生，仁和（今杭州）人。卢文弨一生好学，与戴震、段玉裁友善，潜心汉字，以校勘古籍称名于世。他对经义注疏有独到的见解。他校勘的古籍多达210多种，并镂板刊印，汇成《抱经堂丛书》15种。他又广收博采，搜罗珍异版本，家有藏书楼名"抱经堂"，与宁波卢氏抱经楼为浙江东、西两"抱经"，藏书达数万卷。著有《抱经堂集》34卷、《礼仪注疏详校》17卷、《钟山札记》4卷、《龙城札记》3卷、《广雅释天以下注》2卷。

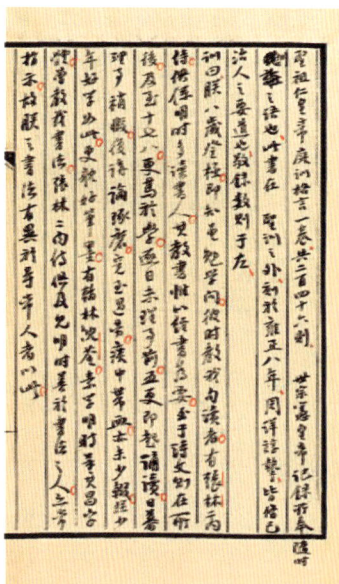

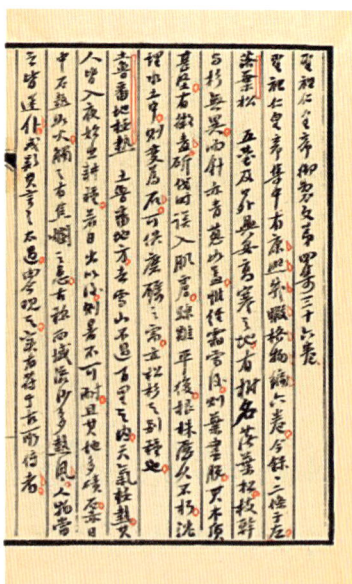

附录 2：有关 "过云楼" 出版物、文章

《过云楼书画记・续书画记》：（清）顾文彬、顾麟士著，江苏古籍出版社 1999 年 8 月

《符号江苏・过云楼》：叶建成著，江苏人民出版社 2014 年 8 月

Fleeting Clouds,The Splendid Library：《锦绣过云楼》剧本英文版，英国仙那都出版公司（XANADU）2014 年

《过云楼日记（批校本）》：（清）顾文彬著 苏州市档案馆、苏州市过云楼文化研究会编，文汇出版社 2015 年 4 月

《过云楼旧影录》：顾公硕摄影，王道编注，浙江大学出版社 2015 年 8 月

Fleeting Cloud Library：《符号江苏・过云楼》英文版，英国仙那都出版公司（XANADU）2016 年

《烟云四合——清代苏州顾氏的收藏》：苏州博物馆编，译林出版社 2016 年 11 月

《过云楼家书（点校本）》：（清）顾文彬著，苏州市档案馆、苏州市过云楼文化研究会编，文汇出版社 2016 年 11 月

东方早报：《苏州博物馆藏元王蒙〈竹石图轴〉臆说》（2014 年 9 月 24 日）

《东方收藏》杂志：《姑苏小巷 "过云楼" 的今生前世》（2014）

《中国档案》杂志：《鸿雁传书，过云楼慢慢崛起》（2014）

《中国档案》杂志：《"吴中七老" 的朋友圈》（2015）

《图书与情报》杂志：《本愿过眼云烟　却是映世霞晖——百年过云楼点窥》（2015）

《学理论》杂志：《过云楼顾公硕的工艺美术传承研究》（2015）

《现代苏州》杂志：《因缘际会过云楼》（2015）

《书城》杂志：《"落花"无言，承续有仪》（2015年第12期）

苏州新闻网：《"过云楼"及其顾宅建筑》（2015年7月6日）

《江苏地方志》杂志：《过云楼人间至宝的收藏故事》（2015）

《名人传记月刊》杂志：《美的历程——顾公硕传奇》（2016）

《东方收藏》杂志：《过云楼藏书题跋考释》（2016）

《档案与建设》杂志：《从〈过云楼日记〉看晚清士绅生活图景》（2015）

《安徽大学学刊》杂志：《顾文彬及其〈绿眉楼词〉研究》（2016）

《晋图学刊》杂志：《过云楼藏书画的聚与散》（2016）

《收藏界》杂志：《霞晖渊映　雄视江南——记爱国人士顾公雄收藏及捐献国宝》（2016）

《书城》杂志：《过云楼后是怡园——从书信、日记看顾氏家族林泉营造》（2016）

《苏州》杂志：《〈过云楼日记〉中的怡园》（2016）

后记

　　1200年前，"百代文宗"韩愈作《科斗书后记》，这或是中华典籍最早"后记"？笔者以为然但未作考证。在中华传统文化中，凡著者多在文稿之后写上一段文字，或说明写作经过，或评价内容，称之为"后记"，或"跋"，或"书后"。这部书稿完稿于5年前，付梓之际写下这段文字，只是想知会读者：笔者因何要撰写这部书稿？

　　当"过云楼公共文化事件"临近落幕时，一位文化界大佬发文称，这是一件"可以载之于史的事件"。笔者没想过这个问题，但作为触发"过云楼事件"的始作俑者，每当回忆事件发生时，为掌握舆情、应对挑战，坐在电脑前没日没夜检索"过云楼"的情景，总会让自己久久地沉浸在事件之中，心潮翻涌激荡。尽管笔者有多年从事新闻、宣传工作的经历，上世纪80年代在编辑部编辑过关于真理标准大讨论的稿件，但说句实在话，还是被这次"过云楼藏书"拍卖引发的漫天卷地、不期而至的"文化大讨论"给惊呆了。作为当事者、亲历者，心情犹如从梅雨渐沥到日丽风清，经历了一段跌宕起伏的心路历程，品味了一回五味杂陈的人生体验。"南北之争""九天乱战"时，那种撞击心扉的艰辛、无助、困顿、焦虑，甚至是痛苦的感觉；尘埃落定、大功告成后，那种难以抑制的激动、兴奋、感动、喜悦，甚至是幸福的滋味。当下互联网时代，透过电脑终端便能看见多彩世界。在事件发生的日子里，笔者便是透过这个"窗口"，每时每刻收看、阅读着不断刷新的电视画面、报章文字，还有网络媒体包括自媒体上的观点交锋，甚至看到了与事件有关的漫画、诗歌。信息量之大，几乎可以用海量来形容，百度"过云楼"相关结果多达近亿个，过云楼俨然成了一个流量网红。于是，自己不断重复着一个动作：下载、下载。仿佛身处广袤无垠的田野里，满眼是丰收过后四处散落着的一株株金灿灿、沉甸甸的稻穗。一个孤独的身影，一个辛劳的拾穗者，俯拾仰取之间，稇载而归，累月劳作已是盈车嘉穗、穰穰满家。

此后四五年间，笔者依然目注心凝过云楼，思绪时在"过云楼"徘徊，心路常在"过云楼"会聚。竭力探寻着过云楼背后那些不为人知的故事，关注过云楼背后那些已逝去的生命，循着这些生命遗存下的历史痕迹，细细体悟他们的欢乐与哀愁。于是，挑灯夜读过云楼第一代主人约有七八十万字的日记、书札，与先人穿越时空对话神交，并与过云楼第五代到第七代后人有了交集。于是，有了《过云楼藏书书目图录》问世。执行主编的这部藏书书目，让老一辈版本目录学家夙愿得偿；有了《符号江苏：过云楼》一书中英文版先后在国内外出版发行；有了凤凰集团藏"过云楼藏书"在南京、苏州、台北的震撼展出；有了古籍数字化项目的推进落实，宋版《锦绣万花谷》的影印再版。于是，尝试过云楼主题创作。策划并组织拍摄文献纪录片《过云楼》，在央视"国宝档案"播出；策划、主笔大型舞台剧《锦绣过云楼》，在爱丁堡古城讲述中国文化的故事，文学剧本英文版在国外发行，被中央音乐学院列为教材出版，入选《中国歌剧百年（1920—2018）——精选唱段集萃》（9 卷）117 部剧目之一，等等。不用说，这种热切关注与投入，已是带有强烈的感情色彩，因为那是对百年过云楼、对文化守望者的生命礼赞。虽然用心做了这些，但"过云楼"在笔者内心深处却并未释怀，总觉得被一种莫名的东西牵挂着。对了，还须做一件事情：记录"过云楼事件"始末，述说过云楼前世今生，写一部《"过云楼藏书"回归江南记》。于是乎，面对收藏的一捆捆沉甸甸的"稻穗"，心中涌起一种"当今之世，舍我其谁也"的激情与冲动。一个信息"拾穗者"，就这样转换成了事件记录者，这便是撰写这部书稿的底层逻辑和初心。如果说是一种文化使命使然，那是傲睨自若、高看自己了。然而，诚如庄子《内篇·人间世》所云："其作始也简，其将毕也必巨"，要把海量的碎片化的信息分检、脱粒、加工，谋篇于胸襟，驭文于笔端，真实再现那一帧帧的文化镜像，着实不是一件容易事，感觉一点不比 25 年前撰写 40 万字的人才学专著来得轻松（南京大学出版社 1997 年出版）。不过，有一点可作自我肯定：那是怀着对中华文化的敬畏之心、对文化守望者的敬仰之情写作的。

世间万物，皆为过眼烟云。"过云楼事件"已过去近十个年头。笔者想，亲历"过云楼事件"，是一段触及内心的难忘往事，可谓镂骨铭心，曾经的欢乐、美好、痛苦、委屈，甚至非议、构陷，又算什么，不过烟云过眼罢了。敬仰百年前顾氏以"过云"为楼名，所蕴含的那种达观、淡泊的人生态度和超然情怀。早前读到老树的诗画，其诗曰："世间无非过云楼，何事值得你犯愁？荣辱得失算什么，此生只向花低头。"此诗画甚是契合心灵，引用于此，感叹人生，感悟生命。笔者又想，在中华历史文化的长河里，"过云楼事件"激起的只是微风拂过时河面上漾起的一层涟漪，霎时消失得无影无踪，然而，那一场由此引发的全国性的文化大讨论，其意义无疑远远超越了事件本身。从文化发展史的视角看，这场大讨论让社会大众接受了一次久违的文化洗礼，折射出中华文化所蕴含的恒久魅力，而天价"过云楼藏书"背后所彰显的是文化守望者的人文精神。当年为玉雕"凤凰衔书"撰写铭文，挚友读后赠诗一首："顽石经此故，鳖鳖玳瑁光。碧玉诚有价，汝文再无双。"实是揄扬过甚，惭愧惶恐，但那一颗敬畏之心却是炽热的。可是，在现实世界里，有时"文化"却被人当作随时拿来扣上以掩藏缺失的帽子，当作时常取来把玩以装点高雅的东西，着实令人唏嘘。不知《周易》，何谈哲学；不谙传统，何说未来？笔者再想，任何既往皆是眷顾，因时而进，因势而新。《易经》四十六卦升卦，地风升，坤上巽下。《象》曰："地中生木，升。"《彖》曰："柔以时升，巽而顺，刚中而应，是以大亨。"其卦爻释义可理解为，坤（地）以柔顺辅佐巽（风）得以上升，事物顺从客观情势而发展。由此联想"过云楼事件"发生的文化大背景，可以说，在文化自信确立、传统文化回归的时代，它的发生偶然寓于必然，因应了"柔以时升"揭示的万物升进规律，这或许正是中华文脉赓续不辍的理由，或正预示厚植于历史沃土的中华文化走向新的繁荣。进而自问，20 年、30 年、50 年后，人们还会记得"过云楼"吗？好在笔者已物色了一位过云楼传奇的倾听者——年仅 2 岁、乳名"喵喵"、大名"以柔"（取意升卦）的小可爱外孙女。

致谢之语，言简义丰。致谢陈海燕先生及集团领导班子同事，您和班子集体的决断与担当，成就了一段"凤凰衔书"的文化佳话；致谢中国书法家协会主席孙晓云女士，亲笔书写笔者拙文《"过云楼藏书"回归江南记》；感谢资深出版人、新中国拍卖第一人祝君波先生，亲自参与"过云楼藏书"收购论证，并热情鼓励本书出版；感谢凤凰集团副总经理、凤凰传媒股份公司总编辑徐海先生，为本书出版作精心安排；感谢江苏人民出版社副总编辑戴亦梁女士，细致三审书稿；尤其感谢江苏人民出版社资深编辑汪意云女士，承蒙不弃，先后为笔者的两部书稿担任责任编辑。

过云楼，一个不朽的百年文化传奇。在时光的眼里，一瞬可变永恒，一事可成传奇。"过云楼事件"只是过云楼诸多传奇中的一个，但愿它的永恒与传奇，长留在中华历史文化的记忆里。

叶建成

2022 年开岁于南京